数字化
会计精英岗位实训

工作业务册（上） 商业会计 实训单据簿

会计信息化证考试研究中心 编 |  监制

厦门大学出版社
XIAMEN UNIVERSITY PRESS
国家一级出版社
全国百佳图书出版单位

图书在版编目(CIP)数据

数字化会计精英岗位实训/会计信息化证考试研究中心编.—厦门:厦门大学出版社,2021.3(2022.7重印)

ISBN 978-7-5615-8148-3

Ⅰ.①数… Ⅱ.①会… Ⅲ.①会计学—岗位培训—教材 Ⅳ.①F230

中国版本图书馆CIP数据核字(2021)第049162号

出版发行 厦门大学出版社

社　　址 厦门市软件园二期望海路39号

邮政编码 361008

总 编 办 0592-2182177　0592-2181406(传真)

营销中心 0592-2184458　0592-2181365

网　　址 http://www.xmupress.com

邮　　箱 xmup@xmupress.com

印　　刷 厦门市明亮彩印有限公司

开本 889mm×1194mm　1/16

印张 56

字数 1 600千字

版次 2021年3月第1版

印次 2022年7月第6次印刷

定价 398.00元

本书如有印装质量问题请直接寄承印厂调换

厦门大学出版社
微信二维码

厦门大学出版社
微博二维码

Content

◆ 业务 01 ◆ 注册资金剩余款项入资 …… 001
◆ 业务 02 ◆ 采购货物,款未付………… 003
◆ 业务 03 ◆ 销售货物 ………………… 011
◆ 业务 04 ◆ 提取备用金 ……………… 015
◆ 业务 05 ◆ 总经办报销业务招待费 …… 017
◆ 业务 06 ◆ 支付运费 ………………… 025
◆ 业务 07 ◆ 销售部报销差旅费 ……… 031
◆ 业务 08 ◆ 购买办公用品 …………… 043
◆ 业务 09 ◆ 销售货物 ………………… 047
◆ 业务 10 ◆ 支付部分款项 …………… 053
◆ 业务 11 ◆ 报销业务招待费 ………… 055
◆ 业务 12 ◆ 收到客户交来订金………… 059
◆ 业务 13 ◆ 报销公司管理人员快递费 ……… 063
◆ 业务 14 ◆ 缴纳 10 月份增值税 ………… 067
◆ 业务 15 ◆ 缴纳 10 月份附加税费 ……… 069
◆ 业务 16 ◆ 缴纳 10 月份印花税 ………… 071
◆ 业务 17 ◆ 缴纳社保费………………… 073
◆ 业务 18 ◆ 缴纳住房公积金…………… 077
◆ 业务 19 ◆ 发放 10 月份工资 ………… 081
◆ 业务 20 ◆ 销售人员出差报销………… 085
◆ 业务 21 ◆ 支付办公场所租金………… 093
◆ 业务 22 ◆ 支付水电费………………… 097

◆ 业务 23 ◆ 采购货物，款未付 …… 109

◆ 业务 24 ◆ 支付本月通讯费 …… 117

◆ 业务 25 ◆ 销售货物 …… 123

◆ 业务 26 ◆ 收到货款 …… 127

◆ 业务 27 ◆ 支付短信服务费 …… 129

◆ 业务 28 ◆ 支付员工借款 …… 131

◆ 业务 29 ◆ 退货商品冲减收入 …… 133

◆ 业务 30 ◆ 退货商品冲减成本 …… 137

◆ 业务 31 ◆ 销售货物 …… 139

◆ 业务 32 ◆ 收到货款 …… 143

◆ 业务 33 ◆ 结转发出成本 …… 147

◆ 业务 34 ◆ 计提折旧 …… 157

◆ 业务 35 ◆ 计提 11 月份工资 …… 159

◆ 业务 36 ◆ 结转本月未交增值税 …… 161

◆ 业务 37 ◆ 计提 11 月份附加税费 …… 163

◆ 业务 38 ◆ 结转本期损益 …… 165

附件：银行对账单 …… 167

专用发票汇总表 …… 169

普通发票汇总表 …… 171

发票统计表 …… 173

纳税人认证发票信息查询 …… 175

教学专用 1-1/1

ICBC 中国工商银行 业务回单（收款）

日期： 2021年 11月 02日 回单编号： 1534900001

付款人户名： 吴烦恼 付款人开户行： 金陵玄武支行

付款人账号（卡号）： 6298010008907316123

收款人户名： 金陵钱多多家具有限公司 收款人开户行： 金陵玄武支行

收款人账号（卡号）： 1298010002000316285

金额： 贰拾万元整 小写： 200000.00元

业务（产品）种类： 结算业务凭证 凭证种类： 00000000000 凭证号码： 000000000000000000

摘要： 投资款 用途： 币种： 人民币

交易机构： 0410000292 记账柜员： 03741 交易代码： 02108 渠道： 柜面

产品名称： 费用名称：

应收金额： 200000.00 实收金额： 200000.00 收费渠道：

本回单为第一次打印，注意重复 打印日期： 2021年 11月 03日 打印柜员： 9 验证码： 0A87640EF006

中国工商银行股份有限公司 金陵玄武支行 业务专用章 850FBCEE0014

教学专用

2-1/4

金陵易能达商贸有限公司

销售单

NO. 6807586

地址：金陵市海淀区上地路1号

电话：0688-2342511　邮编：258800

客户名称：金陵钱多多家具有限公司

地址电话：金陵市玄武区中山路88号 0688-86615898

日期：2021年11月02日

编码	产品名称	规格	单位	单价	数量	金额	备注
001	办公桌		张	113.00	300	33900.00	
002	办公椅		把	56.50	300	16950.00	
	人民币(大写)：伍万零捌佰伍拾元整					¥50850.00	

业务联

销售经理：陈蒙　会计：保利　仓管：姗姗　签收人：张慧　经办人：李化

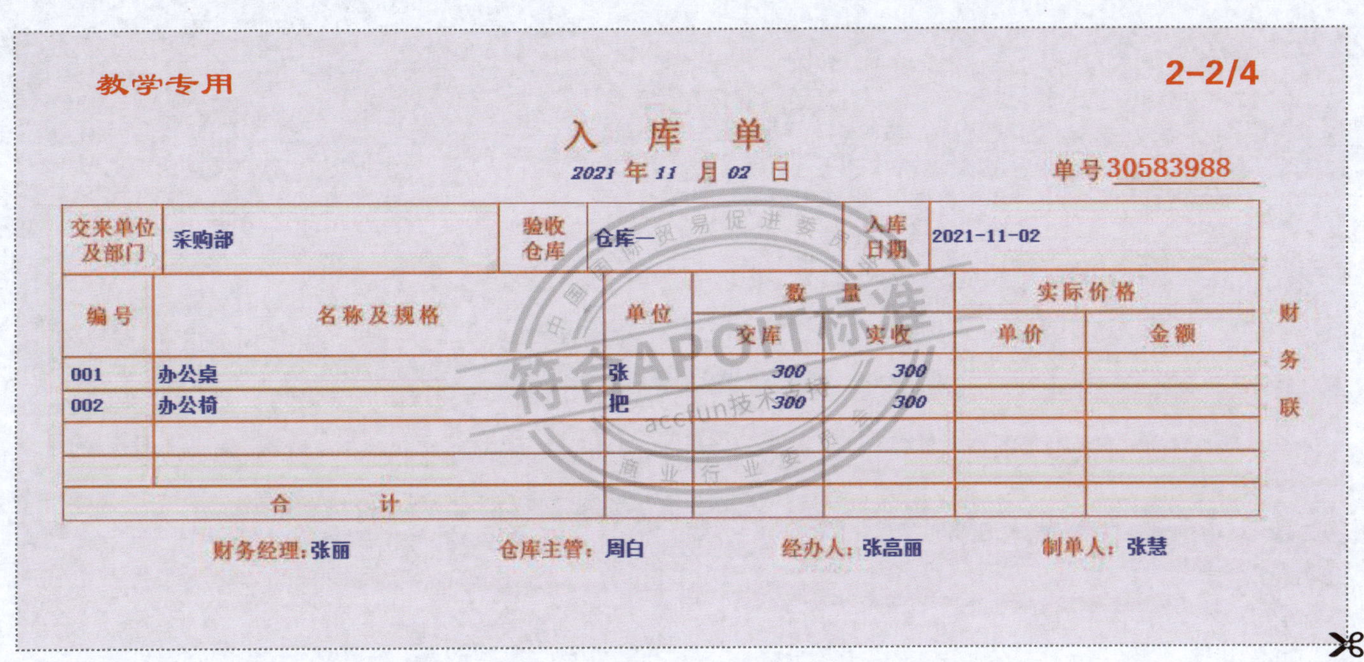

教学专用　　2-2/4

入　库　单

2021 年 11 月 02 日　　单号30583988

交来单位及部门	采购部	验收仓库	仓库一	入库日期	2021-11-02

编号	名称及规格	单位	数量		实际价格	
			交库	实收	单价	金额
001	办公桌	张	300	300		
002	办公椅	把	300	300		
合计						

财务联

财务经理：张丽　　仓库主管：周白　　经办人：张高丽　　制单人：张慧

教学专用

2-3/4

5100214130

金陵增值税专用发票

抵扣联

№ 48027290

5100214130
48027290

校验码 12791 30137 92703 71393

开票日期：2021年11月02日

购买方	名称:金陵钱多多家具有限公司 纳税人识别号:91516850689258158N 地址、电话:金陵市玄武区中山路88号 0688-86615898 开户行及账号:中国工商银行金陵玄武支行 1298010002000316285	密码区	-65745<19458<38404817000338 5/37503848*7>234504>-210006 2//5>*8511127-7<8*873000007 <413-3001152-/7142>>8**0098

货物或应税劳务、服务名称	规格型号	单位	数量	单价	金额	税率	税额
*家具*办公桌		张	300	100.00	30000.00	13%	3900.00
*家具*办公椅		把	300	50.00	15000.00	13%	1950.00
合计					¥45000.00		¥5850.00
价税合计（大写）	⊗ 伍万零捌佰伍拾圆整				（小写）¥50850.00		

销售方	名称:金陵易能达商贸有限公司 纳税人识别号:91510005539512701N 地址、电话:金陵市海淀区上地路1号 0688-2342511 开户行及账号:中国建设银行金陵上地支行 1208736877823412463	备注	金陵易能达商贸有限公司 91510005539512701N 发票专用章

收款人： 复核： 开票人：张琪 销售方：（章）

第二联：抵扣联 购买方扣税凭证

税总函[2018]982号海南华森实业公司

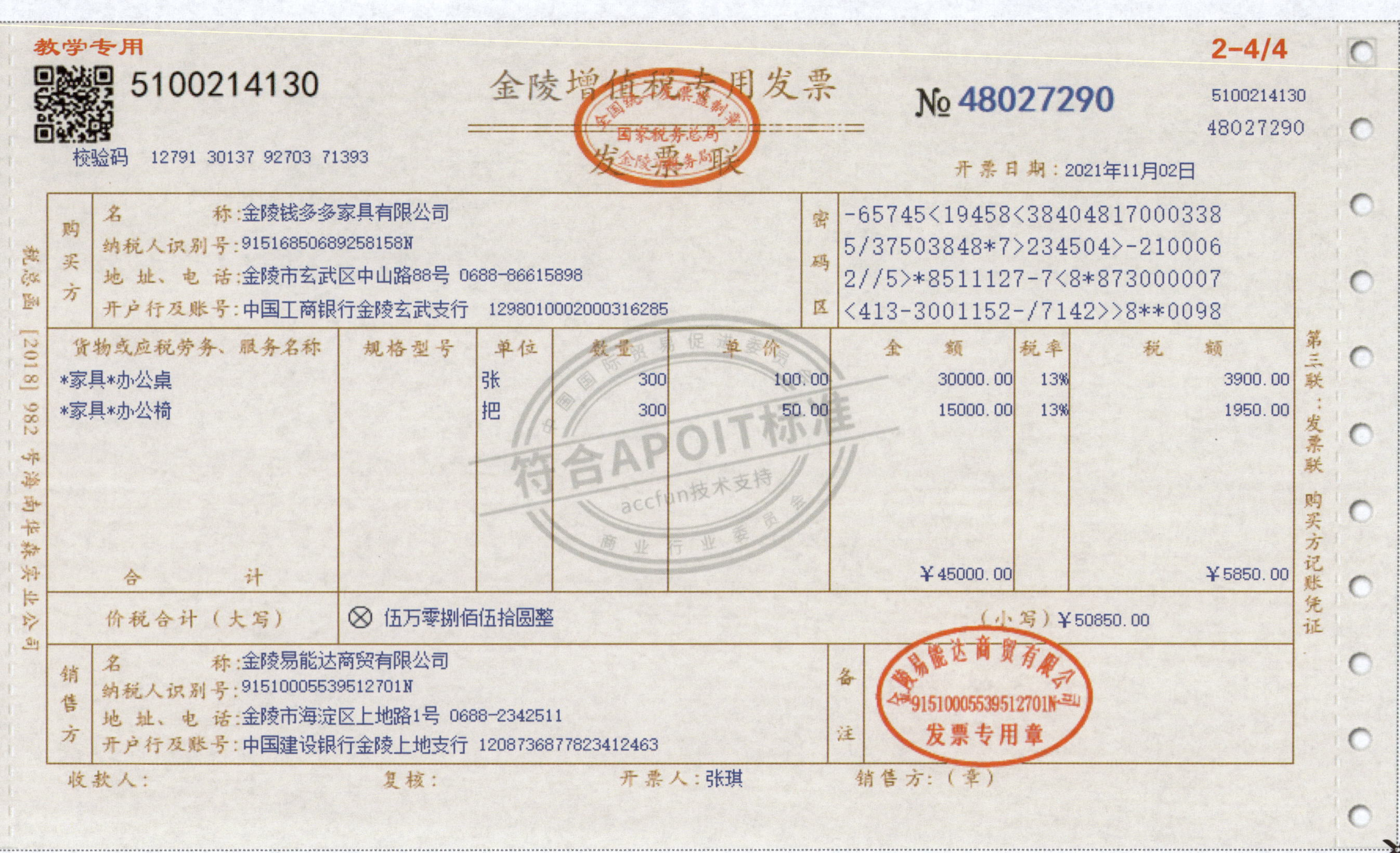

教学专用

5100214130

金陵增值税专用发票

№ 48027290

5100214130

48027290

2-4/4

发票联

校验码 12791 30137 92703 71393

开票日期：2021年11月02日

购买方	名称：金陵钱多多家具有限公司 纳税人识别号：91516850689258158N 地址、电话：金陵市玄武区中山路88号 0688-86615898 开户行及账号：中国工商银行金陵玄武支行 1298010002000316285	密码区	-65745<19458<38404817000338 5/37503848*7>234504>-210006 2//5>*8511127-7<8*873000007 <413-3001152-/7142>>8**0098

货物或应税劳务、服务名称	规格型号	单位	数量	单价	金额	税率	税额
*家具*办公桌		张	300	100.00	30000.00	13%	3900.00
*家具*办公椅		把	300	50.00	15000.00	13%	1950.00
合计					￥45000.00		￥5850.00
价税合计（大写）	⊗伍万零捌佰伍拾圆整				（小写）￥50850.00		

销售方	名称：金陵易能达商贸有限公司 纳税人识别号：91510005539512701N 地址、电话：金陵市海淀区上地路1号 0688-2342511 开户行及账号：中国建设银行金陵上地支行 1208736877823412463	备注	金陵易能达商贸有限公司 91510005539512701N 发票专用章

收款人：　　复核：　　开票人：张琪　　销售方：（章）

第三联：发票联 购买方记账凭证

税总函〔2018〕982号海南华森实业公司

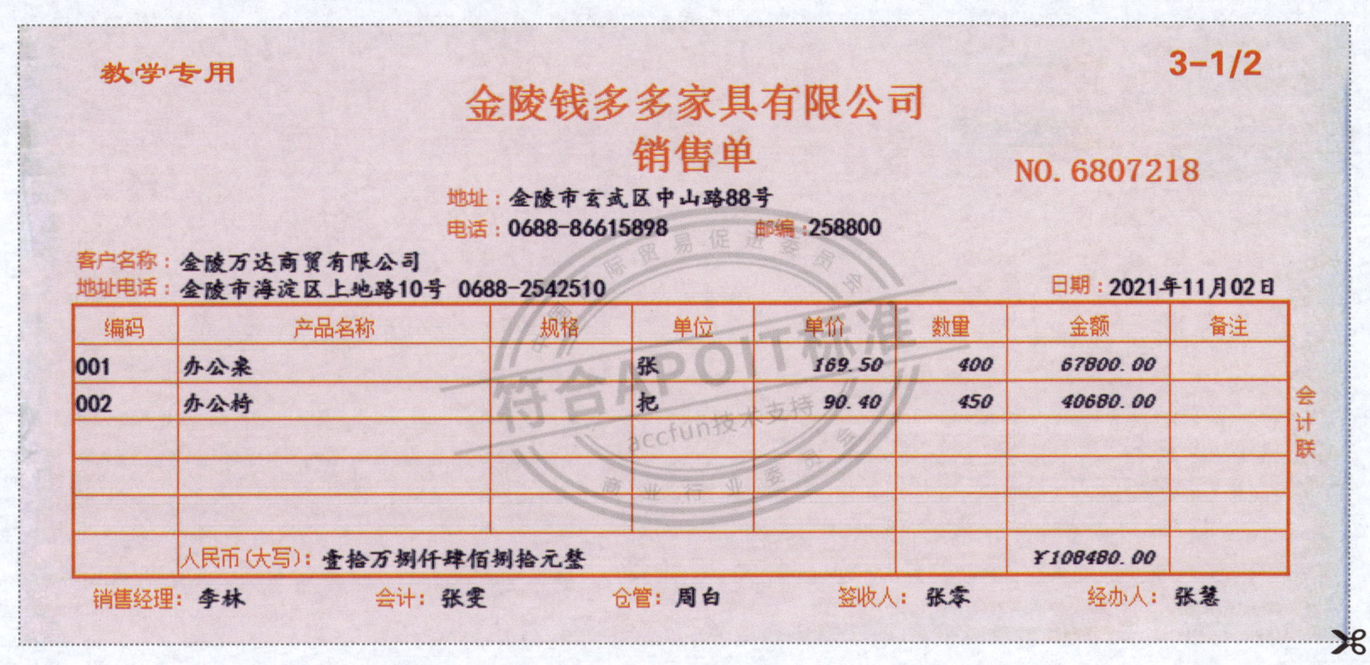

教学专用

3-1/2

金陵钱多多家具有限公司

销售单

NO. 6807218

地址：金陵市玄武区中山路88号

电话：0688-86615898　邮编：258800

客户名称：金陵万达商贸有限公司

地址电话：金陵市海淀区上地路10号 0688-2542510

日期：2021年11月02日

编码	产品名称	规格	单位	单价	数量	金额	备注
001	办公桌		张	169.50	400	67800.00	
002	办公椅		把	90.40	450	40680.00	
	人民币(大写)：壹拾万捌仟肆佰捌拾元整					¥108480.00	

会计联

销售经理：李林　会计：张雯　仓管：周白　签收人：张零　经办人：张慧

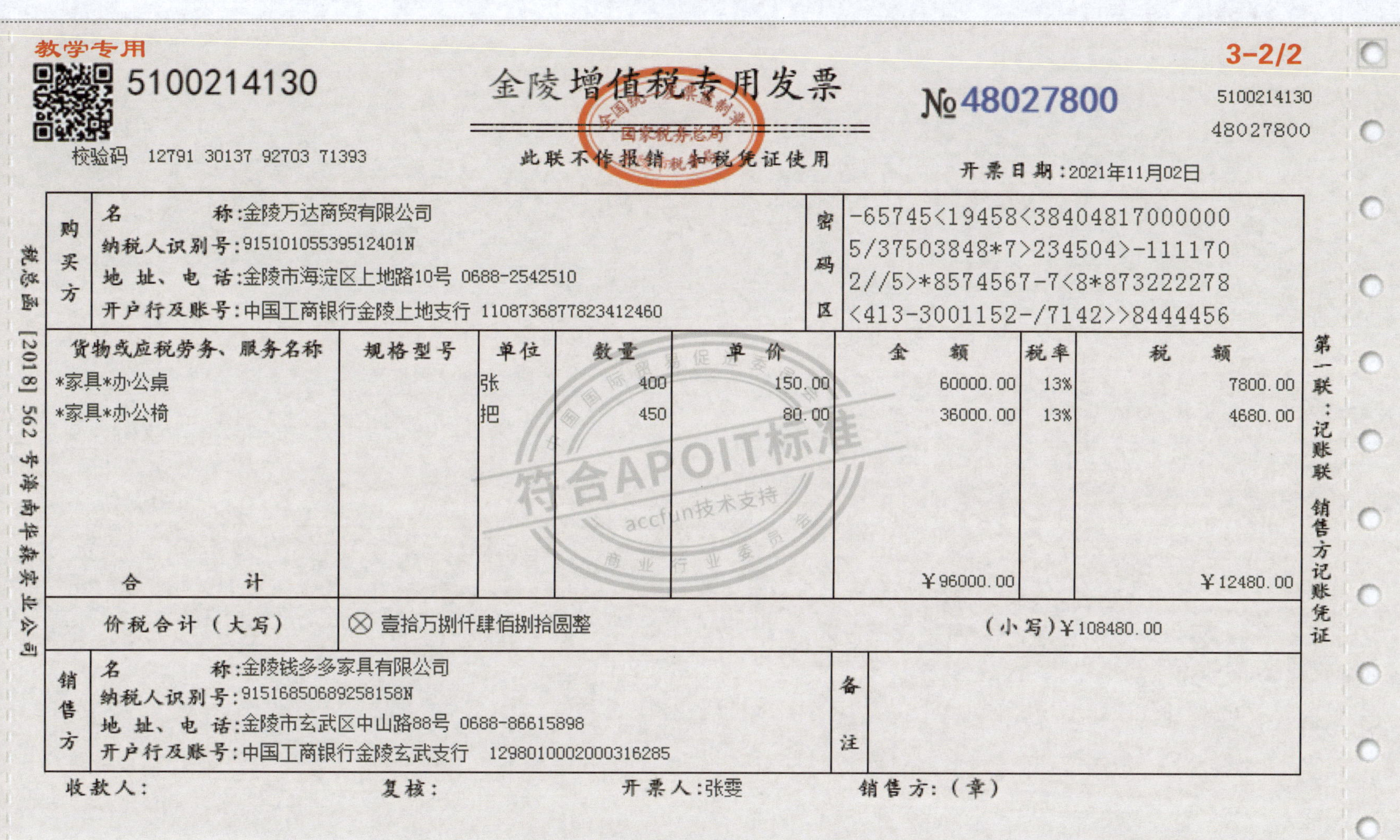

教学专用　　　　　　　　　　　　　　　　　　　　　　　　　　　　3-2/2

5100214130

金陵增值税专用发票

国家税务总局

此联不作报销、扣税凭证使用

№ 48027800　　5100214130　48027800

校验码 12791 30137 92703 71393

开票日期:2021年11月02日

购买方	名　　称:金陵万达商贸有限公司 纳税人识别号:91510105539512401N 地 址、电 话:金陵市海淀区上地路10号 0688-2542510 开户行及账号:中国工商银行金陵上地支行 1108736877823412460	密码区	-65745<19458<38404817000000 5/37503848*7>234504>-111170 2//5>*8574567-7<8*873222278 <413-3001152-/7142>>8444456

货物或应税劳务、服务名称	规格型号	单位	数量	单价	金额	税率	税额
*家具*办公桌		张	400	150.00	60000.00	13%	7800.00
*家具*办公椅		把	450	80.00	36000.00	13%	4680.00
合　　计					¥96000.00		¥12480.00
价税合计(大写)	⊗ 壹拾万捌仟肆佰捌拾圆整				(小写)¥108480.00		

销售方	名　　称:金陵钱多多家具有限公司 纳税人识别号:91516850689258158N 地 址、电 话:金陵市玄武区中山路88号 0688-86615898 开户行及账号:中国工商银行金陵玄武支行 1298010002000316285	备注	

收款人:　　　　复核:　　　　开票人:张雯　　　　销售方:(章)

税总函[2018]562号海南华森实业公司

第一联:记账联　销售方记账凭证

教学专用　4-1/1

中国工商银行
现金支票存根

30909320
20617230

附加信息

出票日期 2021 年 11 月 05 日

收款人：金陵钱多多家具有限公司

金　额：¥10000.00

用　途：备用金

单位主管　　会计

报销单

填报日期：2021 年 11 月 05 日　　单据及附件共 4 张

姓名	钱多多	所属部门	总经办	报销形式	现金
				支票号码	

报销项目	摘要	金额	备注
招待费	总经办招待用餐	1432.00	
		现金付讫	
合计		¥1432.00	
金额大写：⊗拾 ⊗万 壹仟 肆佰 叁拾 贰元 零角 零分		原借款：　元	应退款：　元 应补款：　元

总经理：钱多多　财务经理：张丽　部门经理：　会计：张雯　出纳：李丽　报销人：钱多多

教学专用

5-2/5

金陵增值税电子普通发票

发票代码: 051002143211
发票号码: 89076811
开票日期: 2021年11月05日
校验码: 16874 61786 41198 79112

机器编号: 660865482133

购买方	名称: 金陵钱多多家具有限公司 纳税人识别号: 91516850689258158N 地址、电话: 开户行及账号:	密码区	115-56<19458<3840+481*56799 75/373*4348*7>+>-2//54348*7 >*23-4367-7<8*873/+<4840+12 334+2395*3-/>7142>>8--56<32

货物或应税劳务、服务名称	规格型号	单位	数量	单价	金额	税率	税额
*食品类产品*烟			2	436.895	873.79	3%	26.21
合计					¥873.79		¥26.21
价税合计(大写)	⊗玖佰圆整				(小写)¥900.00		

销售方	名称: 金陵翰飞商贸有限公司 纳税人识别号: 91518850689212312N 地址、电话: 金陵市玄武区上地路186号 0688-86615175 开户行及账号: 中国工商银行金陵上地支行 1298010002000319757	备注	

收款人: 洪利鑫 复核: 黄玉莹 开票人: 张元启 销售方: (章)

教学专用

5-3/5

金陵增值税电子普通发票

发票代码：051002143211
发票号码：89076890
开票日期：2021年11月05日
校 验 码：37462 83749 17249 86191

机器编号：325252323252

购买方	名称：金陵钱多多家具有限公司 纳税人识别号：915168506892581 58N 地址、电话： 开户行及账号：	密码区	-65745<19458<38404817*99006 5/37503848*7>234504>-0009/3 2//5>*8574567-7<8*873002-01 <413-3001152-/7142>>80000*8

货物或应税劳务、服务名称	规格型号	单位	数量	单价	金额	税率	税额
*餐饮服务*餐饮费			1	485.44	485.44	3%	14.56
合计					¥485.44		¥14.56
价税合计（大写）	⊗伍佰圆整				（小写）¥500.00		

销售方	名称：金陵四方娱乐有限公司 纳税人识别号：91511740173491011N 地址、电话：金陵市玄武区南通路124号 0688-15878606 开户行及账号：中国工商银行金陵玄武支行 1290034290103528731	备注	

收款人：陈非　　复核：薛玲玲　　开票人：吴氏　　销售方：（章）

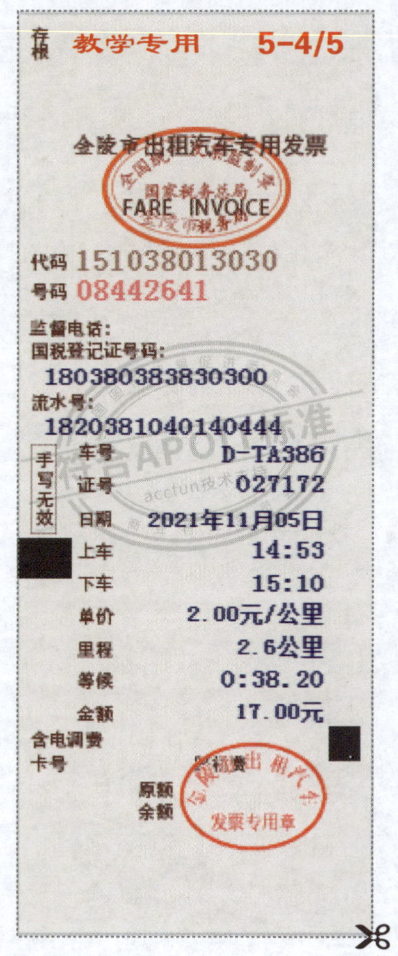
存根 教学专用 5-4/5

金陵市出租汽车专用发票

FARE INVOICE

代码 151038013030

号码 08442641

监督电话:

国税登记证号码:

180380383830300

流水号:

1820381040140444

手写无效

车号 D-TA386

证号 027172

日期 2021年11月05日

上车 14:53

下车 15:10

单价 2.00元/公里

里程 2.6公里

等候 0:38.20

金额 17.00元

含电调费

卡号

原额

余额

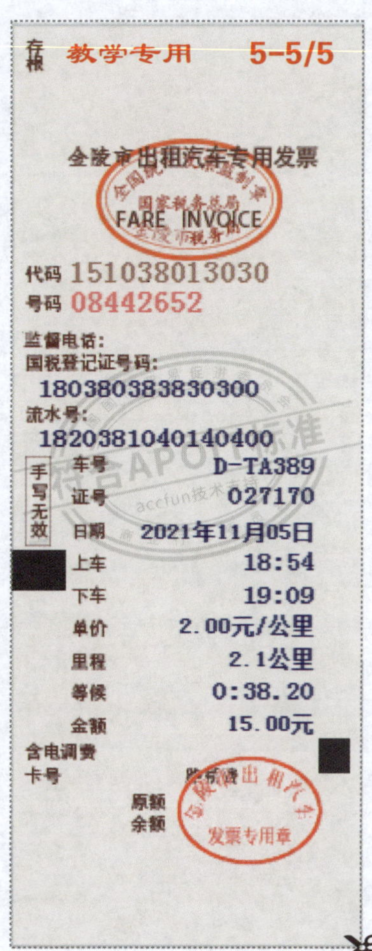
存根 教学专用 5-5/5

金陵市出租汽车专用发票

FARE INVOICE

代码 151038013030

号码 08442652

监督电话:

国税登记证号码:

180380383830300

流水号:

1820381040140400

手写无效

车号 D-TA389

证号 027170

日期 2021年11月05日

上车 18:54

下车 19:09

单价 2.00元/公里

里程 2.1公里

等候 0:38.20

金额 15.00元

含电调费

卡号

原额

余额

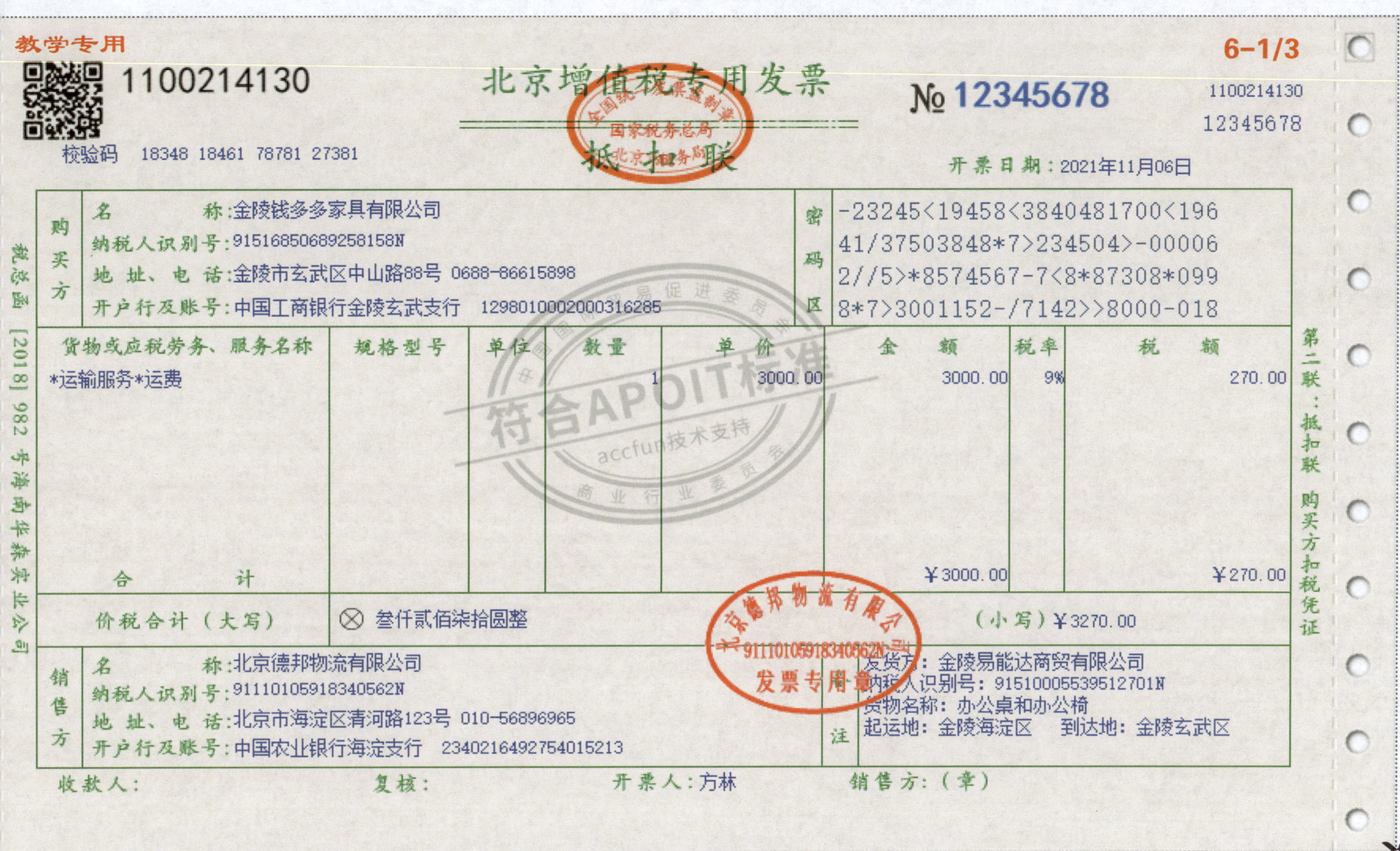

教学专用

1100214130

北京增值税专用发票

抵扣联

№ 12345678

6-1/3

1100214130
12345678

校验码 18348 18461 78781 27381

开票日期：2021年11月06日

购买方	名称:金陵钱多多家具有限公司 纳税人识别号:91516850689258158N 地址、电话:金陵市玄武区中山路88号 0688-86615898 开户行及账号:中国工商银行金陵玄武支行 129801000200031628	密码区	-23245<19458<3840481700<196 41/37503848*7>234504>-00006 2//5>*8574567-7<8*87308*099 8*7>3001152-/7142>>8000-018

货物或应税劳务、服务名称	规格型号	单位	数量	单价	金额	税率	税额
*运输服务*运费			1	3000.00	3000.00	9%	270.00
合计					￥3000.00		￥270.00
价税合计（大写）	⊗叁仟贰佰柒拾圆整				（小写）￥3270.00		

销售方	名称:北京德邦物流有限公司 纳税人识别号:91110105918340562N 地址、电话:北京市海淀区清河路123号 010-56896965 开户行及账号:中国农业银行海淀支行 2340216492754015213	备注	发货方：金陵易能达商贸有限公司 纳税人识别号：91510005539512701N 货物名称：办公桌和办公椅 起运地：金陵海淀区　到达地：金陵玄武区

收款人：　复核：　开票人：方林　销售方：（章）

第二联：抵扣联 购买方扣税凭证

税总函［2018］982号海南华森实业公司

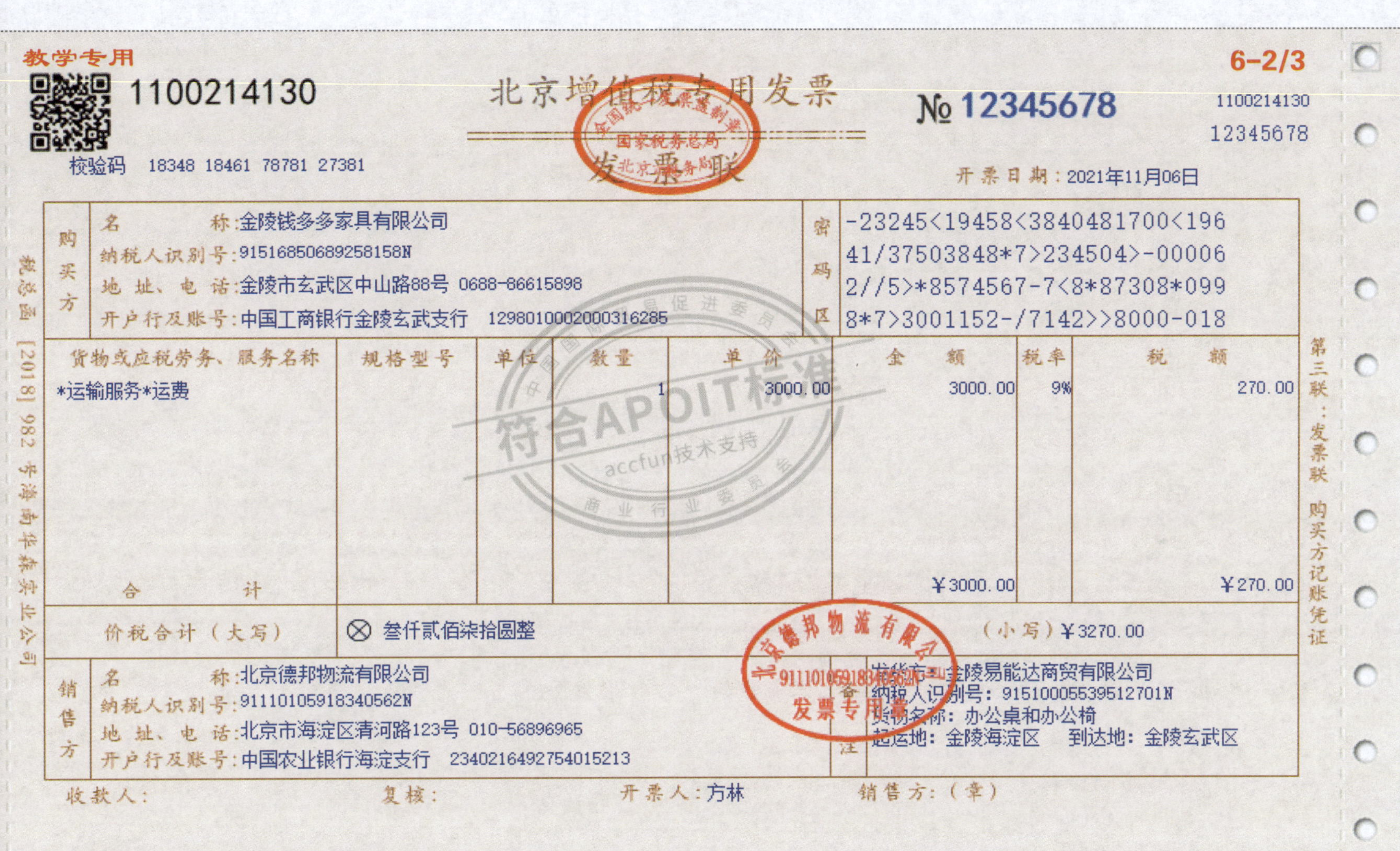

教学专用

1100214130

北京增值税专用发票

发票联

6-2/3

№ 12345678

1100214130

12345678

校验码 18348 18461 78781 27381

开票日期：2021年11月06日

购买方	名 称：金陵钱多多家具有限公司 纳税人识别号：91516850689258158N 地址、电话：金陵市玄武区中山路88号 0688-86615898 开户行及账号：中国工商银行金陵玄武支行 1298010002000316285	密码区	-23245<19458<3840481700<196 41/37503848*7>234504>-00006 2//5>*8574567-7<8*87308*099 8*7>3001152-/7142>>8000-018

货物或应税劳务、服务名称	规格型号	单位	数量	单价	金额	税率	税额
*运输服务*运费			1	3000.00	3000.00	9%	270.00
合 计					¥3000.00		¥270.00
价税合计（大写）	⊗ 叁仟贰佰柒拾圆整				（小写）¥3270.00		

销售方	名 称：北京德邦物流有限公司 纳税人识别号：91110105918340562N 地址、电话：北京市海淀区清河路123号 010-56896965 开户行及账号：中国农业银行海淀支行 2340216492754015213	备注	发货方：金陵易能达商贸有限公司 纳税人识别号：91510005539512701N 货物名称：办公桌和办公椅 起运地：金陵海淀区 到达地：金陵玄武区

收款人： 复核： 开票人：方林 销售方：（章）

北京德邦物流有限公司 91110105918340562N 发票专用章

全国统一发票监制章 国家税务总局 北京市税务局

第三联：发票联 购买方记账凭证

税总函［2018］982号海南华森实业公司

教学专用

ICBC 中国工商银行 业务回单(付款) 6-3/3

日期： 2021年 11月 06日 回单编号： 1534900002

付款人户名： 金陵钱多多家具有限公司 付款人开户行： 金陵玄武支行

付款人账号（卡号）： 1298010002000316285

收款人户名： 北京德邦物流有限公司 收款人开户行： 农行海淀支行

收款人账号（卡号）： 2340216492754015213

金额： 叁仟贰佰柒拾元整 小写： 3270.00元

业务（产品）种类： 结算业务凭证 凭证种类： 000000000 凭证号码： 000000000000000000

摘要： 运费 用途： 转账 币种： 人民币

交易机构： 0410000292 记账柜员： 03741 交易代码： 02108 渠道： 柜面

产品名称： 费用名称：

应收金额： 3270.00 实收金额： 3270.00 收费渠道：

本回单为第一次打印，注意重复 打印日期： 2021年 11月 07日 打印柜员： 9 验证码： 0A87640EF006

中国工商银行股份有限公司 金陵玄武支行 业务专用章 850FBCEF0014

教学专用

7-1/6

差旅费报销单

填报日期：2021 年 11 月 06 日　　　　单据及附件共 5 张

<table>
<tr><td colspan="4">所属部门</td><td>销售部</td><td>姓名</td><td>李林</td><td>出差事由</td><td colspan="2">推介产品</td></tr>
<tr><td colspan="2">出发</td><td colspan="2">到达</td><td colspan="2" rowspan="2">起止地址</td><td rowspan="2">交通费</td><td rowspan="2">住宿费</td><td rowspan="2">伙食费</td><td rowspan="2">其他</td></tr>
<tr><td>月</td><td>日</td><td>月</td><td>日</td></tr>
<tr><td>11</td><td>05</td><td>11</td><td>06</td><td colspan="2">金陵-上海-金陵</td><td>1,050.00</td><td>250.00</td><td>120.00</td><td></td></tr>
<tr><td></td><td></td><td></td><td></td><td colspan="2"></td><td></td><td></td><td></td><td></td></tr>
<tr><td></td><td></td><td></td><td></td><td colspan="2"></td><td></td><td></td><td colspan="2">现金付讫</td></tr>
<tr><td></td><td></td><td></td><td></td><td colspan="2"></td><td></td><td></td><td></td><td></td></tr>
<tr><td></td><td></td><td></td><td></td><td colspan="2"></td><td></td><td></td><td></td><td></td></tr>
<tr><td></td><td></td><td></td><td></td><td colspan="2"></td><td></td><td></td><td></td><td></td></tr>
<tr><td rowspan="2">合计</td><td colspan="5" rowspan="2">大写金额：壹仟肆佰贰拾元整　　¥ 1,420.00</td><td rowspan="2">预支旅费</td><td rowspan="2"></td><td>退回金额</td><td></td></tr>
<tr><td>补付金额</td><td></td></tr>
</table>

总经理：钱多多　财务经理：张丽　部门经理：　会计：张委　出纳：李丽　报销人：李林

教学专用

7-2/6

上海增值税电子普通发票

发票代码：031052101011
发票号码：22210987
开票日期：2021年11月05日
校 验 码：81267 21736 15273 91736

机器编号：661615012022

购买方	名　称：金陵钱多多家具有限公司 纳税人识别号：91516850689258158N 地址、电话： 开户行及账号：	密码区	-65745<19458<38404817*92223 5/37503848*7>234504>-000321 2//5>*8574567-7<8*873043-71 <413-3001152-/7142>>800*232

货物或应税劳务、服务名称	规格型号	单位	数量	单价	金额	税率	税额
*住宿服务*住宿			1	235.85	235.85	6%	14.15
合　计					¥235.85		¥14.15
价税合计（大写）	⊗贰佰伍拾圆整				（小写）¥250.00		

销售方	名　称：7天连锁酒店 纳税人识别号：91310075678081367N 地址、电话：上海市长宁区江苏路124号 021-23832406 开户行及账号：中国工商银行上海长宁支行 12900342901035322689	备注	

收款人：吴亦菲　　复核：王尔佳　　开票人：陈目一　　销售方：（章）

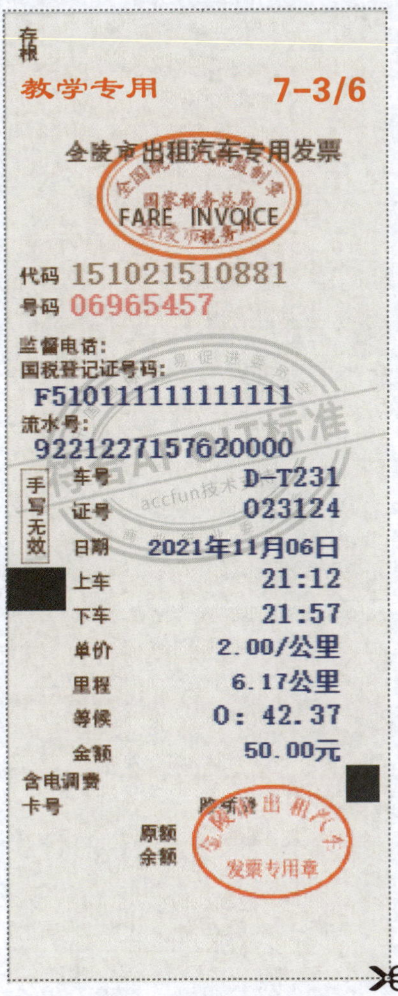
存根

教学专用 7-3/6

金陵市出租汽车专用发票

FARE INVOICE

代码 151021510881

号码 06965457

监督电话:

国税登记证号码:

F510111111111111

流水号:

922122715762000

手写无效

车号 D-T231

证号 023124

日期 2021年11月06日

上车 21:12

下车 21:57

单价 2.00/公里

里程 6.17公里

等候 0:42.37

金额 50.00元

含电调费

卡号

原额

余额

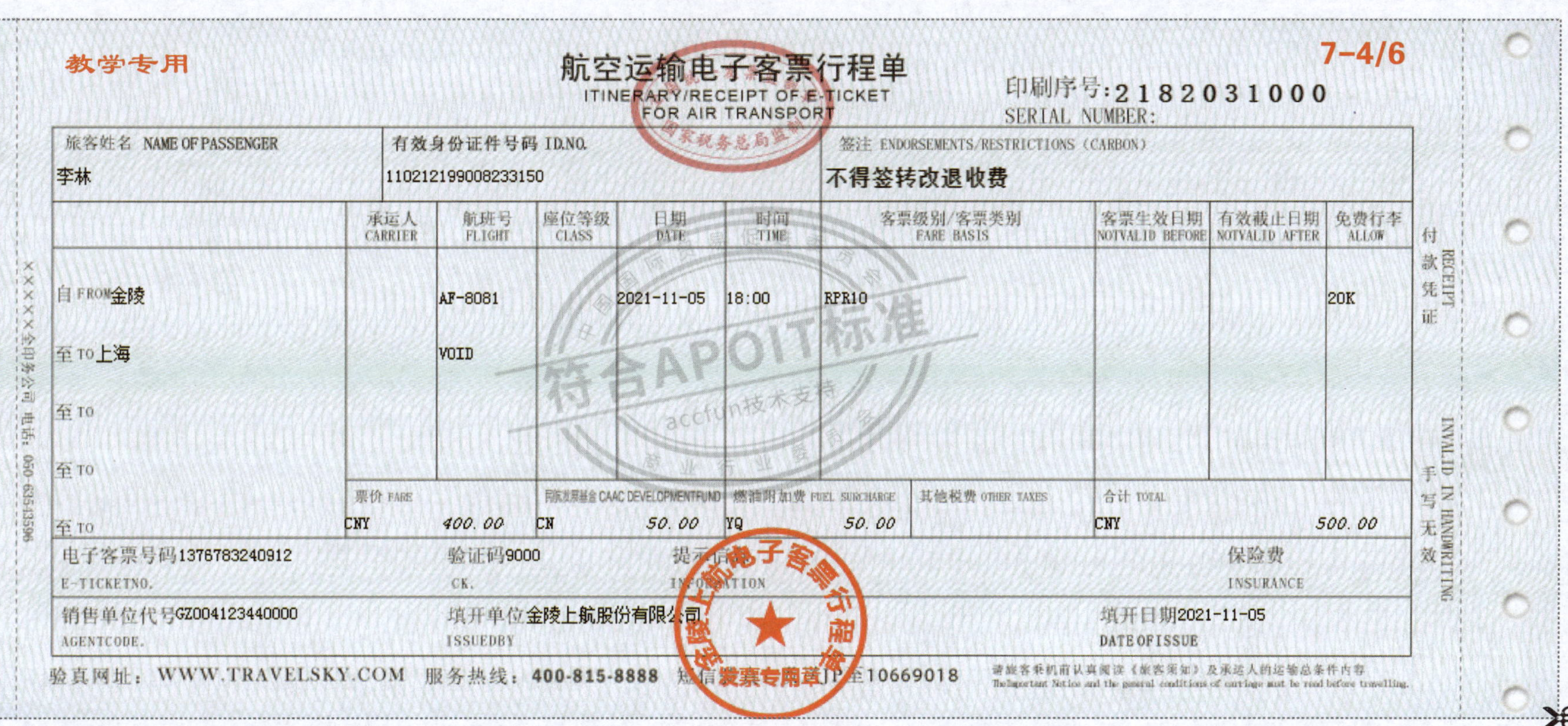

教学专用　　7-4/6

航空运输电子客票行程单
ITINERARY/RECEIPT OF E-TICKET FOR AIR TRANSPORT

印刷序号：2182031000
SERIAL NUMBER:

旅客姓名 NAME OF PASSENGER	有效身份证件号码 ID.NO.	签注 ENDORSEMENTS/RESTRICTIONS (CARBON)
李林	110212199008233150	不得签转改退收费

	承运人 CARRIER	航班号 FLIGHT	座位等级 CLASS	日期 DATE	时间 TIME	客票级别/客票类别 FARE BASIS	客票生效日期 NOTVALID BEFORE	有效截止日期 NOTVALID AFTER	免费行李 ALLOW
自 FROM 金陵		AF-8081		2021-11-05	18:00	RPR10			20K
至 TO 上海		VOID							
至 TO									
至 TO									

票价 FARE	民航发展基金 CAAC DEVELOPMENTFUND	燃油附加费 FUEL SURCHARGE	其他税费 OTHER TAXES	合计 TOTAL
CNY 400.00	CN 50.00	YQ 50.00		CNY 500.00

至 TO

电子客票号码 E-TICKETNO. 1376783240912　验证码 CK. 9000　提示信息 INFORMATION　保险费 INSURANCE

销售单位代号 AGENTCODE. GZ004123440000　填开单位 ISSUEDBY 金陵上航股份有限公司　填开日期 DATE OF ISSUE 2021-11-05

验真网址：WWW.TRAVELSKY.COM　服务热线：400-815-8888　短信验真：发送JP至10669018

请旅客乘机前认真阅读《旅客须知》及承运人的运输总条件内容
The Important Notice and the general conditions of carriage must be read before travelling.

付款凭证 RECEIPT　手写无效 INVALID IN HANDWRITING

×××××全印务公司 电话：050-63543596

教学专用 7-5/6

航空运输电子客票行程单
ITINERARY/RECEIPT OF E-TICKET FOR AIR TRANSPORT

印刷序号：2182031007
SERIAL NUMBER:

旅客姓名 NAME OF PASSENGER	有效身份证件号码 ID.NO.	签注 ENDORSEMENTS/RESTRICTIONS (CARBON)
李林	110212199008233150	不得签转改退收费

	承运人 CARRIER	航班号 FLIGHT	座位等级 CLASS	日期 DATE	时间 TIME	客票级别/客票类别 FARE BASIS	客票生效日期 NOTVALID BEFORE	有效截止日期 NOTVALID AFTER	免费行李 ALLOW
自 FROM 上海		AF-0911		2021-11-06	18:00	RPR10			20K
至 TO 金陵		VOID							
至 TO									
至 TO									
至 TO	票价 FARE CNY 400.00		民航发展基金 CAAC DEVELOPMENTFUND CN 50.00		燃油附加费 FUEL SURCHARGE YQ 50.00	其他税费 OTHER TAXES	合计 TOTAL CNY 500.00		

电子客票号码 1376783240914 E-TICKETNO. 验证码 9057 CK. 提示信息 INFORMATION 保险费 INSURANCE

销售单位代号 GZ004123440011 AGENTCODE. 填开单位 中国东方航空有限公司 ISSUEDBY 填开日期 2021-11-06 DATE OF ISSUE

验真网址：WWW.TRAVELSKY.COM 服务热线：400-815-8888 短信验真：发送JP至10669018

请旅客乘机前认真阅读《旅客须知》及承运人的运输总条件内容
The Important Notice and the general conditions of carriage must be read before travelling.

付款凭证 RECEIPT

手写无效 INVALID IN HANDWRITING

××××××全印务公司 电话：050-63543596

东方航空电子客票行程单 发票专用章

教学专用　　　　　　　　　　　　　　　　　　　　　　　　　　　　7-6/6

机器编号: 325252323343

上海增值税电子普通发票

发票代码: 031052101011

发票号码: 14164131

开票日期: 2021年11月05日

校验码: 06443 16575 98948 03609

购买方		密码区	
名称:	金陵钱多多家具有限公司		-65745<19458<38404817*94332
纳税人识别号:	91516850689258158N		5/37503848*7>234504>-00-0/3
地址、电话:			2//5>*8574567-7<8*8730>2341
开户行及账号:			<413-3001152-/7142>>8002-/7

货物或应税劳务、服务名称	规格型号	单位	数量	单价	金额	税率	税额
*餐饮服务*餐饮费			1	116.50	116.50	3%	3.50
合计					¥116.50		¥3.50
价税合计(大写)	⊗壹佰贰拾圆整				(小写)¥120.00		

销售方		备注
名称:	上海鼎轩餐饮有限公司	
纳税人识别号:	91310001000010101N	
地址、电话:	上海市长宁区江苏路109号 021-23242987	
开户行及账号:	中国工商银行上海长宁支行 129003429010353232245	

收款人: 吴殷明　　复核: 黄佳家　　开票人: 黄鑫　　销售方: (章)

教学专用

8-1/2

报销单

填报日期：2021 年 11 月 09 日　　　　单据及附件共 1 张

姓名	李丽	所属部门	财务部	报销形式	现金	
				支票号码		

报销项目	摘要	金额	备注
办公费	购买A4纸	200.00	
合计		¥200.00	
金额大写：⊗拾 ⊗万 ⊗仟 贰佰 零拾 零元 零角 零分		原借款：元	应退款：元 应补款：元

现金付讫

总经理：　财务经理：张丽　部门经理：张丽　会计：张雯　出纳：李丽　报销人：李丽

教学专用

8–2/2

金陵增值税电子普通发票

发票代码: 051002143211
发票号码: 03097083
开票日期: 2021年11月09日
校验码: 00210 09876 12789 09178

机器编号: 325234523210

购买方	名称: 金陵钱多多家具有限公司 纳税人识别号: 91516850689258158N 地址、电话: 开户行及账号:	密码区	125-56<19458<3840+481*56621 75/373*4348*7>+>-2//54348*7 >*23-4367-7<8*873/+<4840+48 334+2395*3-/>7142>>8--56<90

货物或应税劳务、服务名称	规格型号	单位	数量	单价	金额	税率	税额
*纸制品*A4纸		包	8	24.27125	194.17	3%	5.83
合计					¥194.17		¥5.83
价税合计（大写）	⊗贰佰圆整				（小写）¥200.00		

销售方	名称: 金陵翰飞商贸有限公司 纳税人识别号: 91518850689212312N 地址、电话: 金陵市玄武区上地路186号 0688-86615175 开户行及账号: 中国工商银行金陵上地支行 1298010002000319757	备注	金陵翰飞商贸有限公司 91518850689212312N 发票专用章

收款人: 刘兴　　复核: 林大佑　　开票人: 张元启　　销售方: (章)

教学专用 9-1/3

金陵钱多多家具有限公司

销售单

NO. 6807219

地址：金陵市玄武区中山路88号

电话：0688-86615898 邮编：258800

客户名称：金陵积善行商贸有限公司

地址电话：金陵市玄武区南华路70号 0688-86615600

日期：2021年11月10日

编码	产品名称	规格	单位	单价	数量	金额	备注
001	办公桌		张	135.60	300	40680.00	
002	办公椅		把	67.80	300	20340.00	
	人民币(大写)：陆万壹仟零贰拾元整					¥61020.00	

会计联

销售经理：李林 会计：张雯 仓管：周白 签收人：汪含 经办人：张慧

教学专用

9-2/3

金陵增值税电子普通发票

发票代码: 051002143211
发票号码: 48028125
开票日期: 2021年11月10日
校 验 码: 12791 30137 92703 71393

机器编号: 660865483465

购买方	名称: 金陵积善行商贸有限公司 纳税人识别号: 91510105539512780N 地址、电话: 开户行及账号:	密码区	-12*65745<19458<38404817006 5/37503848*7>234504>-008*76 2//5>*857456 7-7<8*873*00022 44<413-3001152-/7142>>802/8

货物或应税劳务、服务名称	规格型号	单位	数量	单价	金额	税率	税额
*家具*办公桌		张	300	120.00	36000.00	13%	4680.00
*家具*办公椅		把	300	60.00	18000.00	13%	2340.00
合计					¥54000.00		¥7020.00
价税合计（大写）	⊗陆万壹仟零贰拾圆整				（小写）¥61020.00		

销售方	名称: 金陵钱多多家具有限公司 纳税人识别号: 91516850689258158N 地址、电话: 金陵市玄武区中山路88号 0688-86615898 开户行及账号: 中国工商银行金陵玄武支行 1298010002000316285	备注	

收款人: 李丽 复核: 张丽 开票人: 张雯 销售方:（章）

教学专用

ICBC 中国工商银行 业务回单(收款) 9-3/3

日期： 2021年 11月 10日 回单编号： 1534800009

付款人户名： 金陵积善行商贸有限公司 付款人开户行： 建行金陵中山支行

付款人账号（卡号）： 6217000131210366361

收款人户名： 金陵钱多多家具有限公司 收款人开户行： 金陵玄武支行

收款人账号（卡号）： 1298010002000316285

金额： 陆万壹仟零贰拾元整 小写： 61020.00元

业务（产品）种类： 结算业务凭证 凭证种类： 000000000 凭证号码： 000000000000000000

摘要： 货款 用途： 转账 币种： 人民币

交易机构： 0410000292 记账柜员： 03741 交易代码： 02108 渠道： 柜面

产品名称： 费用名称：

应收金额： 61020.00 实收金额： 61020.00 收费渠道：

本回单为第一次打印，注意重复 打印日期： 2021年 11月 11日 打印柜员： 9 验证码： 0A87640EF006

中国工商银行股份有限公司 金陵玄武支行 业务专用章 850FBCEF0014

教学专用

ICBC 中国工商银行 业务回单(付款) 10-1/1

日期： 2021年 11月 12日 回单编号： 1534900002

付款人户名： 金陵钱多多家具有限公司 付款人开户行： 金陵玄武支行

付款人账号（卡号）： 1298010002000316285

收款人户名： 金陵易能达商贸有限公司 收款人开户行： 建行金陵上地支行

收款人账号（卡号）： 1208736877823412463

金额： 叁万元整 小写： 30000.00元

业务（产品）种类： 结算业务凭证 凭证种类： 0000000000 凭证号码： 00000000000000000

摘要： 货款 用途： 转账 币种： 人民币

交易机构： 0410000292 记账柜员： 03741 交易代码： 02108 渠道： 柜面

产品名称： 费用名称：

应收金额： 30000.00 实收金额： 30000.00 收费渠道：

本回单为第一次打印，注意重复 打印日期： 2021年 11月 13日 打印柜员： 9 验证码： 0A87640EF006

中国工商银行股份有限公司 金陵玄武支行 业务专用章 850FBCEF0014

教学专用

11-1/2

报销单

填报日期：2021 年 11 月 13 日　　　　单据及附件共 1 张

姓名	李林	所属部门	销售部	报销形式	现金	
				支票号码		
报销项目		摘要		金额		备注
业务招待费		餐饮费		1350.00		
				现金付讫		
合计				¥1350.00		
金额大写：⊗拾 ⊗万 壹仟 叁佰 伍拾 零元 零角 零分				原借款：　　元	应退款：　　元 应补款：　　元	

总经理：钱多多　　财务经理：张丽　　部门经理：　　会计：张雯　　出纳：李丽　　报销人：李林

教学专用

金陵增值税电子普通发票

11-2/2

发票代码：051002143211
发票号码：10986409
开票日期：2021年11月10日
校 验 码：12738 15248 71289 41621

机器编号：660865485678

购买方	名称：金陵钱多多家具有限公司 纳税人识别号：915168506892581 58N 地址、电话： 开户行及账号：	密码区	315-56<19458<3840+481*>-2// 75/373*4348*7>+116//54348*7 2>*23-4367-7<8*873/+<4840+1 24+2395*3-/>7142>>8--56<-56

货物或应税劳务、服务名称	规格型号	单位	数量	单价	金额	税率	税额
*餐饮服务*餐饮费			1	1273.58	1273.58	6%	76.42
合计					¥1273.58		¥76.42
价税合计（大写）	⊗壹仟叁佰伍拾圆整				（小写）¥1350.00		

销售方	名称：金陵食为天餐饮有限公司 纳税人识别号：91510115762211664N 地址、电话：金陵市玄武区中山路91号 0688-86615182 开户行及账号：中国工商银行金陵玄武支行 6212261409000760993	备注	

收款人：赵阅　　复核：黄欣欣　　开票人：张文　　销售方：（章）

教学专用　　12-1/2

ICBC 中国工商银行　业务回单(收款)

日期：2021年 11月 15日　　回单编号：1534900010

付款人户名：金陵沃特商贸有限公司　　付款人开户行：金陵中山支行

付款人账号（卡号）：15087368877823412310

收款人户名：金陵钱多多家具有限公司　　收款人开户行：金陵玄武支行

收款人账号（卡号）：1298010002000316285

金额：叁仟肆佰捌拾元整　　小写：3480.00元

业务（产品）种类：结算业务凭证　　凭证种类：000000000　　凭证号码：000000000000000000

摘要：订金　　用途：转账存入　　币种：人民币

交易机构：0410000292　　记账柜员：03741　　交易代码：02108　　渠道：柜面

产品名称：企业网上银行　　费用名称：

应收金额：3480.00　　实收金额：3480.00　　收费渠道：

本回单为第一次打印，注意重复　　打印日期：2021年 11月 15日　　打印柜员：9　　验证码：0A87640EF006

中国工商银行股份有限公司 金陵玄武支行 业务专用章 850FBCEF0014

购 销 合 同

甲方：　金陵钱多多家具有限公司

乙方：　金陵沃特商贸有限公司

甲、乙双方经友好协商，以自愿、平等互利为原则，根据《中华人民共和国合同法》，达成如下协议：

一、双方的权利和义务：

1. 甲方是产品的供应商，乙方是经销商。

2. 乙方作为甲方的经销商，应尽经销商的责任，在上述区域按甲方销售策略、销售要求，尽最大努力销售甲方产品。甲方也应保证供应足够的货源。

3. 产品的型号由订单、收货单确定，最终以收货单为准。

二、费用及支付方式：

1. 首次付款，预付部分订金（￥3480.00，人民币叁仟肆佰捌拾元整）。

2. 后续付款方式为转账。

三、违约责任：

若任何一方违反本合同，即视为违约，给对方造成损失的，应给予损失额的同等赔偿。

... ...

六、本合同自签字之日起即发生法律效力。若在履行过程中出现本合同未尽事宜，双方可协商形成补充合同，与本合同具有同等法律效力。

七、本合同一式两份，双方各持一份，双方签字、盖章后生效。

甲方(委托方)盖章：　　　　　　　　　　乙方(代理方)盖章：

日期：2021年11月15日　　　　　　　　日期：2021年11月15日

教学专用

13-1/2

报 销 单

填报日期：2021 年 11 月 15 日　　　　单据及附件共 1 张

姓名	钱多多	所属部门	总经办	报销形式	现金
				支票号码	

报销项目	摘要	金额	备注
快递费	报销快递费	250.00	
合计		¥250.00	
金额大写：⊗拾 ⊗万 ⊗仟 贰 佰 伍 拾 零 元 零 角 零 分		原借款：元	应退款：元 应补款：元

现金付讫

总经理：　　财务经理：张丽　　部门经理：　　会计：张雯　　出纳：李丽　　报销人：钱多多

教学专用

13-2/2

金陵增值税电子普通发票

发票代码：051002143211
发票号码：04590980
开票日期：2021年11月15日
校 验 码：16543 62136 41332 79112

机器编号：499329867212

购买方	名　　称：金陵钱多多家具有限公司 纳税人识别号：91516850689258158N 地址、电话： 开户行及账号：	密码区	-23245<19458<384048171 1<-*6 41/3750384 8*7>234504>-0--02 2//5>*8574567-7<8*873120*21 8*7>3001152-/7142>>8000-0\-

货物或应税劳务、服务名称	规格型号	单位	数量	单价	金额	税率	税额
*物流辅助服务*收派服务费		月	1	242.72	242.72	3%	7.28
合　　计					¥242.72		¥7.28
价税合计（大写）	⊗贰佰伍拾圆整				（小写）¥250.00		

销售方	名　　称：金陵市顺丰速运有限公司 纳税人识别号：91516800988043146M 地址、电话：金陵市玄武区中山路87号 0688-86615754 开户行及账号：中国工商银行金陵玄武支行 1298010002545313211	备注	

收款人：李田　　复核：曾茜　　开票人：赵荣荣　　销售方：（章）

金陵市顺丰速运有限公司 91516800988043146M 发票专用章

教学专用

14-1/1

中国工商银行电子缴税付款凭证

缴税日期：2021年11月15日　　　　凭证字号：2021111604872621

纳税人全称及纳税人识别号：金陵钱多多家具有限公司　91516850689258158N

付款人全称：金陵钱多多家具有限公司

付款人账号：1298010002000316285　　　　征收机关名称：国家税务总局金陵市税务局

付款人开户行：中国工商银行金陵玄武支行　　　　收款国库（银行）名称：国家金库金陵市玄武区代理支库

小写（合计）金额：￥23400.00　　　　缴款书交易流水号：9991003449811800214

大写（合计）金额：人民币贰万叁仟肆佰元整　　　　税票号码：510159987000022228

税（费）种名称	所属日期	实缴金额（单位：元）
增值税	20211001-20211031	￥23400.00

打印时间：2021年11月15日

客户回单联　　　　验证码：　　　　复核：　　　　记账：

教学专用 15-1/1

中国工商银行电子缴税付款凭证

缴税日期：2021年11月15日　　凭证字号：2021111604872622

纳税人全称及纳税人识别号：金陵钱多多家具有限公司　91516850689258158N

付款人全称：金陵钱多多家具有限公司

付款人账号：1298010002000316285　　征收机关名称：国家税务总局金陵市税务局

付款人开户行：中国工商银行金陵玄武支行　　收款国库（银行）名称：国家金库金陵市玄武区代理支库

小写（合计）金额：￥2808.00　　缴款书交易流水号：99910034498118000215

大写（合计）金额：人民币贰仟捌佰零捌元整　　税票号码：510159987000022229

税（费）种名称	所属日期	实缴金额（单位：元）
城建税-城市市区（增值税）	20211001-20211031	￥1638.00
教育费附加（增值税）	20211001-20211031	￥702.00
地方教育附加（增值税）	20211001-20211031	￥468.00

打印时间：2021年11月15日

客户回单联　　验证码：　　复核：　　记账：

教学专用

16-1/1

中国工商银行电子缴税付款凭证

缴税日期：2021年11月15日　　　　凭证字号：2021111604872623

纳税人全称及纳税人识别号：金陵钱多多家具有限公司　91516850689258158N

付款人全称：金陵钱多多家具有限公司

付款人账号：1298010002000316285　　　征收机关名称：国家税务总局金陵市税务局

付款人开户行：中国工商银行金陵玄武支行　　　收款国库（银行）名称：国家金库金陵市玄武区代理支库

小写（合计）金额：¥125.00　　　缴款书交易流水号：9991003449811800216

大写（合计）金额：人民币壹佰贰拾伍元整　　　税票号码：510159987000022230

税（费）种名称	所属日期	实缴金额（单位：元）
印花税-购销合同	20211001-20211031	¥125.00

打印时间：2021年11月15日

客户回单联　　验证码：　　复核：　　记账：

教学专用　　17-1/2

中国工商银行电子缴税付款凭证

缴税日期：2021年11月15日　　凭证字号：2021111604872627

纳税人全称及纳税人识别号：金陵钱多多家具有限公司　91516850689258158N

付款人全称：金陵钱多多家具有限公司

付款人账号：1298010002000316285　　征收机关名称：国家税务总局金陵市税务局

付款人开户行：中国工商银行金陵玄武支行　　收款国库（银行）名称：国家金库金陵市玄武区代理支库

小写（合计）金额：¥10472.00　　缴款书交易流水号：9991003449811800218

大写（合计）金额：人民币壹万零肆佰柒拾贰元整　　税票号码：510159987000022232

税（费）种名称	所属日期	实缴金额（单位：元）
社保费-工伤	20211101-20211130	¥440.00
社保费-生育	20211101-20211130	¥132.00
社保费-失业	20211101-20211130	¥660.00
社保费-养老	20211101-20211130	¥6160.00
社保费-医疗	20211101-20211130	¥3080.00

打印时间：2021年11月15日

客户回单联　　验证码：　　复核：　　记账：

教学专用　　17-2/2

金陵钱多多家具有限公司

社保费申报汇总表

2021年11月15日　　单位：元

部门	个人应缴合计	单位应缴合计	备注
财务部	660.00	2196.00	11月份社保费
总经办	220.00	732.00	
采购部	440.00	1464.00	
行政部	220.00	732.00	
销售部	440.00	1464.00	
仓管部	440.00	1464.00	
合　计	2420.00	8052.00	

审核人：张丽　　制表人：张雯

教学专用　　　　　　　　　　　　　　　　　　　　　　　　　　18-1/2

ICBC 中国工商银行　业务回单（付款）

日期：　2021年　11月　15日　　　　回单编号：　1534900014

付款人户名：　金陵钱多多家具有限公司　　　　付款人开户行：　金陵玄武支行

付款人账号（卡号）：　1298010002000316285

收款人户名：　　　　收款人开户行：

收款人账号（卡号）：

金额：　贰仟贰佰元整　　　　小写：　2200.00元

业务（产品）种类：　结算业务凭证　　凭证种类：　000000000　　凭证号码：　000000000000000000

摘要：　缴纳公积金　　用途：　转账缴存　　币种：　人民币

交易机构：　0410000292　　记账柜员：　03741　　交易代码：　02108　　渠道：　柜面

产品名称：　　　　费用名称：

应收金额：　2200.00　　实收金额：　2200.00　　收费渠道：

本回单为第一次打印，注意重复　　打印日期：　2021年　11月　15日　　打印柜员：　9　　验证码：　0A87640EF006

中国工商银行股份有限公司 金陵玄武支行 业务专用章 850FMCEF00

教学专用

18–2/2

金陵钱多多家具有限公司

公积金申报汇总表

2021年11月15日　　单位：元

部门	个人应缴合计	单位应缴合计	备注
财务部	300.00	300.00	11月份公积金
总经办	100.00	100.00	
采购部	200.00	200.00	
行政部	100.00	100.00	
销售部	200.00	200.00	
仓管部	200.00	200.00	
合　计	1100.00	1100.00	

审核人：张丽　　制表人：张雯

教学专用　　19-1/2

ICBC 中国工商银行 业务回单（付款）

日期：2021年 11月 20日　　回单编号：1534900002

付款人户名：金陵钱多多家具有限公司　　付款人开户行：金陵玄武支行

付款人账号（卡号）：1298010002000316285

收款人户名：　　收款人开户行：

收款人账号（卡号）：

金额：肆万陆仟陆佰捌拾元整　　小写：46680.00元

业务（产品）种类：结算业务凭证　　凭证种类：000000000000　　凭证号码：000000000000000000

摘要：工资　　用途：转账　　币种：人民币

交易机构：0410000292　　记账柜员：03741　　交易代码：02108　　渠道：柜面

产品名称：　　费用名称：

应收金额：46680.00　　实收金额：46680.00　　收费渠道：

本回单为第一次打印，注意重复　　打印日期：2021年 11月 20日　　打印柜员：9　　验证码：0A87640EF006

中国工商银行股份有限公司 金陵玄武支行 业务专用章 850FBCEF0014

教学专用　　　　　　　　　　　　　　　　　　　　　　　　　　　　19-2/2

金陵钱多多家具有限公司

工资发放表

计酬期间：2021年10月01日至2021年10月31日　　　　发放日期：2021年11月20日　　　　单位：元

部门		姓名	应发工资	代扣个人款项		累计情况（含累计工资/专项及附加扣除）				累计已预扣预缴税额	本期应预扣预缴个税	实发工资
				社保费	公积金	累计收入	累计减除费用	累计专项扣除	累计专项附加扣除			
行政管理部门	总经办	钱多多	6300.00	220.00	100.00	63000.00	50000.00	3200.00	10000.00		0.00	5980.00
	行政部	陈华	4000.00	220.00	100.00	40000.00	50000.00	3200.00			0.00	3680.00
	财务部	张丽	5500.00	220.00	100.00	55000.00	50000.00	3200.00	15000.00		0.00	5180.00
		张雯	4500.00	220.00	100.00	45000.00	50000.00	3200.00			0.00	4180.00
		李丽	4200.00	220.00	100.00	42000.00	50000.00	3200.00			0.00	3880.00
	采购部	张高丽	5200.00	220.00	100.00	52000.00	50000.00	3200.00			0.00	4880.00
		李奇	4000.00	220.00	100.00	40000.00	50000.00	3200.00			0.00	3680.00
	仓管部	周白	4500.00	220.00	100.00	45000.00	50000.00	3200.00			0.00	4180.00
		张慧	4000.00	220.00	100.00	40000.00	50000.00	3200.00			0.00	3680.00
	小　计		**42,200.00**	**1,980.00**	**900.00**	**422,000.00**	**450,000.00**	**28,800.00**	**25,000.00**	**0.00**	**0.00**	**39,320.00**
销售部		李林	4000.00	220.00	100.00	40000.00	50000.00	3200.00	10000.00		0.00	3680.00
		王玲	4000.00	220.00	100.00	40000.00	50000.00	3200.00	5000.00		0.00	3680.00
小　计			**8,000.00**	**440.00**	**200.00**	**80,000.00**	**100,000.00**	**6,400.00**	**15,000.00**	**0.00**	**0.00**	**7,360.00**
合　计			**50,200.00**	**2,420.00**	**1,100.00**	**502,000.00**	**550,000.00**	**35,200.00**	**40,000.00**	**0.00**	**0.00**	**46,680.00**

单位负责人：钱多多　　　　复核人：张丽　　　　制表人：张雯

教学专用

20–1/6

差旅费报销单

填报日期：2021 年 11 月 23 日　　单据及附件共 5 张

所属部门				销售部	姓名	王玲	出差事由	推介产品	
出发		到达		起止地址		交通费	住宿费	伙食费	其他
月	日	月	日						
11	20	11	21	金陵-北京-金陵		1,800.00	300.00	200.00	
合计	大写金额：贰仟叁佰元整			¥ 2,300.00	预支旅费	3,000.00		退回金额	700.00
								补付金额	

总经理：钱多多　财务经理：张丽　部门经理：李林　会计：张委　出纳：李丽　报销人：王玲

教学专用

20-2/6

北京增值税电子普通发票

发票代码：011082102211
发票号码：22971668
开票日期：2021年11月20日
校验码：12554 10432 92201 71221

器编号：661612819007

购买方	名称：金陵钱多多家具有限公司 纳税人识别号：91516850689258158N 地址、电话： 开户行及账号：	密码区	-65745<19458<38404817*92323 5/37503848*7>234504>-567885 2//5>*8574567-7<8*873\-21*3 <413-3001152-/7142>>80-7-05

货物或应税劳务、服务名称	规格型号	单位	数量	单价	金额	税率	税额
住宿服务*住宿			1	283.02	283.02	6%	16.98
合计					¥283.02		¥16.98
价税合计（大写）	⊗叁佰圆整				（小写）¥300.00		

销售方	名称：北京假日旅行社有限公司 纳税人识别号：91110019018018023N 地址、电话：北京市海淀区板井路22号 010-83625178 开户行及账号：中国工商银行北京海淀支行 129802113222123122212	备注	

收款人：蔡青　　复核：戴彦　　开票人：刘明子　　销售方：（章）

教学专用

20-3/6

北京增值税电子普通发票

机器编号：450325335870

发票代码：011082102211
发票号码：63471131
开票日期：2021年11月20日
校验码：12325 18787 43289 86545

购买方	名称：金陵钱多多家具有限公司 纳税人识别号：91516850689258158N 地址、电话： 开户行及账号：	密码区	22-65745<19458<38404-32*21\ 5/37503848*7>234504>-212172 9//5>*8574567-7<8*87300088-8 22<41330011152-/7142>>800*17

货物或应税劳务、服务名称	规格型号	单位	数量	单价	金额	税率	税额
*餐饮服务*餐饮费			1	188.68	188.68	6%	11.32
合计					¥188.68		¥11.32
价税合计（大写）	⊗贰佰圆整				（小写）¥200.00		

销售方	名称：北京伍拾餐饮有限公司 纳税人识别号：91110077923497130N 地址、电话：北京市通州区新华北路98号 010-34935859 开户行及账号：中国建设银行通州新华支行 6212210221000316546	备注	北京伍拾餐饮有限公司 91110077923497130N 发票专用章

收款人：潘莹莹　复核：肖建军　开票人：刘虹　销售方：（章）

教学专用

20-4/6

收 款 收 据

NO.6013557

2021年11月23日

今 收 到 销售部王玲出差余款 现金收讫

金额（大写）⊗佰 ⊗拾 ⊗万 ⊗仟 柒佰 零拾 零元 零角 零分

¥ 700.00 ☑ 现金 ☐ 支票 ☐ 信用卡 ☐ 其他 收款单位（盖章）

核准 会计张委 记账 出纳李丽 经手人王玲

第三联会计联

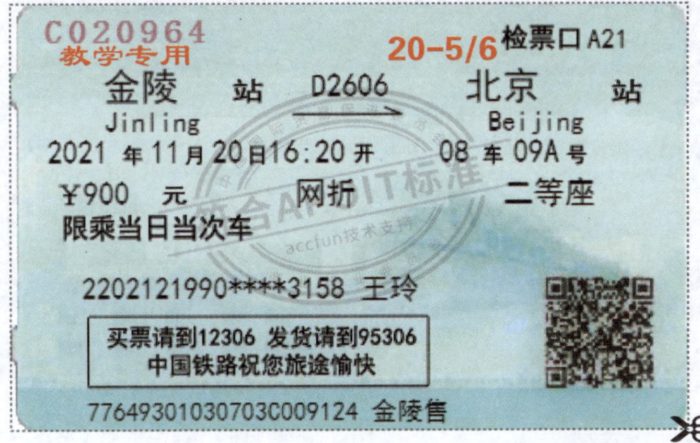
C020964
教学专用
20-5/6 检票口A21
金陵 站 D2606 北京 站
Jinling Beijing
2021年11月20日16:20开 08车09A号
¥900元 网折 二等座
限乘当日当次车
2202121990****3158 王玲
买票请到12306 发货请到95306
中国铁路祝您旅途愉快
77649301030703C009124 金陵售

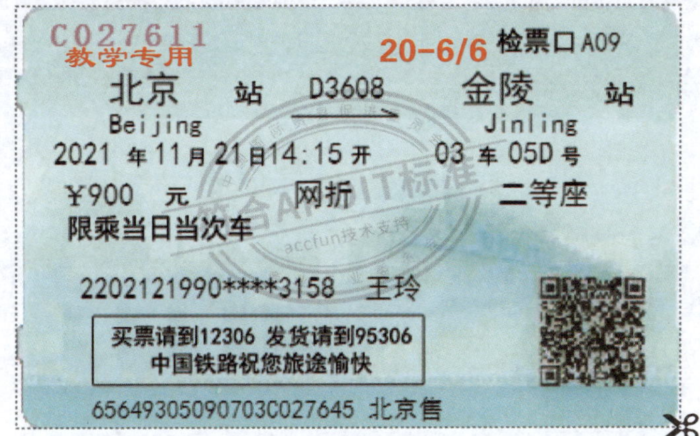
C027611
教学专用
20-6/6 检票口A09
北京 站 D3608 金陵 站
Beijing Jinling
2021年11月21日14:15开 03车05D号
¥900元 网折 二等座
限乘当日当次车
2202121990****3158 王玲
买票请到12306 发货请到95306
中国铁路祝您旅途愉快
65649305090703C027645 北京售

教学专用

5100214320

代开

校验码 12791 30137 92703 21467

金陵增值税普通发票

21-1/2

№42327811

5100214320

42327811

发票联

开票日期：2021年11月25日

购买方	名称：金陵钱多多家具有限公司 纳税人识别号：91516850689258158N 地址、电话：金陵市玄武区中山路88号 0688-86615898 开户行及账号：中国工商银行金陵玄武支行 1298010002000316285	密码区	-65745<19458<38404817111112 5/37503848*7>234504>-777700 2//5>*8574567-7<8*873843289 <413-3001152-/7142>>8087613

货物或应税劳务、服务名称	规格型号	单位	数量	单价	金额	税率	税额
*经营租赁*私房出租			1	3500.00	3500.00	***	***
合计					¥3500.00		***
价税合计（大写）	⊗叁仟伍佰圆整				（小写）¥3500.00		

销售方	名称：国家税务总局金陵市税务局 纳税人识别号：51680574027DK33 地址、电话：金陵市玄武区望花路20号 0688-57342588 开户行及账号：6221264945702852472	备注	代开企业税号：150212199303241524 代开企业名称：李兰 金陵市玄武区中山路88号

收款人：　　复核：　　开票人：兰宁　　销售方：（章）

第二联：发票联　购买方记账凭证

税总函［2018］982号深圳光华印制有限公司

教学专用

ICBC 中国工商银行 业务回单(付款) 21-2/2

日期： 2021年 11月 25日 回单编号： 1534900002

付款人户名： 金陵钱多多家具有限公司 付款人开户行： 金陵玄武支行

付款人账号（卡号）： 1298010002000316285

收款人户名： 李兰 收款人开户行： 金陵玄武支行

收款人账号（卡号）： 2798010002000316267

金额： 叁仟伍佰元整 小写： 3500.00元

业务（产品）种类： 结算业务凭证 凭证种类： 000000000 凭证号码： 0000000000000000

摘要： 房租 用途： 转账 币种： 人民币

交易机构： 0410000292 记账柜员： 03741 交易代码： 02108 渠道： 柜面

产品名称： 费用名称：

应收金额： 3500.00 实收金额： 3500.00 收费渠道：

本回单为第一次打印，注意重复 打印日期： 2021年 11月 25日 打印柜员： 9 验证码： 0A87640EF006

中国工商银行股份有限公司 金陵玄武支行 业务专用章 850FBCEF0014

教学专用

ICBC 中国工商银行 业务回单(付款) 22-1/6

日期： 2021年 11月 25日 回单编号： 1534900002

付款人户名： 金陵钱多多家具有限公司 付款人开户行： 金陵玄武支行

付款人账号（卡号）： 1298010002000316285

收款人户名： 金陵水务集团有限公司 收款人开户行： 金陵中山支行

收款人账号（卡号）： 234021565655100

金额： 肆佰零叁元叁角整 小写： 403.30元

业务（产品）种类： 结算业务凭证 凭证种类： 0000000000 凭证号码： 000000000000000000

摘要： 水费 用途： 币种： 人民币

交易机构： 0410000292 记账柜员： 03741 交易代码： 02108 渠道： 柜面

产品名称： 费用名称：

应收金额： 403.30 实收金额： 403.30 收费渠道：

本回单为第一次打印，注意重复 打印日期： 2021年 11月 26日 打印柜员： 9 验证码： 0A87640EF006

中国工商银行股份有限公司 金陵玄武支行 业务专用章 850FBCEF0014

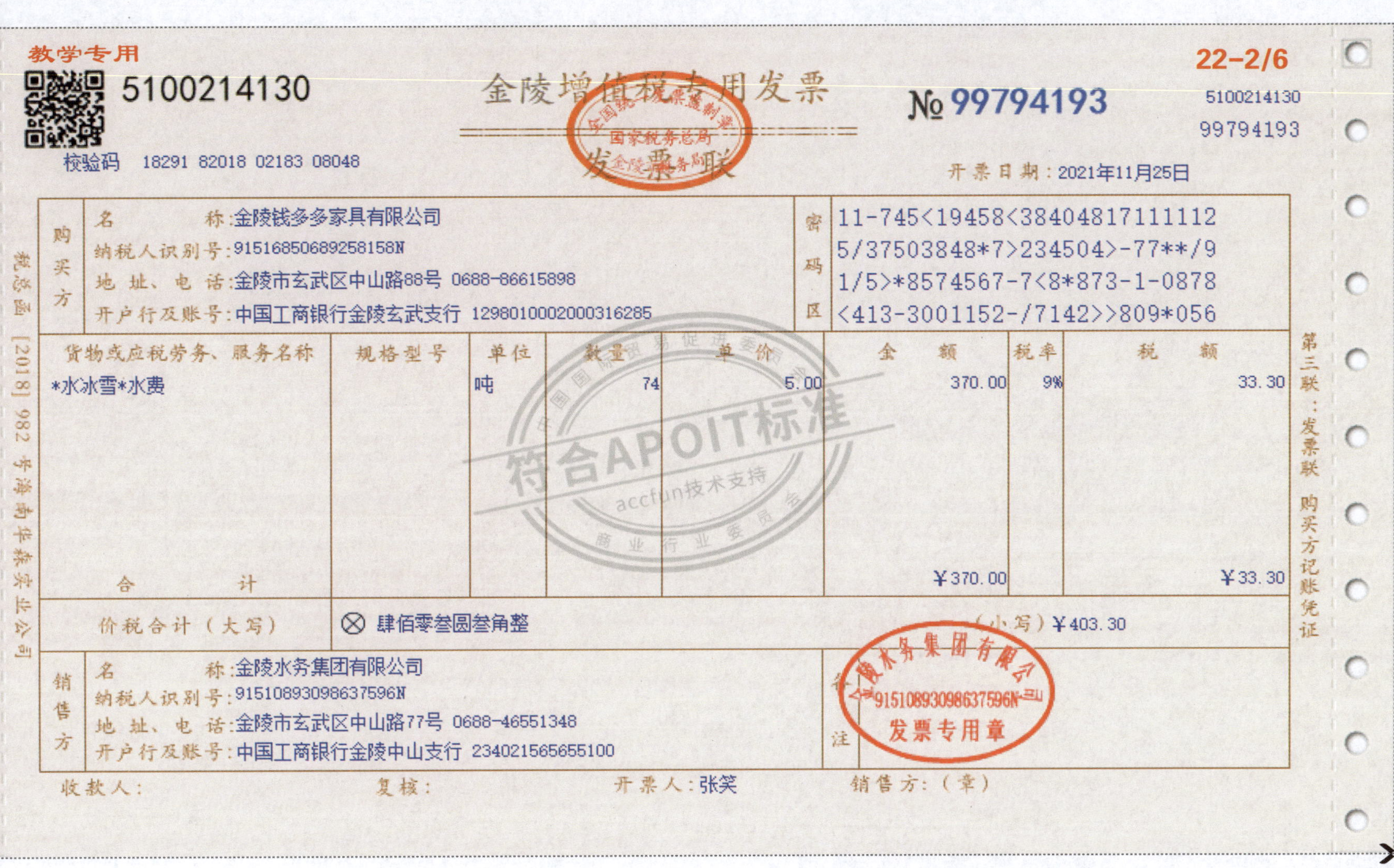

教学专用

22-2/6

5100214130

金陵增值税专用发票

发票联

№ 99794193

5100214130

99794193

校验码 18291 82018 02183 08048

开票日期：2021年11月25日

购买方	名称：金陵钱多多家具有限公司 纳税人识别号：91516850689258158N 地址、电话：金陵市玄武区中山路88号 0688-86615898 开户行及账号：中国工商银行金陵玄武支行 1298010002000316285	密码区	11-745<19458<38404817111112 5/37503848*7>234504>-77**/9 1/5>*8574567-7<8*873-1-0878 <413-3001152-/7142>>809*056

货物或应税劳务、服务名称	规格型号	单位	数量	单价	金额	税率	税额
*水冰雪*水费		吨	74	5.00	370.00	9%	33.30
合计					¥370.00		¥33.30
价税合计（大写）	⊗ 肆佰零叁圆叁角整				（小写）¥403.30		

销售方	名称：金陵水务集团有限公司 纳税人识别号：91510893098637596N 地址、电话：金陵市玄武区中山路77号 0688-46551348 开户行及账号：中国工商银行金陵中山支行 234021565655100	备注	

收款人： 复核： 开票人：张笑 销售方：（章）

第三联：发票联 购买方记账凭证

税总函［2018］982号海南华森实业公司

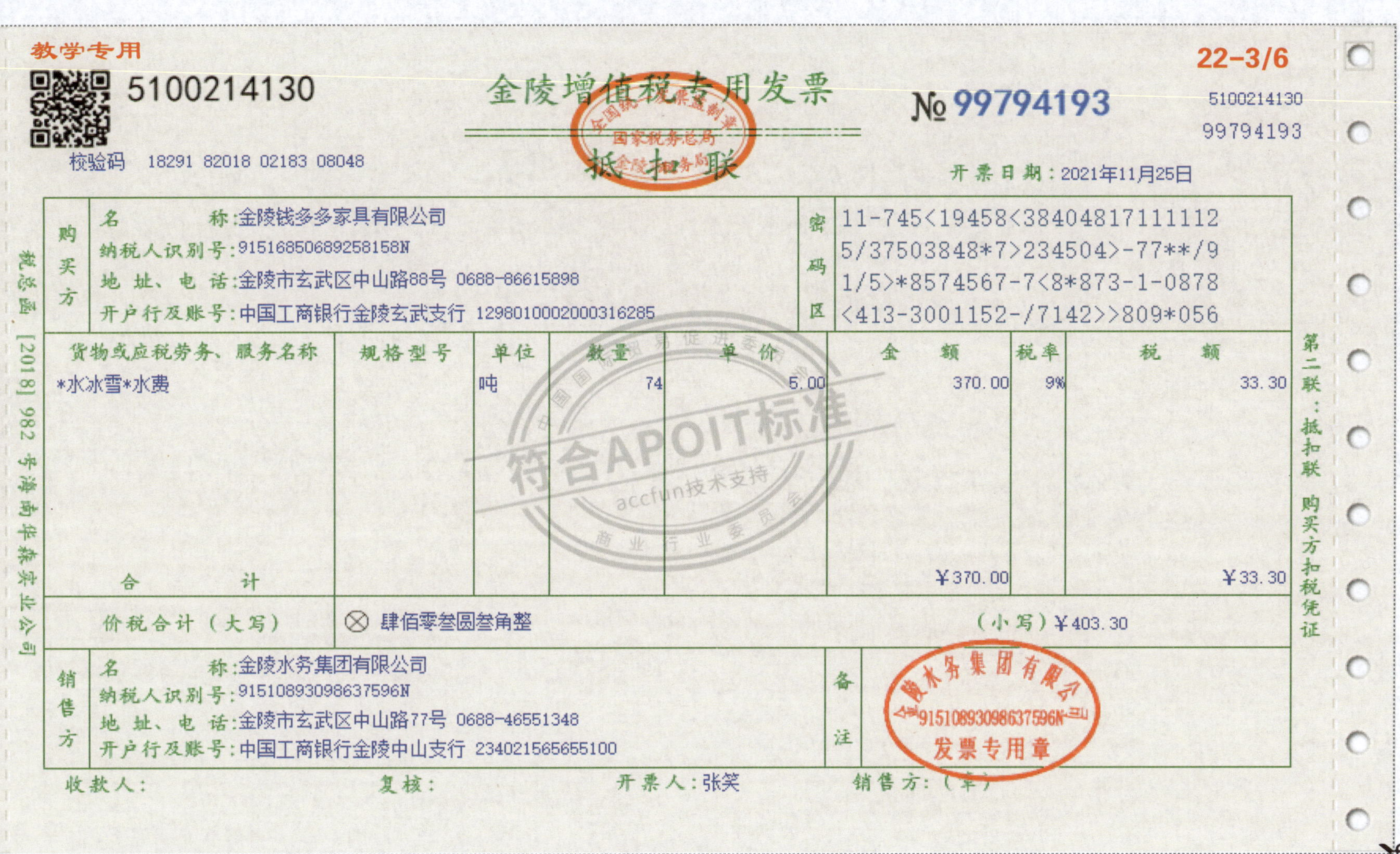

教学专用

5100214130

金陵增值税专用发票

抵扣联

№ 99794193

22-3/6

5100214130

99794193

校验码 18291 82018 02183 08048

开票日期：2021年11月25日

购买方	名称:金陵钱多多家具有限公司 纳税人识别号:91516850689258158N 地址、电话:金陵市玄武区中山路88号 0688-86615898 开户行及账号:中国工商银行金陵玄武支行 1298010002000316285	密码区	11-745<19458<38404817111112 5/37503848*7>234504>-77**/9 1/5>*8574567-7<8*873-1-0878 <413-3001152-/7142>>809*056

货物或应税劳务、服务名称	规格型号	单位	数量	单价	金额	税率	税额
*水冰雪*水费		吨	74	5.00	370.00	9%	33.30
合计					￥370.00		￥33.30
价税合计（大写）	⊗ 肆佰零叁圆叁角整				（小写）￥403.30		

销售方	名称:金陵水务集团有限公司 纳税人识别号:91510893098637596N 地址、电话:金陵市玄武区中山路77号 0688-46551348 开户行及账号:中国工商银行金陵中山支行 234021565655100	备注	

收款人： 复核： 开票人：张笑 销售方：（章）

第二联：抵扣联 购买方扣税凭证

税总函［2018］982号海南华森实业公司

教学专用　　　　22-4/6

ICBC 中国工商银行　业务回单（付款）

日期：　2021年　11月　25日　　　　回单编号：　1534900123

付款人户名：　金陵钱多多家具有限公司　　　　付款人开户行：　金陵玄武支行

付款人账号（卡号）：　129801000200031628 5

收款人户名：　金陵市电力有限公司　　　　收款人开户行：　金陵中山支行

收款人账号（卡号）：　234021565655110

金额：　壹仟零叁拾叁元玖角伍分　　　　小写：　1033.95元

业务（产品）种类：　结算业务凭证　　凭证种类：　0000000000　　凭证号码：　000000000000000000

摘要：　电费　　用途：　转账　　币种：　人民币

交易机构：　0410000292　　记账柜员：　03741　　交易代码：　02108　　渠道：　柜面

产品名称：　　费用名称：

应收金额：　1033.95　实收金额：　1033.95　收费渠道：

本回单为第一次打印，注意重复　　打印日期：　2021年　11月　26日　　打印柜员：　9　　验证码：　0A87640EF006

中国工商银行股份有限公司
金陵玄武支行
业务专用章
850FBCEF0014

教学专用

5100214130

金陵增值税专用发票

抵扣联

22-5/6

№ 40027892

5100214130

40027892

校验码 12791 30137 92703 71393

开票日期：2021年11月25日

购买方	名称：金陵钱多多家具有限公司 纳税人识别号：91516850689258158N 地址、电话：金陵市玄武区中山路88号 0688-86615898 开户行及账号：中国工商银行金陵玄武支行 1298010002000316285	密码区	22-65745<19458<384048171112 5/37503848*7>234504>-4387/0 9//5>*8574567-7<8*8730088-8 22<413-3001152-/7142>>800*1

货物或应税劳务、服务名称	规格型号	单位	数量	单价	金额	税率	税额
*供电*电费		度	1220	0.75	915.00	13%	118.95
合计					¥915.00		¥118.95
价税合计（大写）	⊗壹仟零叁拾叁圆玖角伍分				（小写）¥1033.95		

销售方	名称：金陵市电力有限公司 纳税人识别号：91510893098637500N 地址、电话：金陵市玄武区中山路1号 0688-46551300 开户行及账号：中国工商银行金陵中山支行 234021565655110	备注	

收款人： 复核： 开票人：魏诗画 销售方：（章）

第二联：抵扣联 购买方扣税凭证

税总函［2018］982号海南华森实业公司

教学专用

5100214130

金陵增值税专用发票

发票联

№ 40027892

22-6/6

5100214130

40027892

校验码 12791 30137 92703 71393

开票日期：2021年11月25日

购买方	名　　　称：金陵钱多多家具有限公司 纳税人识别号：91516850689258158N 地　址、电　话：金陵市玄武区中山路88号 0688-86615898 开户行及账号：中国工商银行金陵玄武支行 1298010002000316285	密码区	22-65745<19458<384048171112 5/37503848*7>234504>-4387/0 9//5>*8574567-7<8*8730088-8 22<413-3001152-/7142>>800*1

货物或应税劳务、服务名称	规格型号	单位	数量	单价	金额	税率	税额
*供电*电费		度	1220	0.75	915.00	13%	118.95
合　　计					¥915.00		¥118.95
价税合计（大写）	⊗ 壹仟零叁拾叁圆玖角伍分				（小写）¥1033.95		

销售方	名　　　称：金陵市电力有限公司 纳税人识别号：91510893098637500N 地　址、电　话：金陵市玄武区中山路1号 0688-46551300 开户行及账号：中国工商银行金陵中山支行 234021565655110	备注	金陵市电力有限公司 91510893098637500N 发票专用章

收款人：　　复核：　　开票人：魏诗画　　销售方：（章）

第三联：发票联 购买方记账凭证

税总函[2018]982号海南华森实业公司

教学专用

23-1/4

上海美新商贸有限公司
销售单

NO. 1807220

地址：上海中山北路155号
电话：021-50196666　　邮编:258800

客户名称：金陵钱多多家具有限公司
地址电话：金陵市玄武区中山路88号 0688-86615898　　日期：2021年11月26日

编码	产品名称	规格	单位	单价	数量	金额	备注
001	办公桌		张	90.40	500	45200.00	
002	办公椅		把	45.20	500	22600.00	
	人民币(大写)：陆万柒仟捌佰元整					¥67800.00	

业务联

销售经理：吴林　　会计：文琪　　仓管：李升　　签收人：张慧　　经办人：陈思思

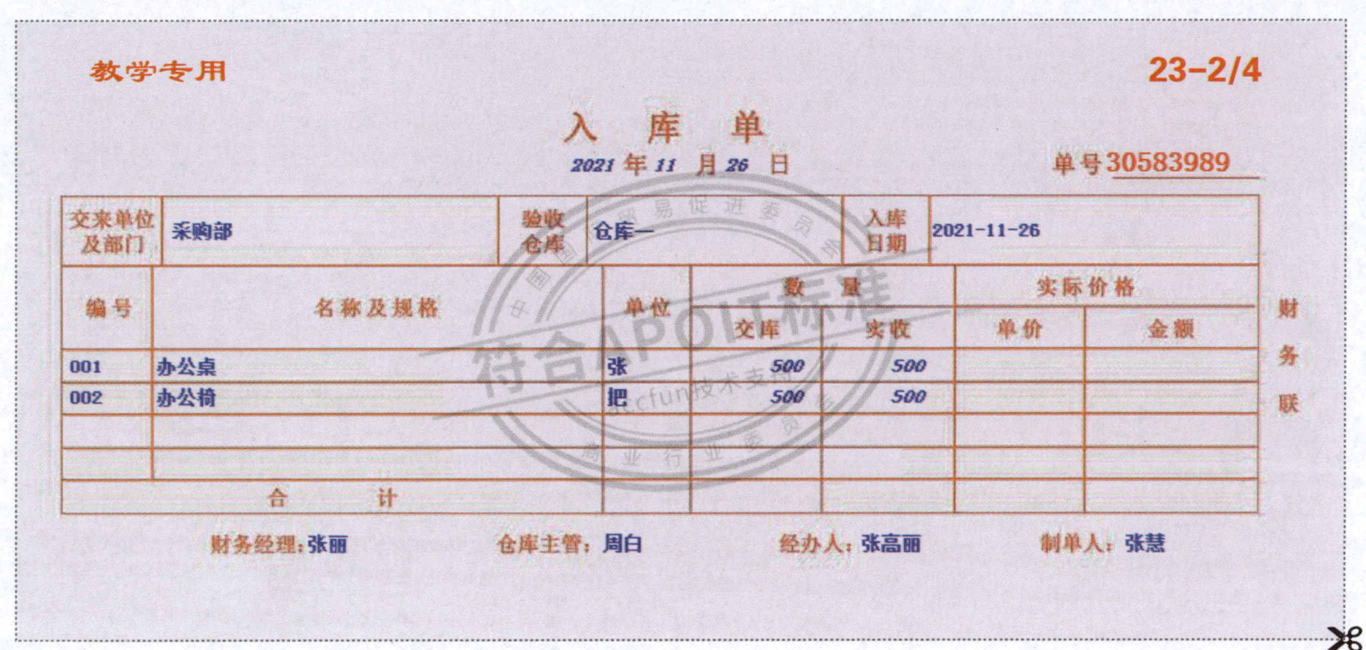

教学专用 23-2/4

入 库 单

2021 年 11 月 26 日 单号30583989

交来单位及部门	采购部	验收仓库	仓库一	入库日期	2021-11-26	
编号	名称及规格	单位	数量		实际价格	
			交库	实收	单价	金额
001	办公桌	张	500	500		
002	办公椅	把	500	500		
合计						

财务联

财务经理：张丽 仓库主管：周白 经办人：张高丽 制单人：张慧

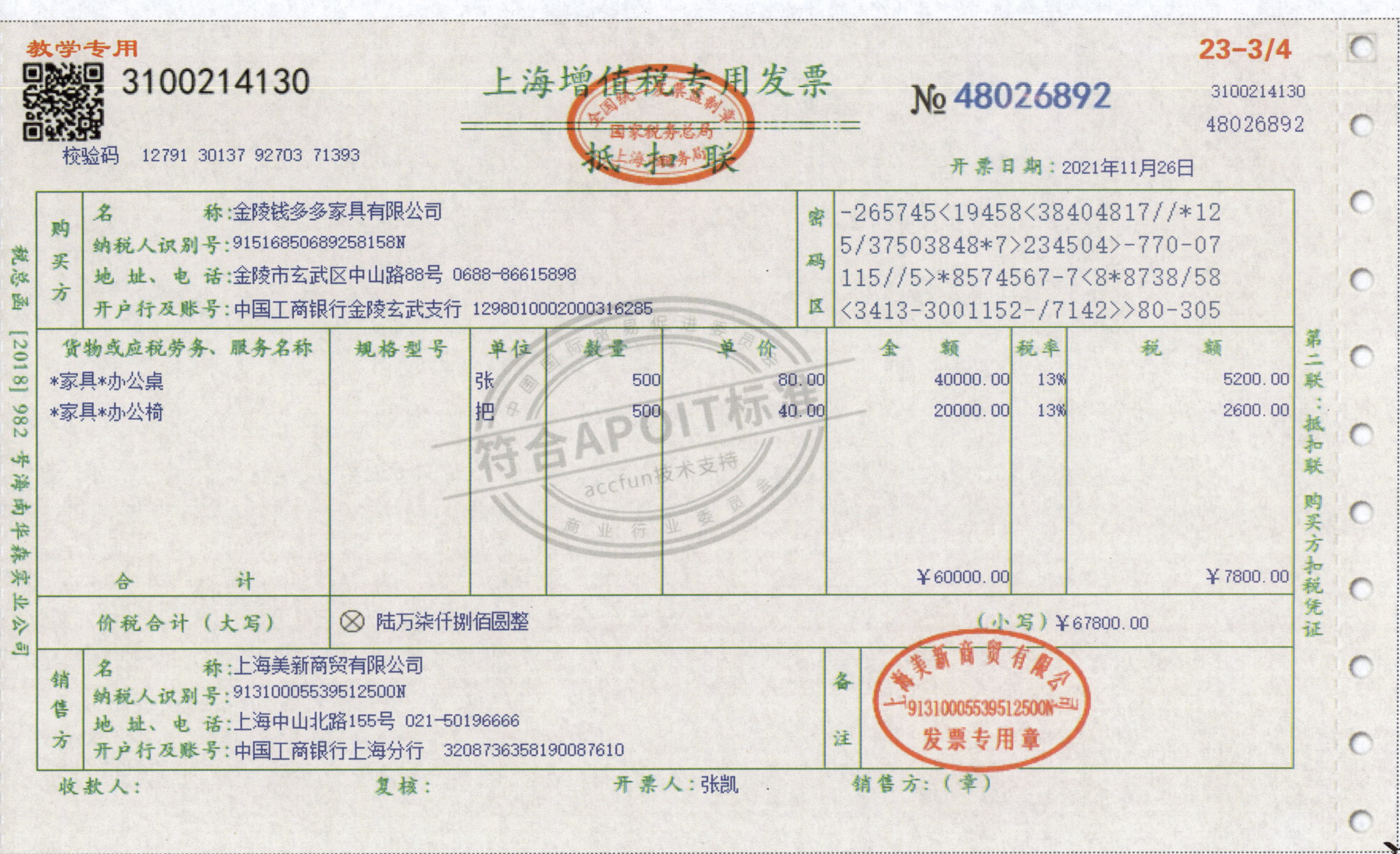

教学专用　　23-3/4

3100214130　　上海增值税专用发票　　№ 48026892　　3100214130　48026892

抵扣联

校验码 12791 30137 92703 71393　　开票日期：2021年11月26日

购买方	名　　称：金陵钱多多家具有限公司 纳税人识别号：91516850689258158N 地 址、电 话：金陵市玄武区中山路88号 0688-86615898 开户行及账号：中国工商银行金陵玄武支行 1298010002000316285	密码区	-265745<19458<38404817//*12 5/37503848*7>234504>-770-07 115//5>*8574567-7<8*8738/58 <3413-3001152-/7142>>80-305

货物或应税劳务、服务名称	规格型号	单位	数量	单价	金额	税率	税额
*家具*办公桌		张	500	80.00	40000.00	13%	5200.00
*家具*办公椅		把	500	40.00	20000.00	13%	2600.00
合　计					¥60000.00		¥7800.00
价税合计（大写）	⊗ 陆万柒仟捌佰圆整				（小写）¥67800.00		

销售方	名　　称：上海美新商贸有限公司 纳税人识别号：91310005539512500N 地 址、电 话：上海中山北路155号 021-50196666 开户行及账号：中国工商银行上海分行 3208736358190087610	备注	上海美新商贸有限公司 91310005539512500N 发票专用章

收款人：　　复核：　　开票人：张凯　　销售方：（章）

税总函［2018］982号海南华森实业公司

第二联：抵扣联　购买方扣税凭证

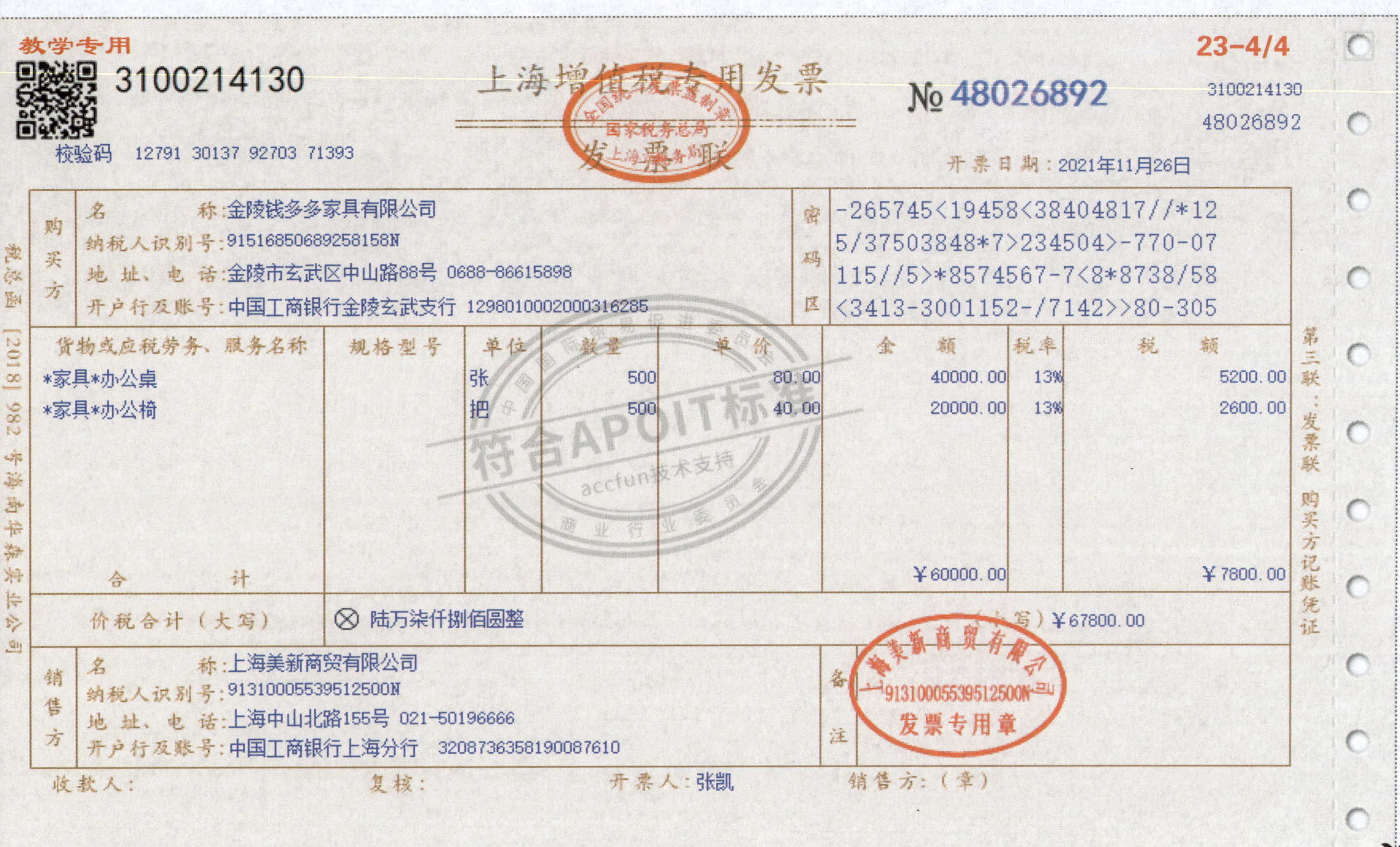

教学专用　　23-4/4

3100214130

上海增值税专用发票

发票联

№ 48026892　　3100214130　48026892

校验码 12791 30137 92703 71393

开票日期：2021年11月26日

购买方	名　称：金陵钱多多家具有限公司 纳税人识别号：91516850689258158N 地址、电话：金陵市玄武区中山路88号 0688-86615898 开户行及账号：中国工商银行金陵玄武支行 1298010002000316285	密码区	-265745<19458<38404817//*12 5/37503848*7>234504>-770-07 115//5>*8574567-7<8*8738/58 <3413-3001152-/7142>>80-305

货物或应税劳务、服务名称	规格型号	单位	数量	单价	金额	税率	税额
*家具*办公桌		张	500	80.00	40000.00	13%	5200.00
*家具*办公椅		把	500	40.00	20000.00	13%	2600.00
合　计					￥60000.00		￥7800.00
价税合计（大写）	⊗陆万柒仟捌佰圆整				（小写）￥67800.00		

销售方	名　称：上海美新商贸有限公司 纳税人识别号：91310005539512500N 地址、电话：上海中山北路155号 021-50196666 开户行及账号：中国工商银行上海分行 3208736358190087610	备注	（印章：上海美新商贸有限公司 91310005539512500N 发票专用章）

收款人：　　复核：　　开票人：张凯　　销售方：（章）

第三联：发票联　购买方记账凭证

税总函[2018]982号海南华森实业公司

教学专用

24-1/3

报 销 单

填报日期：2021 年 11 月 27 日　　　　单据及附件共 1 张

姓名	张雯	所属部门	财务部	报销形式	现金
				支票号码	

报销项目	摘要	金额	备注
通讯费	报销通信费	359.70	
合计		¥359.70	
金额大写：⊗拾 ⊗万 ⊗仟 叁佰 伍拾 玖元 柒角 零分		原借款： 元	应退款： 元 应补款： 元

现金付讫

总经理：　　财务经理：张丽　　部门经理：张丽　　会计：　　出纳：李丽　　报销人：张雯

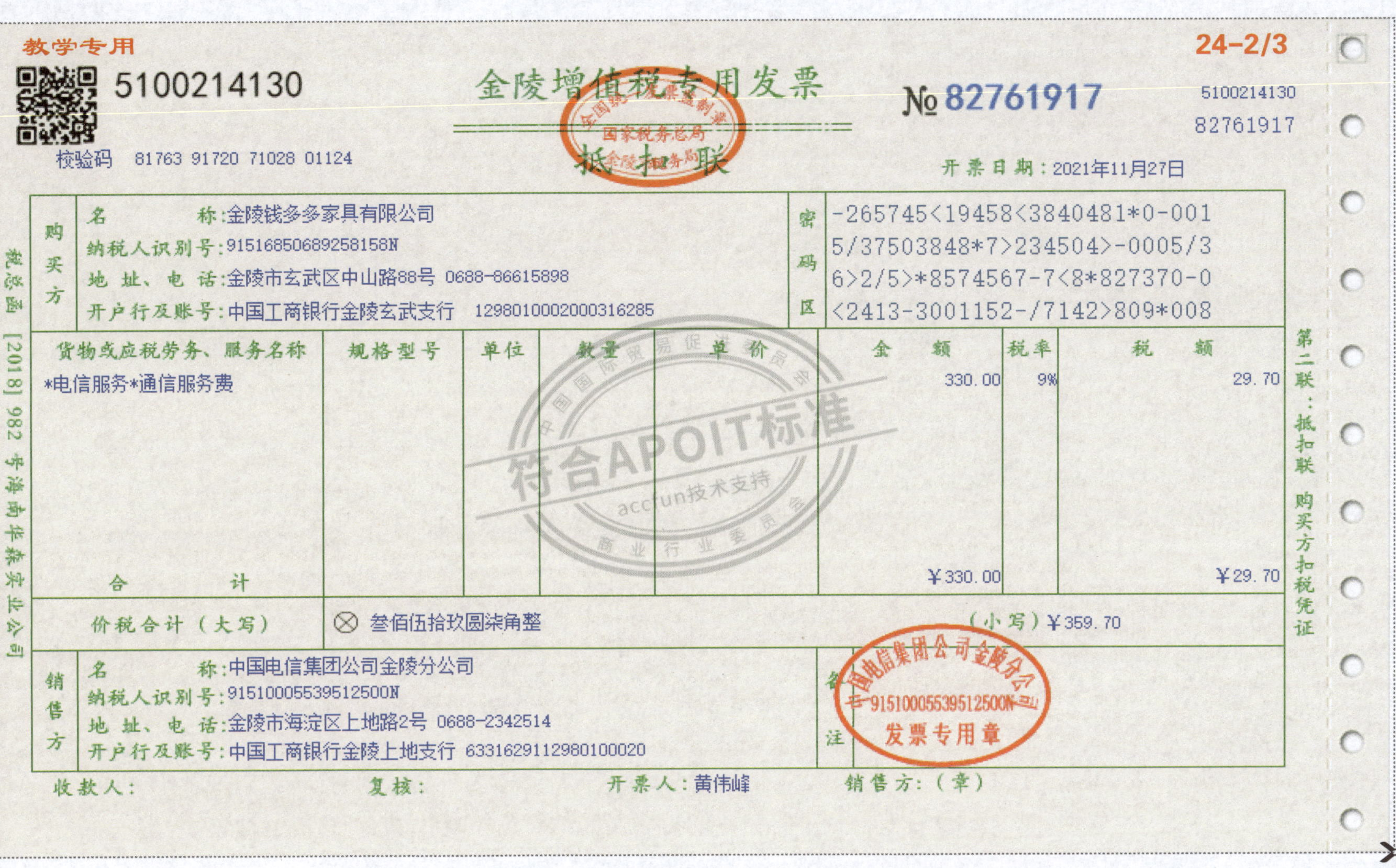

教学专用　　24-2/3

5100214130　　金陵增值税专用发票　　№ 82761917　　5100214130　82761917

抵扣联

校验码 81763 91720 71028 01124　　开票日期：2021年11月27日

购买方	名　　称：金陵钱多多家具有限公司 纳税人识别号：91516850689258158N 地 址、电 话：金陵市玄武区中山路88号 0688-86615898 开户行及账号：中国工商银行金陵玄武支行 1298010002000316285	密码区	-265745<19458<3840481*0-001 5/37503848*7>234504>-0005/3 6>2/5>*8574567-7<8*827370-0 <2413-3001152-/7142>809*008

货物或应税劳务、服务名称	规格型号	单位	数量	单价	金额	税率	税额
*电信服务*通信服务费					330.00	9%	29.70
合　　计					¥330.00		¥29.70
价税合计（大写）	⊗ 叁佰伍拾玖圆柒角整				（小写）¥359.70		

销售方	名　　称：中国电信集团公司金陵分公司 纳税人识别号：91510005539512500N 地 址、电 话：金陵市海淀区上地路2号 0688-2342514 开户行及账号：中国工商银行金陵上地支行 6331629112980100020	备注	

收款人：　　复核：　　开票人：黄伟峰　　销售方：（章）

第二联：抵扣联 购买方扣税凭证

税总函［2018］982号海南华森实业公司

教学专用

24-3/3

5100214130

金陵增值税专用发票

发票联

№ 82761917

5100214130

82761917

校验码 81763 91720 71028 01124

开票日期：2021年11月27日

购买方	名称：金陵钱多多家具有限公司 纳税人识别号：91516850689258158N 地址、电话：金陵市玄武区中山路88号 0688-86615898 开户行及账号：中国工商银行金陵玄武支行 1298010002000316285	密码区	-265745<19458<3840481*0-001 5/37503848*7>234504>-0005/3 6>2/5>*8574567-7<8*827370-0 <2413-3001152-/7142>809*008

货物或应税劳务、服务名称	规格型号	单位	数量	单价	金额	税率	税额
*电信服务*通信服务费					330.00	9%	29.70
合计					¥330.00		¥29.70
价税合计（大写）	⊗叁佰伍拾玖圆柒角整				（小写）¥359.70		

销售方	名称：中国电信集团公司金陵分公司 纳税人识别号：91510005539512500N 地址、电话：金陵市海淀区上地路2号 0688-2342514 开户行及账号：中国工商银行金陵上地支行 6331629112980100020	备注	中国电信集团公司金陵分公司 91510005539512500N 发票专用章

收款人： 复核： 开票人：黄伟峰 销售方：（章）

第三联：发票联 购买方记账凭证

税总函〔2018〕982号海南华森实业公司

教学专用

25-1/2

金陵钱多多家具有限公司
销售单

NO. 6807220

地址：金陵市玄武区中山路88号
电话：0688-86615898　邮编：258800

客户名称：金陵万达商贸有限公司
地址电话：金陵市海淀区上地路10号 0688-2542510

日期：2021年11月27日

编码	产品名称	规格	单位	单价	数量	金额	备注
001	办公桌		张	166.17647	510	84750.00	
	人民币(大写)：捌万肆仟柒佰伍拾元整					¥84750.00	

会计联

销售经理：李林　会计：张雯　仓管：周白　签收人：张零　经办人：张慧

教学专用

25-2/2

5100214130

金陵增值税专用发票

№ 48027801

5100214130

48027801

此联不作报销、扣税凭证使用

校验码 12791 30137 92703 71393

开票日期：2021年11月27日

购买方	名　　称:金陵万达商贸有限公司 纳税人识别号:91510105539512401N 地 址、电 话:金陵市海淀区上地路10号 0688-2542510 开户行及账号:中国工商银行金陵上地支行 1108736877823412460	密码区	10-65745<19458<384048170*04 5/*37503848*7>234504>-11//1 90*91//5>*8574567-7<8*87322 <2*>413-3001152-/7142>>84-1

货物或应税劳务、服务名称	规格型号	单位	数量	单价	金额	税率	税额
*家具*办公桌		张	510	150.00	76500.00	13%	9945.00
*家具*办公桌					-1500.00	13%	-195.00
合　　计					¥75000.00		¥9750.00
价税合计（大写）	⊗ 捌万肆仟柒佰伍拾圆整				（小写）¥84750.00		

销售方	名　　称:金陵钱多多家具有限公司 纳税人识别号:91516850689258158N 地 址、电 话:金陵市玄武区中山路88号 0688-86615898 开户行及账号:中国工商银行金陵玄武支行 1298010002000316285	备注	

收款人：　　　复核：　　　开票人：张雯　　　销售方：（章）

税总函［2018］562号海南华森实业公司

第一联：记账联 销售方记账凭证

教学专用

ICBC 中国工商银行 业务回单(收款) 26-1/1

日期： 2021年 11月 30日 回单编号： 1534900011

付款人户名： 金陵万达商贸有限公司		付款人开户行： 金陵上地支行	
付款人账号（卡号）： 1108736877823412460			
收款人户名： 金陵钱多多家具有限公司		收款人开户行： 金陵玄武支行	
收款人账号（卡号）： 1298010002000316285			
金额： 壹拾万捌仟肆佰捌拾元整		小写： 108480.00元	
业务（产品）种类： 结算业务凭证	凭证种类： 000000000	凭证号码： 000000000000000000	
摘要： 货款	用途： 转账	币种： 人民币	
交易机构： 0410000292	记账柜员： 03741	交易代码： 02108	渠道： 柜面
产品名称： 企业网上银行	费用名称：		
应收金额： 108480.00	实收金额： 108480.00	收费渠道：	

本回单为第一次打印，注意重复 打印日期： 2021年 11月 30日 打印柜员： 9 验证码： 0A87640EF006

中国工商银行股份有限公司 金陵玄武支行 业务专用章 850FBCEF0014

教学专用

ICBC 中国工商银行 业务回单（付款） 27-1/1

日期： 2021年 11月 30日 回单编号： 1534900012

付款人户名： 金陵钱多多家具有限公司 付款人开户行： 金陵玄武支行

付款人账号（卡号）： 1298010002000316285

收款人户名： 收款人开户行：

收款人账号（卡号）：

金额： 壹拾壹元整 小写： 11.00元

业务（产品）种类： 结算业务凭证 凭证种类： 凭证号码： 000000000000000000

摘要： 短信服务费 用途： 转账 币种： 人民币

交易机构： 0410000292 记账柜员： 03741 交易代码： 02108 渠道： 柜面

产品名称： 费用名称：

应收金额： 11.00 实收金额： 11.00 收费渠道：

本回单为第一次打印，注意重复 打印日期： 2021年 11月 30日 打印柜员： 9 验证码： 0A87640EF006

中国工商银行股份有限公司 金陵玄武支行 业务专用章 850FBCEF0014

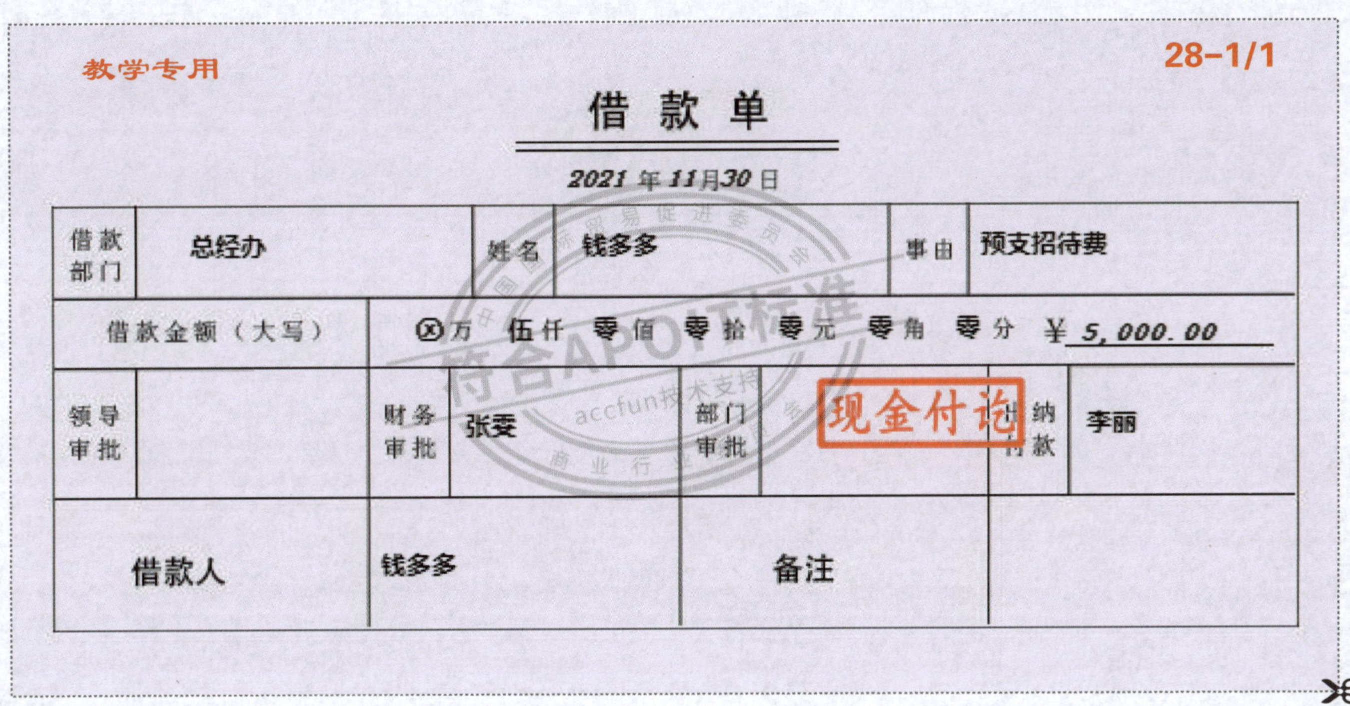

教学专用

28-1/1

借 款 单

2021 年 11月30 日

借款部门	总经办	姓名	钱多多	事由	预支招待费
借款金额（大写）	⊗万 伍仟 零佰 零拾 零元 零角 零分 ¥5,000.00				
领导审批		财务审批	张雯	部门审批	现金付讫	出纳付款	李丽
借款人	钱多多	备注			

教学专用

5100214130

销项负数

校验码 12791 30137 92703 71436

金陵增值税专用发票

此联不作报销、扣税凭证使用

№ 48027802

29-1/2

5100214130

48027802

开票日期：2021年11月30日

购买方	名称:金陵海达商贸有限公司 纳税人识别号:91510005439420490N 地址、电话:金陵市海淀区中山路22号 0688-26473832 开户行及账号:中国工商银行金陵中山支行 1800032039233023929	密码区	46-9745<3840481<19456345234 *863<//325/+<7*>85711345+32 *7-7<8*873/+<7*>85756-23443 1343-651142>>2352-/>7//3235

货物或应税劳务、服务名称	规格型号	单位	数量	单价	金额	税率	税额
*家具*办公椅		把	-50	80.00	-4000.00	13%	-520.00
合计					￥-4000.00		￥-520.00
价税合计（大写）	⊗（负数）肆仟伍佰贰拾圆整				（小写）￥-4520.00		

销售方	名称:金陵钱多多家具有限公司 纳税人识别号:91516850689258158N 地址、电话:金陵市玄武区中山路88号 0688-86615898 开户行及账号:中国工商银行金陵玄武支行 1298010002000316285	备注	对应正数发票代码：5100214130 号码：48027765

收款人： 复核： 开票人：张雯 销售方：（章）

第一联：记账联 销售方记账凭证

税总函［2018］562号海南华森实业公司

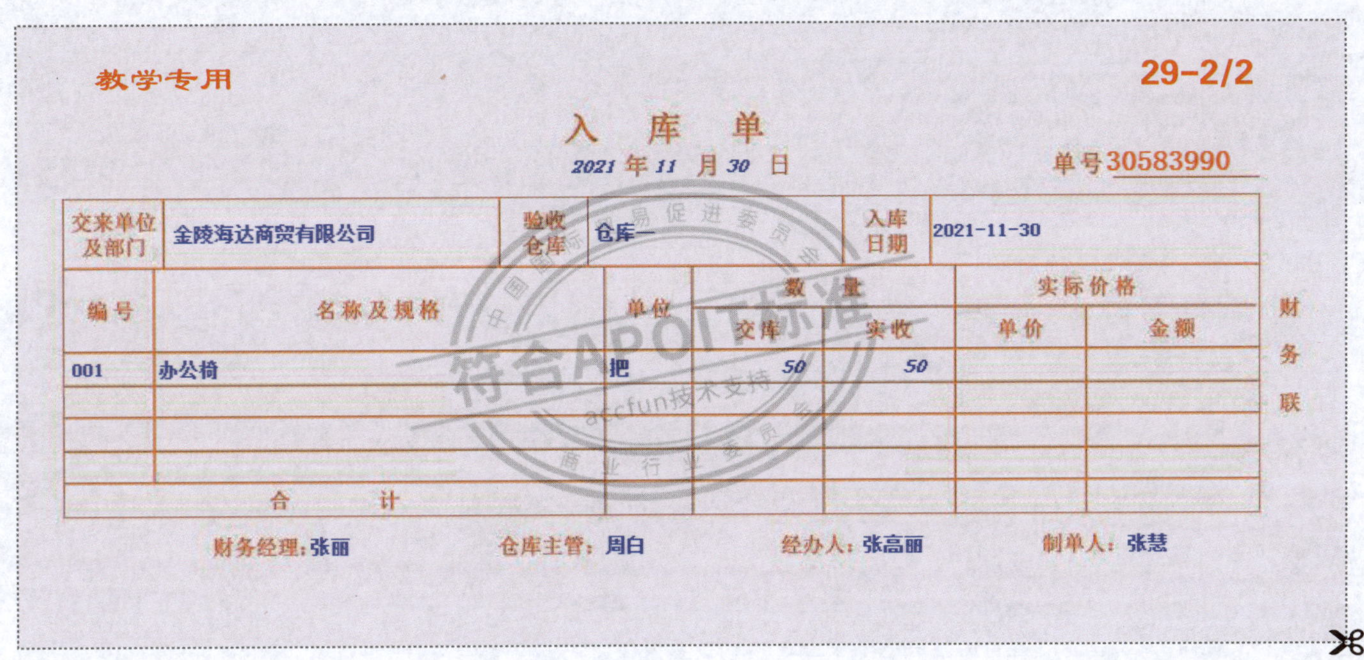

教学专用

29-2/2

入 库 单

2021 年 11 月 30 日

单号30583990

交来单位及部门	金陵海达商贸有限公司	验收仓库	仓库一	入库日期	2021-11-30

编号	名称及规格	单位	数量		实际价格	
			交库	实收	单价	金额
001	办公椅	把	50	50		
合计						

财务联

财务经理：张丽　　仓库主管：周白　　经办人：张高丽　　制单人：张慧

教学专用

30-1/1

金陵钱多多家具有限公司

销售产品成本计算表

2021年11月30日

单位：元

商品名称	单位	数量	单价	成本金额	备注
办公椅	把	-50	45.00	-2250.00	退货
合　计				-2250.00	

审核人：张丽　　　　制表人：张雯

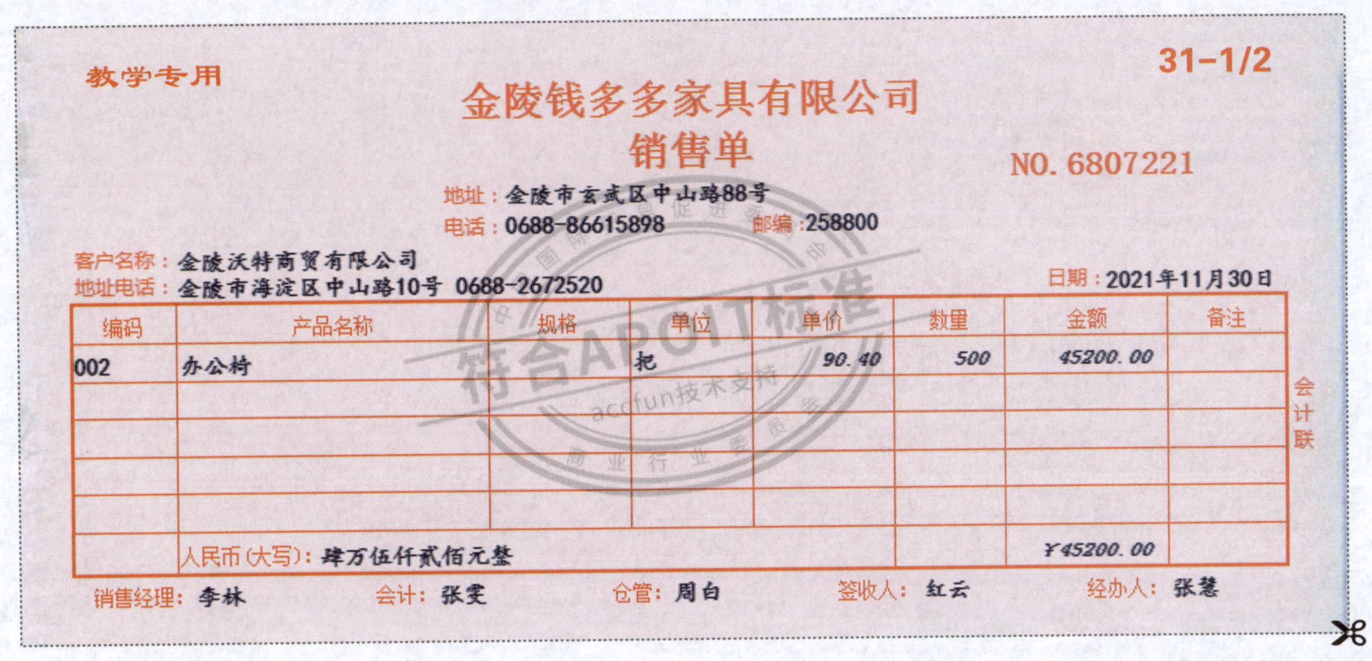
教学专用

31-1/2

金陵钱多多家具有限公司

销售单

NO. 6807221

地址：金陵市玄武区中山路88号

电话：0688-86615898　邮编：258800

客户名称：金陵沃特商贸有限公司

地址电话：金陵市海淀区中山路10号 0688-2672520

日期：2021年11月30日

编码	产品名称	规格	单位	单价	数量	金额	备注
002	办公椅		把	90.40	500	45200.00	
	人民币(大写)：肆万伍仟贰佰元整					¥45200.00	

会计联

销售经理：李林　会计：张雯　仓管：周白　签收人：红云　经办人：张慧

教学专用

31-2/2

5100214130

金陵增值税专用发票

No 48027803

5100214130
48027803

校验码 12791 30137 92703 71393

此联不作报销、扣税凭证使用

开票日期：2021年11月30日

购买方	名称:金陵沃特商贸有限公司 纳税人识别号:91510005539512502N 地址、电话:金陵市海淀区中山路10号 0688-2672520 开户行及账号:中国工商银行金陵中山支行 1508736877823412310	密码区	-3374*<19458<38404817*--578 5/37503848*7>234504>-111/0< //35>*8574567-7<8*873222//0 <2413-301152-/7142>>8448*89

货物或应税劳务、服务名称	规格型号	单位	数量	单价	金额	税率	税额
*家具*办公椅		把	500	80.00	40000.00	13%	5200.00
合计					¥40000.00		¥5200.00
价税合计（大写）	⊗肆万伍仟贰佰圆整				（小写）¥45200.00		

销售方	名称:金陵钱多多家具有限公司 纳税人识别号:91516850689258158N 地址、电话:金陵市玄武区中山路88号 0688-86615898 开户行及账号:中国工商银行金陵玄武支行 1298010002000316285	备注	

收款人： 复核： 开票人：张雯 销售方：（章）

税总函[2018]562号海南华森实业公司

第一联：记账联 销售方记账凭证

全国统一发票监制章 国家税务总局

教学专用

32-1/2

ICBC 中国工商银行 业务回单(收款)

日期： 2021年 11月 30日 回单编号： 1534900013

付款人户名： 金陵沃特商贸有限公司 付款人开户行： 金陵中山支行

付款人账号（卡号）： 1508736877823412310

收款人户名： 金陵钱多多家具有限公司 收款人开户行： 金陵玄武支行

收款人账号（卡号）： 1298010002000316285

金额： 肆万零捌佰壹拾陆元整 小写： 40816.00元

业务（产品）种类： 结算业务凭证 凭证种类： 000000000 凭证号码： 000000000000000000

摘要： 货款 用途： 转账 币种： 人民币

交易机构： 0410000292 记账柜员： 03741 交易代码： 02108 渠道： 柜面

产品名称： 费用名称：

应收金额： 40816.00 实收金额： 40816.00 收费渠道：

本回单为第一次打印，注意重复 打印日期： 2021年 11月 30日 打印柜员： 5 验证码： 0A87640EF006

中国工商银行股份有限公司 金陵玄武支行 业务专用章 850FBCEF0014

教学专用 32-2/2

金陵钱多多家具有限公司

违约协议书

甲方（需方）：金陵沃特商贸有限公司

乙方（供方）：金陵钱多多家具有限公司

一、原因

2021 年 11 月 15 日，甲方向乙方订购办公椅 500 把，总价款 45200.00 元，约定在 2021 年 11 月 25 日前交货（10 天交货），商品质量按双方议定确立，双方签定了书面合同。

二、违约责任

2021 年 11 月 25 日甲方未在合同约定期限收内到货物。按照合同约定，乙方需承担货款总价的 2%的违约金，违约金额为玖佰零肆元整（人民币 904.00 元）。

甲方（盖章）：

代表：韩崎芳

日期：2021 年 11 月 30 日

乙方（盖章）：

代表：钱多多

日期：2021 年 11 月 30 日

教学专用

33-1/5

金陵钱多多家具有限公司

销售产品成本计算表

年　　月　　日　　　　单位：元

产品名称	期初库存		本期入库		加权平均单价	本期出库	
	数量	金额	数量	金额		数量	金额
合　计							

审核人：　　　　制表人：

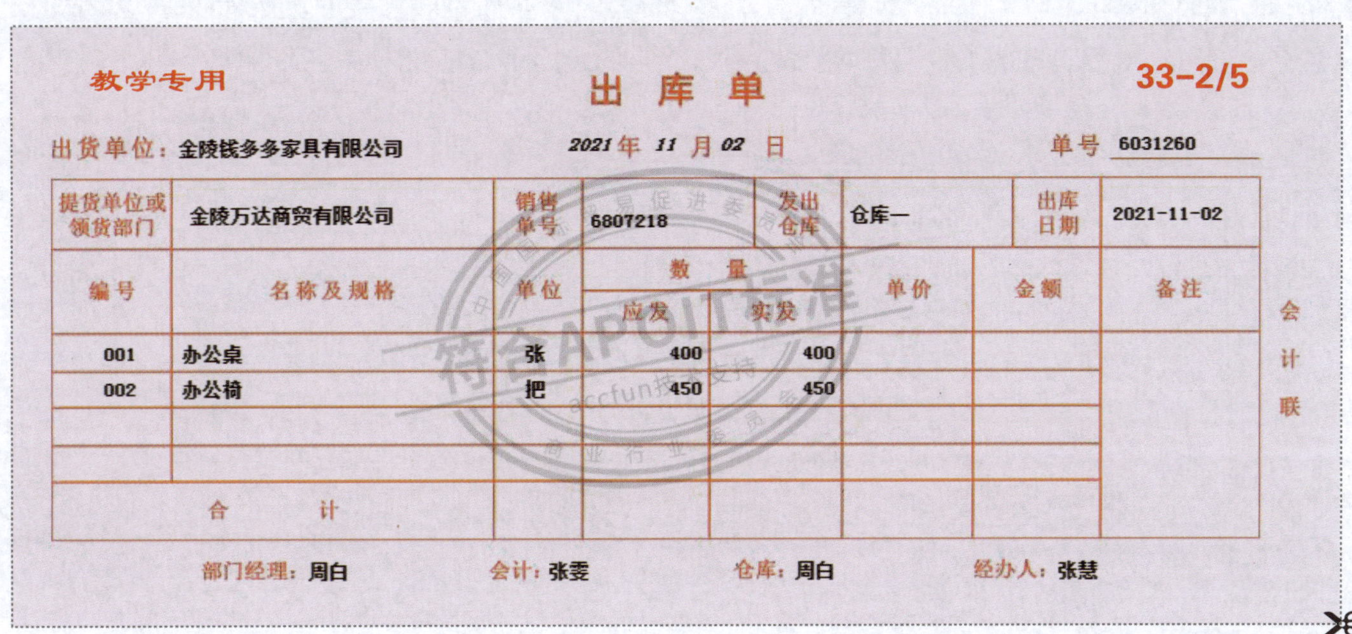

教学专用

出库单

33-2/5

出货单位：金陵钱多多家具有限公司　　2021 年 11 月 02 日　　单号 6031260

提货单位或领货部门	金陵万达商贸有限公司	销售单号	6807218	发出仓库	仓库一	出库日期	2021-11-02
编号	名称及规格	单位	数量 应发	数量 实发	单价	金额	备注
001	办公桌	张	400	400			
002	办公椅	把	450	450			
合计							

会计联

部门经理：周白　　会计：张雯　　仓库：周白　　经办人：张慧

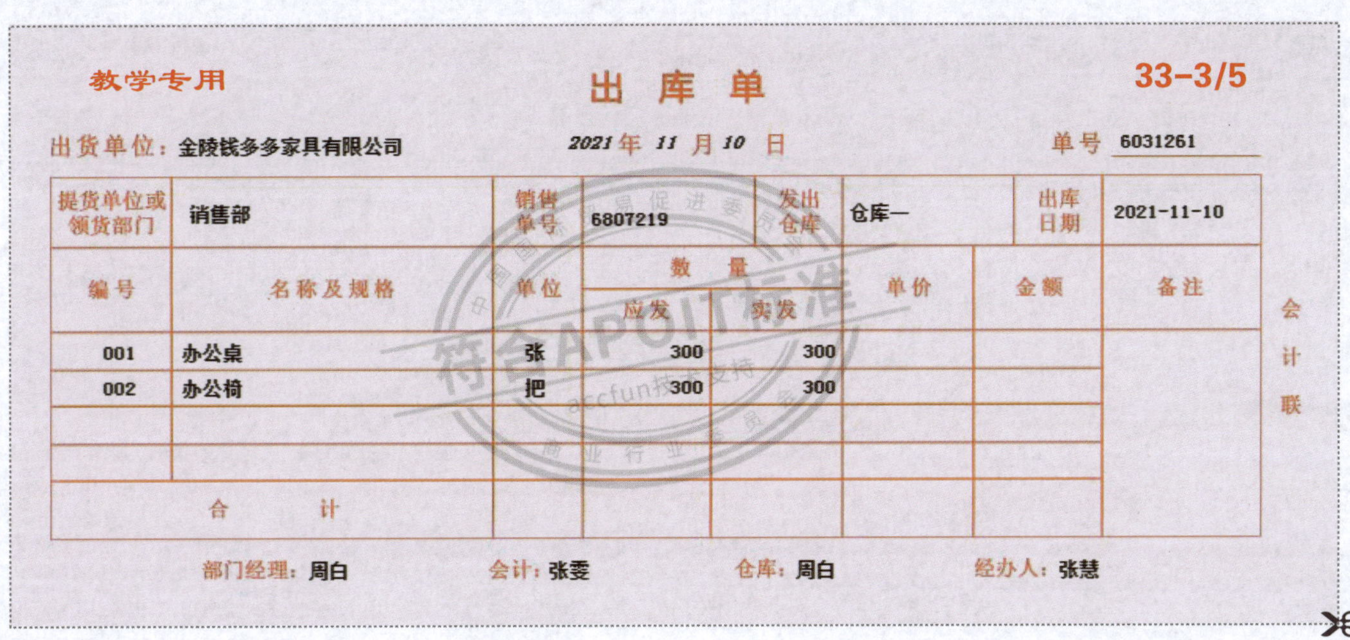

教学专用　　33-3/5

出 库 单

出货单位：金陵钱多多家具有限公司　　2021年11月10日　　单号 6031261

提货单位或领货部门	销售部	销售单号	6807219	发出仓库	仓库一	出库日期	2021-11-10
编号	名称及规格	单位	数量 应发	数量 实发	单价	金额	备注
001	办公桌	张	300	300			
002	办公椅	把	300	300			
合计							

会计联

部门经理：周白　　会计：张委　　仓库：周白　　经办人：张慧

教学专用

出 库 单

33-4/5

出货单位：金陵钱多多家具有限公司　　2021 年 11 月 27 日　　单号 6031262

提货单位或领货部门	销售部	销售单号	6807220	发出仓库	仓库一	出库日期	2021-11-27
编号	名称及规格	单位	数量		单价	金额	备注
			应发	实发			
001	办公桌	张	510	510			
合计							

会计联

部门经理：周白　　会计：张委　　仓库：周白　　经办人：张慧

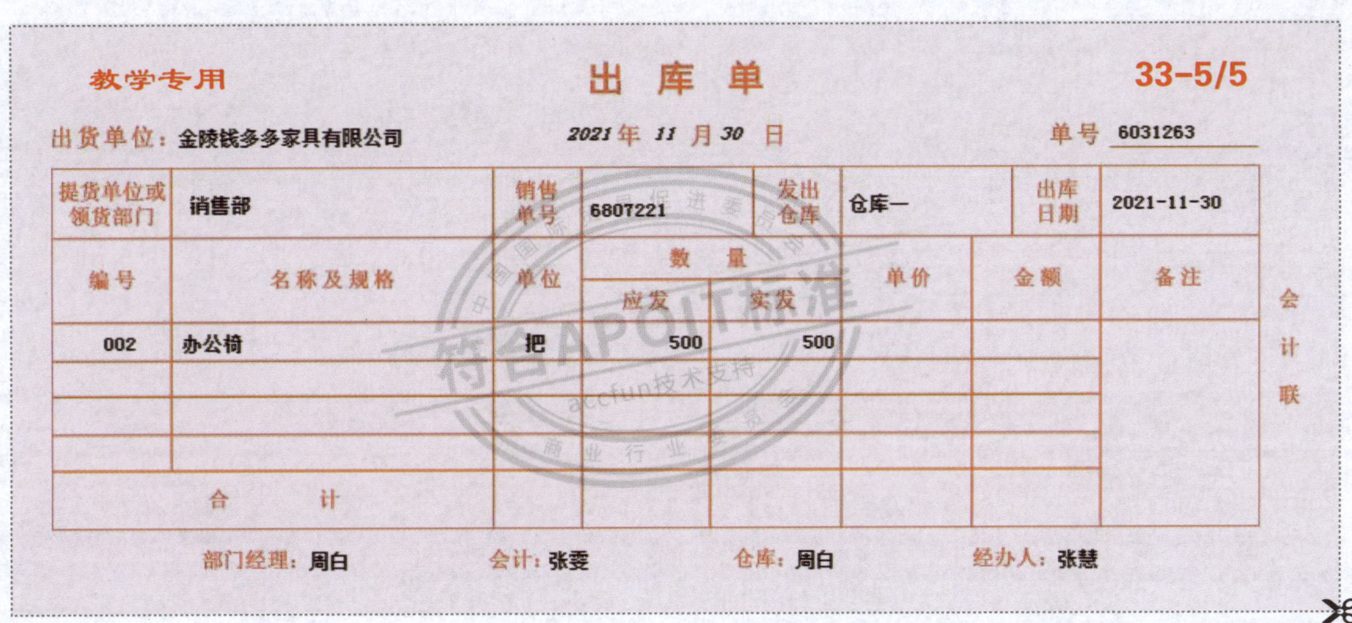

教学专用

出 库 单

33-5/5

出货单位：金陵钱多多家具有限公司　　2021 年 11 月 30 日　　单号 6031263

提货单位或领货部门	销售部	销售单号	6807221	发出仓库	仓库一	出库日期	2021-11-30
编号	名称及规格	单位	数量		单价	金额	备注
			应发	实发			
002	办公椅	把	500	500			
合计							

会计联

部门经理：周白　　会计：张委　　仓库：周白　　经办人：张慧

教学专用

金陵钱多多家具有限公司

34-1/1

固定资产折旧计提表

2021年11月30日

单位：元

固定资产名称	固定资产类别	使用部门	入账时间	可使用年限	原值	残值率(%)	净残值	折旧方法	月折旧额	累计折旧	净值
公桌椅及配套	办公设备	行政部及总经办	2020/6/10	5	14400.00	5%	720.00	平均年限法			
公桌椅及配套	办公设备	财务部	2020/6/15	5	2400.00	5%	120.00	平均年限法			
公桌椅及配套	办公设备	采购部	2020/6/16	5	1500.00	5%	75.00	平均年限法			
公桌椅及配套	办公设备	销售部	2020/6/12	5	2400.00	5%	120.00	平均年限法			
笔记本电脑	电子设备	行政部及总经办	2021/6/12	3	10800.00	5%	540.00	平均年限法			
笔记本电脑（两台）	电子设备	财务部	2020/8/12	3	7200.00	5%	360.00	平均年限法			
笔记本电脑（两台）	电子设备	采购部	2020/7/25	3	7200.00	5%	360.00	平均年限法			
传真机	电子设备	销售部	2020/8/16	3	3600.00	5%	180.00	平均年限法			
台式电脑（三台）	电子设备	销售部	2020/8/29	3	4500.00	5%	225.00	平均年限法			
合　计					54000.00		2700.00				

审核人：张丽　　　　制表人：张雯

教学专用

35-1/1

金陵钱多多家具有限公司

工资计提表

期间：2021年11月01日至2021年11月30日　　　　计提日期：2021年11月30日　　　　单位：元

部门	姓名	应发工资	代扣个人款项		累计情况（含累计工资/专项及附加扣除）				累计已预扣预缴税额	本期应预扣预缴个税	实发工资	计提单位承担	
			社保费	公积金	累计收入	累计减除费用	累计专项扣除	累计专项附加扣除				社保费	公积金
总经办	钱多多	7800.00	220.00	100.00	70800.00	55000.00	3520.00	11000.00		38.40	7441.60	732.00	100.00
行政部	陈华	4000.00	220.00	100.00	44000.00	55000.00	3520.00			0.00	3680.00	732.00	100.00
财务部	张丽	5500.00	220.00	100.00	60500.00	55000.00	3520.00	16500.00		0.00	5180.00	732.00	100.00
	张雯	4500.00	220.00	100.00	49500.00	55000.00	3520.00			0.00	4180.00	732.00	100.00
	李丽	4000.00	220.00	100.00	46000.00	55000.00	3520.00			0.00	3680.00	732.00	100.00
采购部	张高丽	6000.00	220.00	100.00	58000.00	55000.00	3520.00			0.00	5680.00	732.00	100.00
	李奇	5000.00	220.00	100.00	45000.00	55000.00	3520.00			0.00	4680.00	732.00	100.00
仓管部	张慧	4800.00	220.00	100.00	49800.00	55000.00	3520.00			0.00	4480.00	732.00	100.00
	周白	4200.00	220.00	100.00	44200.00	55000.00	3520.00			0.00	3880.00	732.00	100.00
小　计		**45,800.00**	**1,980.00**	**900.00**	**467,800.00**	**495,000.00**	**31,680.00**	**27,500.00**	**0.00**	**38.40**	**42,881.60**	**6,588.00**	**900.00**
销售部	李林	6000.00	220.00	100.00	46000.00	55000.00	3520.00	11000.00		0.00	5680.00	732.00	100.00
	王玲	5500.00	220.00	100.00	45500.00	55000.00	3520.00	5500.00		0.00	5180.00	732.00	100.00
小　计		**11,500.00**	**440.00**	**200.00**	**91,500.00**	**110,000.00**	**7,040.00**	**16,500.00**	**0.00**	**0.00**	**10,860.00**	**1,464.00**	**200.00**
合　计		**57,300.00**	**2,420.00**	**1,100.00**	**559,300.00**	**605,000.00**	**38,720.00**	**44,000.00**	**0.00**	**38.40**	**53,741.60**	**8,052.00**	**1,100.00**

单位负责人：钱多多　　　　复核人：张丽　　　　制表人：张雯

教学专用

金陵钱多多家具有限公司

36-1/1

应交增值税计算表

年　　月　　日　　　　　　单位：元

序号	项目	借方金额	贷方金额
1	应交增值税期初余额		
2	本期销项税额发生额		
3	本期进项税额发生额		
4	本期减免税额发生额		
5	本期进项税额转出发生额		
6	本期应转出未交增值税发生额		

审核人：　　　　制表人：

教学专用

37–1/1

金陵钱多多家具有限公司

附加税费计提表

年　月　日　　　　单位：元

应交税费明细项目	计算依据	金　额	税　率	应纳税额	备注
城市维护建设税					
教育费附加					
地方教育附加					
合　计					

审核人：　　　　制表人：

教学专用　　38–1/1

金陵钱多多家具有限公司

当期损益汇总计算表

年　月　日　　单位：元

项目		本期发生额	项目		本期发生额
当期收益	主营业务收入		当期费用	主营业务成本	
	其他业务收入			其他业务成本	
	营业外收入			税金及附加	
	投资收益			管理费用	
				销售费用	
				财务费用	
				资产减值损失	
				营业外支出	
	合计			合计	
当期损益（正数为盈利，负数为亏损）					

审核人：　　制表人：

附件：银行对账单

中国工商银行客户存款对账单

币种：人民币　　单位：元　　2021年　　页号：1

1298010002000316285　　户名：金陵钱多多家具有限公司　　上月余额：717465.56

	业务产品种类	凭证种类	凭证号	对方户名	摘要	借方发生额	贷方发生额	余额	记账信息
1/2	现金	0	0	吴烦恼	投资款	0.00	200000.00	917465.56	3529233673
1/5	现金	0	0	金陵钱多多家具有限公司	备用金	10000.00	0.00	907465.56	3529258524
1/6	结算业务凭证	0	0	北京德邦物流有限公司	运费	3270.00	0.00	904195.56	3529258525
/10	结算业务凭证	0	0	金陵积善行商贸有限公司	货款	0.00	61020.00	965215.56	3529258526
/12	结算业务凭证	0	0	金陵易能达商贸有限公司	货款	30000.00	0.00	935215.56	3529258527
/15	结算业务凭证	0	0	金陵沃特商贸有限公司	订金	0.00	3480.00	938695.56	3529258528
/15	转账	0	0	财库联网集中户	财税库行扣款交易	23400.00	0.00	915295.56	3529258529
/15	转账	0	0	财库联网集中户	财税库行扣款交易	2808.00	0.00	912487.56	3529258530
/15	转账	0	0	财库联网集中户	财税库行扣款交易	125.00	0.00	912362.56	3529258531
/15	转账	0	0	国家金库金陵市玄武区代理支库	缴纳社保费	10472.00	0.00	901890.56	3529258532
/15	结算业务凭证	0	0	公积金账户	缴纳公积金	2200.00	0.00	899690.56	3529258533
/20	结算业务凭证	0	0	金陵钱多多家具有限公司	工资	46680.00	0.00	853010.56	3529258534
/25	结算业务凭证	0	0	李兰	房租	3500.00	0.00	849510.56	3529258535
/25	结算业务凭证	0	0	金陵水务集团有限公司	水费	403.30	0.00	849107.26	3529258536
/25	结算业务凭证	0	0	金陵市电力有限公司	电费	1033.95	0.00	848073.31	3529258537
/30	结算业务凭证	0	0	金陵万达商贸有限公司	货款	0.00	108480.00	956553.31	3529258538
/30	结算业务凭证	0	0	账单自助服务产品中间内部核算账户	短信服务费	11.00	0.00	956542.31	3529258539
/30	结算业务凭证	0	0	金陵沃特商贸有限公司	货款	0.00	40816.00	997358.31	3529258540

中国工商银行股份有限公司长江路支行
自助回单专用章
（002）

2021年11月30日　　账户余额：997358.31　　保留余额：0.00　　冻结余额：0.00　　透支余额：0.00　　可用余额：997358.31

2021年11月30日　　账户可用余额：997358.31　　打印次数：1　　验证码：　　打印时间：2021年11月30日

专用发票汇总表：

专用发票汇总表

教学专用

制表日期：2021 年 11 月 30 日
所属期间：2021 年 11 月-2021 年 11 月
正数发票清单（2021 年 11 月）
纳税人登记号：91516850689258158N
企业名称：金陵钱多多家具有限公司
地址电话：金陵市玄武区中山路 88 号 0688-86615898
金额单位：元

金陵钱多多家具有限公司 91516850689258158N

★ 发票领用存情况 ★

期初库存份数	0	正数发票份数	3	负数发票份数	1
购进发票份数	10	正数废票份数	0	负数废票份数	0
退回发票份数	0	期末库存份数	6		

★销 项 情 况★

金额单位：元

序号	项目名称	合计	13%	9%	6%	4%	3%	其他
1	销项正废金额	0.00	0.00	0.00	0.00	0.00	0.00	0.00
2	销项正数金额	211000.00	211000.00	0.00	0.00	0.00	0.00	0.00
3	销项负废金额	0.00	0.00	0.00	0.00	0.00	0.00	0.00
4	销项负数金额	4000.00	4000.00	0.00	0.00	0.00	0.00	0.00
5	实际销售金额	207000.00	207000.00	0.00	0.00	0.00	0.00	0.00
6	销项正废税额	0.00	0.00	0.00	0.00	0.00	0.00	0.00
7	销项正数税额	27430.00	27430.00	0.00	0.00	0.00	0.00	0.00
8	销项负废税额	0.00	0.00	0.00	0.00	0.00	0.00	0.00
9	销项负数税额	520.00	520.00	0.00	0.00	0.00	0.00	0.00
10	实际销项税额	26910.00	26910.00	0.00	0.00	0.00	0.00	0.00

普通发票汇总表：

普通发票汇总表

教学专用

制表日期：2021 年 11 月 30 日
所属期间：2021 年 11 月-2021 年 11 月
正数发票清单（2021 年 11 月）
纳税人登记号：91516850689258158N
企业名称：金陵钱多多家具有限公司
地址电话：金陵市玄武区中山路 88 号 0688-86615898
金额单位：元

金陵钱多多家具有限公司 91516850689258158N

★ 发票领用存情况 ★

期初库存份数	0	正数发票份数	1	负数发票份数	0
购进发票份数	5	正数废票份数	0	负数废票份数	0
退回发票份数	0	期末库存份数	4		

★销 项 情 况★

金额单位：元

序号	项目名称	合计	13%	9%	6%	4%	3%	其他
1	销项正废金额	0.00	0.00	0.00	0.00	0.00	0.00	0.00
2	销项正数金额	54000.00	54000.00	0.00	0.00	0.00	0.00	0.00
3	销项负废金额	0.00	0.00	0.00	0.00	0.00	0.00	0.00
4	销项负数金额	0.00	0.00	0.00	0.00	0.00	0.00	0.00
5	实际销售金额	54000.00	54000.00	0.00	0.00	0.00	0.00	0.00
6	销项正废税额	0.00	0.00	0.00	0.00	0.00	0.00	0.00
7	销项正数税额	7020.00	7020.00	0.00	0.00	0.00	0.00	0.00
8	销项负废税额	0.00	0.00	0.00	0.00	0.00	0.00	0.00
9	销项负数税额	0.00	0.00	0.00	0.00	0.00	0.00	0.00
10	实际销项税额	7020.00	7020.00	0.00	0.00	0.00	0.00	0.00

发票统计表：

021/12/9

教学专用

增值税发票综合服务平台

发票统计表（报表更新时间：2021-11-30 17:50:15）

纳税人名称：金陵钱多多家具有限公司　纳税人识别号：915168506892581 58N　所属月份：2021年11月　单位：（份、元）

发票类型＼用途	抵扣			不抵扣		
	份数	金额	有效税额	份数	金额	有效税额
增值税专用发票	6	109615.00	14101.95	0	0.00	0.00
机动车销售统一发票	0	0.00	0.00	0	0.00	0.00
通行费电子发票	0	0.00	0.00	0	0.00	0.00
海关缴款书	0	–	0.00	0	–	0.00
出口转内销发票	0	0.00	0.00	0	0.00	0.00
出口转内销海关缴款书	0	–	0.00	0	–	0.00
总计	6	109615.00	14101.95	0	0.00	0.00

备注

本统计表包括当前选定税款所属期内所有勾选为抵扣和不抵扣的增值税发票、海关缴款书；

本统计表只允许查询下载近一年数据。

纳税人认证发票信息查询：

纳税人认证发票信息查询

总份数：6份　　发票总金额：109615.00元　　发票总税额：14101.95元　　认证日期：2021-11　　查询时间：2021-12-09

号	发票代码	发票号码	购货方识别号	销货方识别号	开票日期	金额	税额	认证日期	认证方式	发票类别
	5100214130	48027290	91516850689258158N	91510005539512701N	2021-11-02 00:00:00.0	45000.00	5850.00	2021-11-30 16:24:41.1	网络认证	专用发票
	1100214130	12345678	91516850689258158N	91110105918340562N	2021-11-06 00:00:00.0	3000.00	270.00	2021-11-30 16:24:42.2	网络认证	专用发票
	5100214130	99794193	91516850689258158N	91510893098637596N	2021-11-25 00:00:00.0	370.00	33.30	2021-11-30 16:24:43.3	网络认证	专用发票
	5100214130	40027892	91516850689258158N	91510893098637500N	2021-11-25 00:00:00.0	915.00	118.95	2021-11-30 16:24:44.4	网络认证	专用发票
	3100214130	48026892	91516850689258158N	91310005539512500N	2021-11-26 00:00:00.0	60000.00	7800.00	2021-11-30 16:24:44.5	网络认证	专用发票
	5100214130	82761917	91516850689258158N	91510005539512500N	2021-11-27 00:00:00.0	330.00	29.70	2021-11-30 16:24:45.6	网络认证	专用发票

查询结果不包含您在当期申报后至当期申报期限内通过“增值税发票查询平台”勾选确认的发票信息

数字化
会计精英岗位实训

工作业务册（下） 工业会计 实训单据簿

会计信息化证考试研究中心 编 | 铸远 ZHUYUAN 监制

图书在版编目(CIP)数据

数字化会计精英岗位实训/会计信息化证考试研究中心编.—厦门:厦门大学出版社,2021.3(2022.7 重印)
ISBN 978-7-5615-8148-3

Ⅰ.①数… Ⅱ.①会… Ⅲ.①会计学—岗位培训—教材 Ⅳ.①F230

中国版本图书馆 CIP 数据核字(2021)第 049162 号

出版发行 厦门大学出版社
社　　址 厦门市软件园二期望海路 39 号
邮政编码 361008
总 编 办 0592-2182177　0592-2181406(传真)
营销中心 0592-2184458　0592-2181365
网　　址 http://www.xmupress.com
邮　　箱 xmup@xmupress.com
印　　刷 厦门市明亮彩印有限公司

开本 889mm×1194mm 1/16
印张 56
字数 1 600 千字
版次 2021 年 3 月第 1 版
印次 2022 年 7 月第 6 次印刷
定价 398.00 元

厦门大学出版社
微信二维码

厦门大学出版社
微博二维码

目录

Content

◆ 业务 01 ◆ 采购原材料密度板 …………………… 001
◆ 业务 02 ◆ 购入不需安装的数控生产机床 … 009
◆ 业务 03 ◆ 销售人员出差报销 …………………… 021
◆ 业务 04 ◆ 购买办公用品 …………………… 033
◆ 业务 05 ◆ 购买理财产品 …………………… 037
◆ 业务 06 ◆ 收到上个月货款 …………………… 039
◆ 业务 07 ◆ 购入需安装的装配机床 ………… 045
◆ 业务 08 ◆ 支付装配机床运输费用 ………… 053
◆ 业务 09 ◆ 支付装配机床的安装费用 ……… 059
◆ 业务 10 ◆ 装配机床安装完毕,交付使用 … 065
◆ 业务 11 ◆ 购买周转材料 …………………… 067
◆ 业务 12 ◆ 投保财产保险 …………………… 075
◆ 业务 13 ◆ 收到货款 …………………… 081
◆ 业务 14 ◆ 支付员工生活困难借款 ………… 083
◆ 业务 15 ◆ 采购原材料 …………………… 085
◆ 业务 16 ◆ 支付货款 …………………… 095
◆ 业务 17 ◆ 支付原材料采购款 …………… 097
◆ 业务 18 ◆ 申请银行汇票 …………………… 099
◆ 业务 19 ◆ 支付银行汇票手续费 ………… 105
◆ 业务 20 ◆ 采购原材料 …………………… 107
◆ 业务 21 ◆ 银行承兑汇票到期 …………… 121
◆ 业务 22 ◆ 支付房租 …………………… 125
◆ 业务 23 ◆ 收回银行汇票多余款 ………… 131
◆ 业务 24 ◆ 销售货物 …………………… 135
◆ 业务 25 ◆ 预借差旅备用金 …………… 141
◆ 业务 26 ◆ 发放职工福利 …………………… 143
◆ 业务 27 ◆ 固定资产清理 …………………… 149
◆ 业务 28 ◆ 取得笔记本电脑变卖收入 ……… 151
◆ 业务 29 ◆ 结转固定资产清理损益 ………… 155
◆ 业务 30 ◆ 报销员工差旅费 …………… 157
◆ 业务 31 ◆ 委托加工橱柜 …………………… 167
◆ 业务 32 ◆ 销售密度板 …………………… 173
◆ 业务 33 ◆ 缴纳增值税 …………………… 179
◆ 业务 34 ◆ 缴纳附加税费 …………………… 181

◆ 业务 35 ◆ 缴纳印花税 …… 183
◆ 业务 36 ◆ 缴纳社保费 …… 185
◆ 业务 37 ◆ 缴纳住房公积金 …… 189
◆ 业务 38 ◆ 发放 11 月份工资 …… 193
◆ 业务 39 ◆ 缴纳个人所得税 …… 197
◆ 业务 40 ◆ 支付水费 …… 199
◆ 业务 41 ◆ 支付电费 …… 207
◆ 业务 42 ◆ 销售货物 …… 215
◆ 业务 43 ◆ 报销业务招待费 …… 219
◆ 业务 44 ◆ 支付公司打印机维修费 …… 227
◆ 业务 45 ◆ 销售货物 …… 231
◆ 业务 46 ◆ 支付快递费 …… 235
◆ 业务 47 ◆ 销售货物 …… 239
◆ 业务 48 ◆ 支付销售运费 …… 245
◆ 业务 49 ◆ 支付本月通讯费 …… 251
◆ 业务 50 ◆ 支付短信服务费 …… 257
◆ 业务 51 ◆ 支付税盘服务费 …… 259
◆ 业务 52 ◆ 购入无形资产 …… 263
◆ 业务 53 ◆ 购买原材料,暂估入库 …… 269
◆ 业务 54 ◆ 收到货款 …… 273
◆ 业务 55 ◆ 收到银行利息 …… 277
◆ 业务 56 ◆ 计提 12 月份职工薪酬 …… 279
◆ 业务 57 ◆ 领用生产材料 …… 281
◆ 业务 58 ◆ 领用周转材料 …… 289
◆ 业务 59 ◆ 材料盘盈 …… 293
◆ 业务 60 ◆ 盘盈材料处理 …… 295
◆ 业务 61 ◆ 计提折旧 …… 297
◆ 业务 62 ◆ 结转制造费用 …… 299
◆ 业务 63 ◆ 结转完工产品成本 …… 301
◆ 业务 64 ◆ 结转产品销售成本 …… 311
◆ 业务 65 ◆ 结转销售材料成本 …… 321
◆ 业务 66 ◆ 委托加工发出物资 …… 325
◆ 业务 67 ◆ 摊销无形资产 …… 329
◆ 业务 68 ◆ 计提所得税 …… 331
◆ 业务 69 ◆ 结转本期损益 …… 333
◆ 业务 70 ◆ 结转未分配利润 …… 335
◆ 业务 71 ◆ 提取法定盈余公积 …… 335
◆ 业务 72 ◆ 结转法定盈余公积 …… 335
附件:银行对账单 …… 337
专用发票汇总表 …… 339
发票统计表 …… 341
纳税人认证发票查询信息 …… 343

教学专用 1-1/4

金陵同方商贸有限公司

销售单

NO. 6807586

地址：金陵市海淀区上地路88号

电话：0688-2142500 邮编 :258800

客户名称：金陵钱多多家具有限公司

地址电话：金陵市玄武区中山路88号 0688-86615898

日期：2021年12月01日

编码	产品名称	规格	单位	单价	数量	金额	备注
1001	密度板	2440*1220*2	张	237.30	500	118650.00	
	人民币(大写)：壹拾壹万捌仟陆佰伍拾元整					¥118650.00	

业务联

销售经理：陈蓉 会计：保利 仓管：姗姗 签收人：张慧 经办人：李强

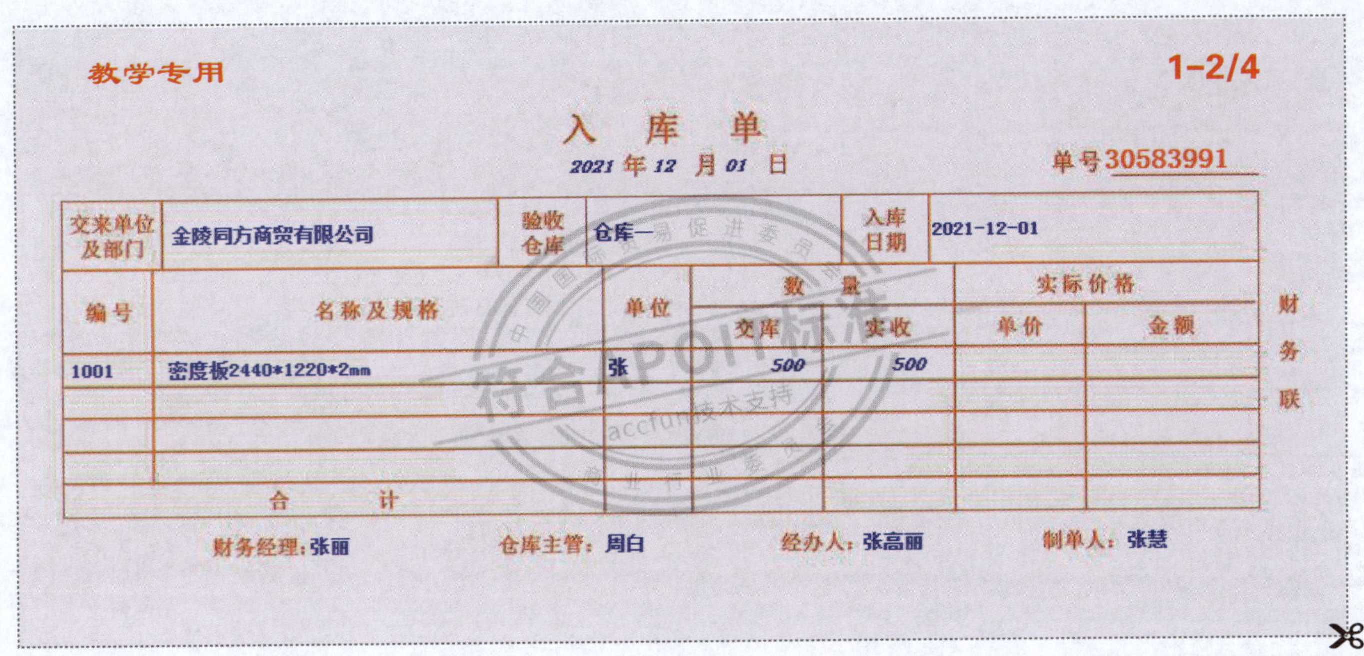

教学专用

1-2/4

入 库 单

2021 年 12 月 01 日

单号 30583991

交来单位及部门	金陵同方商贸有限公司	验收仓库	仓库一	入库日期	2021-12-01	
编号	名称及规格	单位	数量		实际价格	
			交库	实收	单价	金额
1001	密度板2440*1220*2mm	张	500	500		
合计						

财务联

财务经理：张丽　　仓库主管：周白　　经办人：张高丽　　制单人：张慧

教学专用

5100214130

金陵增值税专用发票

1-3/4

№ 28027200

5100214130
28027200

校验码 12791 30137 92703 71393

开票日期：2021年12月01日

购买方	名　　称:金陵钱多多家具有限公司 纳税人识别号:91516850689258158N 地　址、电　话:金陵市玄武区中山路88号 0688-86615898 开户行及账号:中国工商银行金陵玄武支行 1298010002000316285	密码区	-65745<19458<38404817000006 5/37503848*7>234504>-000006 2//5>*8574567-7<8*873000007 <413-3001152-/7142>>8000008

货物或应税劳务、服务名称	规格型号	单位	数量	单价	金额	税率	税额
*木制品*密度板	2440*1220*2mm	张	500	210.00	105000.00	13%	13650.00
合　　计					¥105000.00		¥13650.00
价税合计（大写）	⊗ 壹拾壹万捌仟陆佰伍拾圆整				（小写）¥118650.00		

销售方	名　　称:金陵同方商贸有限公司 纳税人识别号:91510005539512000N 地　址、电　话:金陵市海淀区上地路88号 0688-2142500 开户行及账号:中国工商银行金陵上地支行 1208736877823412300	备注	金陵同方商贸有限公司 91510005539512000N 发票专用章

收款人：　　复核：　　开票人：文丽　　销售方：（章）

第二联：抵扣联 购买方扣税凭证

税总函[2018]982号海南华森实业公司

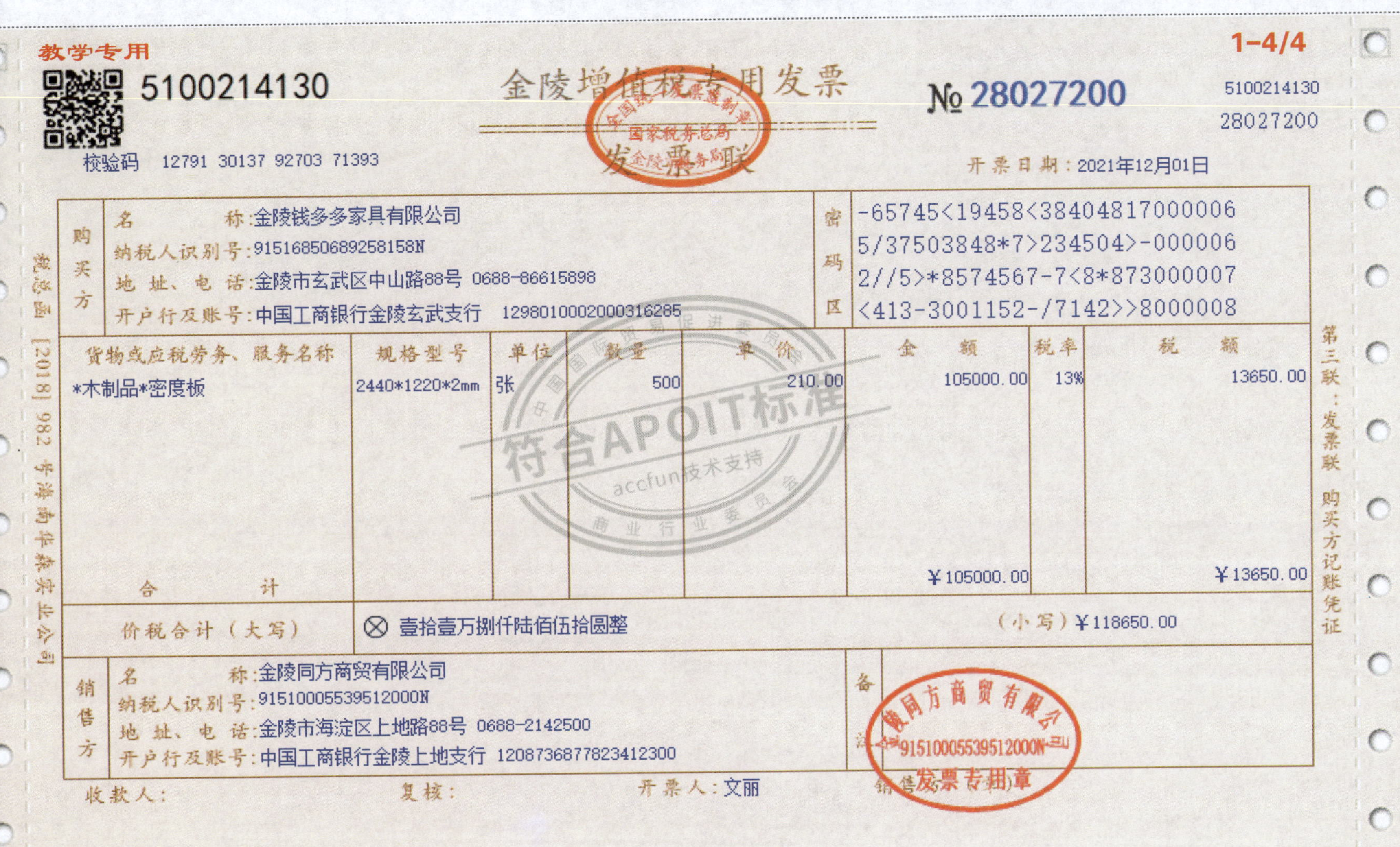

教学专用

5100214130

金陵增值税专用发票

发票联

№ 28027200

1-4/4

5100214130
28027200

校验码 12791 30137 92703 71393

开票日期：2021年12月01日

购买方	名　　称:金陵钱多多家具有限公司 纳税人识别号:915168506892581 58N 地址、电话:金陵市玄武区中山路88号 0688-86615898 开户行及账号:中国工商银行金陵玄武支行 1298010002000316285	密码区: -65745<19458<38404817000006 5/37503848*7>234504>-000006 2//5>*8574567-7<8*873000007 <413-3001152-/7142>>8000008

货物或应税劳务、服务名称	规格型号	单位	数量	单价	金额	税率	税额
*木制品*密度板	2440*1220*2mm	张	500	210.00	105000.00	13%	13650.00
合计					¥105000.00		¥13650.00
价税合计（大写）	⊗ 壹拾壹万捌仟陆佰伍拾圆整				（小写）¥118650.00		

销售方	名　　称:金陵同方商贸有限公司 纳税人识别号:91510005539512000N 地址、电话:金陵市海淀区上地路88号 0688-2142500 开户行及账号:中国工商银行金陵上地支行 1208736877823412300	备注

收款人：　　复核：　　开票人：文丽　　销售方：（章）

金陵同方商贸有限公司 91510005539512000N 发票专用章

税总函［2018］982号海南华森实业公司

第三联：发票联 购买方记账凭证

教学专用　　　　　　　　　　　　　　　　　　　　　　　　2-1/6

金陵佳佳机械设备有限公司

销售单

NO. 2807220

地址：金陵市海淀区上地路11号

电话：0688-2742600　　　　邮编：258800

客户名称：金陵钱多多家具有限公司

地址电话：金陵市玄武区中山路88号 0688-86615898　　　　日期：2021年12月01日

编码	产品名称	规格	单位	单价	数量	金额	备注
0001	数控生产机床		台	113000.00	1	113000.00	
	人民币(大写)：壹拾壹万叁仟元整					¥113000.00	

业务联

销售经理：吴林　　会计：文琳　　仓管：李升　　签收人：周白　　经办人：陈履履

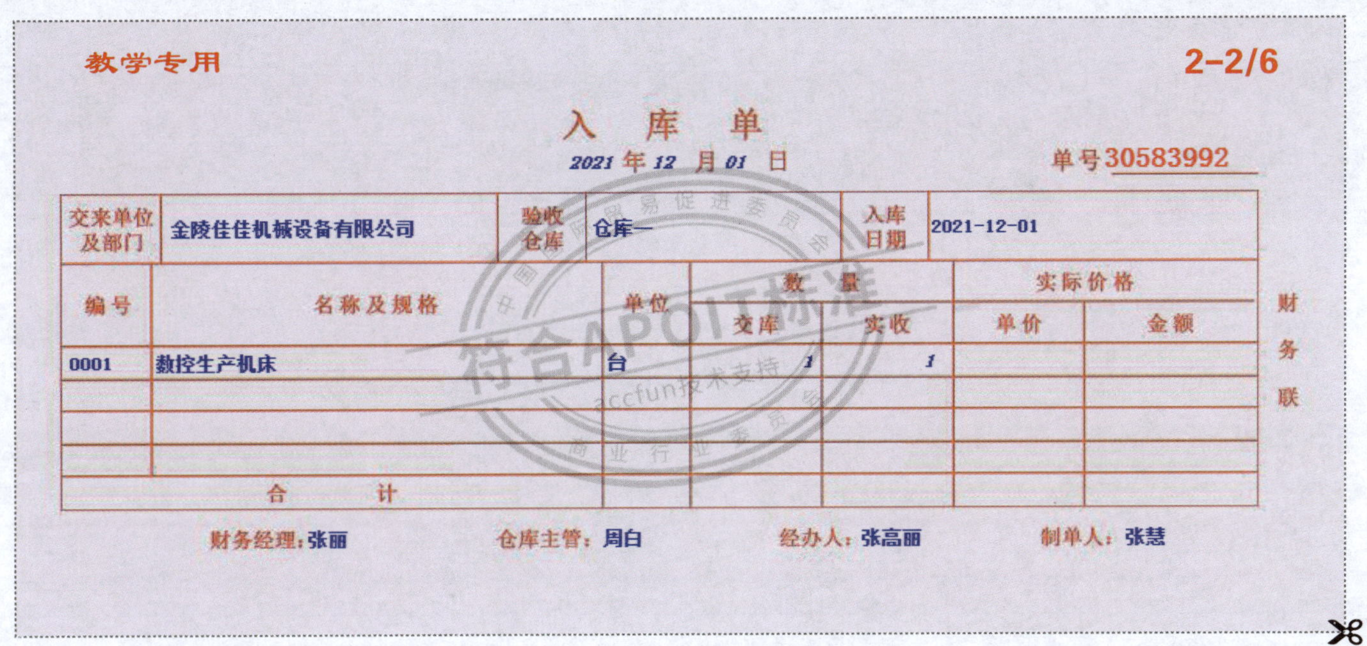

教学专用　　2-2/6

入　库　单

2021 年 12 月 01 日　　单号30583992

交来单位及部门	金陵佳佳机械设备有限公司	验收仓库	仓库一	入库日期	2021-12-01

编号	名称及规格	单位	数量		实际价格	
			交库	实收	单价	金额
0001	数控生产机床	台	1	1		
合计						

财务联

财务经理：张丽　　仓库主管：周白　　经办人：张高丽　　制单人：张慧

教学专用

ICBC 中国工商银行 业务回单(付款) 2-3/6

日期：2021年 12月 01日 回单编号：1535000001

付款人户名：金陵钱多多家具有限公司 付款人开户行：金陵玄武支行

付款人账号（卡号）：1298010002000316285

收款人户名：金陵佳佳机械设备有限公司 收款人开户行：金陵上地支行

收款人账号（卡号）：1408736877823412723

金额：壹拾壹万叁仟元整 小写：113000.00元

业务（产品）种类：结算卡业务 凭证种类：000000000 凭证号码：000000000000000000

摘要：购买机床 用途：转账 币种：人民币

交易机构：0410000292 记账柜员：03741 交易代码：02108 渠道：柜面

产品名称： 费用名称：

应收金额：113000.00 实收金额：113000.00 收费渠道：

本回单为第一次打印，注意重复 打印日期：2021年 12月 02日 打印柜员：9 验证码：0A87640EF006

中国工商银行股份有限公司 金陵玄武支行 业务专用章 850FBCEF0014

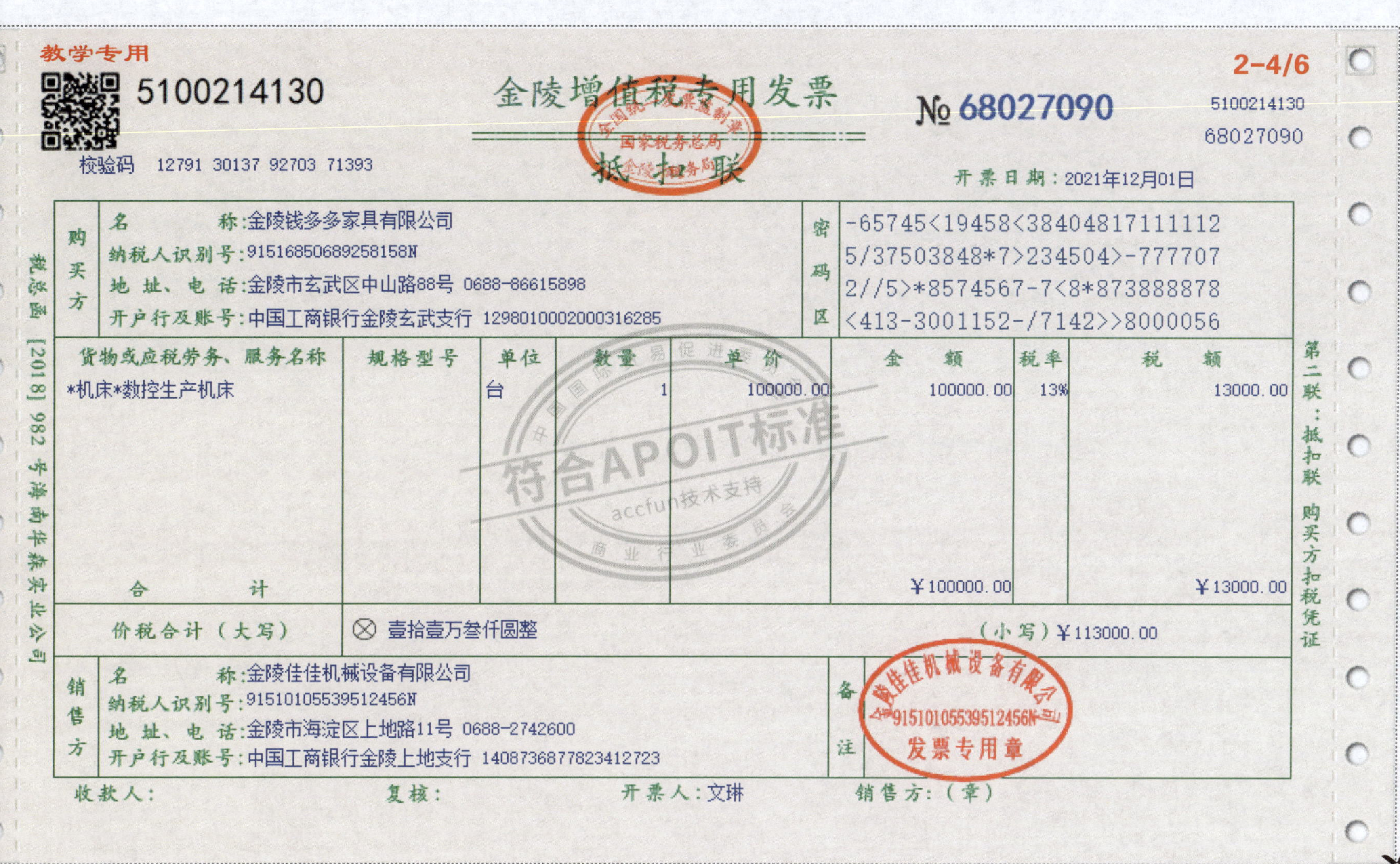

教学专用

5100214130

金陵增值税专用发票

抵扣联

№ 68027090

2-4/6

5100214130
68027090

校验码 12791 30137 92703 71393

开票日期：2021年12月01日

购买方	名　　称:金陵钱多多家具有限公司 纳税人识别号:91516850689258158N 地 址、电 话:金陵市玄武区中山路88号 0688-86615898 开户行及账号:中国工商银行金陵玄武支行 1298010002000316285	密码区	-65745<19458<38404817111112 5/37503848*7>234504>-777707 2//5>*8574567-7<8*873888878 <413-3001152-/7142>>8000056

货物或应税劳务、服务名称	规格型号	单位	数量	单价	金额	税率	税额
*机床*数控生产机床		台	1	100000.00	100000.00	13%	13000.00
合计					¥100000.00		¥13000.00
价税合计（大写）	⊗壹拾壹万叁仟圆整				（小写）¥113000.00		

销售方	名　　称:金陵佳佳机械设备有限公司 纳税人识别号:91510105539512456N 地 址、电 话:金陵市海淀区上地路11号 0688-2742600 开户行及账号:中国工商银行金陵上地支行 1408736877823412723	备注	

收款人：　　复核：　　开票人：文琳　　销售方：（章）

税总函[2018]982号海南华森实业公司

第二联：抵扣联 购买方扣税凭证

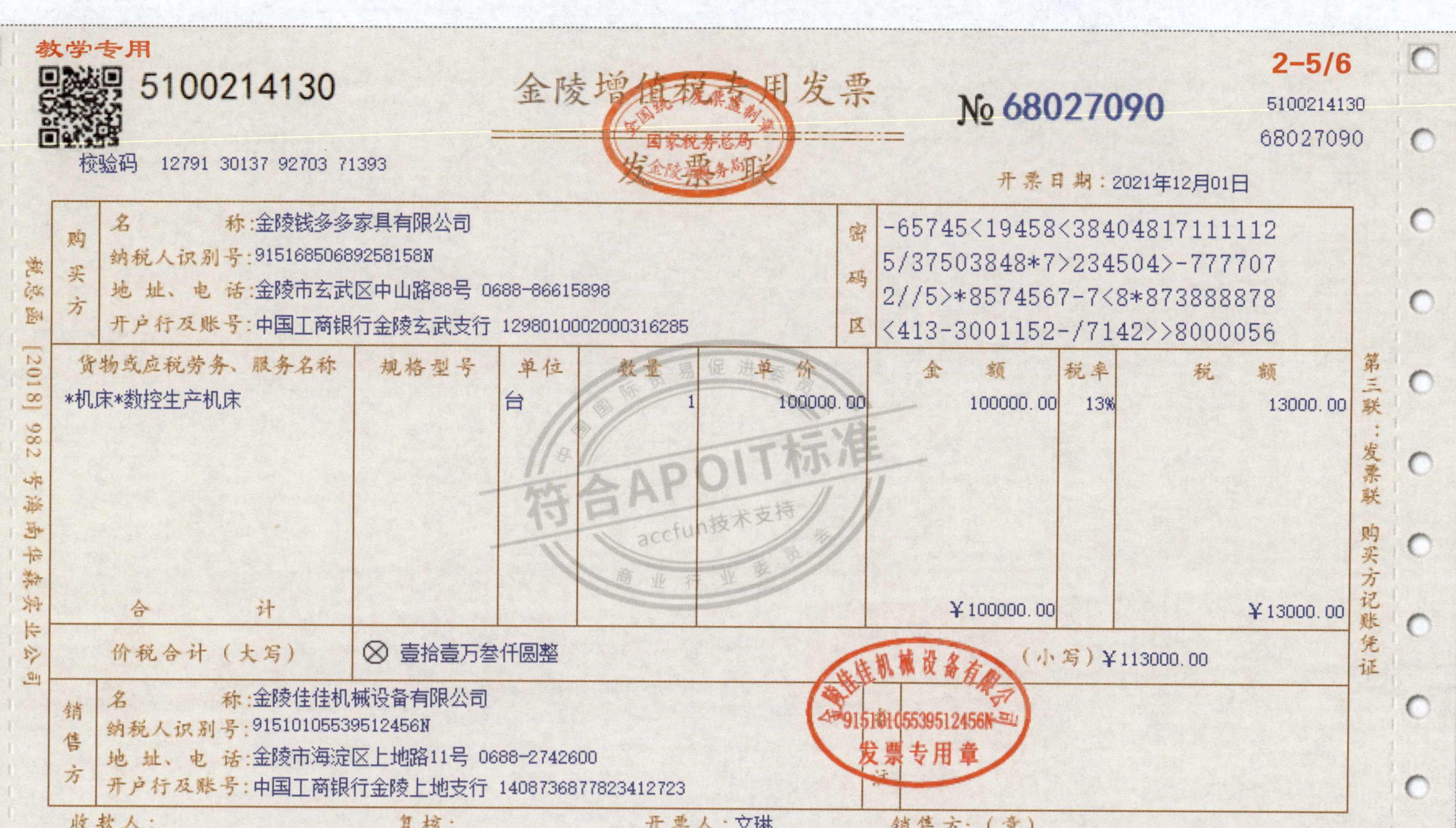

教学专用

5100214130

金陵增值税专用发票

发票联

2-5/6

№ 68027090

5100214130

68027090

校验码 12791 30137 92703 71393

开票日期：2021年12月01日

购买方	名称：金陵钱多多家具有限公司 纳税人识别号：91516850689258158N 地址、电话：金陵市玄武区中山路88号 0688-86615898 开户行及账号：中国工商银行金陵玄武支行 1298010002000316285	密码区	-65745<19458<38404817111112 5/37503848*7>234504>-777707 2//5>*8574567-7<8*873888878 <413-3001152-/7142>>8000056

货物或应税劳务、服务名称	规格型号	单位	数量	单价	金额	税率	税额
*机床*数控生产机床		台	1	100000.00	100000.00	13%	13000.00
合计					￥100000.00		￥13000.00
价税合计（大写）	⊗壹拾壹万叁仟圆整				（小写）￥113000.00		

销售方	名称：金陵佳佳机械设备有限公司 纳税人识别号：91510105539512456N 地址、电话：金陵市海淀区上地路11号 0688-2742600 开户行及账号：中国工商银行金陵上地支行 1408736877823412723	备注	

收款人： 复核： 开票人：文琳 销售方：（章）

税总函[2018]982号海南华森实业公司

第三联：发票联 购买方记账凭证

教学专用

2-6/6

固定资产验收单

2021 年 12 月 01 日

资产编号	110212	资产名称	数控生产机床	型号规格	
供应商名称	金陵佳佳机械设备有限公司				
购入日期	2021年12月01日	安装完成日期	2021年12月01日		
金额大写	壹拾万元整	小写	¥100000.00		
验收结果	合格	验收日期	2021年12月01日		
采购部门	采购部	资产管理人	周白		
使用部门	生产车间	财务审核	张雯		

备注：

教学专用

差旅费报销单

3-1/7

填报日期：2021 年 12 月 02 日　　　　单据及附件共 5 张

所属部门				销售部	姓名	王玲	出差事由	推介产品	
出发		到达		起止地址		交通费	住宿费	伙食费	其他
月	日	月	日						
11	30	12	02	金陵-北京-金陵		3,120.00	1,100.00	600.00	
合计	大写金额：肆仟捌佰贰拾元整			¥ 4,820.00	预支旅费			退回金额	
								补付金额	

银行付讫

总经理：钱多多　财务经理：张丽　部门经理：李林　会计：张委　出纳：李丽　报销人：王玲

教学专用

3-2/7

金陵增值税电子普通发票

发票代码: 051002143211
发票号码: 06965465
开票日期: 2021年12月02日
校验码: 12121 61722 46212 17876

机器编号: 499098747351

购买方	名称: 金陵钱多多家具有限公司 纳税人识别号: 91516850689258158N 地址、电话: 开户行及账号:	密码区	035<887+147/02>15-*035</8+<1 *9-879/1-30217+59012-3200/0- +/*30557--5>9786+/4/56>23+/2 5>788226>801+04519>4168*22<1

货物或应税劳务、服务名称	规格型号	单位	数量	单价	金额	税率	税额
*运输服务*客运服务费	无	次	1	116.50	116.50	3%	3.50
合计					¥116.50		¥3.50
价税合计(大写)	⊗壹佰贰拾圆整				(小写)¥120.00		

销售方	名称: 金陵滴滴出行科技有限公司 纳税人识别号: 911201163409833307 地址、电话: 金陵市玄武区台湾路26号 022-59002850 开户行及账号: 招商银行股份有限公司金陵分行营业部 122905939910401	备注	

收款人: 张强　　复核: 蔡明　　开票人: 王丽丽　　销售方: (章)

金陵滴滴出行科技有限公司 911201163409833307 发票专用章

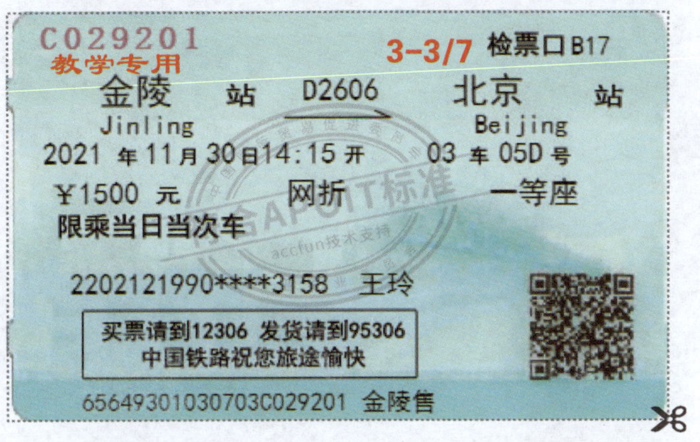
C029201
教学专用
3-3/7 检票口B17
金陵 站 D2606 北京 站
Jinling Beijing
2021 年11月30日14:15开 03车05D号
¥1500 元 网折 一等座
限乘当日当次车
2202121990****3158 王玲
买票请到12306 发货请到95306
中国铁路祝您旅途愉快
65649301030703C029201 金陵售

C021122
教学专用
3-4/7 检票口A20
北京 站 D3606 金陵 站
Beijing Jinling
2021 年12月02日15:15开 03车05A号
¥1500 元 网折 一等座
限乘当日当次车
2202121990****3158 王玲
买票请到12306 发货请到95306
中国铁路祝您旅途愉快
65649301030703C021122 北京售

教学专用

北京增值税电子普通发票

3-5/7

发票代码: 011082102211
发票号码: 32719734
开票日期: 2021年12月02日
校 验 码: 12333 34455 46365 45254

机器编号: 661615012024

购买方	名称: 金陵钱多多家具有限公司 纳税人识别号: 91516850689258158N 地址、电话: 开户行及账号:	密码区	035<887+147/09>15*035</4254 *9-879/1-30267+5904238934 24 +/*30557--5>9786+/4/56>7767 5>788226>801+04519>4168*674

货物或应税劳务、服务名称	规格型号	单位	数量	单价	金额	税率	税额
*住宿服务*住宿费			2	518.87	1037.74	6%	62.26
合计					¥1037.74		¥62.26
价税合计(大写)	⊗壹仟壹佰圆整				(小写)¥1100.00		

销售方	名称: 维多利亚酒店 纳税人识别号: 91110023482743752N 地址、电话: 北京市海淀区西四环102号 010-39003949 开户行及账号: 中国工商银行北京西四环支行 6212200021300316231	备注	

收款人: 陈萍萍　　复核: 邓小东　　开票人: 黄文桂　　销售方: (章)

教学专用

3-6/7

北京增值税电子普通发票

发票代码：011082102211
发票号码：37312123
开票日期：2021年12月02日
校验码：15445 94508 42824 20855

机器编号：324434769634

购买方	名称：金陵钱多多家具有限公司 纳税人识别号：91516850689258158N 地址、电话： 开户行及账号：	密码区	22-65745<19458<38404-32*432 5/37503848*7>234504>-21235* 9//5>*8574567-7<8*8730-*7-8 22<413-3001152-/7142>>821*2

货物或应税劳务、服务名称	规格型号	单位	数量	单价	金额	税率	税额
*餐饮服务*餐饮费			1	566.04	566.04	6%	33.96
合计					¥566.04		¥33.96
价税合计（大写）	⊗陆佰圆整				（小写）¥600.00		

销售方	名称：北京时尚餐饮有限公司 纳税人识别号：91110005539512400N 地址、电话：北京市海淀区西四环76号 010-39004353 开户行及账号：中国工商银行北京西四环支行 62122000213003346430	备注	

收款人：肖婷　　复核：江小芳　　开票人：吴秋星　　销售方：（章）

教学专用

3-7/7

ICBC 中国工商银行 业务回单(付款)

日期：2021年 12月 02日 回单编号：1534900002

付款人户名：金陵钱多多家具有限公司 付款人开户行：金陵玄武支行

付款人账号（卡号）：1298010002000316285

收款人户名：王玲 收款人开户行：金陵玄武支行

收款人账号（卡号）：1298010003000238929

金额：肆仟捌佰贰拾元整 小写：4820.00元

业务（产品）种类：结算业务凭证 凭证种类：000000000 凭证号码：000000000000000000

摘要：差旅费 用途：转账 币种：人民币

交易机构：0410000292 记账柜员：03741 交易代码：02108 渠道：柜面

产品名称： 费用名称：

应收金额：4820.00 实收金额：4820.00 收费渠道：

本回单为第一次打印，注意重复 打印日期：2021年 12月 03日 打印柜员：9 验证码：0A87640EF006

中国工商银行股份有限公司 金陵玄武支行 业务专用章 850FBCEF0014

教学专用

4-1/2

报 销 单

填报日期：2021 年 12 月 02 日　　　　单据及附件共 1 张

姓名	李丽	所属部门	财务部	报销形式	现金
				支票号码	

报销项目	摘　要	金　额	备　注
办公费	报销计算器费	280.00	
合　计		¥280.00	
金额大写：⊗拾 ⊗万 ⊗仟 贰佰 捌拾 零元 零角 零分		原借款：　元	应退款：　元 应补款：　元

现金付讫

总经理：　　财务经理：张丽　　部门经理：张丽　　会计：张雯　　出纳：李丽　　报销人：李丽

教学专用

4-2/2

金陵增值税电子普通发票

发票代码: 051002143211
发票号码: 03096060
开票日期: 2021年12月02日
校 验 码: 09887 32124 64563 96751

机器编号: 661615012021

购买方	名 称: 金陵钱多多家具有限公司 纳税人识别号: 91516850689258158N 地 址、电 话: 开户行及账号:	密码区	-65745<19458<38404817*45533 5/37503848*7>234504>-00*1/3 2//5>*8574567-7<8*873-3-0*1 <413-3001152-/7142>>80-\0*3

货物或应税劳务、服务名称	规格型号	单位	数量	单价	金额	税率	税额
*文化办公用设备*计算器	无	台	5	49.558	247.79	13%	32.21
合计					¥247.79		¥32.21
价税合计(大写)	⊗贰佰捌拾圆整				(小写)¥280.00		

销售方	名 称: 金陵沃尔玛购物广场 纳税人识别号: 91518850689258100N 地 址、电 话: 金陵市玄武区南通路154号 0688-15878323 开户行及账号: 中国工商银行金陵玄武支行 1290034290103554739	备注	金陵沃尔玛购物广场 91518850689258100N 发票专用章

收 款 人: 张静　　复 核: 王智芬　　开 票 人: 王珍　　销 售 方: (章)

教学专用

ICBC 中国工商银行 业务回单（付款） 5-1/1

日期： 2021年 12月 02日 回单编号： 1534900001

付款人户名： 金陵钱多多家具有限公司 付款人开户行： 金陵玄武支行

付款人账号（卡号）： 1298010002000316285

收款人户名： 金陵钱多多家具有限公司 收款人开户行： 金陵玄武支行

收款人账号（卡号）： 1298010002000319204

金额： 壹拾万元整 小写： 100000.00元

业务（产品）种类： 结算业务凭证 凭证种类： 000000000 凭证号码： 000000000000000000

摘要： 理财 用途： 转账 币种： 人民币

交易机构： 0410000292 记账柜员： 03741 交易代码： 02108 渠道： 柜面

产品名称： “优先3号”理财计划 费用名称：

应收金额： 100000.00 实收金额： 100000.00 收费渠道：

中国工商银行股份有限公司 金陵玄武支行 业务专用章 850FBCEF0014

本回单为第一次打印，注意重复 打印日期： 2021年 12月 02日 打印柜员： 9 验证码： 0A87640EF006

教学专用

ICBC 中国工商银行 业务回单(收款) 6-1/3

日期： 2021年 12月 02日 回单编号： 1535000002

付款人户名： 金陵万达商贸有限公司 付款人开户行： 金陵上地支行

付款人账号（卡号）： 110873687782341246O

收款人户名： 金陵钱多多家具有限公司 收款人开户行： 金陵玄武支行

收款人账号（卡号）： 1298010002000316285

金额： 壹万捌仟陆佰伍拾元整 小写： 18650.00元

业务（产品）种类： 结算业务凭证 凭证种类： 000000000 凭证号码： 000000000000000000

摘要： 收到货款 用途： 转账 币种： 人民币

交易机构： 0410000292 记账柜员： 03741 交易代码： 02108 渠道： 柜面

产品名称： 费用名称：

应收金额： 18650.00 实收金额： 18650.00 收费渠道：

本回单为第一次打印，注意重复 打印日期： 2021年 12月 03日 打印柜员： 9 验证码： 0A87640EF006

中国工商银行股份有限公司 金陵玄武支行 业务专用章 850FBCEF0014

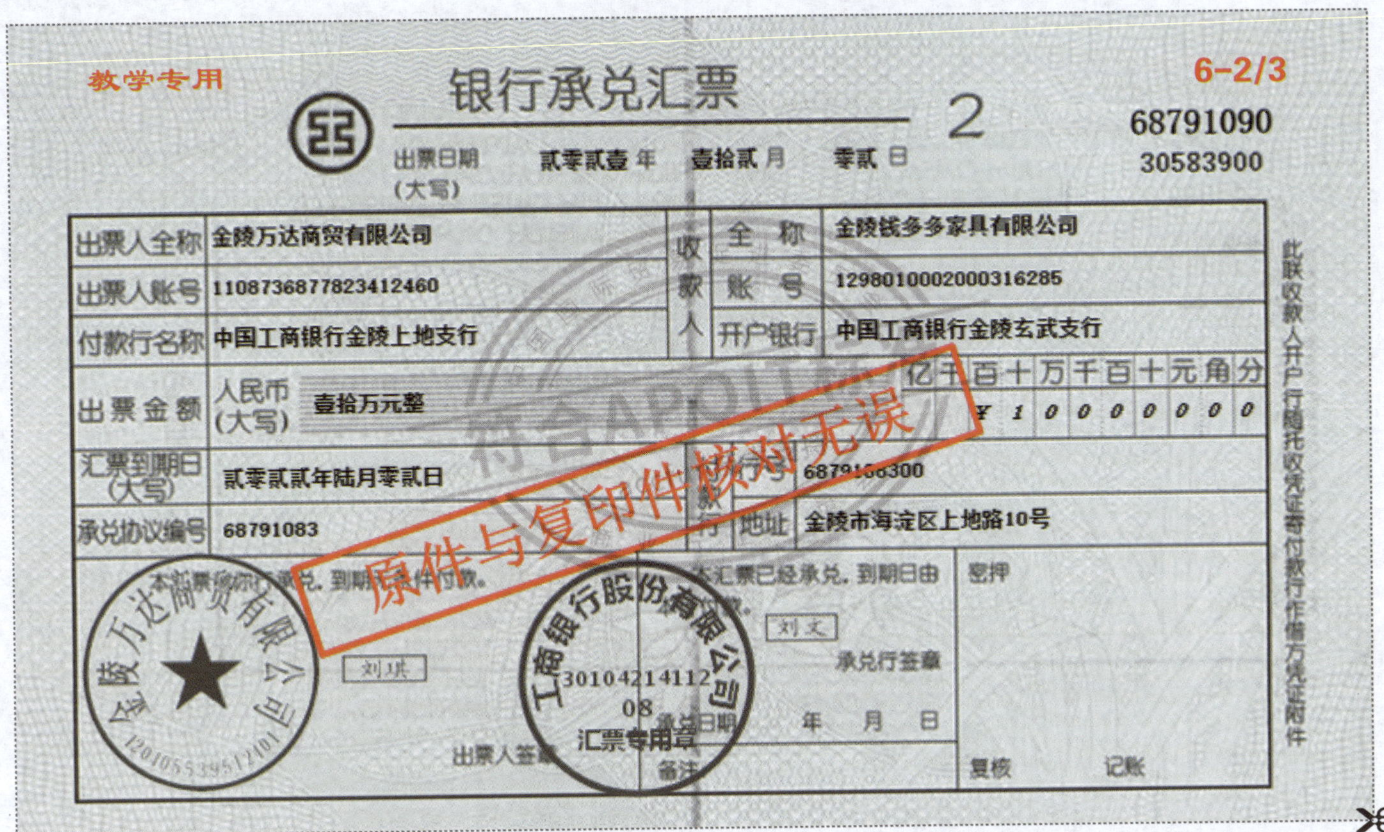

教学专用

6-2/3

银行承兑汇票 2

68791090
30583900

出票日期（大写） 贰零贰壹 年 壹拾贰 月 零贰 日

出票人全称	金陵万达商贸有限公司	收款人	全称	金陵钱多多家具有限公司
出票人账号	1108736877823412460		账号	1298010002000316285
付款行名称	中国工商银行金陵上地支行		开户银行	中国工商银行金陵玄武支行
出票金额	人民币（大写） 壹拾万元整		亿千百十万千百十元角分	¥ 1 0 0 0 0 0 0 0
汇票到期日（大写）	贰零贰贰年陆月零贰日	付款行	行号	6879168300
承兑协议编号	68791083		地址	金陵市海淀区上地路10号

本汇票请你行承兑，到期无条件付款。 刘琪 出票人签章

本汇票已经承兑，到期日由本行付款。 刘文 承兑行签章 承兑日期 年 月 日 备注

密押

复核 记账

此联收款人开户行随托收凭证寄付款行作借方凭证附件

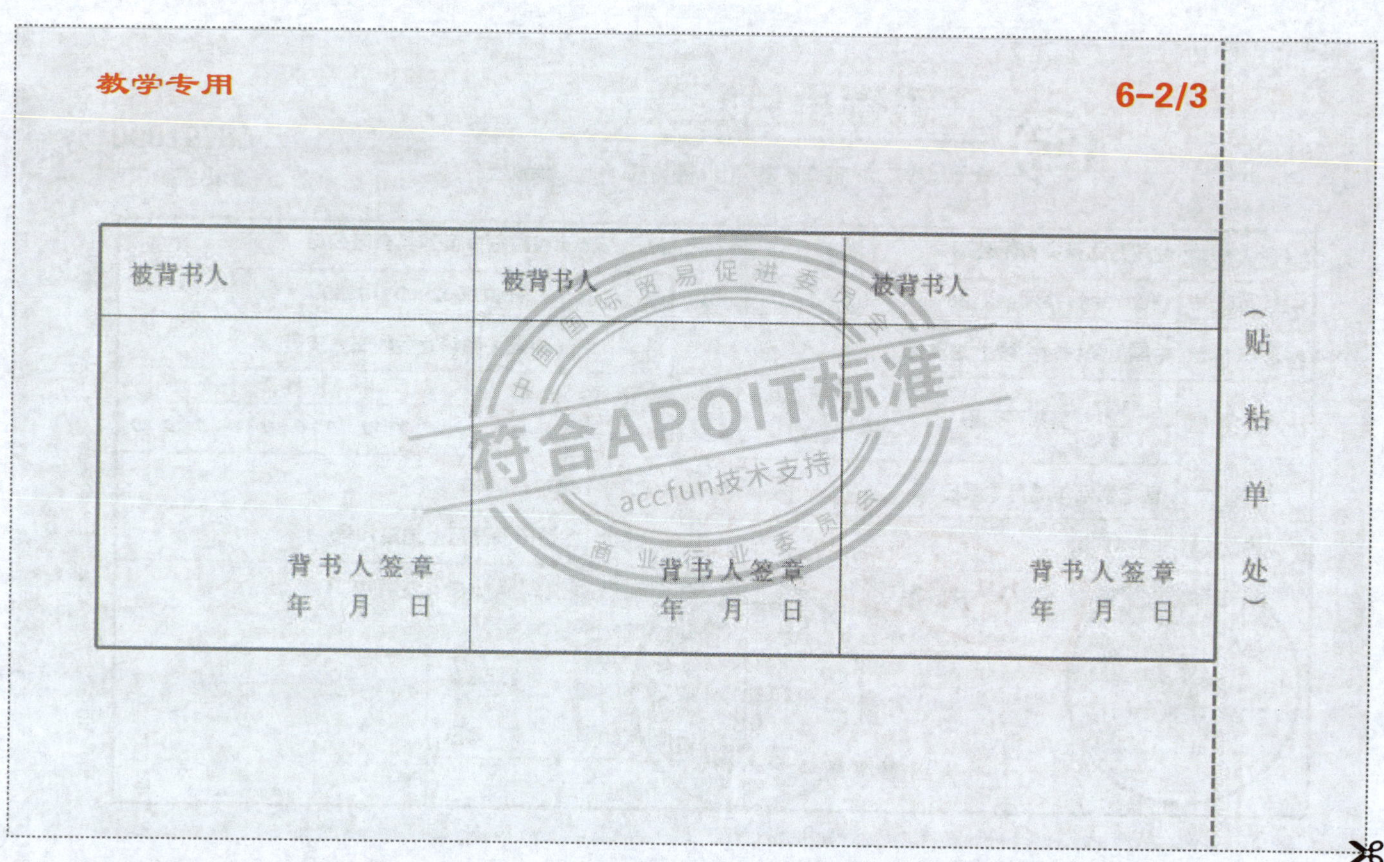

教学专用

6-2/3

被背书人	被背书人	被背书人
背书人签章 年　月　日	背书人签章 年　月　日	背书人签章 年　月　日

（贴粘单处）

收到汇票证明书

今收到金陵万达商贸有限公司开具的银行承兑汇票壹张（出票人为：金陵万达商贸有限公司、收款人为：金陵钱多多家具有限公司，汇票编号30583900），承兑汇票出票日期为贰零贰壹年壹拾贰月零贰日，汇票到期日为贰零贰贰年陆月零贰日，出票金额为人民币壹拾万元整（100000.00元）。

特此证明！（此证明一式两份，双方各持壹份）

金陵钱多多家具有限公司

2021年12月02日

教学专用 7-1/4

金陵宏鑫商贸有限公司

销售单

NO. 2307110

地址：金陵市高新区宣汉路94号

电话：0688-54720481 邮编：258800

客户名称：金陵钱多多家具有限公司

地址电话：金陵市玄武区中山路88号 0688-86615898

日期：2021年12月03日

编码	产品名称	规格	单位	单价	数量	金额	备注
0002	数控装配机床		台	45200.00	1	45200.00	
	人民币(大写)：肆万伍仟贰佰元整					¥45200.00	

业务联

销售经理：吴松 会计：文琳 仓管：李百 签收人：张慧 经办人：王林

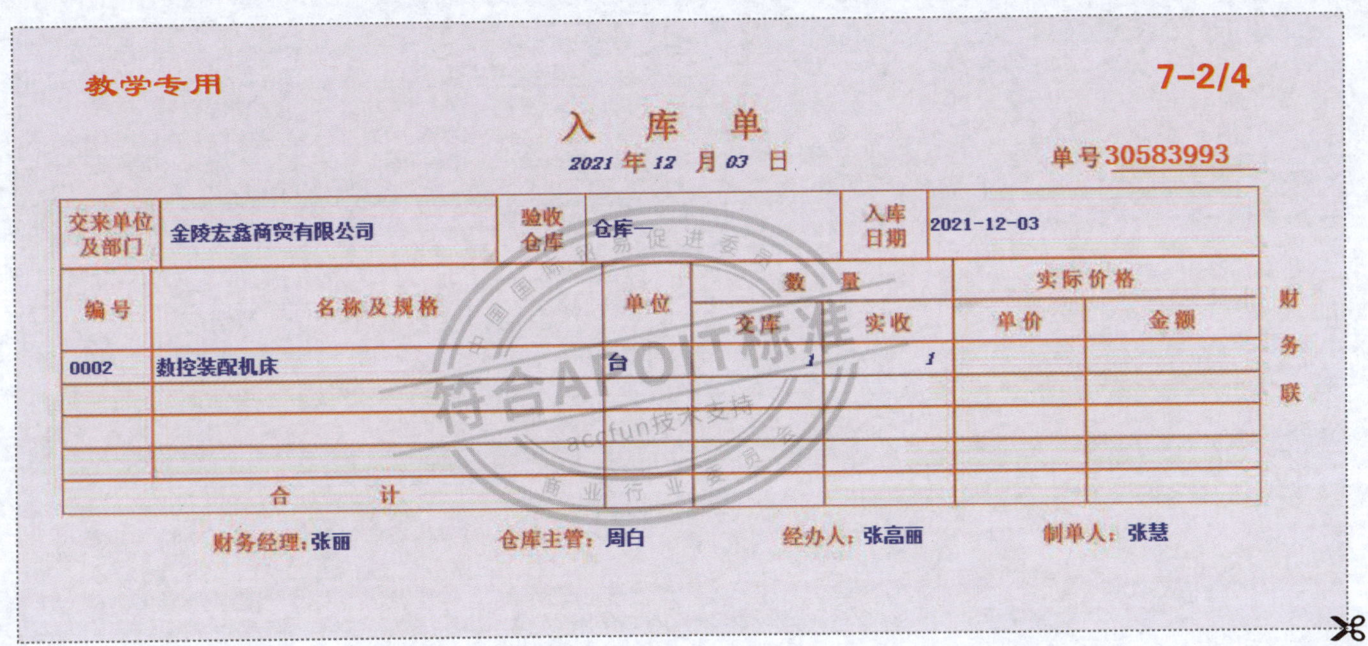

教学专用　　7-2/4

入　库　单

2021 年 12 月 03 日　　单号 30583993

交来单位及部门	金陵宏鑫商贸有限公司		验收仓库	仓库一	入库日期	2021-12-03
编号	名称及规格	单位	数量		实际价格	
			交库	实收	单价	金额
0002	数控装配机床	台	1	1		
合　计						

财务联

财务经理：张丽　　仓库主管：周白　　经办人：张高丽　　制单人：张慧

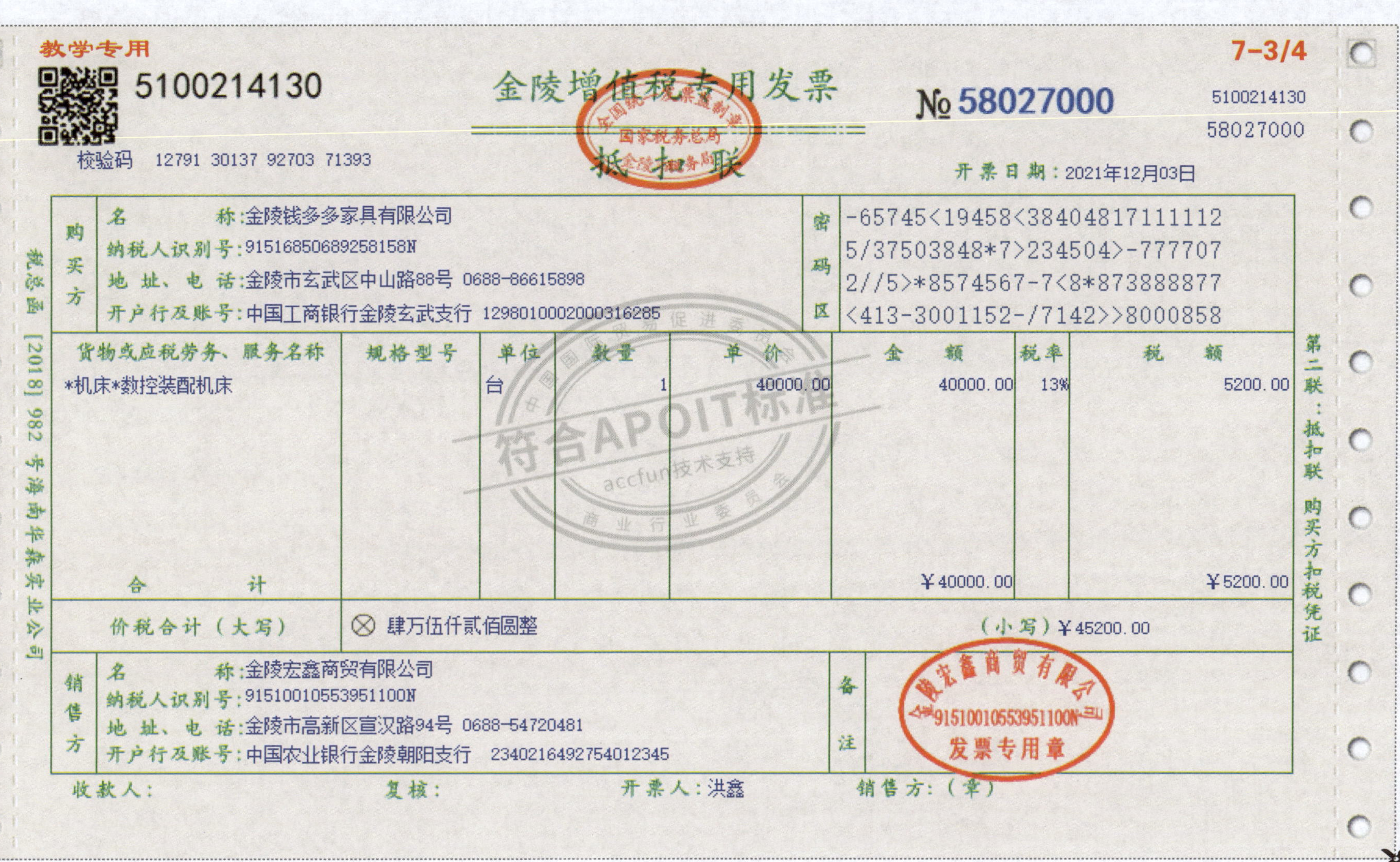

教学专用　　　　　　　　　　　　　　　　　　　　　　　　　　　　7-3/4

5100214130

金陵增值税专用发票

№ 58027000　　5100214130　58027000

（印章：全国统一发票监制章 国家税务总局 金陵税务局）

抵扣联

校验码 12791 30137 92703 71393　　　　开票日期：2021年12月03日

购买方	名　　称:金陵钱多多家具有限公司 纳税人识别号:91516850689258158N 地址、电话:金陵市玄武区中山路88号 0688-86615898 开户行及账号:中国工商银行金陵玄武支行 1298010002000316285	密码区	-65745<19458<38404817111112 5/37503848*7>234504>-777707 2//5>*8574567-7<8*873888877 <413-3001152-/7142>>8000858

货物或应税劳务、服务名称	规格型号	单位	数量	单价	金额	税率	税额
*机床*数控装配机床		台	1	40000.00	40000.00	13%	5200.00
合　　计					¥40000.00		¥5200.00
价税合计（大写）	⊗ 肆万伍仟贰佰圆整				（小写）¥45200.00		

销售方	名　　称:金陵宏鑫商贸有限公司 纳税人识别号:915100105539511OON 地址、电话:金陵市高新区宣汉路94号 0688-54720481 开户行及账号:中国农业银行金陵朝阳支行 2340216492754012345	备注	（印章：金陵宏鑫商贸有限公司 91510010553951100N 发票专用章）

收款人：　　　　复核：　　　　开票人：洪鑫　　　　销售方：（章）

税总函［2018］982号海南华森实业公司

第二联：抵扣联　购买方扣税凭证

教学专用

5100214130

金陵增值税专用发票

发票联

№ 58027000

7-4/4

5100214130

58027000

校验码 12791 30137 92703 71393

开票日期：2021年12月03日

购买方	名　　　称：金陵钱多多家具有限公司 纳税人识别号：91516850689258158N 地 址、电 话：金陵市玄武区中山路88号 0688-86615898 开户行及账号：中国工商银行金陵玄武支行 1298010002000316285	密码区	-65745<19458<38404817111112 5/37503848*7>234504>-777707 2//5>*8574567-7<8*873888877 <413-3001152-/7142>>8000858

货物或应税劳务、服务名称	规格型号	单位	数量	单价	金额	税率	税额
*机床*数控装配机床		台	1	40000.00	40000.00	13%	5200.00
合　　计					¥40000.00		¥5200.00
价税合计（大写）	⊗肆万伍仟贰佰圆整				（小写）¥45200.00		

销售方	名　　　称：金陵宏鑫商贸有限公司 纳税人识别号：91510010553951100N 地 址、电 话：金陵市高新区宣汉路94号 0688-54720481 开户行及账号：中国农业银行金陵朝阳支行 2340216492754012345	备注	

收款人：　　复核：　　开票人：洪鑫　　销售方：（章）

第三联：发票联 购买方记账凭证

税总函〔2018〕982号海南华森实业公司

教学专用　　　　8-1/3

ICBC 中国工商银行　业务回单(付款)

日期：2021年 12月 06日　　回单编号：1534900002

付款人户名：金陵钱多多家具有限公司　　付款人开户行：金陵玄武支行

付款人账号（卡号）：1298010002000316285

收款人户名：北京德邦物流有限公司　　收款人开户行：中国农业银行海淀支行

收款人账号（卡号）：2340216492754015213

金额：伍仟伍佰伍拾玖元整　　小写：5559.00元

业务（产品）种类：结算业务凭证　　凭证种类：000000000　　凭证号码：000000000000000000

摘要：运输费　　用途：转账　　币种：人民币

交易机构：0410000292　　记账柜员：03741　　交易代码：02108　　渠道：柜面

产品名称：　　费用名称：

应收金额：5559.00　　实收金额：5559.00　　收费渠道：

本回单为第一次打印，注意重复　　打印日期：2021年 12月 06日　　打印柜员：9　　验证码：0A87640EF006

中国工商银行股份有限公司
金陵玄武支行
业务专用章
850FBCEEQ014

教学专用

1100214130

北京增值税专用发票

抵扣联

№ 12345679

8-2/3

1100214130

12345679

校验码 13718 66476 81681 28122

开票日期：2021年12月06日

购买方	名称：金陵钱多多家具有限公司 纳税人识别号：915168506892581 58N 地址、电话：金陵市玄武区中山路88号 0688-86615898 开户行及账号：中国工商银行金陵玄武支行 129801000200031 6285	密码区	-65745<19458<38404817000006 5/37503848*7>234504>-000206 2//5>*8574567-7<8*873033307 <413-3001152-/7142>>8000008

货物或应税劳务、服务名称	规格型号	单位	数量	单价	金额	税率	税额
*运输服务*运费			1	5100.00	5100.00	9%	459.00
合计					￥5100.00		￥459.00
价税合计（大写）	⊗伍仟伍佰伍拾玖圆整				（小写）￥5559.00		

销售方	名称：北京德邦物流有限公司 纳税人识别号：91110105918340562N 地址、电话：北京市海淀区清河路123号 010-56896965 开户行及账号：中国农业银行海淀支行 234021649275401 5213	备注	发货方：金陵宏鑫商贸有限公司 纳税人识别号：91510010553951100N 货物名称：数控装配机床 起运地：金陵高新区 到达地：金陵玄武区

收款人： 复核： 开票人：方林 销售方：（章）

第二联：抵扣联 购买方扣税凭证

税总函［2018］982号海南华森实业公司

全国统一发票监制章 国家税务总局 北京市税务局

北京德邦物流有限公司 91110105918340562N 发票专用章

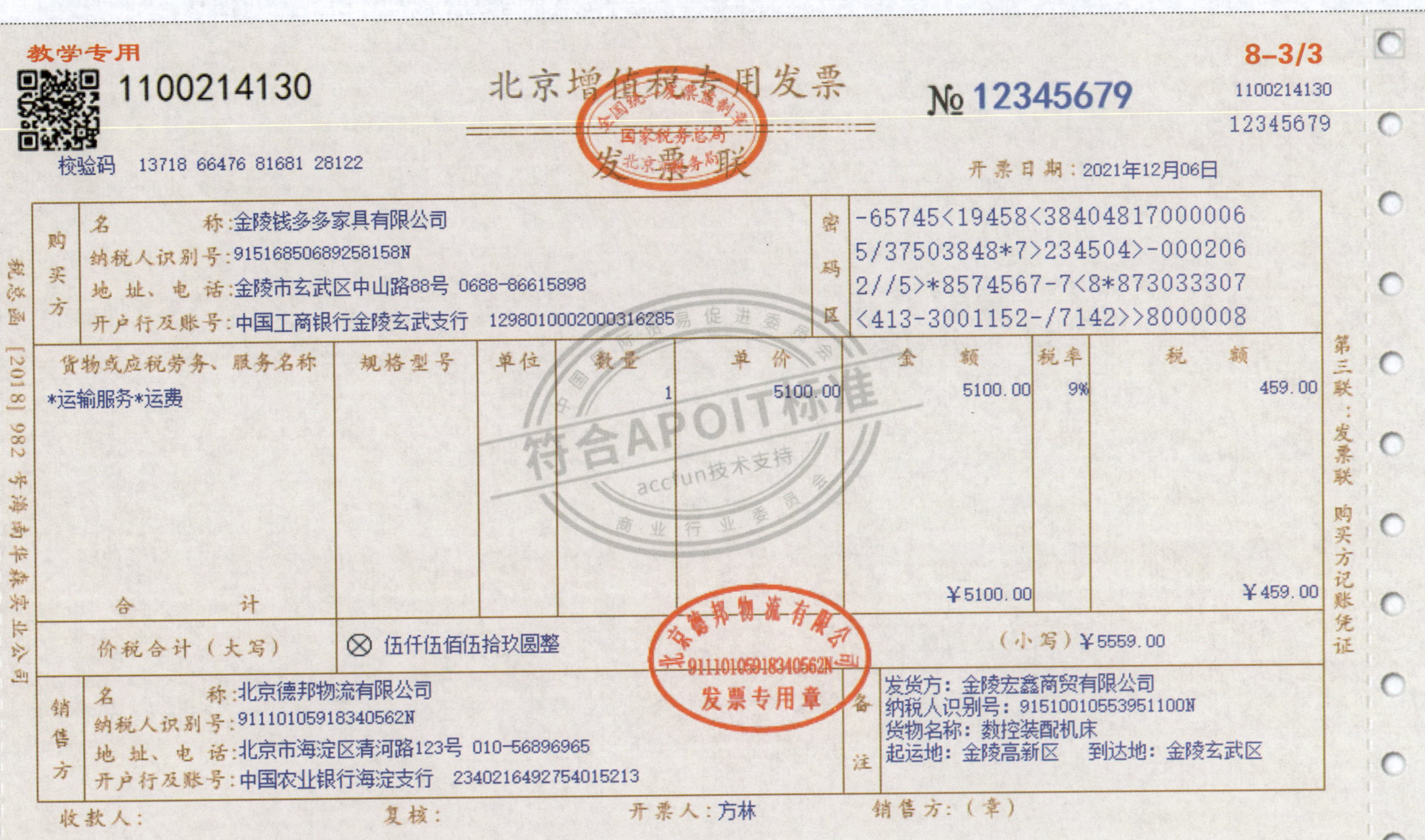

教学专用

1100214130

北京增值税专用发票

发票联

№ 12345679

8-3/3

1100214130

12345679

校验码 13718 66476 81681 28122

开票日期：2021年12月06日

购买方	名称：金陵钱多多家具有限公司 纳税人识别号：91516850689258158N 地址、电话：金陵市玄武区中山路88号 0688-86615898 开户行及账号：中国工商银行金陵玄武支行 1298010002000316285	密码区	-65745<19458<38404817000006 5/37503848*7>234504>-000206 2//5>*8574567-7<8*873033307 <413-3001152-/7142>>8000008

货物或应税劳务、服务名称	规格型号	单位	数量	单价	金额	税率	税额
*运输服务*运费			1	5100.00	5100.00	9%	459.00
合计					￥5100.00		￥459.00
价税合计（大写）	⊗ 伍仟伍佰伍拾玖圆整				（小写）￥5559.00		

销售方	名称：北京德邦物流有限公司 纳税人识别号：91110105918340562N 地址、电话：北京市海淀区清河路123号 010-56896965 开户行及账号：中国农业银行海淀支行 2340216492754015213	备注	发货方：金陵宏鑫商贸有限公司 纳税人识别号：91510010553951100N 货物名称：数控装配机床 起运地：金陵高新区　到达地：金陵玄武区

收款人：　　复核：　　开票人：方林　　销售方：（章）

第三联：发票联　购买方记账凭证

税总函［2018］982号海南华森实业公司

北京德邦物流有限公司 91110105918340562N 发票专用章

全国统一发票监制章 国家税务总局 北京市税务局

教学专用

ICBC 中国工商银行 业务回单（付款） 9-1/3

日期： 2021年 12月 06日 回单编号： 1534900330

付款人户名： 金陵钱多多家具有限公司 付款人开户行： 金陵玄武支行

付款人账号（卡号）： 1298010002000316285

收款人户名： 金陵宏鑫商贸有限公司 收款人开户行： 金陵朝阳支行

收款人账号（卡号）： 2340216492754012345

金额： 捌佰柒拾贰元整 小写： 872.00元

业务（产品）种类： 结算业务凭证 凭证种类： 000000000 凭证号码： 000000000000000000

摘要： 安装费 用途： 转账 币种： 人民币

交易机构： 0410000292 记账柜员： 03741 交易代码： 02108 渠道： 柜面

产品名称： 费用名称：

应收金额： 872.00 实收金额： 872.00 收费渠道：

本回单为第一次打印，注意重复 打印日期： 2021年 12月 07日 打印柜员： 9 验证码： 0A87640EF006

中国工商银行股份有限公司 金陵玄武支行 业务专用章 850FBCEF0014

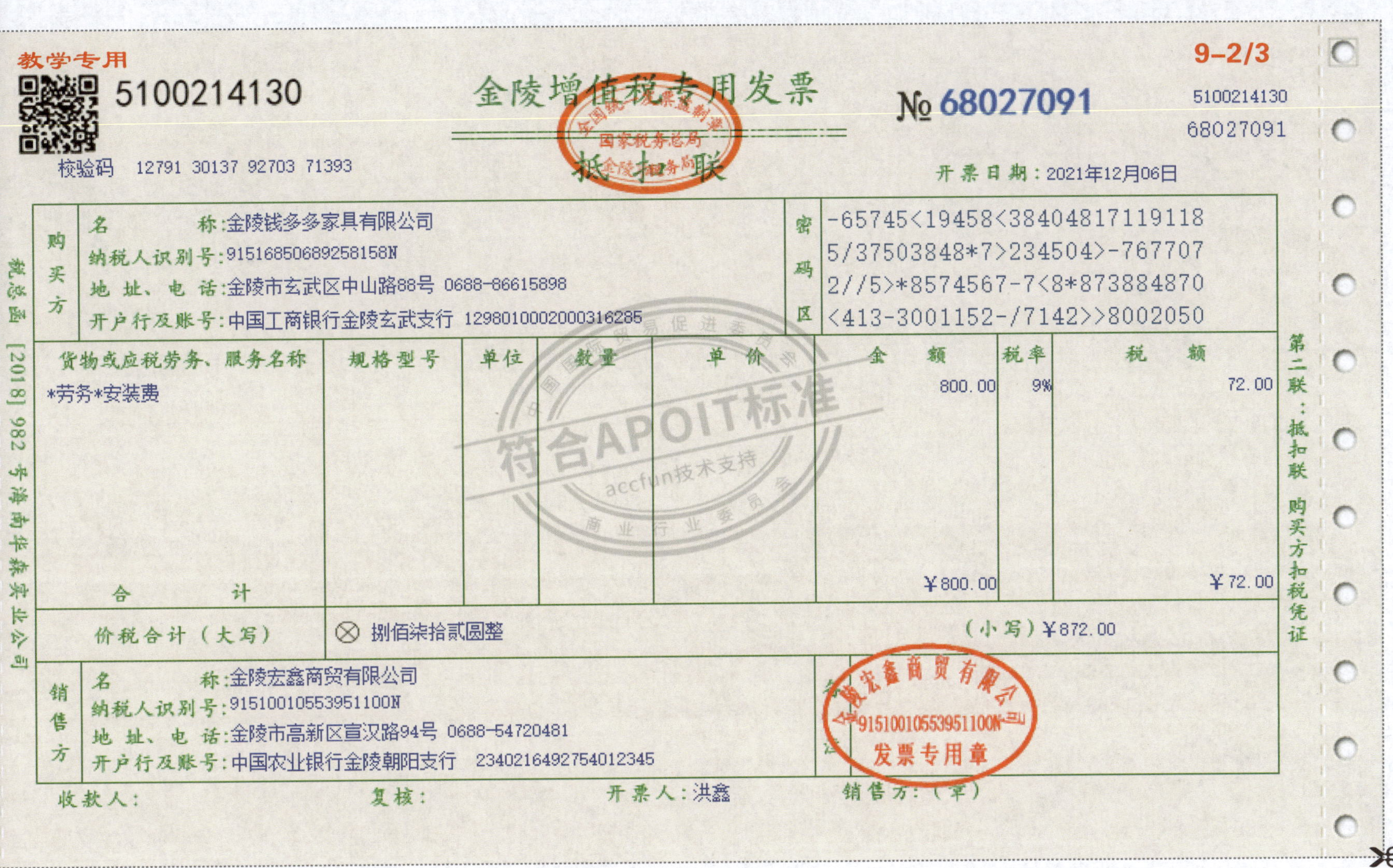

教学专用

5100214130

金陵增值税专用发票

抵扣联

№ 68027091

9-2/3

5100214130
68027091

校验码 12791 30137 92703 71393

开票日期：2021年12月06日

购买方	名称:金陵钱多多家具有限公司 纳税人识别号:91516850689258158N 地址、电话:金陵市玄武区中山路88号 0688-86615898 开户行及账号:中国工商银行金陵玄武支行 1298010002000316285	密码区	-65745<19458<38404817119118 5/37503848*7>234504>-767707 2//5>*8574567-7<8*873884870 <413-3001152-/7142>>8002050

货物或应税劳务、服务名称	规格型号	单位	数量	单价	金额	税率	税额
*劳务*安装费					800.00	9%	72.00
合计					¥800.00		¥72.00
价税合计（大写）	⊗ 捌佰柒拾贰圆整				（小写）¥872.00		

销售方	名称:金陵宏鑫商贸有限公司 纳税人识别号:91510010553951100N 地址、电话:金陵市高新区宣汉路94号 0688-54720481 开户行及账号:中国农业银行金陵朝阳支行 2340216492754012345	备注	

收款人： 复核： 开票人：洪鑫 销售方：（章）

第二联：抵扣联 购买方扣税凭证

税总函［2018］982号海南华森实业公司

教学专用

5100214130

金陵增值税专用发票

发票联

№ 68027091

9-3/3

5100214130

68027091

校验码 12791 30137 92703 71393

开票日期：2021年12月06日

购买方	名称:金陵钱多多家具有限公司 纳税人识别号:91516850689258158N 地址、电话:金陵市玄武区中山路88号 0688-86615898 开户行及账号:中国工商银行金陵玄武支行 1298010002000316285	密码区	-65745<19458<38404817119118 5/37503848*7>234504>-767707 2//5>*8574567-7<8*873884870 <413-3001152-/7142>>8002050

货物或应税劳务、服务名称	规格型号	单位	数量	单价	金额	税率	税额
*劳务*安装费					800.00	9%	72.00
合计					¥800.00		¥72.00
价税合计（大写）	⊗捌佰柒拾贰圆整				（小写）¥872.00		

销售方	名称:金陵宏鑫商贸有限公司 纳税人识别号:91510010553951100N 地址、电话:金陵市高新区宣汉路94号 0688-54720481 开户行及账号:中国农业银行金陵朝阳支行 2340216492754012345	备注	

收款人： 复核： 开票人：洪鑫 销售方：（章）

第三联：发票联 购买方记账凭证

税总函［2018］982号海南华森实业公司

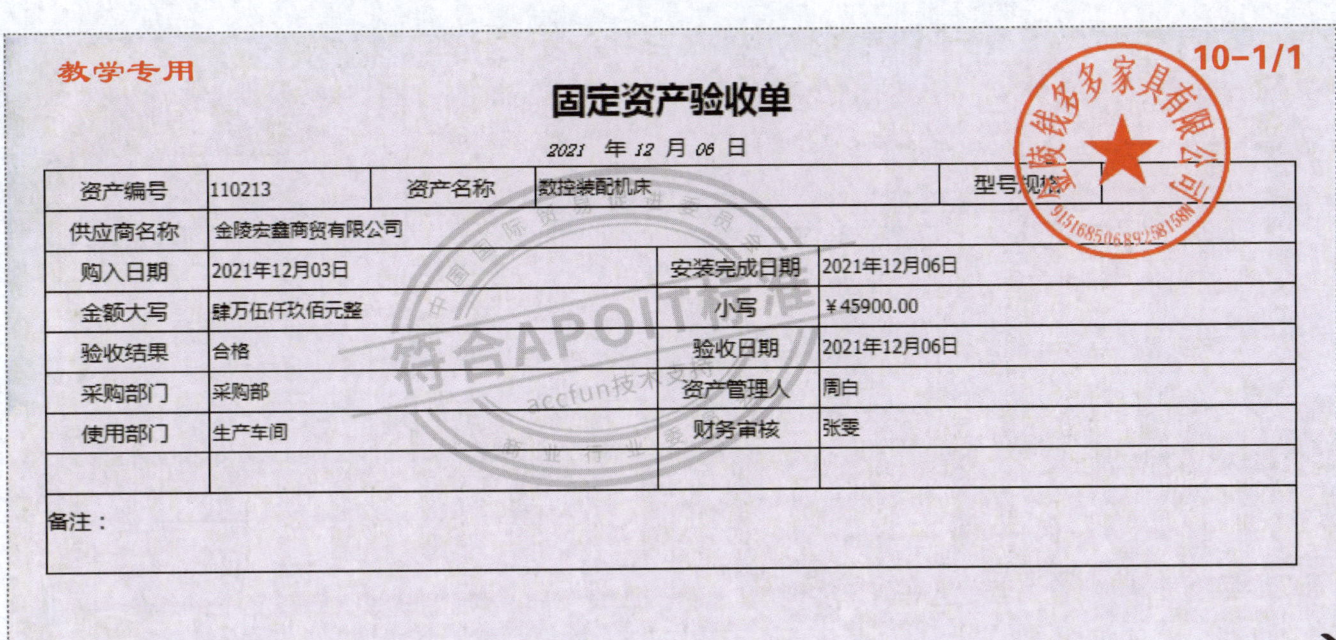

教学专用

10-1/1

固定资产验收单

2021 年 12 月 06 日

资产编号	110213	资产名称	数控装配机床	型号规格	
供应商名称	金陵宏鑫商贸有限公司				
购入日期	2021年12月03日		安装完成日期	2021年12月06日	
金额大写	肆万伍仟玖佰元整		小写	￥45900.00	
验收结果	合格		验收日期	2021年12月06日	
采购部门	采购部		资产管理人	周白	
使用部门	生产车间		财务审核	张雯	

备注：

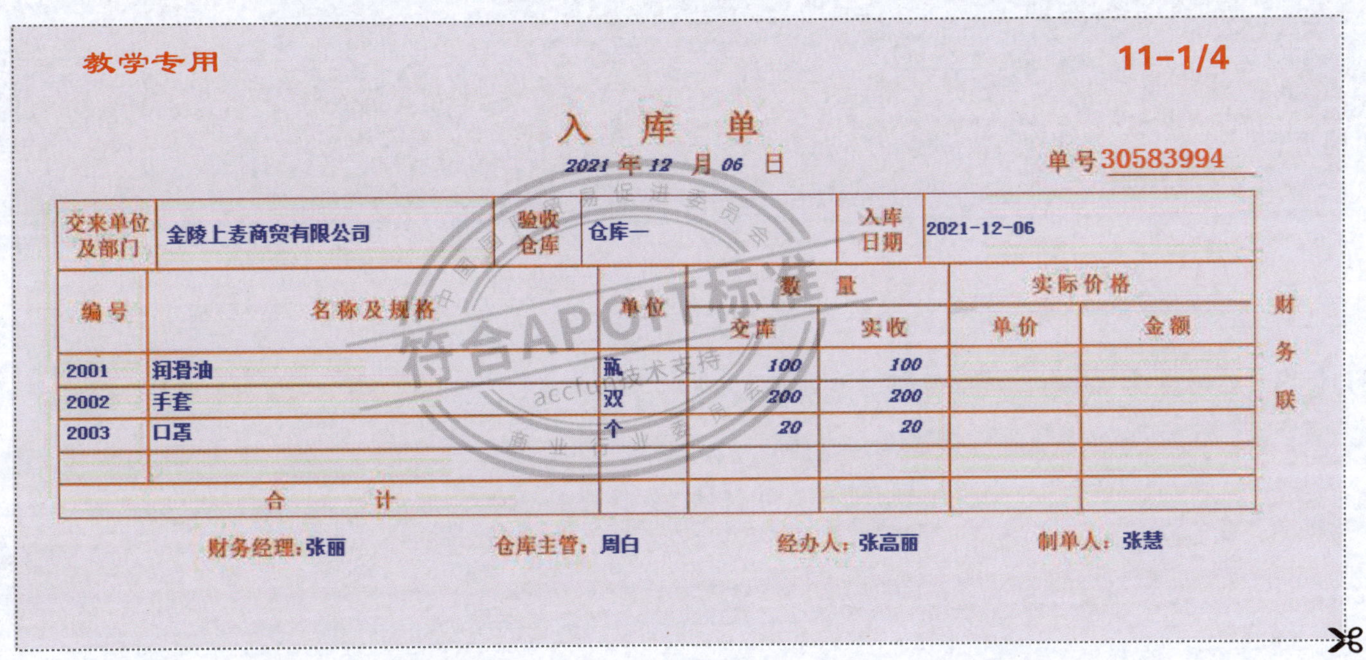

教学专用

11-1/4

入　库　单

2021 年 12 月 06 日　　　　单号 30583994

交来单位及部门	金陵上麦商贸有限公司	验收仓库	仓库一	入库日期	2021-12-06	
编号	名称及规格	单位	数量		实际价格	
			交库	实收	单价	金额
2001	润滑油	瓶	100	100		
2002	手套	双	200	200		
2003	口罩	个	20	20		
合计						

财务联

财务经理：张丽　　仓库主管：周白　　经办人：张高丽　　制单人：张慧

教学专用　　　　11-2/4

金陵上麦商贸有限公司

销售单

NO. 5807580

地址：金陵市海淀区上地路45号

电话：0688-1142505　　邮编：258780

客户名称：金陵钱多多家具有限公司

地址电话：金陵市玄武区中山路88号 0688-86615898　　日期：2021年12月06日

编码	产品名称	规格	单位	单价	数量	金额	备注
2001	润滑油		瓶	52.00	100	5200.00	
2002	手套		双	5.00	200	1000.00	
2003	口罩		个	40.00	20	800.00	
	人民币(大写)：柒仟元整					¥7000.00	

业务联

销售经理：陈豪　　会计：陈浩　　仓管：刘毅　　签收人：张慧　　经办人：刘青

教学专用

5100214130

金陵增值税专用发票

№ 18010210

11-3/4

5100214130

18010210

校验码 18040 18400 18408 10848

开票日期：2021年12月06日

购买方	名　　称:金陵钱多多家具有限公司 纳税人识别号:91516850689258158N 地 址、电 话:金陵市玄武区中山路88号 0688-86615898 开户行及账号:中国工商银行金陵玄武支行 1298010002000316285	密码区	-65745<19458<38404817111718 5/37503848*7>234504>-727707 2//5>*8574567-7<8*873881869 <413-3001152-/7142>>8560045

货物或应税劳务、服务名称	规格型号	单位	数量	单价	金额	税率	税额
*石油制品*润滑油		瓶	100	50.4854	5048.54	3%	151.46
*纺织产品*手套		双	200	4.85435	970.87	3%	29.13
*纺织产品*口罩		个	20	38.8350	776.70	3%	23.30
合　　计					¥6796.11		¥203.89
价税合计（大写）	⊗ 柒仟圆整				（小写）¥7000.00		

销售方	名　　称:金陵上麦商贸有限公司 纳税人识别号:91510005539515700N 地 址、电 话:金陵市海淀区上地路45号 0688-1142505 开户行及账号:中国工商银行金陵上地支行 1208736877823412560	备注	金陵上麦商贸有限公司 91510005539515700N 发票专用章

收款人：　　复核：　　开票人：李林　　销售方：（章）

税总函[2018]982号海南华森实业公司

第二联：抵扣联　购买方扣税凭证

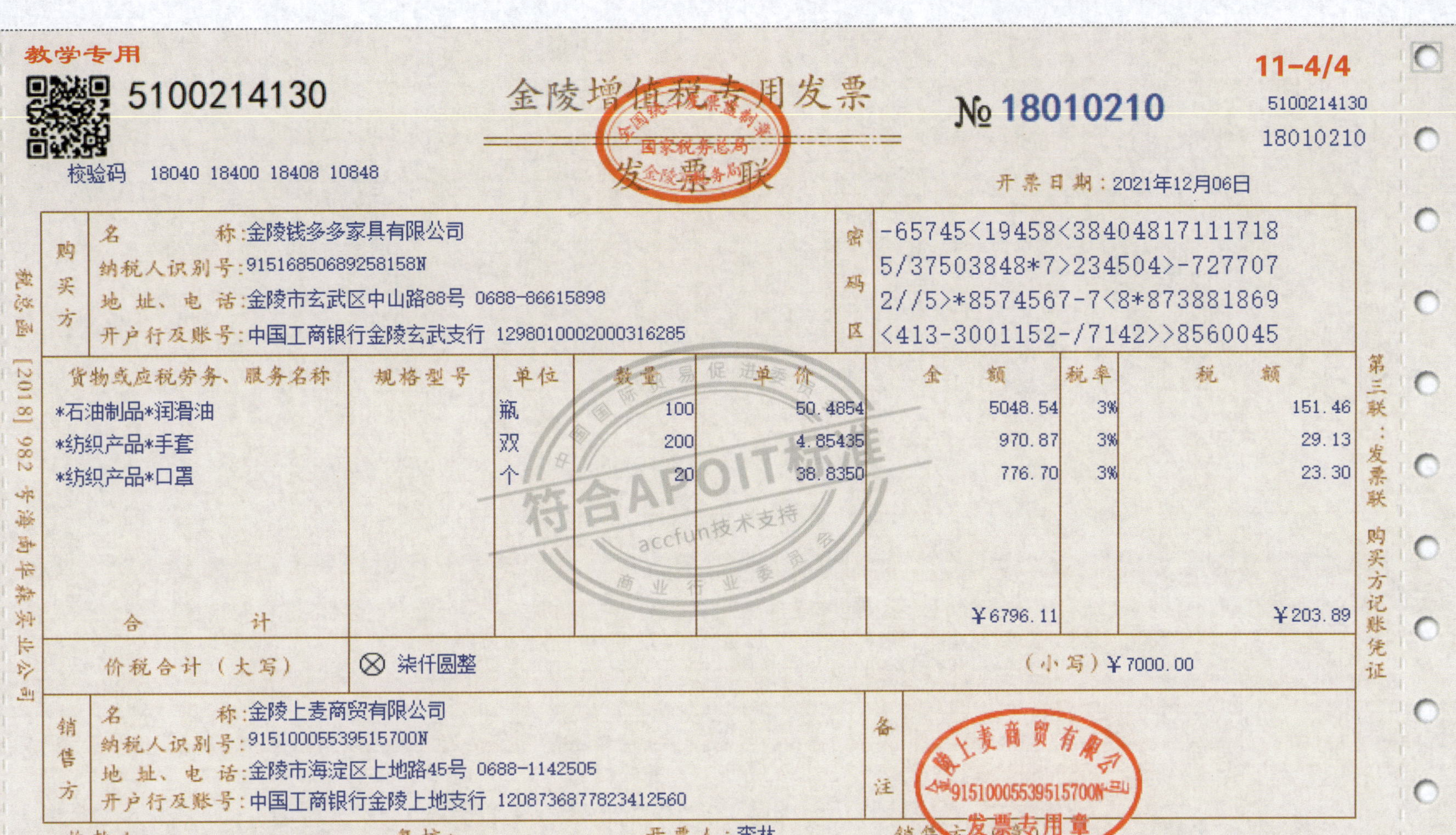

教学专用

5100214130

金陵增值税专用发票

发票联

№ 18010210

11-4/4

5100214130

18010210

校验码 18040 18400 18408 10848

开票日期：2021年12月06日

购买方	名称：金陵钱多多家具有限公司 纳税人识别号：91516850689258158N 地址、电话：金陵市玄武区中山路88号 0688-86615898 开户行及账号：中国工商银行金陵玄武支行 1298010002000316285	密码区	-65745<19458<38404817111718 5/37503848*7>234504>-727707 2//5>*8574567-7<8*873881869 <413-3001152-/7142>>8560045

货物或应税劳务、服务名称	规格型号	单位	数量	单价	金额	税率	税额
*石油制品*润滑油		瓶	100	50.4854	5048.54	3%	151.46
*纺织产品*手套		双	200	4.85435	970.87	3%	29.13
*纺织产品*口罩		个	20	38.8350	776.70	3%	23.30
合计					￥6796.11		￥203.89
价税合计（大写）	⊗ 柒仟圆整				（小写）￥7000.00		

销售方	名称：金陵上麦商贸有限公司 纳税人识别号：91510005539515700N 地址、电话：金陵市海淀区上地路45号 0688-1142505 开户行及账号：中国工商银行金陵上地支行 1208736877823412560	备注	

收款人： 复核： 开票人：李林 销售方：（章）

第三联：发票联 购买方记账凭证

税总函[2018]982号海南华森实业公司

教学专用　　12-1/3

ICBC 中国工商银行　业务回单（付款）

日期：　2021年　12月　06日　　回单编号：　1534900003

付款人户名：　金陵钱多多家具有限公司　　付款人开户行：　金陵玄武支行

付款人账号（卡号）：　1298010002000316285

收款人户名：　中国平安保险金陵市玄武区分公司　　收款人开户行：　金陵玄武支行

收款人账号（卡号）：　2341543336723

金额：　伍仟陆佰元整　　小写：　5600.00元

业务（产品）种类：　结算业务凭证　　凭证种类：　000000000　　凭证号码：　000000000000000000

摘要：　支付保险费　　用途：　转账　　币种：　人民币

交易机构：　0410000292　　记账柜员：　03741　　交易代码：　02108　　渠道：　柜面

产品名称：　　费用名称：

应收金额：　5600.00　　实收金额：　5600.00　　收费渠道：

本回单为第一次打印，注意重复　　打印日期：　2021年　12月　07日　　打印柜员：　0　　验证码：　0A87640EF006

中国工商银行股份有限公司
金陵玄武支行
业务专用章
850FBCEF0014

教学专用

5100214130

金陵增值税专用发票

抵扣联

№ 03096082

12-2/3

5100214130

03096082

校验码 00210 09876 12345 67890

开票日期：2021年12月06日

购买方	名 称:金陵钱多多家具有限公司 纳税人识别号:91516850689258158N 地 址、电 话:金陵市玄武区中山路88号 0688-86615898 开户行及账号:中国工商银行金陵玄武支行 1298010002000316285	密码区	-65745<19458<38404817004389 5/37503848*7>234504>6600861 2//5>*8574567-7<8*873000007 <413-3001152-/7142>>8012308

货物或应税劳务、服务名称	规格型号	单位	数量	单价	金额	税率	税额
*保险服务*财产保险费					5283.02	6%	316.98
合 计					￥5283.02		￥316.98
价税合计（大写）	⊗ 伍仟陆佰圆整				（小写）￥5600.00		

销售方	名 称:中国平安保险金陵市玄武区分公司 纳税人识别号:91510015762211660N 地 址、电 话:金陵市玄武区南华路103号 0688-86612199 开户行及账号:中国工商银行金陵玄武支行 2341543336723	备注	中国平安保险金陵市玄武区分公司 91510015762211660N 发票专用章

收款人： 复核： 开票人：范威 销售方：（章）

税总函[2018]982号海南华森实业公司

第二联：抵扣联 购买方扣税凭证

教学专用

5100214130

校验码 00210 09876 12345 67890

金陵增值税专用发票

发票联

12-3/3

№ 03096082

5100214130

03096082

开票日期：2021年12月06日

购买方	名　　　称：金陵钱多多家具有限公司 纳税人识别号：91516850689258158N 地址、电话：金陵市玄武区中山路88号 0688-86615898 开户行及账号：中国工商银行金陵玄武支行 1298010002000316285	密码区	-65745<19458<38404817004389 5/37503848*7>234504>6600861 2//5>*8574567-7<8*873000007 <413-3001152-/7142>>8012308

货物或应税劳务、服务名称	规格型号	单位	数量	单价	金额	税率	税额
*保险服务*财产保险费					5283.02	6%	316.98
合　　计					¥5283.02		¥316.98
价税合计（大写）	⊗伍仟陆佰圆整				（小写）¥5600.00		

销售方	名　　　称：中国平安保险金陵市玄武区分公司 纳税人识别号：91510015762211660N 地址、电话：金陵市玄武区南华路103号 0688-86612199 开户行及账号：中国工商银行金陵玄武支行 2341543336723	备注	

中国平安保险金陵市玄武区分公司 91510015762211660N 发票专用章

收款人：　　复核：　　开票人：范威　　销售方：（章）

税总函[2018]982号海南华森实业公司

第三联：发票联 购买方记账凭证

教学专用

ICBC 中国工商银行 业务回单(收款) 13-1/1

日期： 2021年 12月 07日 回单编号： 1534900004

付款人户名： 金陵万佳商贸有限公司 付款人开户行： 金陵上地支行

付款人账号（卡号）： 1208736856823412780

收款人户名： 金陵钱多多家具有限公司 收款人开户行： 金陵玄武支行

收款人账号（卡号）： 1298010002000316285

金额： 贰万伍仟捌佰零捌元整 小写： 25808.00元

业务（产品）种类： 结算业务凭证 凭证种类： 000000000 凭证号码： 000000000000000000

摘要： 货款 用途： 转账 币种： 人民币

交易机构： 0410000292 记账柜员： 03741 交易代码： 02108 渠道： 柜面

产品名称： 费用名称：

应收金额： 25808.00 实收金额： 25808.00 收费渠道：

本回单为第一次打印，注意重复 打印日期： 2021年 12月 08日 打印柜员： 9 验证码： 0A87640EF006

中国工商银行股份有限公司 金陵玄武支行 业务专用章 850FBCEF0014

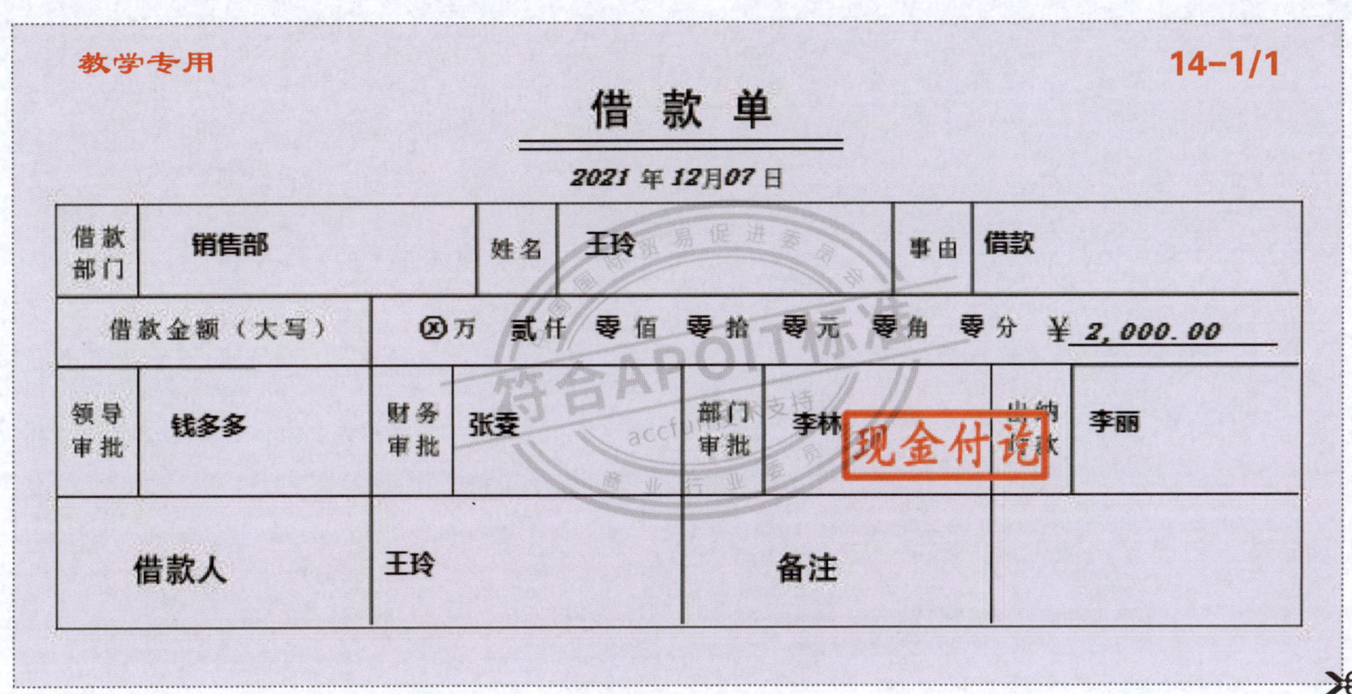

教学专用

14-1/1

借 款 单

2021 年 12月07 日

借款部门	销售部	姓名	王玲	事由	借款
借款金额（大写）	⊗万 贰仟 零佰 零拾 零元 零角 零分 ¥ 2,000.00				
领导审批	钱多多	财务审批	张委	部门审批	李林	出纳付款	李丽
借款人	王玲	备注			

教学专用　　　　　　　　　　　　　　　　　　　　　　　　15-1/5

金陵上麦商贸有限公司

销售单

NO. 5807581

地址：金陵市海淀区上地路45号

电话：0688-1142505　　邮编：258780

客户名称：金陵钱多多家具有限公司

地址电话：金陵市玄武区中山路88号 0688-86615898　　　　日期：2021年12月06日

编码	产品名称	规格	单位	单价	数量	金额	备注
1005	拉手		个	5.00	1000	5000.00	
	人民币(大写)：伍仟元整					¥5000.00	

业务联

销售经理：陈蓉　　会计：陈浩　　仓管：刘毅　　签收人：张慧　　经办人：刘青

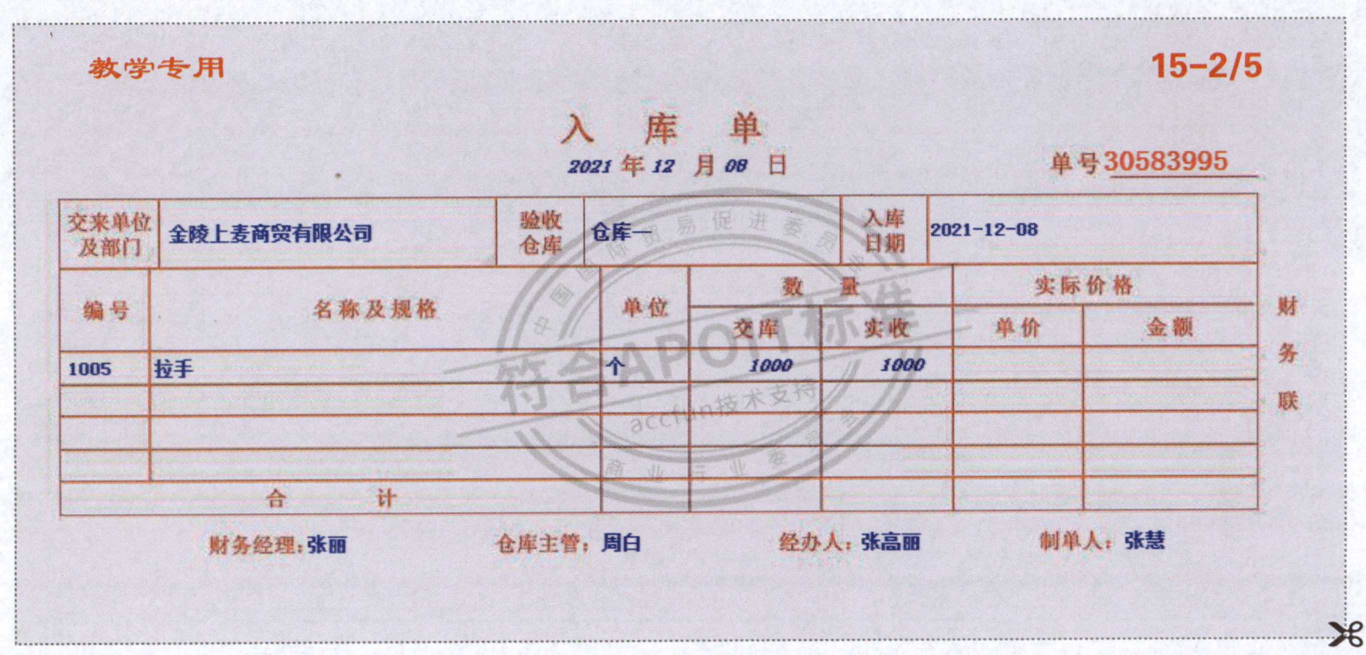

教学专用　　15-2/5

入　库　单

2021 年 12 月 08 日　　单号30583995

交来单位及部门	金陵上麦商贸有限公司		验收仓库	仓库一		入库日期	2021-12-08	

编号	名称及规格	单位	数量		实际价格	
			交库	实收	单价	金额
1005	拉手	个	1000	1000		
合　计						

财务联

财务经理：张丽　　仓库主管：周白　　经办人：张高丽　　制单人：张慧

教学专用

ICBC 中国工商银行 业务回单（付款） 15-3/5

日期： 2021年 12月 08日 回单编号： 1534900002

付款人户名： 金陵钱多多家具有限公司 付款人开户行： 金陵玄武支行

付款人账号（卡号）： 1298010002000316285

收款人户名： 金陵上麦商贸有限公司 收款人开户行： 金陵上地支行

收款人账号（卡号）： 1208736877823412560

金额： 壹万贰仟元整 小写： 12000.00元

业务（产品）种类： 结算业务凭证 凭证种类： 000000000 凭证号码： 000000000000000000

摘要： 货款 用途： 转账 币种： 人民币

交易机构： 0410000292 记账柜员： 03741 交易代码： 02108 渠道： 柜面

产品名称： 费用名称：

应收金额： 12000.00 实收金额： 12000.00 收费渠道：

中国工商银行股份有限公司 金陵玄武支行 业务专用章 850FBCEF0014

本回单为第一次打印，注意重复 打印日期： 2021年 12月 08日 打印柜员： 9 验证码： 0A87640EF006

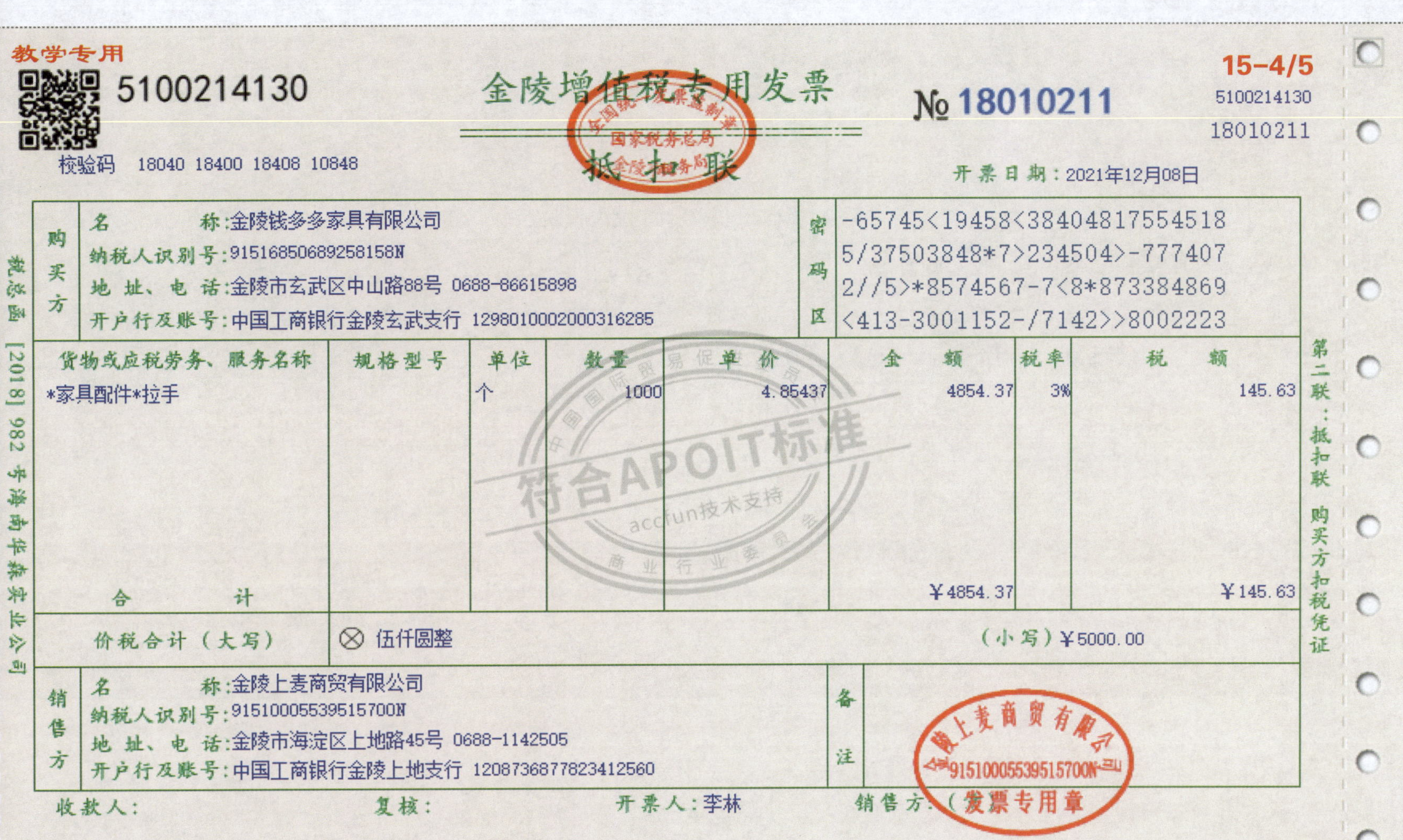

教学专用

5100214130

金陵增值税专用发票

№ 18010211

15-4/5

5100214130

18010211

抵扣联

校验码 18040 18400 18408 10848

开票日期：2021年12月08日

购买方	名称:金陵钱多多家具有限公司 纳税人识别号:91516850689258158N 地址、电话:金陵市玄武区中山路88号 0688-86615898 开户行及账号:中国工商银行金陵玄武支行 1298010002000316285	密码区	-65745<19458<38404817554518 5/37503848*7>234504>-777407 2//5>*8574567-7<8*873384869 <413-3001152-/7142>>8002223

货物或应税劳务、服务名称	规格型号	单位	数量	单价	金额	税率	税额
*家具配件*拉手		个	1000	4.85437	4854.37	3%	145.63
合计					¥4854.37		¥145.63
价税合计（大写）	⊗伍仟圆整				（小写）¥5000.00		

销售方	名称:金陵上麦商贸有限公司 纳税人识别号:91510005539515700N 地址、电话:金陵市海淀区上地路45号 0688-1142505 开户行及账号:中国工商银行金陵上地支行 1208736877823412560	备注	

收款人： 复核： 开票人：李林 销售方：（章）

税总函[2018]982号海南华森实业公司

第二联：抵扣联 购买方扣税凭证

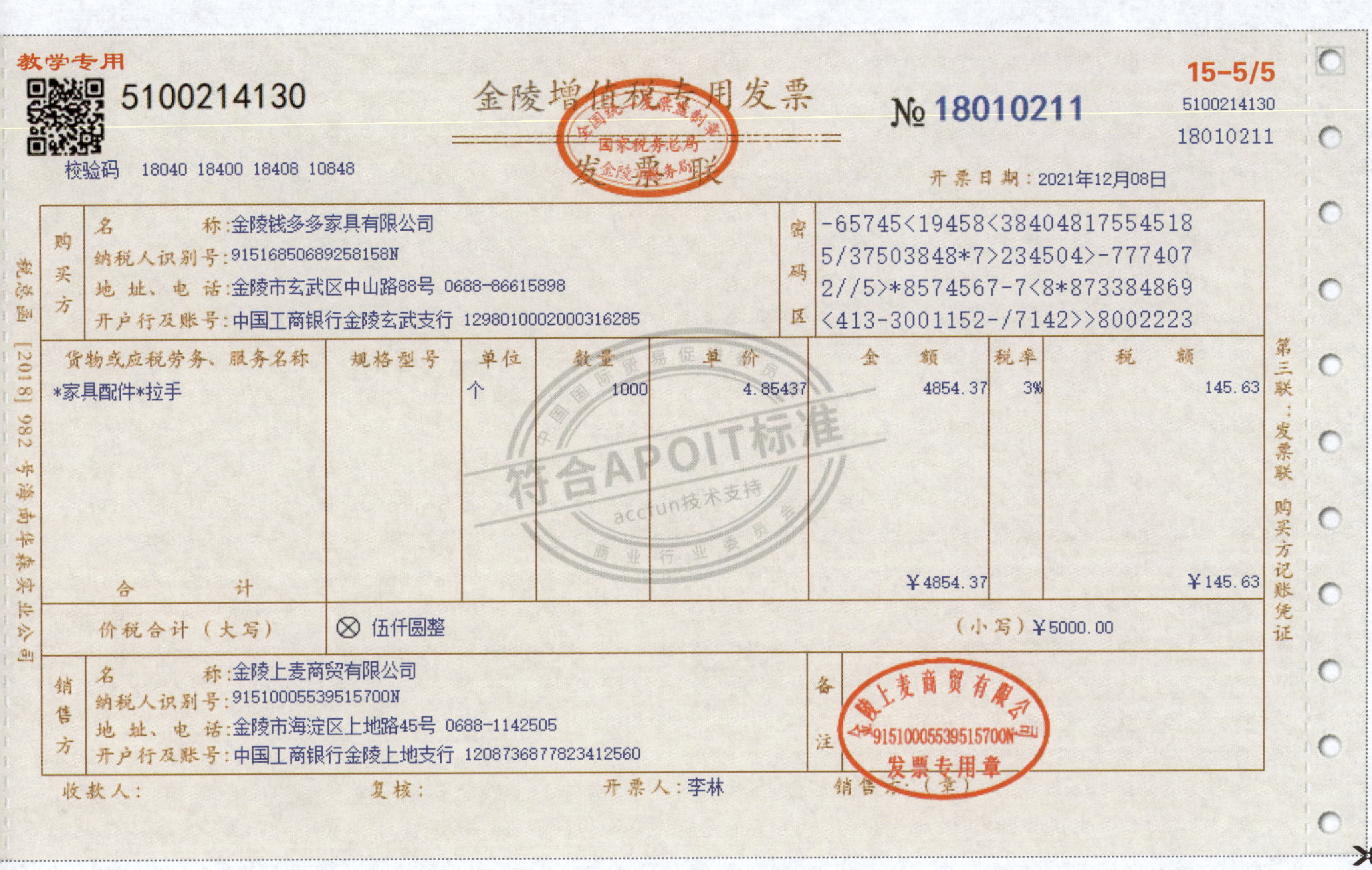
教学专用

5100214130

金陵增值税专用发票

发票联

№ 18010211

15-5/5

5100214130

18010211

校验码 18040 18400 18408 10848

开票日期：2021年12月08日

购买方	名称：金陵钱多多家具有限公司 纳税人识别号：91516850689258158N 地址、电话：金陵市玄武区中山路88号 0688-86615898 开户行及账号：中国工商银行金陵玄武支行 1298010002000316285	密码区	-65745<19458<38404817554518 5/37503848*7>234504>-777407 2//5>*8574567-7<8*873384869 <413-3001152-/7142>>8002223

货物或应税劳务、服务名称	规格型号	单位	数量	单价	金额	税率	税额
*家具配件*拉手		个	1000	4.85437	4854.37	3%	145.63
合计					￥4854.37		￥145.63
价税合计（大写）	⊗ 伍仟圆整				（小写）￥5000.00		

销售方	名称：金陵上麦商贸有限公司 纳税人识别号：91510005539515700N 地址、电话：金陵市海淀区上地路45号 0688-1142505 开户行及账号：中国工商银行金陵上地支行 1208736877823412560	备注	金陵上麦商贸有限公司 91510005539515700N 发票专用章

收款人： 复核： 开票人：李林 销售方：（章）

税总函［2018］982号海南华森实业公司

第三联：发票联 购买方记账凭证

教学专用

ICBC 中国工商银行 业务回单（付款）

16-1/1

日期： 2021年 12月 08日　　回单编号： 1534900005

付款人户名： 金陵钱多多家具有限公司　　付款人开户行： 金陵玄武支行

付款人账号（卡号）： 1298010002000316285

收款人户名： 金陵易能达商贸有限公司　　收款人开户行： 金陵上地支行

收款人账号（卡号）： 1208736877823412463

金额： 肆万叁仟肆佰伍拾元整　　小写： 43450.00元

业务（产品）种类： 结算业务凭证　　凭证种类： 000000000　　凭证号码： 000000000000000000

摘要： 货款　　用途： 转账　　币种： 人民币

交易机构： 0410000292　　记账柜员： 03741　　交易代码： 02108　　渠道： 柜面

产品名称：　　费用名称：

应收金额： 43450.00　　实收金额： 43450.00　　收费渠道：

本回单为第一次打印，注意重复　　打印日期： 2021年 12月 09日　　打印柜员： 9　　验证码： 0A[illegible]640EF006

中国工商银行股份有限公司
金陵玄武支行
业务专用章
850FBCEF0014

教学专用

ICBC 中国工商银行 业务回单（付款） 17-1/1

日期： 2021年 12月 08日 回单编号： 1534900005

付款人户名： 金陵钱多多家具有限公司 付款人开户行： 金陵玄武支行

付款人账号（卡号）： 1298010002000316285

收款人户名： 金陵同方商贸有限公司 收款人开户行： 金陵上地支行

收款人账号（卡号）： 1208736877823412300

金额： 壹拾壹万捌仟陆佰伍拾元整 小写： 118650.00元

业务（产品）种类： 结算业务凭证 凭证种类： 000000000 凭证号码： 000000000000000000

摘要： 货款 用途： 转账 币种： 人民币

交易机构： 0410000292 记账柜员： 03741 交易代码： 02108 渠道： 柜面

产品名称： 费用名称：

应收金额： 118650.00 实收金额： 118650.00 收费渠道：

本回单为第一次打印，注意重复 打印日期： 2021年 12月 09日 打印柜员： 9 验证码： 0A97640EF006

中国工商银行股份有限公司 金陵玄武支行 业务专用章 850FBCEF0014

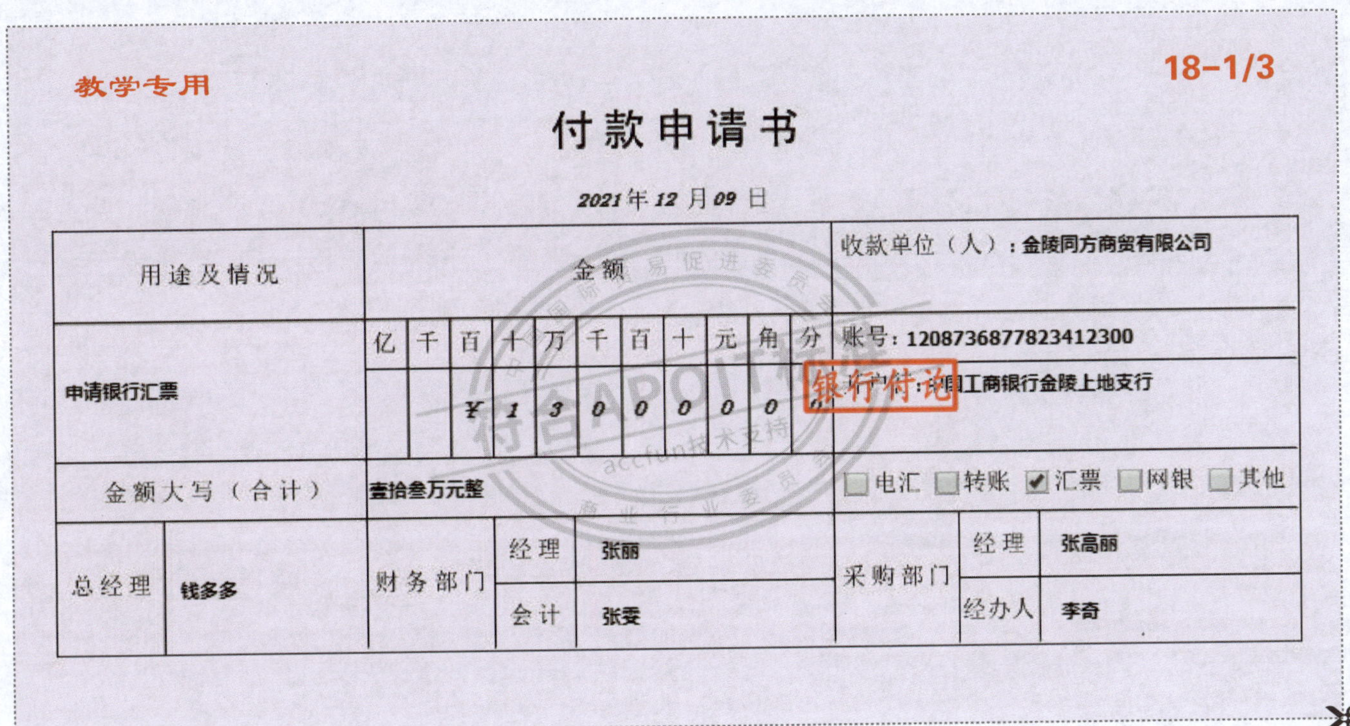

教学专用

18-1/3

付款申请书

2021年12月09日

用途及情况	金额											收款单位（人）：金陵同方商贸有限公司
申请银行汇票	亿	千	百	十	万	千	百	十	元	角	分	账号：1208736877823412300
			¥	1	3	0	0	0	0	0	0	开户行：中国工商银行金陵上地支行
金额大写（合计）	壹拾叁万元整											□电汇 □转账 ☑汇票 □网银 □其他

总经理	钱多多	财务部门	经理	张丽	采购部门	经理	张高丽
			会计	张雯		经办人	李奇

银行付讫

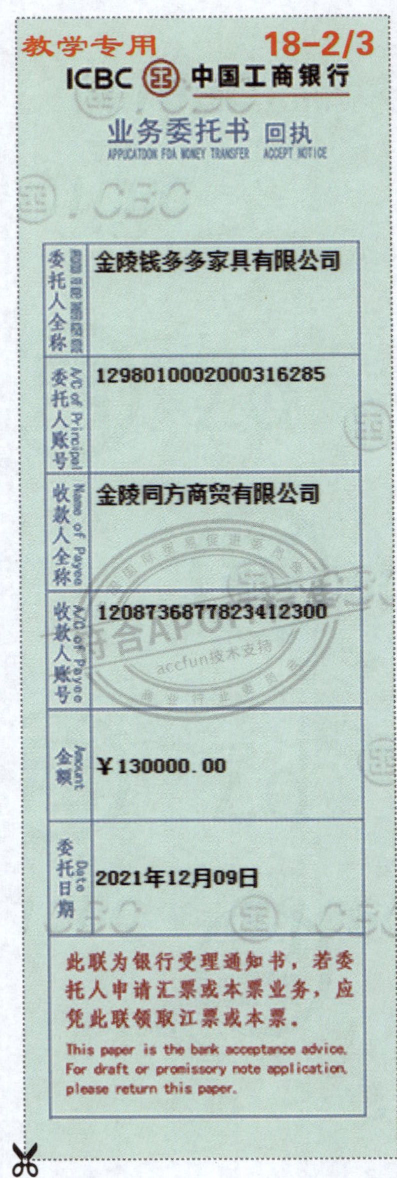

教学专用 18-2/3

ICBC 中国工商银行

业务委托书 回执
APPLICATION FOR MONEY TRANSFER ACCEPT NOTICE

委托人全称	金陵钱多多家具有限公司
委托人账号 A/C of Principal	12980100020003 16285
收款人全称 Name of Payee	金陵同方商贸有限公司
收款人账号 A/C of Payee	12087368778234 12300
金额 Amount	￥130000.00
委托日期 Date	2021年12月09日

此联为银行受理通知书，若委托人申请汇票或本票业务，应凭此联领取汇票或本票。
This paper is the bank acceptance advice. For draft or promissory note application, please return this paper.

教学专用　　　　18-3/3

结算业务申请书　金　NO. 05775370

申请日期：2021年　12月　09日

业务种类：行内汇款□　境内同业汇款□　银行汇票☑　银行本票□

申请人	名称	金陵钱多多家具有限公司	收款人	名称	金陵同方商贸有限公司
	账号	1298010002000316285		账号	1208736877823412300
	联系电话	0688-86615898		联系电话	（收款人未在我行开户的须填写）
	身份证件类型		汇入行名称		
	身份证件号		汇入行地点		省　金陵市（县）
金额	人民币（大写）	壹拾叁万元整	亿千百十万千百十元角分		¥13000000
扣账方式：转账☑　现金□　其它□			收费账号：1298010002000316285		
现金汇款请填写	国籍：　职业：		用途：购买银行汇票		
支付密码：			附言：		
受理行盖章：（中国工商银行股份有限公司 金陵玄武支行 业务专用章 850FBCFF0014）			核准：　经办：		

第二联　客户回单联

PT140019

教学专用 19-1/1

ICBC 中国工商银行 业务回单(付款)

日期： 2021年 12月 09日 回单编号： 1534900005

付款人户名： 金陵钱多多家具有限公司 付款人开户行： 金陵玄武支行

付款人账号（卡号）： 1298010002000316285

收款人户名： 收款人开户行：

收款人账号（卡号）：

金额： 贰拾元整 小写： 20.00元

业务（产品）种类： 业务结算凭证 凭证种类： 000000000 凭证号码： 000000000000000000

摘要： 汇票手续费 用途： 转账 币种： 人民币

交易机构： 0410000292 记账柜员： 03741 交易代码： 02108 渠道： 柜面

产品名称： 费用名称：

应收金额： 20.00 实收金额： 20.00 收费渠道：

本回单为第一次打印，注意重复 打印日期： 2021年 12月 10日 打印柜员： 3 验证码： 0A87640EF006

中国工商银行股份有限公司 金陵玄武支行 业务专用章 850FBCEF0014

教学专用

20-1/7

付款申请书

2021年12月09日

用途及情况	金额											收款单位（人）：金陵同方商贸有限公司
支付材料款	亿	千	百	十	万	千	百	十	元	角	分	账号：120873687782341230O
			¥	1	2	0	1	1	9	0	0	开户行：中国工商银行金陵上地支行 银行付讫
金额大写（合计）	壹拾贰万零壹佰壹拾玖元整											□电汇 □转账 ☑汇票 □网银 □其他

总经理	钱多多	财务部门	经理	张丽	采购部门	经理	张高丽
			会计	张雯		经办人	李奇

教学专用　　20-2/7

金陵同方商贸有限公司
销售单

NO. 6807587

地址：金陵市海淀区上地路88号
电话：0688-2142500　邮编：258800

客户名称：金陵钱多多家具有限公司
地址电话：金陵市玄武区中山路88号　0688-86615898　　日期：2021年12月09日

编码	产品名称	规格	单位	单价	数量	金额	备注
1001	密度板	2440*1220*2	张	214.70	500	107350.00	
1002	打磨纸		卷	5.65	1000	5650.00	
1003	乳胶		升	1.13	1300	1469.00	
1004	滑道	80*80mm	套	2.26	1000	2260.00	
1006	螺丝		公斤	3.39	1000	3390.00	
	人民币(大写)：壹拾贰万零壹佰壹拾玖元整					¥120119.00	

业务联

销售经理：陈蓉　会计：保利　仓管：姗姗　签收人：周白　经办人：李强

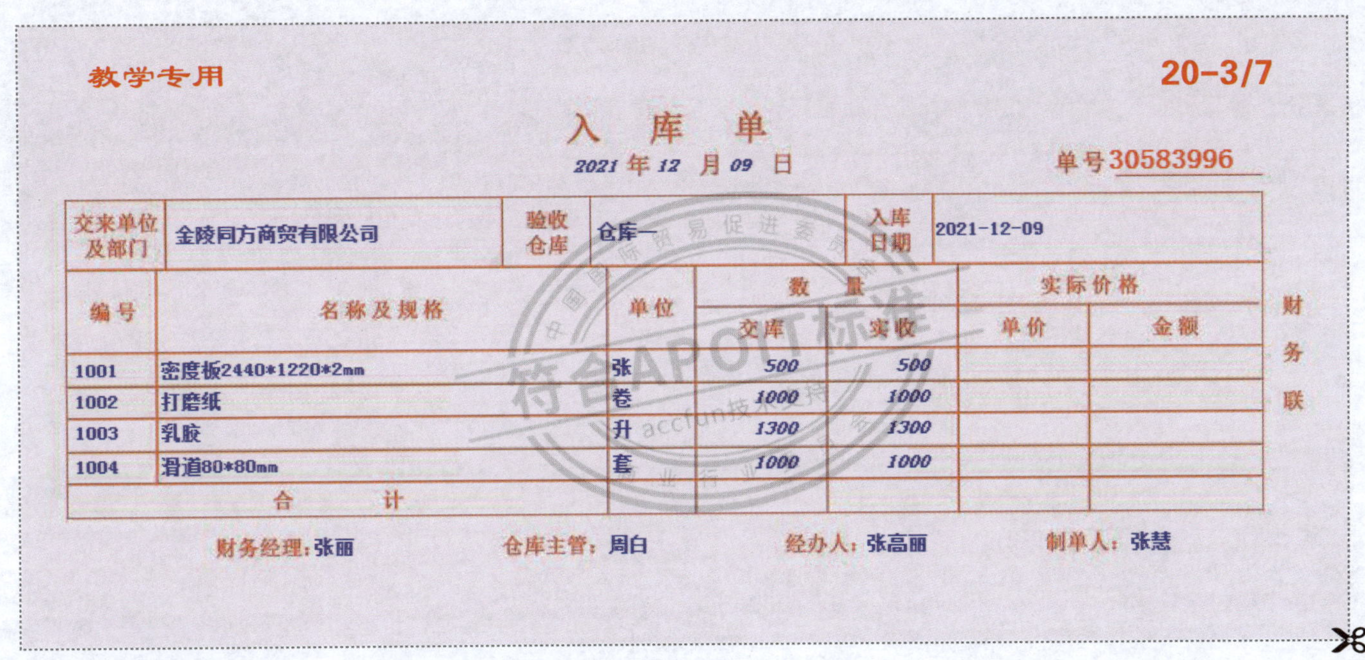

教学专用

20-3/7

入　库　单

2021 年 12 月 09 日

单号 30583996

交来单位及部门	金陵同方商贸有限公司	验收仓库	仓库一	入库日期	2021-12-09	
编号	名称及规格	单位	数量		实际价格	
			交库	实收	单价	金额
1001	密度板2440*1220*2mm	张	500	500		
1002	打磨纸	卷	1000	1000		
1003	乳胶	升	1300	1300		
1004	滑道80*80mm	套	1000	1000		
合　计						

财务联

财务经理：张丽　　仓库主管：周白　　经办人：张高丽　　制单人：张慧

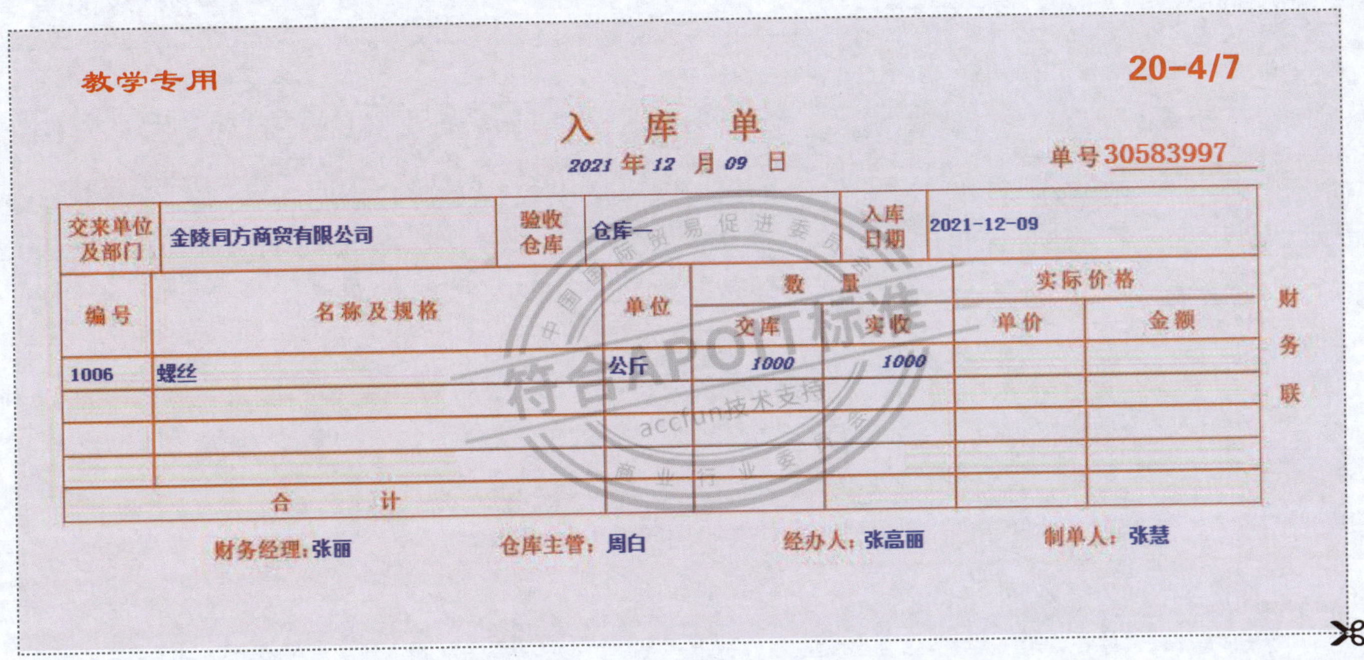

教学专用

20-4/7

入 库 单

2021 年 12 月 09 日

单号 30583997

交来单位及部门	金陵同方商贸有限公司	验收仓库	仓库一	入库日期	2021-12-09

编号	名称及规格	单位	数量		实际价格	
			交库	实收	单价	金额
1006	螺丝	公斤	1000	1000		
合计						

财务联

财务经理：张丽　　仓库主管：周白　　经办人：张高丽　　制单人：张慧

教学专用

5100214130

金陵增值税专用发票

№ 28027201

20-5/7

5100214130
28027201

校验码 12791 30137 92703 71393

开票日期：2021年12月09日

购买方	名称：金陵钱多多家具有限公司 纳税人识别号：91516850689258158N 地址、电话：金陵市玄武区中山路88号 0688-86615898 开户行及账号：中国工商银行金陵玄武支行 129801000200031628	密码区	-65745<19458<38404817020006 5/37503848*7>234504>-020006 2//5>*8574567-7<8*873020013 <413-3001152-/7142>>8020089

货物或应税劳务、服务名称	规格型号	单位	数量	单价	金额	税率	税额
*木制品*密度板	2440*1220*2mm	张	500	190.00	95000.00	13%	12350.00
*非金属矿物制品*打磨纸		卷	1000	5.00	5000.00	13%	650.00
*化学合成材料*乳胶		升	1300	1.00	1300.00	13%	169.00
*金属制品*滑道	80*80mm	套	1000	2.00	2000.00	13%	260.00
*金属制品*螺丝		公斤	1000	3.00	3000.00	13%	390.00
合计					¥106300.00		¥13819.00
价税合计（大写）	⊗ 壹拾贰万零壹佰壹拾玖圆整				（小写）¥120119.00		

销售方	名称：金陵同方商贸有限公司 纳税人识别号：91510005539512000N 地址、电话：金陵市海淀区上地路88号 0688-2142500 开户行及账号：中国工商银行金陵上地支行 120873687782341230	备注	金陵同方商贸有限公司 91510005539512000N 发票专用章

收款人： 复核： 开票人：文丽 销售方：（章）

税总函〔2018〕982号海南华森实业公司

第二联：抵扣联 购买方扣税凭证

教学专用

20-6/7

5100214130

金陵增值税专用发票

№ 28027201

5100214130
28027201

发票联

校验码 12791 30137 92703 71393

开票日期：2021年12月09日

购买方	名称:金陵钱多多家具有限公司 纳税人识别号:91516850689258158N 地址、电话:金陵市玄武区中山路88号 0688-86615898 开户行及账号:中国工商银行金陵玄武支行 1298010002000316285	密码区	-65745<19458<38404817020006 5/37503848*7>234504>-020006 2//5>*8574567-7<8*873020013 <413-3001152-/7142>>8020089

货物或应税劳务、服务名称	规格型号	单位	数量	单价	金额	税率	税额
*木制品*密度板	2440*1220*2mm	张	500	190.00	95000.00	13%	12350.00
*非金属矿物制品*打磨纸		卷	1000	5.00	5000.00	13%	650.00
*化学合成材料*乳胶		升	1300	1.00	1300.00	13%	169.00
*金属制品*滑道	80*80mm	套	1000	2.00	2000.00	13%	260.00
*金属制品*螺丝		公斤	1000	3.00	3000.00	13%	390.00
合计					¥106300.00		¥13819.00
价税合计（大写）	⊗ 壹拾贰万零壹佰壹拾玖圆整				（小写）¥120119.00		

销售方	名称:金陵同方商贸有限公司 纳税人识别号:91510005539512000N 地址、电话:金陵市海淀区上地路88号 0688-2142500 开户行及账号:中国工商银行金陵上地支行 1208736877823412300	备注	

收款人： 复核： 开票人：文丽 销售方：（章）

第三联：发票联 购买方记账凭证

税总函［2018］982号海南华森实业公司

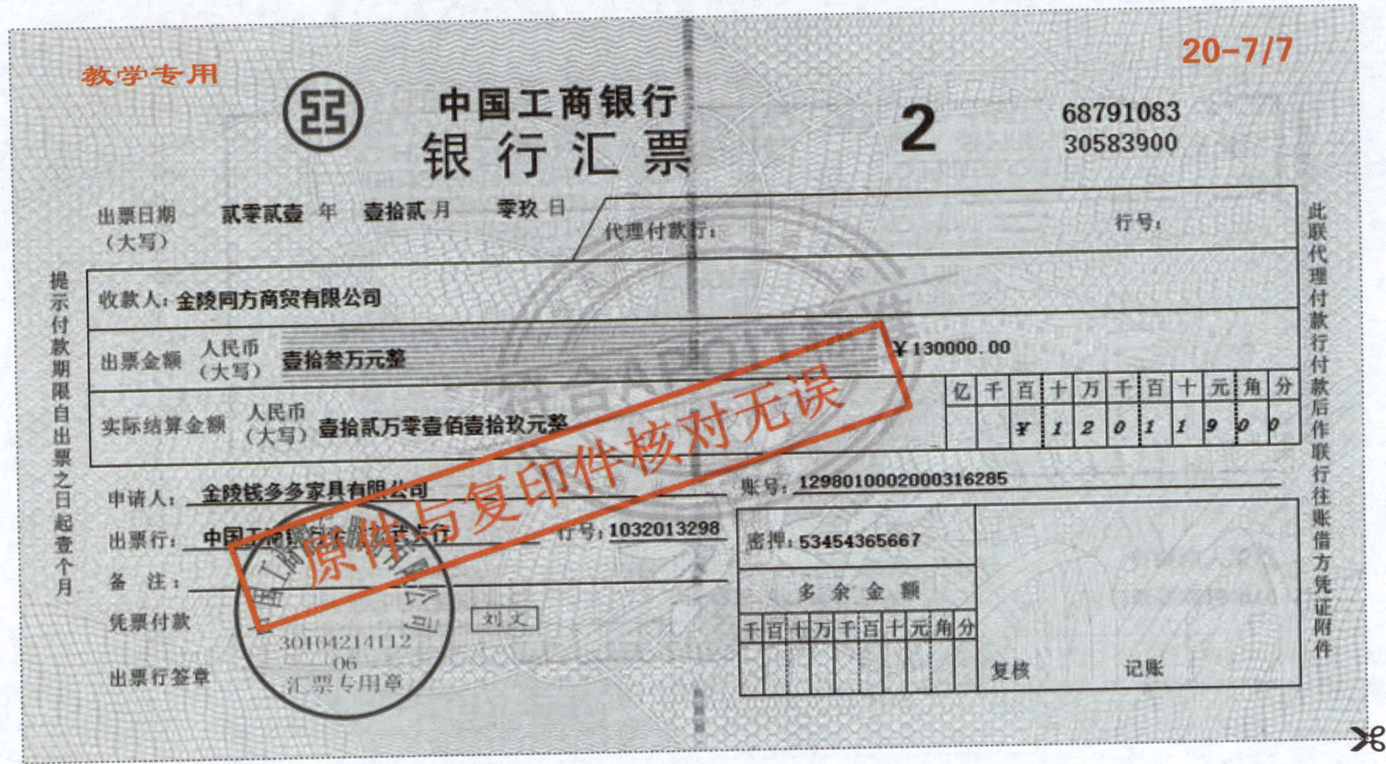

教学专用　20-7/7

中国工商银行
银行汇票　2　68791083
30583900

出票日期（大写）：贰零贰壹 年 壹拾贰 月 零玖 日　代理付款行：　行号：

收款人：金陵同方商贸有限公司

出票金额 人民币（大写）：壹拾叁万元整　¥130000.00

实际结算金额 人民币（大写）：壹拾贰万零壹佰壹拾玖元整

亿	千	百	十	万	千	百	十	元	角	分
		¥	1	2	0	1	1	9	0	0

申请人：金陵钱多多家具有限公司　账号：1298010002000316285

出票行：中国工商银行　行号：1032013298

备注：

凭票付款

出票行签章

密押：53454365667

多余金额

千	百	十	万	千	百	十	元	角	分

复核　记账

提示付款期限自出票之日起壹个月

此联代理付款行付款后作联行往账借方凭证附件

原件与复印件核对无误

30104214112 06 汇票专用章　刘文

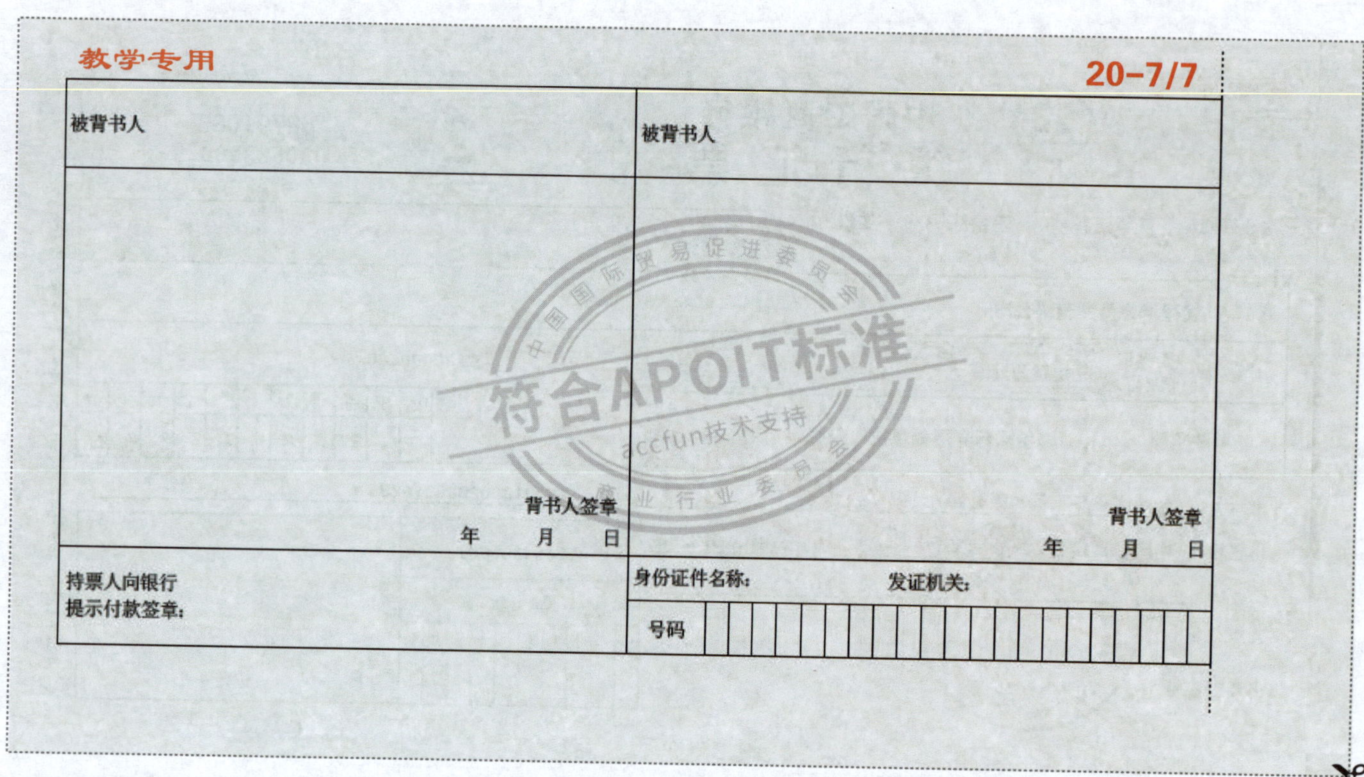

教学专用　　20-7/7

被背书人	被背书人
背书人签章 年　月　日	背书人签章 年　月　日
持票人向银行 提示付款签章：	身份证件名称：　　发证机关： 号码

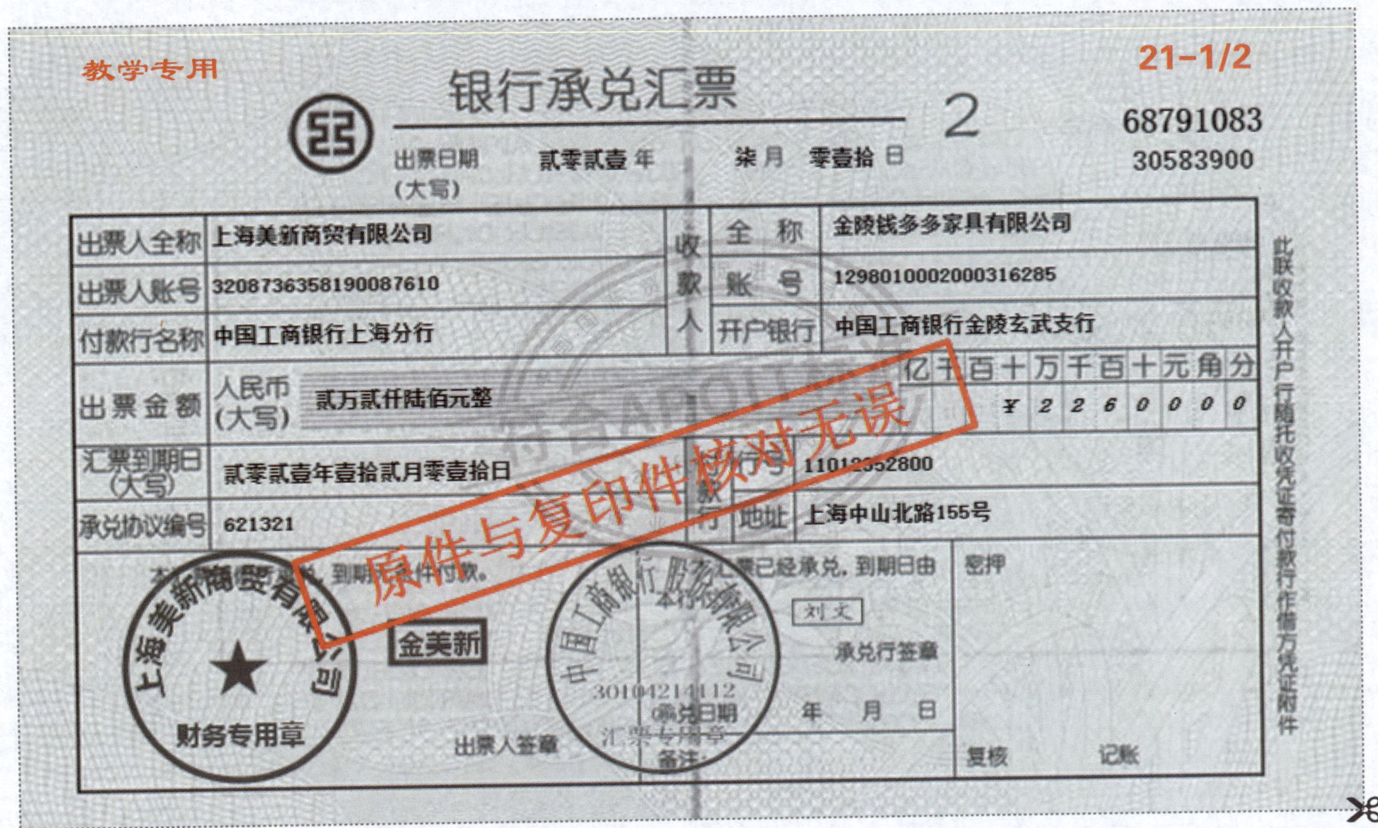

教学专用　　21-1/2

银行承兑汇票　2　68791083 30583900

出票日期（大写）　贰零贰壹年　柒月　零壹拾日

出票人全称	上海美新商贸有限公司	收款人	全称	金陵钱多多家具有限公司
出票人账号	32087363581900087610		账号	1298010002000316285
付款行名称	中国工商银行上海分行		开户银行	中国工商银行金陵玄武支行
出票金额	人民币（大写）贰万贰仟陆佰元整			¥2260000
汇票到期日（大写）	贰零贰壹年壹拾贰月零壹拾日	付款行	行号	11012352800
承兑协议编号	621321		地址	上海中山北路155号

本汇票请你行承兑，到期无条件付款。　本汇票已经承兑，到期日由本行付款。　密押

上海美新商贸有限公司 财务专用章　金美新　中国工商银行股份有限公司 30104214112 汇票专用章　刘文

出票人签章　承兑行签章　承兑日期　年　月　日　备注：　复核　记账

此联收款人开户行随托收凭证寄付款行作借方凭证附件

原件与复印件核对无误

教学专用

21-1/2

被背书人	被背书人	被背书人
委托收款 金陵钱多多家具有限公司 财务专用章 多钱印多 背书人签章 2021年 12月 10日	背书人签章 年 月 日	背书人签章 年 月 日

（贴粘单处）

教学专用

21–2/2

托收凭证（汇款依据或收账通知） 4

委托日期 2021 年 12 月 10日

付款期限 年 月 日

业务类型	委托收款（□邮划、☑电划） 托收承付（□邮划、□电划）				
付款人 全称	中国工商银行上海分行		收款人 全称	金陵钱多多家具有限公司	
付款人 账号			收款人 账号	1298010002000316285	
付款人 地址	省 市县	开户行	收款人 地址	省 金陵 市县	开户行 工商银行金陵玄武支行
金额 人民币（大写）	贰万贰仟陆佰元整			亿千百十万千百十元角分	¥ 2 2 6 0 0 0 0
款项内容		托收凭据名称	银行承兑汇票	附寄单证张数	1
商品发运情况			合同名称号码		
备注： 复核 记账	上列款项已划回收入你方账户内。 收款人开户银行签章 年 月 日				

（印章：中国工商银行股份有限公司 金陵玄武支行 业务专用章 850FBCEF0014）

此联付款人开户行凭已汇款或收款人开户银行作收账通知

（2005）10×17.5公分 文15 角直印刷 0152-6811186

教学专用

ICBC 中国工商银行 业务回单(付款) 22-1/3

日期: 2021年 12月 10日 回单编号: 1534900034

付款人户名: 金陵钱多多家具有限公司 付款人开户行: 金陵玄武支行

付款人账号(卡号): 1298010002000316285

收款人户名: 李兰 收款人开户行: 金陵玄武支行

收款人账号(卡号): 2798010002000316267

金额: 捌仟元整 小写: 8000.00元

业务(产品)种类: 结算业务凭证 凭证种类: 000000000 凭证号码: 000000000000000000

摘要: 租金 用途: 转账 币种: 人民币

交易机构: 0410000292 记账柜员: 03741 交易代码: 02108 渠道: 柜面

产品名称: 费用名称:

应收金额: 8000.00 实收金额: 8000.00 收费渠道:

本回单为第一次打印,注意重复 打印日期: 2021年 12月 10日 打印柜员: 9 验证码: 0A87640EF006

中国工商银行股份有限公司 金陵玄武支行 业务专用章 850FBCEF0014

教学专用　　　　22-2/3

金陵钱多多家具有限公司

房租费用分配表

2021年12月10日　　　　单位：元

部门	使用面积（平方米）	分配率	分配金额	备注
管理部	80			（含财务部、总经办、采购部、行政部、仓库部）
销售部	64			
生产车间	256			
合　计	400			

审核人：　　　　制表人：

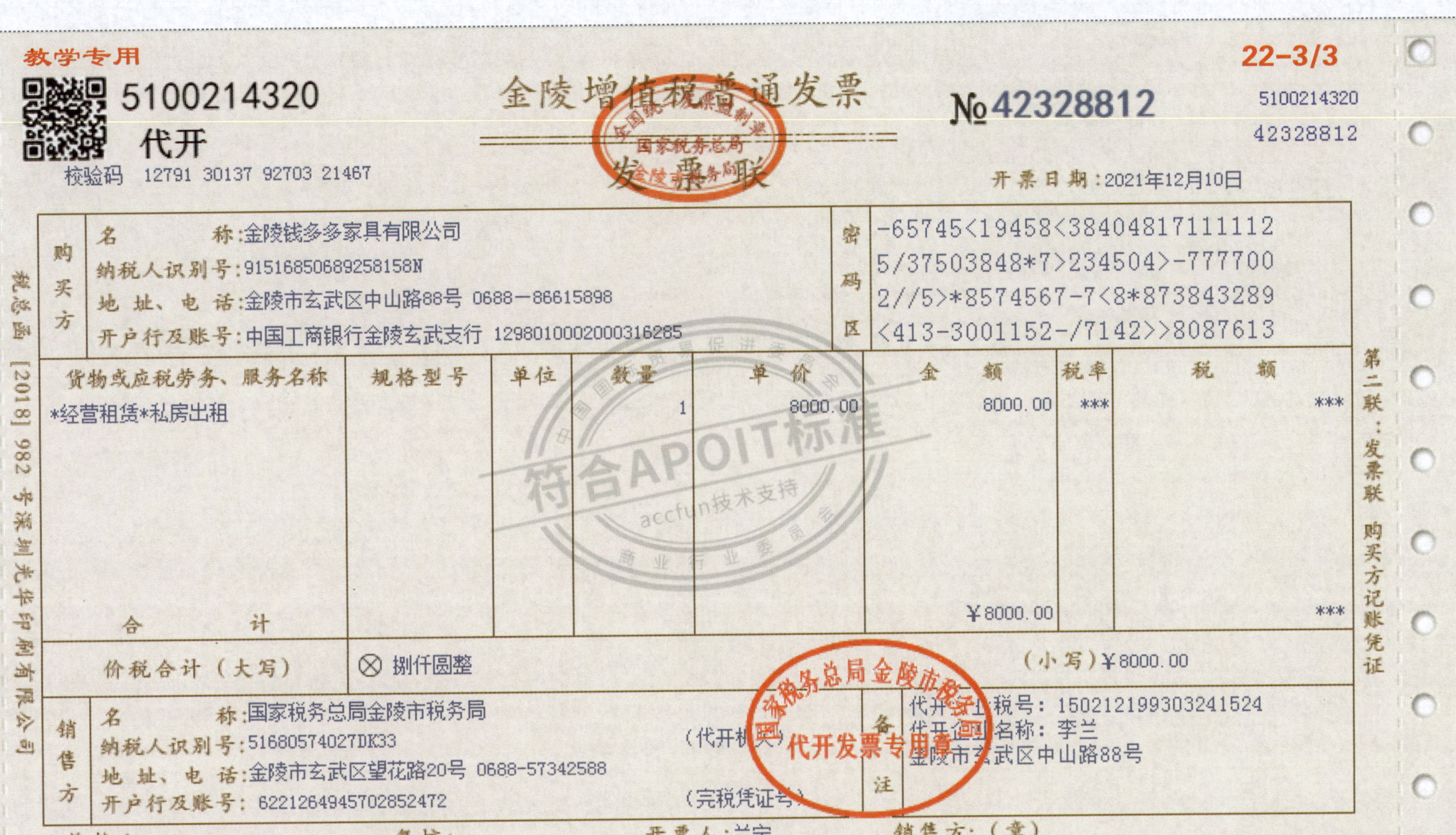

教学专用

5100214320

代开

金陵增值税普通发票

发票联

№42328812

22-3/3

5100214320

42328812

校验码 12791 30137 92703 21467

开票日期:2021年12月10日

购买方	名称:金陵钱多多家具有限公司 纳税人识别号:91516850689258158N 地址、电话:金陵市玄武区中山路88号 0688-86615898 开户行及账号:中国工商银行金陵玄武支行 1298010002000316285	密码区	-65745<19458<38404817111112 5/37503848*7>234504>-777700 2//5>*8574567-7<8*873843289 <413-3001152-/7142>>8087613

货物或应税劳务、服务名称	规格型号	单位	数量	单价	金额	税率	税额
*经营租赁*私房出租			1	8000.00	8000.00	***	***
合计					¥8000.00		***
价税合计(大写)	⊗捌仟圆整				(小写)¥8000.00		

销售方	名称:国家税务总局金陵市税务局 纳税人识别号:51680574027DK33 (代开机关) 地址、电话:金陵市玄武区望花路20号 0688-57342588 开户行及账号:6221264945702852472 (完税凭证号)	备注	代开企业税号:150212199303241524 代开企业名称:李兰 金陵市玄武区中山路88号

收款人: 复核: 开票人:兰宁 销售方:(章)

第二联:发票联 购买方记账凭证

税总函[2018]982号深圳光华印刷有限公司

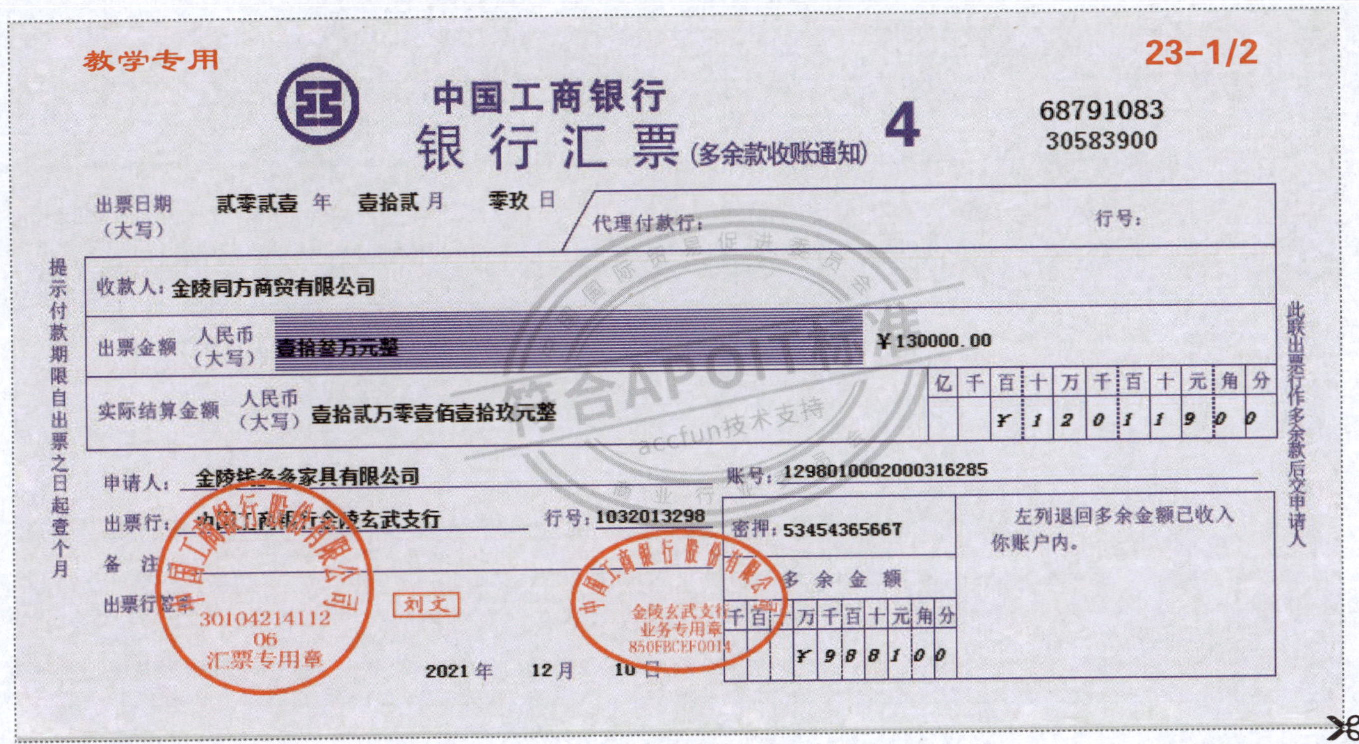

教学专用　23-1/2

中国工商银行
银行汇票（多余款收账通知）　4

68791083
30583900

出票日期（大写）　贰零贰壹 年　壹拾贰 月　零玖 日

代理付款行：　行号：

收款人：金陵同方商贸有限公司

出票金额　人民币（大写）　壹拾叁万元整　¥130000.00

实际结算金额　人民币（大写）　壹拾贰万零壹佰壹拾玖元整

亿	千	百	十	万	千	百	十	元	角	分
		¥	1	2	0	1	1	9	0	0

申请人：金陵linjia家具有限公司　账号：1298010002000316285

出票行：中国工商银行金陵玄武支行　行号：1032013298

备注：

出票行签章　刘文

2021 年　12 月　10 日

密押：53454365667

多余金额

千	百	十	万	千	百	十	元	角	分
			¥	9	8	8	1	0	0

左列退回多余金额已收入你账户内。

提示付款期限自出票之日起壹个月

此联出票行作多余款后交申请人

教学专用

ICBC 中国工商银行 业务回单（收款） 23-2/2

日期： 2021年 12月 10日 回单编号： 1534900007

付款人户名： 金陵同方商贸有限公司 付款人开户行： 金陵上地支行

付款人账号（卡号）： 12087368778234l2300

收款人户名： 金陵钱多多家具有限公司 收款人开户行： 金陵玄武支行

收款人账号（卡号）： 1298010002000316285

金额： 玖仟捌佰捌拾壹元整 小写： 9881.00元

业务（产品）种类： 结算业务凭证 凭证种类： 000000000 凭证号码： 0000000000000000

摘要： 汇票多余款 用途： 转账 币种： 人民币

交易机构： 0410000292 记账柜员： 03741 交易代码： 02108 渠道： 柜面

产品名称： 费用名称：

应收金额： 9881.00 实收金额： 9881.00 收费渠道：

本回单为第一次打印，注意重复 打印日期： 2021年 12月 10日 打印柜员： 9 验证码： 0A87640EF006

中国工商银行股份有限公司 金陵玄武支行 业务专用章 850FBCEF0014

教学专用　　24-1/3

金陵钱多多家具有限公司
销售单

NO. 6807202

地址：金陵市玄武区中山路88号
电话：0688-86615898　邮编：258800

客户名称：金陵万达商贸有限公司
地址电话：金陵市海淀区上地路10号 0688-2542510　　日期：2021年12月11日

编码	产品名称	规格	单位	单价	数量	金额	备注
001	办公桌		张	203.40	200	40680.00	
	人民币(大写)：肆万零陆佰捌拾元整					¥40680.00	

会计联

销售经理：李林　会计：张雯　仓管：周白　签收人：张零　经办人：张慧

教学专用

24-2/3

ICBC 中国工商银行 业务回单（收款）

日期： 2021年 12月 11日 回单编号： 1534900005

付款人户名： 金陵万达商贸有限公司 付款人开户行： 金陵上地支行

付款人账号（卡号）： 1108736877823412460

收款人户名： 金陵钱多多家具有限公司 收款人开户行： 金陵玄武支行

收款人账号（卡号）： 1298010002000316285

金额： 肆万零陆佰捌拾元整 小写： 40680.00元

业务（产品）种类： 结算业务凭证 凭证种类： 00000000 凭证号码： 000000000000000000

摘要： 货款 用途： 转账 币种： 人民币

交易机构： 0410000292 记账柜员： 03741 交易代码： 02108 渠道： 柜面

产品名称： 费用名称：

应收金额： 40680.00 实收金额： 40680.00 收费渠道：

本回单为第一次打印，注意重复 打印日期： 2021年 12月 11日 打印柜员： 9 验证码： 0A87640EF006

中国工商银行股份有限公司
金陵玄武支行
业务专用章
850FBCEF0014

教学专用

5100214130

金陵增值税专用发票

№ 48027803

24-3/3

5100214130

48027803

此联不作报销、扣税凭证使用

校验码 12791 30137 92703 71393

开票日期：2021年12月11日

购买方	名称:金陵万达商贸有限公司 纳税人识别号:91510105539512401N 地址、电话:金陵市海淀区上地路10号 0688-2542510 开户行及账号:中国工商银行金陵上地支行 1108736877823412460	密码区	-65745<19458<38404817000000 5/37503848*7>234504>-111111 2//5>*8574567-7<8*873222222 <413-3001152-/7142>>8444444

货物或应税劳务、服务名称	规格型号	单位	数量	单价	金额	税率	税额
*家具*办公桌		张	200	180.00	36000.00	13%	4680.00
合计					￥36000.00		￥4680.00
价税合计（大写）	⊗ 肆万零陆佰捌拾圆整				（小写）￥40680.00		

销售方	名称:金陵钱多多家具有限公司 纳税人识别号:91516850689258158N 地址、电话:金陵市玄武区中山路88号 0688-86615898 开户行及账号:中国工商银行金陵玄武支行 1298010002000316285	备注	

收款人： 复核： 开票人：张雯 销售方：（章）

第一联：记账联 销售方记账凭证

税总函［2018］562号海南华森实业公司

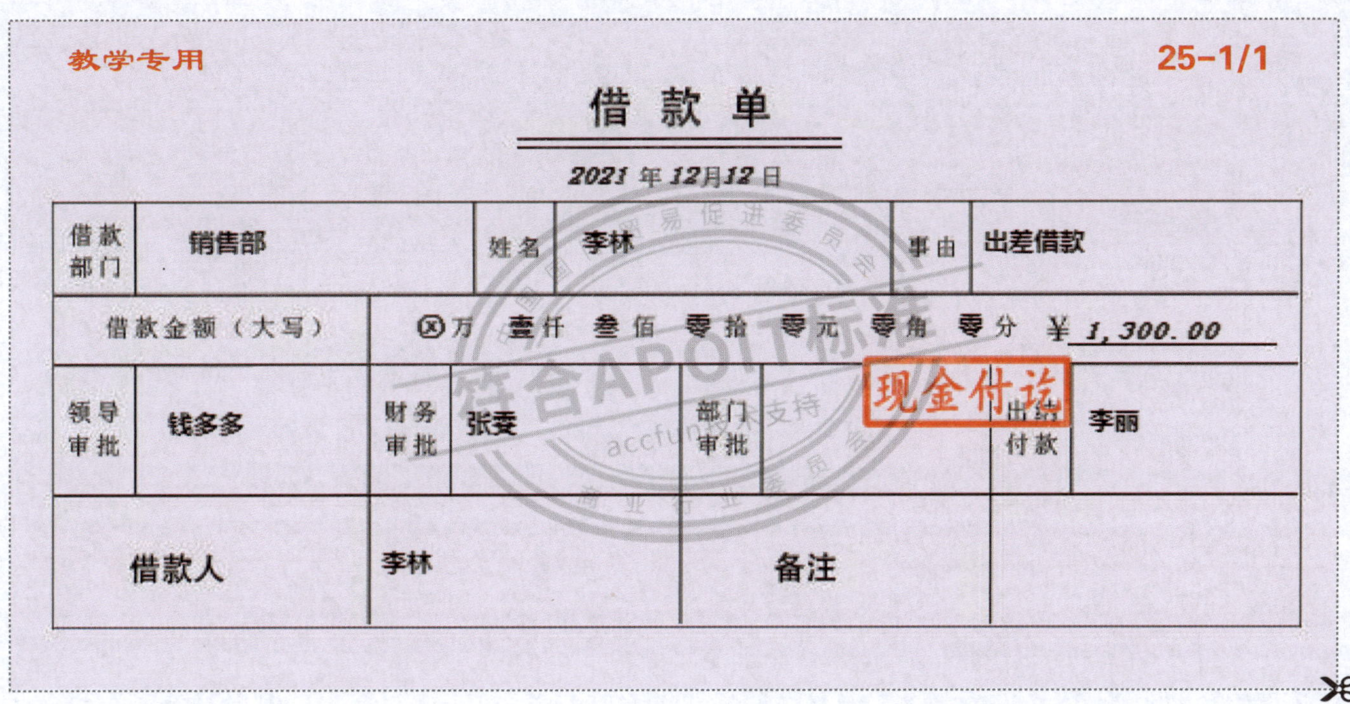

教学专用

25-1/1

借款单

2021 年 12月12 日

借款部门	销售部	姓名	李林	事由	出差借款
借款金额（大写）	⊗万 壹仟 叁佰 零拾 零元 零角 零分 ¥ 1,300.00				
领导审批	钱多多	财务审批	张委	部门审批		出纳付款	李丽
借款人	李林	备注			

现金付讫

教学专用

26-1/3

报销单

填报日期：2021 年 12 月 12 日　　单据及附件共 1 张

姓名	陈华	所属部门	行政部	报销形式	现金
				支票号码	

现金付讫

报销项目	摘要	金额	备注
福利费	12月员工福利	750.00	
合计		¥750.00	
金额大写：⊗拾 ⊗万 ⊗仟 柒佰 伍拾 零元 零角 零分		原借款：　元	应退款：　元 应补款：　元

总经理：　财务经理：张丽　部门经理：　会计：张雯　出纳：李丽　报销人：陈华

教学专用

金陵增值税电子普通发票

26-2/3

发票代码: 051002143211
发票号码: 65337075
开票日期: 2021年12月12日
校 验 码: 48329 29238 95428 92398

机器编号: 38949859383

购买方	名 称: 金陵钱多多家具有限公司 纳税人识别号: 91516850689258158N 地 址、电 话: 开户行及账号:	密码区	-65745<19458<38404817*45432 5/37503848*7>234504>-00*432 2//5>*8574567-7<8*873-3-0// <413-3001152-/7142>>80-\7-9

货物或应税劳务、服务名称	规格型号	单位	数 量	单 价	金 额	税率	税 额
*水果*芒果	无	箱	15	48.544	728.16	3%	21.84
合 计					¥728.16		¥21.84
价税合计(大写)	⊗柒佰伍拾圆整				(小写)¥750.00		

销售方	名 称: 金陵甜蜜蜜水果超市 纳税人识别号: 91220216132487458D 地 址、电 话: 金陵市玄武区中山路14号 0688-88866600 开户行及账号: 中国工商银行金陵玄武支行 1290034290103554387 6	备注	

收 款 人: 吴双　　复 核: 曹颖　　开 票 人: 黄乔欣　　销 售 方: (章)

金陵甜蜜蜜水果超市 91220216132487458D 发票专用章

金陵钱多多家具有限公司12月职工福利发放表

工号	所属部门			发放金额	
1	总经办		钱多多	50.00	钱多多
2	财务部		张丽	50.00	张丽
3			李丽	50.00	李丽
4			张雯	50.00	张雯
5	采购部		张高丽	50.00	张高丽
6			李奇	50.00	李奇
7	行政部		陈华	50.00	陈华
8	销售部		李林	50.00	李林
9			王玲	50.00	王玲
10	仓管部		周白	50.00	周白
11			张慧	50.00	张慧
12	生产车间	车间主任	刘怀辉	50.00	刘怀辉
15		办公桌	关童	50.00	关童
13			陆游	50.00	陆游
14		办公椅	陈洪	50.00	陈洪
合计				750.00	

教学专用

固定资产处置单

27-1/1

2021年12月12日

主管部门：财务部				使用单位：办公室					
名称与型号：	单位	数量	原始价值	计提折旧	净值	预计使用年限	实际使用年限	支付清理费	收回变价收入
笔记本电脑			10800.00	1710.00	9090.00	3年	6个月		
建造单位	建造年份	出厂日	申请变卖原因	笔记本处理器级别低不能满足工作需要					
	2021年6月	12日							

调出单位公章：　　主管：周白　　单位印章

教学专用　　　　　　　　　　　　　　　　　　28-1/2

收款收据

NO. 6013558

2021年12月13日

今收到　金陵沃特商贸有限公司交来的旧电脑收入

现金收讫

金额（大写）　⊗佰　⊗拾　⊗万　柒仟　零佰　零拾　零元　零角　零分

¥ 7,000.00　　☑现金　☐支票　☐信用卡　☐其他　　收款单位（盖章）

核准　　会计　　记账　　出纳李丽　　经手人

第三联会计联

教学专用

5100214130

金陵增值税专用发票

№ 48027804

5100214130

48027804

28-2/2

校验码 12791 30137 92703 71393

此联不作报销、扣税凭证使用

开票日期：2021年12月13日

购买方	名称:金陵沃特商贸有限公司 纳税人识别号:91510005539512502N 地址、电话:金陵市海淀区中山路10号 0688-2672520 开户行及账号:中国工商银行金陵中山支行 1508736877823412310	密码区	-65745<19458<38404817000578 5/37503848*7>234504>-111230 2//5>*8574567-7<8*873222200 <413-6666666-/7142>>8444449

货物或应税劳务、服务名称	规格型号	单位	数量	单价	金额	税率	税额
*通信设备计算机*电脑		台	1	6194.69	6194.69	13%	805.31
合计					¥6194.69		¥805.31
价税合计（大写）	⊗ 柒仟圆整				（小写）¥7000.00		

销售方	名称:金陵钱多多家具有限公司 纳税人识别号:91516850689258158N 地址、电话:金陵市玄武区中山路88号 0688-86615898 开户行及账号:中国工商银行金陵玄武支行 1298010002000316285	备注	

收款人： 复核： 开票人：张雯 销售方：（章）

税总函[2018]562号海南华森实业公司

第一联：记账联 销售方记账凭证

教学专用

29-1/1

金陵钱多多家具有限公司

固定资产清理损益计算表

2021年12月13日

单位：元

清理收入	清理支出			净损益
	净　值	清理费	小　计	

审核人：　　　　制表人：

教学专用

30-1/5

差旅费报销单

填报日期：2021 年 12 月 13 日　　　　单据及附件共 4 张

所属部门				销售部	姓名	李林	出差事由	推介产品	
出发		到达		起止地址		交通费	住宿费	伙食费	其他
月	日	月	日						
12	12	12	13	金陵-上海-金陵		1,000.00	200.00	100.00	
合计	大写金额：壹仟叁佰元整			¥ 1,300.00	预支旅费	1,300.00		退回金额	
								补付金额	

总经理：钱多多　财务经理：张丽　部门经理：　会计：张雯　出纳：李丽　报销人：李林

教学专用

30-2/5

上海增值税电子普通发票

发票代码: 031052101011
发票号码: 03876061
开票日期: 2021年12月12日
校 验 码: 12089 58903 58942 91243

机器编号: 661615012044

购买方	名　　称: 金陵钱多多家具有限公司 纳税人识别号: 91516850689258158N 地 址、电 话: 开户行及账号:	密码区	-65745<19458<38404817*91121 5/37503848*7>234504>-569870 2//5>*8574567-7<8*873\-09*3 <413-3001152-/7142>>80-7-42

货物或应税劳务、服务名称	规格型号	单位	数　量	单　价	金　额	税率	税　额
*住宿服务*住宿			1	188.68	188.68	6%	11.32
合　　计					￥188.68		￥11.32
价税合计（大写）	⊗ 贰佰圆整				（小写）￥200.00		

销售方	名　　称: 上海假日旅行社有限公司 纳税人识别号: 91310081840340100N 地 址、电 话: 上海市长宁区江苏路39号 021-23242321 开户行及账号: 中国工商银行上海长宁支行 129003443010353723209	备注	

收 款 人: 林宇欣　　复 核: 唐青云　　开 票 人: 刘大大　　销售方:（章）

教学专用

30-3/5

上海增值税电子普通发票

发票代码: 031052101011
发票号码: 03096062
开票日期: 2021年12月12日
校 验 码: 76575 32556 09898 62776

机器编号: 661615012034

购买方	名称: 金陵钱多多家具有限公司 纳税人识别号: 91516850689258158N 地址、电话: 开户行及账号:	密码区	-65745<19458<38404817*865-7 5/37503848*7>234504>-087*\- 2//5>*8574567-7<8*8730>2343 <413-3001152-/7142>>2143/7-

货物或应税劳务、服务名称	规格型号	单位	数量	单价	金额	税率	税额
*餐饮服务*餐饮					97.09	3%	2.91
合计					¥97.09		¥2.91
价税合计(大写)	⊗壹佰圆整				(小写)¥100.00		

销售方	名称: 上海鼎轩餐饮有限公司 纳税人识别号: 91310001000010101N 地址、电话: 上海市长宁区江苏路109号 021-23242987 开户行及账号: 中国工商银行上海长宁支行 129003429010353232245	备注	

收款人: 张莉芬　　复核: 曹杰　　开票人: 张福熙　　销售方:(章)

教学专用

30-4/5

航空运输电子客票行程单
ITINERARY/RECEIPT OF E-TICKET FOR AIR TRANSPORT

印刷序号：2182031000
SERIAL NUMBER:

旅客姓名 NAME OF PASSENGER	有效身份证件号码 ID.NO.	签注 ENDORSEMENTS/RESTRICTIONS (CARBON)
李林	110212199008233150	不得签转改退收费

	承运人 CARRIER	航班号 FLIGHT	座位等级 CLASS	日期 DATE	时间 TIME	客票级别/客票类别 FARE BASIS	客票生效日期 NOTVALID BEFORE	有效截止日期 NOTVALID AFTER	免费行李 ALLOW
自 FROM 金陵		AF-8081		2021-12-12	18:00	RPR10			20K
至 TO 上海		VOID							
至 TO									
至 TO									
至 TO	票价 FARE CNY 400.00		民航发展基金 CAAC DEVELOPMENTFUND CN 50.00		燃油附加费 FUEL SURCHARGE YQ 50.00	其他税费 OTHER TAXES	合计 TOTAL CNY 500.00		

电子客票号码 E-TICKETNO. 1376783240912	验证码 CK. 9000	提示信息 INFORMATION	保险费 INSURANCE
销售单位代号 AGENTCODE. GZ004123440000	填开单位 ISSUEDBY 金陵上航股份有限公司		填开日期 DATE OF ISSUE 2021-12-12

验真网址：WWW.TRAVELSKY.COM 服务热线：400-815-8888 短信验真：发送JP至10669018

请旅客乘机前认真阅读《旅客须知》及承运人的运输总条件内容
The Important Notice and the general conditions of carriage must be read before travelling.

付款凭证 RECEIPT

手写无效 INVALID IN HANDWRITING

××××××全印务公司 电话：050-63543596

教学专用　　30-5/5

航空运输电子客票行程单

ITINERARY/RECEIPT OF E-TICKET FOR AIR TRANSPORT

印刷序号：2182031001
SERIAL NUMBER:

旅客姓名 NAME OF PASSENGER	有效身份证件号码 ID.NO.	签注 ENDORSEMENTS/RESTRICTIONS (CARBON)
李林	110212199008233150	不得签转改退收费

	承运人 CARRIER	航班号 FLIGHT	座位等级 CLASS	日期 DATE	时间 TIME	客票级别/客票类别 FARE BASIS	客票生效日期 NOTVALID BEFORE	有效截止日期 NOTVALID AFTER	免费行李 ALLOW
自 FROM 上海		AF-0911		2021-12-13	18:00	RPR10			20K
至 TO 金陵		VOID							
至 TO									
至 TO									
至 TO	票价 FARE CNY 400.00		民航发展基金 CAAC DEVELOPMENTFUND CN 50.00		燃油附加费 FUEL SURCHARGE YQ 50.00	其他税费 OTHER TAXES	合计 TOTAL CNY 500.00		

电子客票号码 E-TICKETNO. 1376783240914	验证码 CK. 9057	提示信息 INFORMATION	保险费 INSURANCE
销售单位代号 AGENTCODE. GZ004123440011	填开单位 ISSUEDBY 中国东方航空有限公司		填开日期 DATE OF ISSUE 2021-12-13

验真网址：WWW.TRAVELSKY.COM　服务热线：400-815-8888　短信验真：发送JP至10669018

请旅客乘机前认真阅读《旅客须知》及承运人的运输总条件内容
The Important Notice and the general conditions of carriage must be read before travelling.

付款凭证 RECEIPT

手写无效 INVALID IN HANDWRITING

××××××印务公司 电话：050-63513396

教学专用

ICBC 中国工商银行 业务回单(付款) 31-1/3

日期： 2021年 12月 14日 回单编号： 1534900002

付款人户名： 金陵钱多多家具有限公司 付款人开户行： 金陵玄武支行

付款人账号（卡号）： 1298010002000316285

收款人户名： 金陵宝佳家具有限公司 收款人开户行： 金陵上地支行

收款人账号（卡号）： 3000320002340103432

金额： 伍仟陆佰伍拾元整 小写： 5650.00元

业务（产品）种类： 结算业务凭证 凭证种类： 00000000000 凭证号码： 000000000000000000

摘要： 加工费 用途： 币种： 人民币

交易机构： 0410000292 记账柜员： 03741 交易代码： 02108 渠道： 柜面

产品名称： 费用名称：

应收金额： 5650.00 实收金额： 5650.00 收费渠道：

本回单为第一次打印，注意重复 打印日期： 2021年 12月 15日 打印柜员： 9 验证码： 0A87640EF006

中国工商银行股份有限公司 金陵玄武支行 业务专用章 850FBCEF0014

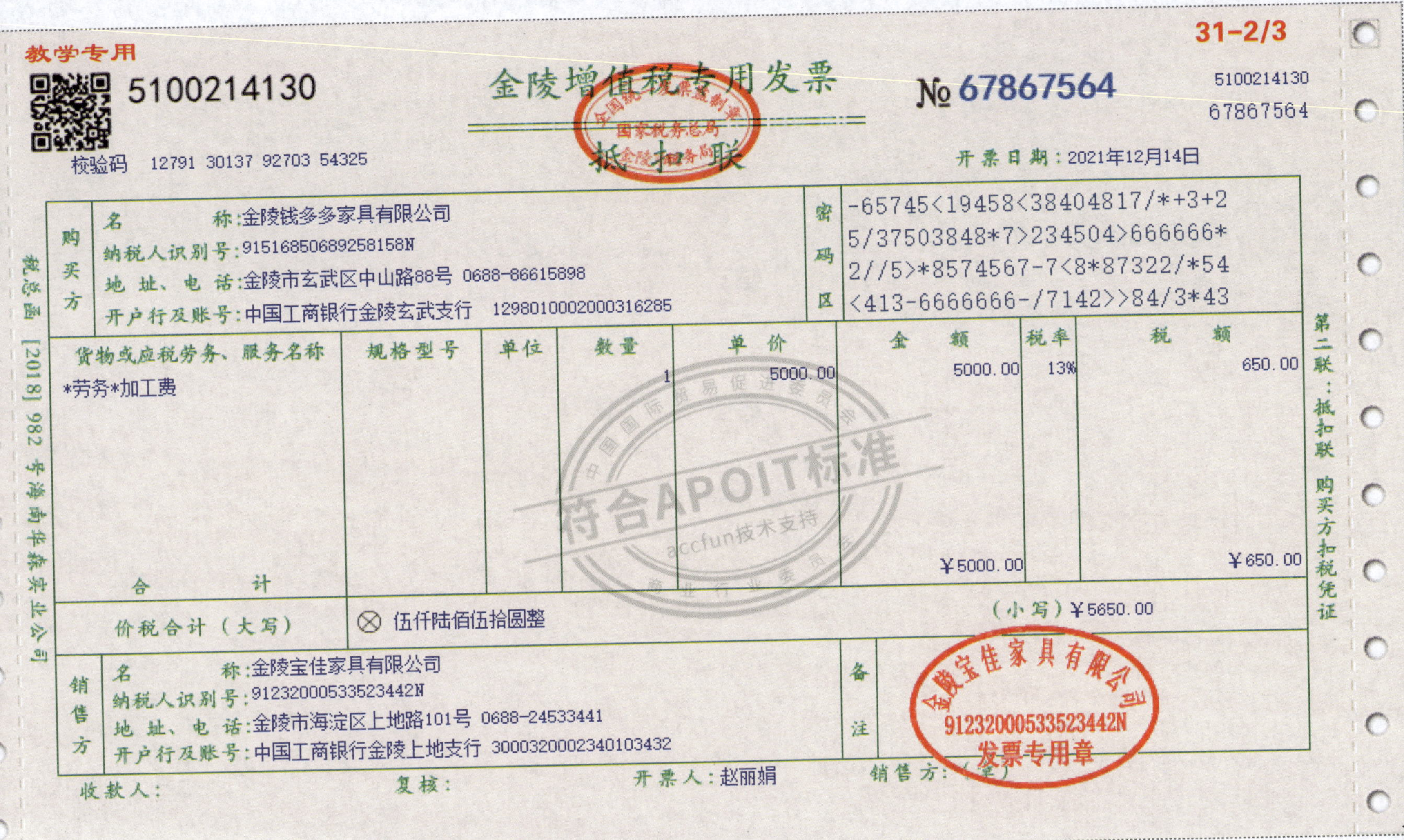

教学专用

31-2/3

5100214130

金陵增值税专用发票

№ 67867564

5100214130
67867564

抵扣联

校验码 12791 30137 92703 54325

开票日期：2021年12月14日

购买方	名称:金陵钱多多家具有限公司 纳税人识别号:91516850689258158N 地址、电话:金陵市玄武区中山路88号 0688-86615898 开户行及账号:中国工商银行金陵玄武支行 1298010002000316285	密码区	-65745<19458<38404817/*+3+2 5/37503848*7>234504>666666* 2//5>*8574567-7<8*87322/*54 <413-6666666-/7142>>84/3*43

货物或应税劳务、服务名称	规格型号	单位	数量	单价	金额	税率	税额
*劳务*加工费			1	5000.00	5000.00	13%	650.00
合计					¥5000.00		¥650.00
价税合计（大写）	⊗ 伍仟陆佰伍拾圆整				（小写）¥5650.00		

销售方	名称:金陵宝佳家具有限公司 纳税人识别号:91232000533523442N 地址、电话:金陵市海淀区上地路101号 0688-24533441 开户行及账号:中国工商银行金陵上地支行 3000320002340103432	备注	

收款人： 复核： 开票人：赵丽娟 销售方：（章）

第二联：抵扣联 购买方扣税凭证

税总函[2018]982号海南华森实业公司

教学专用

31-3/3

5100214130

金陵增值税专用发票

发票联

№ 67867564

5100214130
67867564

校验码 12791 30137 92703 54325

开票日期：2021年12月14日

购买方	名称：金陵钱多多家具有限公司 纳税人识别号：91516850689258158N 地址、电话：金陵市玄武区中山路88号 0688-86615898 开户行及账号：中国工商银行金陵玄武支行 1298010002000316285	密码区	-65745<19458<38404817/*+3+2 5/37503848*7>234504>666666* 2//5>*8574567-7<8*87322/*54 <413-6666666-/7142>>84/3*43

货物或应税劳务、服务名称	规格型号	单位	数量	单价	金额	税率	税额
*劳务*加工费			1	5000.00	5000.00	13%	650.00
合计					¥5000.00		¥650.00
价税合计（大写）	⊗伍仟陆佰伍拾圆整				（小写）¥5650.00		

销售方	名称：金陵宝佳家具有限公司 纳税人识别号：91232000533523442N 地址、电话：金陵市海淀区上地路101号 0688-24533441 开户行及账号：中国工商银行金陵上地支行 3000320002340103432	备注	金陵宝佳家具有限公司 91232000533523442N 发票专用章

收款人： 复核： 开票人：赵丽娟 销售方：（章）

第三联：发票联 购买方记账凭证

税总函[2018]982号海南华森实业公司

教学专用

32-1/3

金陵钱多多家具有限公司
销售单

NO. 6807203

地址：金陵市玄武区中山路88号
电话：0688-86615898　邮编：258800

客户名称：金陵麦田商贸有限公司
地址电话：金陵市玄武区中山路199号 0688-1142222

日期：2021年12月14日

编码	产品名称	规格	单位	单价	数量	金额	备注
1001	密度板	2440*1220*2	张	452.00	50	22600.00	
	人民币(大写)：贰万贰仟陆佰元整					¥22600.00	

会计联

销售经理：李林　会计：张雯　仓管：周白　签收人：程东华　经办人：张慧

教学专用

32-2/3

5100214130

金陵增值税专用发票

№ 48027805

5100214130
48027805

此联不作报销、扣税凭证使用

校验码 12791 30137 92703 71393

开票日期：2021年12月14日

购买方	名称:金陵麦田商贸有限公司 纳税人识别号:91510005539515711N 地址、电话:金陵市玄武区中山路199号 0688-1142222 开户行及账号:中国工商银行金陵玄武支行 1208736877823412000	密码区	-65745<19458<38404817000000 5/37503848*7>234504>-111170 2//5>*8574567-7<8*222222222 <413-3001152-/7142>>8444456

货物或应税劳务、服务名称	规格型号	单位	数量	单价	金额	税率	税额
*木制品*密度板	2440*1220*2mm	张	50	400.00	20000.00	13%	2600.00
合计					¥20000.00		¥2600.00
价税合计（大写）	⊗ 贰万贰仟陆佰圆整				（小写）¥22600.00		

销售方	名称:金陵钱多多家具有限公司 纳税人识别号:91516850689258158N 地址、电话:金陵市玄武区中山路88号 0688-86615898 开户行及账号:中国工商银行金陵玄武支行 1298010002000316285	备注	

收款人： 复核： 开票人：张雯 销售方：（章）

第一联：记账联 销售方记账凭证

税总函［2018］562号海南华森实业公司

教学专用　　　　　　　　　　　　　　　　　　　　　　　　　　　　　　32-3/3

ICBC 中国工商银行　业务回单（收款）

日期：　2021年　12月　14日　　　　回单编号：　1534900006

付款人户名：　金陵麦田商贸有限公司　　　　付款人开户行：　金陵玄武支行

付款人账号（卡号）：　1208736877823412000

收款人户名：　金陵钱多多家具有限公司　　　　收款人开户行：　金陵玄武支行

收款人账号（卡号）：　1298010002000316285

金额：　贰万贰仟陆佰元整　　　　小写：　22600.00元

业务（产品）种类：　结算业务凭证　　凭证种类：　000000000　　凭证号码：　000000000000000000

摘要：　货款　　用途：　转账　　币种：　人民币

交易机构：　0410000292　　记账柜员：　03741　　交易代码：　02108　　渠道：　柜面

产品名称：　　费用名称：

应收金额：　22600.00　实收金额：　22600.00　收费渠道：

本回单为第一次打印，注意重复　　打印日期：　2021年　12月　15日　　打印柜员：　3　　验证码：　0A87640EF006

中国工商银行股份有限公司
金陵玄武支行
业务专用章
850FBCEF0014

教学专用

33-1/1

中国工商银行电子缴税付款凭证

缴税日期：2021年12月15日　　凭证字号：20211215304872621

纳税人全称及纳税人识别号：金陵钱多多家具有限公司　91516850689258158N

付款人全称：金陵钱多多家具有限公司

付款人账号：1298010002000316285　　征收机关名称：国家税务总局金陵市税务局

付款人开户行：中国工商银行金陵玄武支行　　收款国库（银行）名称：国家金库金陵市玄武区代理支库

小写（合计）金额：￥19605.12　　缴款书交易流水号：9991003449421160823O

大写（合计）金额：人民币壹万玖仟陆佰零伍元壹角贰分　　税票号码：320160923000011121

税（费）种名称	所属日期	实缴金额（单位：元）
增值税	20211101-20211130	￥19605.12

打印时间：2021年12月15日

客户回单联　　验证码：　　复核：　　记账：

教学专用　　34-1/1

中国工商银行电子缴税付款凭证

缴税日期：2021年12月15日　　凭证字号：2021121504872620

纳税人全称及纳税人识别号：金陵钱多多家具有限公司　91516850689258158N

付款人全称：金陵钱多多家具有限公司

付款人账号：1298010002000316285　　征收机关名称：国家税务总局金陵市税务局

付款人开户行：中国工商银行金陵玄武支行　　收款国库（银行）名称：国家金库金陵市玄武区代理支库

小写（合计）金额：￥2352.61　　缴款书交易流水号：9991003449421160823l

大写（合计）金额：人民币贰仟叁佰伍拾贰元陆角壹分　　税票号码：320160923000011122

税（费）种名称	所属日期	实缴金额（单位：元）
城建税-城市市区（增值税）	20211101-20211130	￥1372.36
教育费附加（增值税）	20211101-20211130	￥588.15
地方教育附加（增值税）	20211101-20211130	￥392.10

打印时间：2021年12月15日

客户回单联　　验证码：　　复核：　　记账：

教学专用

35-1/1

中国工商银行电子缴税付款凭证

缴税日期：2021年12月15日　　凭证字号：2021121504872625

纳税人全称及纳税人识别号：金陵钱多多家具有限公司　91516850689258158N

付款人全称：金陵钱多多家具有限公司

付款人账号：1298010002000316285　　征收机关名称：国家税务总局金陵市税务局

付款人开户行：中国工商银行金陵玄武支行　　收款国库（银行）名称：国家金库金陵市玄武区代理支库

小写（合计）金额：￥180.57　　缴款书交易流水号：99910034494211608233

大写（合计）金额：人民币壹佰捌拾元伍角柒分　　税票号码：320160923000011123

税（费）种名称	所属日期	实缴金额（单位：元）
印花税-购销合同	20211101-20211130	￥125.43
印花税-资金账簿	20211101-20211130	￥50.00
印花税-货物运输合同	20211101-20211130	￥1.64
印花税-财产租赁合同	20211101-20211130	￥3.50

打印时间：2021年12月15日

客户回单联　　验证码：　　复核：　　记账：

教学专用

36-1/2

中国工商银行电子缴税付款凭证

缴税日期：2021年12月15日　　凭证字号：2021121504872627

纳税人全称及纳税人识别号：金陵钱多多家具有限公司　91516850689258158N

付款人全称：金陵钱多多家具有限公司

付款人账号：1298010002000316285　　征收机关名称：国家税务总局金陵市税务局

付款人开户行：中国工商银行金陵玄武支行　　收款国库（银行）名称：国家金库金陵市玄武区代理支库

小写（合计）金额：¥14280.00　　缴款书交易流水号：99910034494211608234

大写（合计）金额：人民币壹万肆仟贰佰捌拾元整　　税票号码：320160923000011124

税（费）种名称	所属日期	实缴金额（单位：元）
社保费-工伤	20211201-20211231	¥600.00
社保费-生育	20211201-20211231	¥180.00
社保费-失业	20211201-20211231	¥900.00
社保费-养老	20211201-20211231	¥8400.00
社保费-医疗	20211201-20211231	¥4200.00

打印时间：2021年12月15日

客户回单联　　验证码：　　复核：　　记账：

教学专用

36-2/2

金陵钱多多家具有限公司

社保费申报汇总表

2021年12月15日　　　　单位：元

部门	个人应缴合计	单位应缴合计	备注
财务部	660.00	2,196.00	12月份社保费
总经办	220.00	732.00	
采购部	440.00	1,464.00	
行政部	220.00	732.00	
销售部	440.00	1,464.00	
仓管部	440.00	1,464.00	
生产车间	880.00	2,928.00	
合　计	3,300.00	10,980.00	

审核人：张丽　　　　制表人：张雯

教学专用

37-1/2

ICBC 中国工商银行 业务回单(付款)

日期： 2021年 12月 15日　　回单编号： 1534900004

付款人户名： 金陵钱多多家具有限公司　　付款人开户行： 金陵玄武支行

付款人账号（卡号）： 1298010002000316285

收款人户名：　　收款人开户行：

收款人账号（卡号）：

金额： 叁仟元整　　小写： 3000.00元

业务（产品）种类： 结算业务凭证　　凭证种类： 000000000　　凭证号码： 0000000000000000

摘要： 缴纳公积金　　用途： 转账缴存　　币种： 人民币

交易机构： 0410000292　　记账柜员： 03741　　交易代码： 02108　　渠道： 柜面

产品名称：　　费用名称：

应收金额： 3000.00　　实收金额： 3000.00　　收费渠道：

本回单为第一次打印，注意重复　　打印日期： 2021年 12月 15日　　打印柜员： 9　　验证码： 0A87640EF006

中国工商银行股份有限公司 金陵玄武支行 业务专用章 850FBCEF0014

教学专用

37-2/2

金陵钱多多家具有限公司

公积金申报汇总表

2021年12月15日　　单位：元

部门	个人应缴合计	单位应缴合计	备注
财务部	300.00	300.00	12月份公积金
总经办	100.00	100.00	
采购部	200.00	200.00	
行政部	100.00	100.00	
销售部	200.00	200.00	
仓管部	200.00	200.00	
生产车间	400.00	400.00	
合　计	1,500.00	1,500.00	

审核人：张丽　　制表人：张雯

教学专用　　　　38-1/2

金陵钱多多家具有限公司

工资发放表

计酬期间：2021年11月01日至2021年11月30日　　　　发放日期：2021年12月15日　　　　单位：元

部门		姓名	应发工资	代扣个人款项		累计情况（含累计工资/专项及附加扣除）				累计已预扣预缴税额	本期应预扣预缴个税	实发工资
				社保费	公积金	累计收入	累计减除费用	累计专项扣除	累计专项附加扣除			
行政管理部门	总经办	钱多多	7800.00	220.00	100.00	70800.00	55000.00	3520.00	11000.00		38.40	7441.60
	行政部	陈华	4000.00	220.00	100.00	44000.00	55000.00	3520.00			0.00	3680.00
	财务部	张丽	5500.00	220.00	100.00	60500.00	55000.00	3520.00	16500.00		0.00	5180.00
		张雯	4500.00	220.00	100.00	49500.00	55000.00	3520.00			0.00	4180.00
		李丽	4000.00	220.00	100.00	46000.00	55000.00	3520.00			0.00	3680.00
	采购部	张高丽	6000.00	220.00	100.00	58000.00	55000.00	3520.00			0.00	5680.00
		李奇	5000.00	220.00	100.00	45000.00	55000.00	3520.00			0.00	4680.00
	仓管部	张慧	4800.00	220.00	100.00	49800.00	55000.00	3520.00			0.00	4480.00
		周白	4200.00	220.00	100.00	44200.00	55000.00	3520.00			0.00	3880.00
	小　计		**45,800.00**	**1,980.00**	**900.00**	**467,800.00**	**495,000.00**	**31,680.00**	**27,500.00**	**0.00**	**38.40**	**42,881.60**
销售部		李林	6000.00	220.00	100.00	46000.00	55000.00	3520.00	11000.00		0.00	5680.00
		王玲	5500.00	220.00	100.00	45500.00	55000.00	3520.00	5500.00		0.00	5180.00
小　计			**11,500.00**	**440.00**	**200.00**	**91,500.00**	**110,000.00**	**7,040.00**	**16,500.00**	**0.00**	**0.00**	**10,860.00**
合　计			**57,300.00**	**2,420.00**	**1,100.00**	**559,300.00**	**605,000.00**	**38,720.00**	**44,000.00**	**0.00**	**38.40**	**53,741.60**

单位负责人：钱多多　　　　复核人：张丽　　　　制表人：张雯

教学专用

38-2/2

ICBC 中国工商银行 业务回单(付款)

日期: 2021年 12月 15日 回单编号: 1534900002

付款人户名: 金陵钱多多家具有限公司 付款人开户行: 金陵玄武支行

付款人账号(卡号): 129801000200031628 5

收款人户名: 收款人开户行:

收款人账号(卡号):

金额: 伍万叁仟柒佰肆拾壹元陆角整 小写: 53741.60元

业务(产品)种类: 结算业务凭证 凭证种类: 00000000000 凭证号码: 000000000000000000

摘要: 工资 用途: 转账 币种: 人民币

交易机构: 0410000292 记账柜员: 03741 交易代码: 02108 渠道: 柜面

产品名称: 费用名称:

应收金额: 53741.60 实收金额: 53741.60 收费渠道:

本回单为第一次打印,注意重复 打印日期: 2021年 12月 15日 打印柜员: 9 验证码: 0A87640EF006

中国工商银行股份有限公司 金陵玄武支行 业务专用章 850FBCEF0014

教学专用　　39-1/1

中国工商银行电子缴税付款凭证

缴税日期：2021年12月15日　　凭证字号：2021121504872626

纳税人全称及纳税人识别号：金陵钱多多家具有限公司　91516850689258158N

付款人全称：金陵钱多多家具有限公司

付款人账号：129801000200031628５　　征收机关名称：国家税务总局金陵市税务局

付款人开户行：中国工商银行金陵玄武支行　　收款国库（银行）名称：国家金库金陵市玄武区代理支库

小写（合计）金额：¥38.40　　缴款书交易流水号：99910034494211608236

大写（合计）金额：人民币叁拾捌元肆角整　　税票号码：320160923000011126

税（费）种名称	所属日期	实缴金额（单位：元）
个人所得税	20211101-20211130	¥38.40

中国工商银行股份有限公司 金陵玄武支行 业务专用章 850FBCEF0014

打印时间：2021年12月15日

客户回单联　　验证码：　　复核：　　记账：

215×140mm GH003683

教学专用 40-1/4

金陵钱多多家具有限公司

水费耗用统计及分配表

2021年12月16日 单位：元

部门	耗用数量（吨）	分配率	分配金额	备注
管理部	35			（含财务部、总经办、采购部、行政部、仓库部）
销售部	21			
生产车间	84			
合　计	140			

审核人：　　　　制表人：

教学专用

5100214130

金陵增值税专用发票

抵扣联

№ 99794198

40-2/4

5100214130
99794198

校验码 18291 82018 02183 08048

开票日期：2021年12月16日

购买方	名称:金陵钱多多家具有限公司 纳税人识别号:91516850689258158N 地址、电话:金陵市玄武区中山路88号 0688-86615898 开户行及账号:中国工商银行金陵玄武支行 1298010002000316285	密码区	-65745<19458<38404817101112 5/37503848*7>234504>-384707 2//5>*8574567-7<8*873777878 <413-3001152-/7142>>8230056

货物或应税劳务、服务名称	规格型号	单位	数量	单价	金额	税率	税额
*水冰雪*水费		吨	140	6.50	910.00	9%	81.90
合计					¥910.00		¥81.90
价税合计（大写）	⊗ 玖佰玖拾壹圆玖角				（小写）¥991.90		

销售方	名称:金陵水务集团有限公司 纳税人识别号:91510893098637596N 地址、电话:金陵市玄武区中山路77号 0688-46551348 开户行及账号:中国工商银行金陵中山支行 234021565655100	备注	

收款人： 复核： 开票人：吴林 销售方：（章）

第二联：抵扣联 购买方扣税凭证

税总函[2018]982号海南华森实业公司

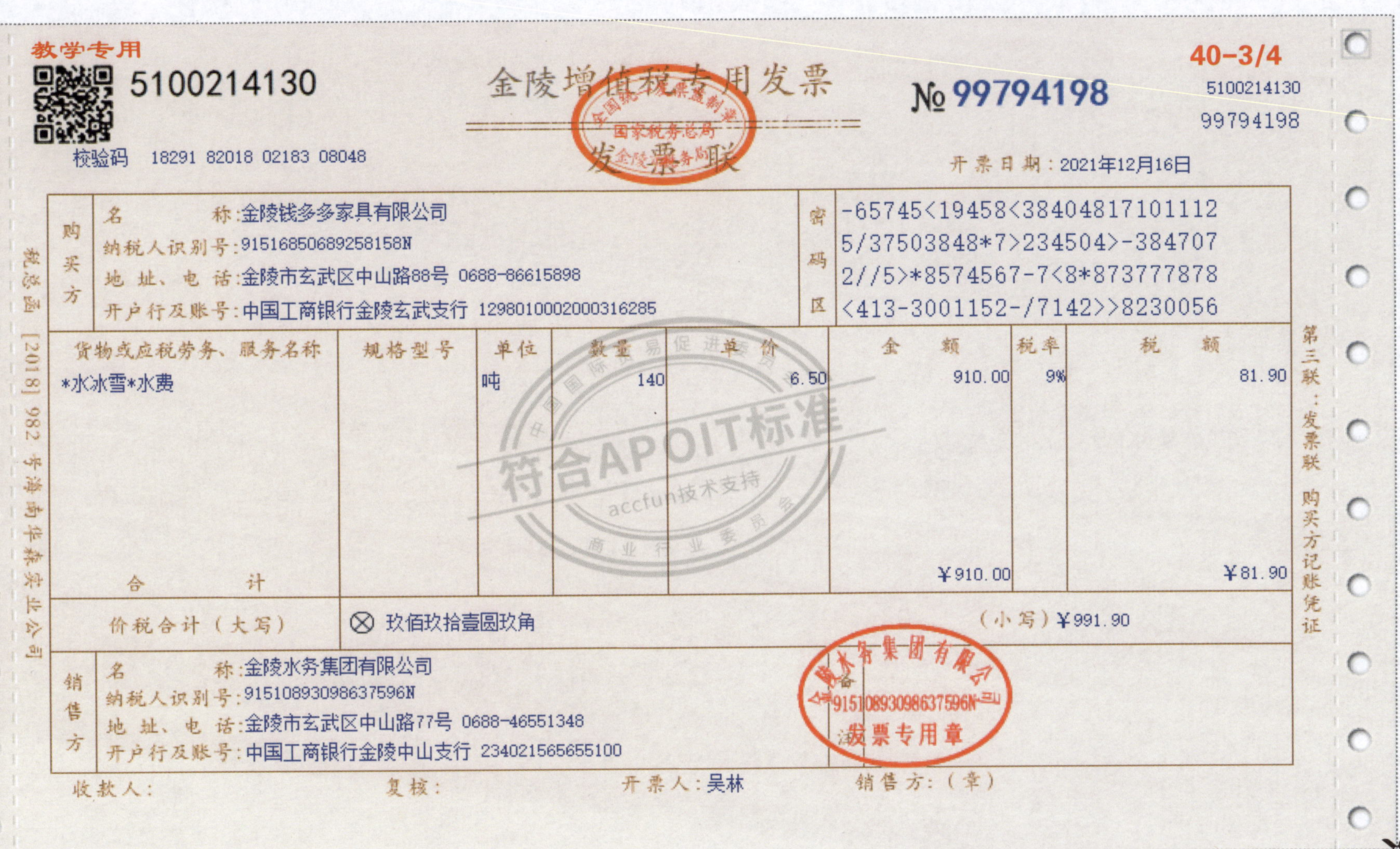

教学专用

5100214130

金陵增值税专用发票

全国统一发票监制章 国家税务总局 金陵省税务局

发票联

№ 99794198

40-3/4

5100214130

99794198

校验码 18291 82018 02183 08048

开票日期：2021年12月16日

购买方	名称：金陵钱多多家具有限公司 纳税人识别号：91516850689258158N 地址、电话：金陵市玄武区中山路88号 0688-86615898 开户行及账号：中国工商银行金陵玄武支行 1298010002000316285	密码区	-65745<19458<38404817101112 5/37503848*7>234504>-384707 2//5>*8574567-7<8*873777878 <413-3001152-/7142>>8230056

货物或应税劳务、服务名称	规格型号	单位	数量	单价	金额	税率	税额
*水冰雪*水费		吨	140	6.50	910.00	9%	81.90
合计					¥910.00		¥81.90
价税合计（大写）	⊗ 玖佰玖拾壹圆玖角				（小写）¥991.90		

销售方	名称：金陵水务集团有限公司 纳税人识别号：91510893098637596N 地址、电话：金陵市玄武区中山路77号 0688-46551348 开户行及账号：中国工商银行金陵中山支行 234021565655100	备注	金陵水务集团有限公司 91510893098637596N 发票专用章

收款人： 复核： 开票人：吴林 销售方：（章）

税总函［2018］982号海南华森实业公司

第三联：发票联 购买方记账凭证

教学专用

40-4/4

ICBC 中国工商银行 业务回单(付款)

日期: 2021年 12月 16日 回单编号: 1534900002

付款人户名: 金陵钱多多家具有限公司 付款人开户行: 金陵玄武支行

付款人账号(卡号): 129801000200031628

收款人户名: 金陵水务集团有限公司 收款人开户行: 金陵中山支行

收款人账号(卡号): 234021565655100

金额: 玖佰玖拾壹元玖角 小写: 991.90元

业务(产品)种类: 结算业务凭证 凭证种类: 000000000 凭证号码: 00000000000000000

摘要: 水费 用途: 转账 币种: 人民币

交易机构: 0410000292 记账柜员: 03741 交易代码: 02108 渠道: 柜面

产品名称: 费用名称:

应收金额: 991.90 实收金额: 991.90 收费渠道:

本回单为第一次打印,注意重复 打印日期: 2021年 12月 17日 打印柜员: 9 验证码: 0A87640EF006

中国工商银行股份有限公司
金陵玄武支行
业务专用章
860FBCFF0014

教学专用

41-1/4

金陵钱多多家具有限公司

电费耗用统计及分配表

2021年12月16日　　单位：元

部门	耗用数量（度）	分配率	分配金额	备　注
管理部	500			（含财务部、总经办、采购部、行政部、仓库部）
销售部	300			
生产车间	1200			
合　计	2000			

审核人：　　制表人：

教学专用

41-2/4

5100214130

金陵增值税专用发票

全国统一发票监制章 国家税务总局 金陵税务局

抵扣联

№ 40027892

5100214130
40027892

校验码 12791 30137 92703 71393

开票日期：2021年12月16日

购买方	名　　称：金陵钱多多家具有限公司 纳税人识别号：91516850689258158N 地 址、电 话：金陵市玄武区中山路88号 0688-86615898 开户行及账号：中国工商银行金陵玄武支行 1298010002000316285	密码区	-65745<19458<38404817888812 5/37503848*7>234504>-796700 2//5>*8574567-7<8*873222478 <413-3001152-/7142>>8055000

货物或应税劳务、服务名称	规格型号	单位	数量	单价	金额	税率	税额
*供电*电费		度	2000	1.00	2000.00	13%	260.00
合　　计					¥2000.00		¥260.00
价税合计（大写）	⊗ 贰仟贰佰陆拾圆整				（小写）¥2260.00		

销售方	名　　称：金陵市电力有限公司 纳税人识别号：91510893098637500N 地 址、电 话：金陵市玄武区中山路1号 0688-46551300 开户行及账号：中国工商银行金陵中山支行 234021565655110	备注	金陵市电力有限公司 91510893098637500N 发票专用章

收款人：　　复核：　　开票人：佃里　　销售方：（章）

第二联：抵扣联 购买方扣税凭证

税总函［2018］982号海南华森实业公司

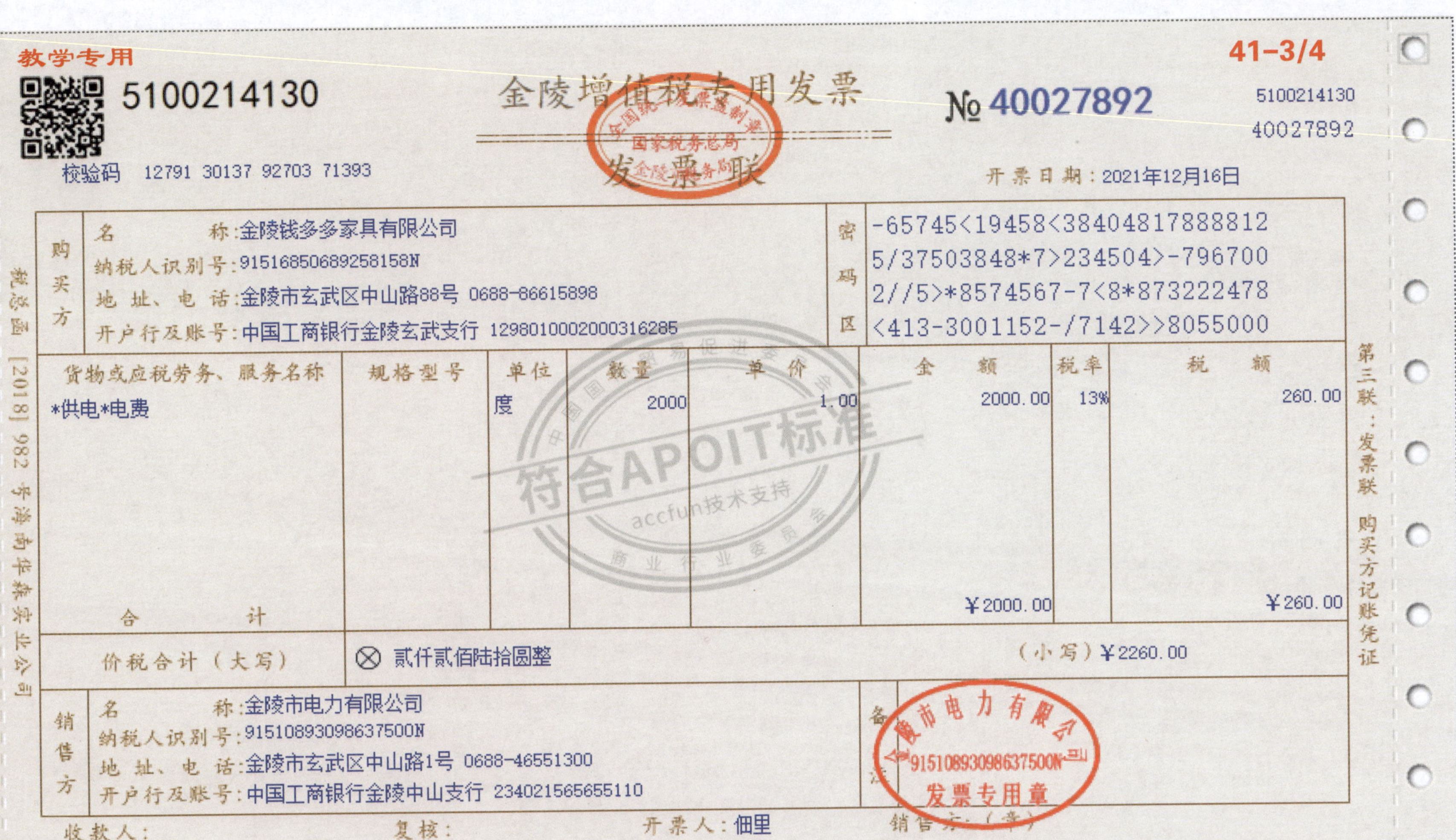

教学专用

41-3/4

5100214130

金陵增值税专用发票

发票联

№ 40027892

5100214130
40027892

校验码 12791 30137 92703 71393

开票日期：2021年12月16日

购买方	名　　称：金陵钱多多家具有限公司 纳税人识别号：91516850689258158N 地 址、电 话：金陵市玄武区中山路88号 0688-86615898 开户行及账号：中国工商银行金陵玄武支行 1298010002000316285				密码区	-65745<19458<38404817888812 5/37503848*7>234504>-796700 2//5>*8574567-7<8*873222478 <413-3001152-/7142>>8055000	
货物或应税劳务、服务名称	规格型号	单位	数量	单价	金额	税率	税额
*供电*电费		度	2000	1.00	2000.00	13%	260.00
合　　计					¥2000.00		¥260.00
价税合计（大写）	⊗贰仟贰佰陆拾圆整				（小写）¥2260.00		
销售方	名　　称：金陵市电力有限公司 纳税人识别号：915108930986375OON 地 址、电 话：金陵市玄武区中山路1号 0688-46551300 开户行及账号：中国工商银行金陵中山支行 234021565655110				备注		

收款人：　　复核：　　开票人：佃里　　销售方：（章）

金陵市电力有限公司 915108930986375OON 发票专用章

第三联：发票联　购买方记账凭证

税总函[2018]982号海南华森实业公司

教学专用

ICBC 中国工商银行 业务回单(付款) 41-4/4

日期： 2021年 12月 16日 回单编号： 1534900002

付款人户名： 金陵钱多多家具有限公司 付款人开户行： 金陵玄武支行

付款人账号（卡号）： 1298010002000316285

收款人户名： 金陵市电力有限公司 收款人开户行： 金陵中山支行

收款人账号（卡号）： 234021565655110

金额： 贰仟贰佰陆拾元整 小写： 2260.00元

业务（产品）种类： 结算业务凭证 凭证种类： 0000000000 凭证号码： 000000000000000000

摘要： 电费 用途： 转账 币种： 人民币

交易机构： 0410000292 记账柜员： 03741 交易代码： 02108 渠道： 柜面

产品名称： 费用名称：

应收金额： 2260.00 实收金额： 2260.00 收费渠道：

本回单为第一次打印，注意重复 打印日期： 2021年 12月 17日 打印柜员： 9 验证码： 0A87640EF006

中国工商银行股份有限公司 金陵玄武支行 业务专用章 850FBCEF0014

教学专用　　　　42-1/2

金陵钱多多家具有限公司

销售单

NO. 6807204

地址：金陵市玄武区中山路88号

电话：0688-86615898　邮编：258800

客户名称：金陵万佳商贸有限公司

地址电话：金陵市海淀区上地路60号 0688-1152528　　日期：2021年12月17日

编码	产品名称	规格	单位	单价	数量	金额	备注
001	办公桌		张	169.50	200	33900.00	
002	办公椅		把	90.40	250	22600.00	
	人民币(大写)：伍万陆仟伍佰元整					¥56500.00	

会计联

销售经理：李林　会计：张雯　仓管：周白　签收人：陈麦麦　经办人：张慧

教学专用　　　　42-2/2

5100214130

金陵增值税专用发票

№ 48027806　　5100214130
48027806

此联不作报销、扣税凭证使用

校验码　12791 30137 92703 71393　　开票日期：2021年12月17日

购买方	名　　称:金陵万佳商贸有限公司 纳税人识别号:91510005539517750N 地 址、电 话:金陵市海淀区上地路60号 0688-1152528 开户行及账号:中国工商银行金陵上地支行 1208736856823412780	密码区	-65745<19458<38404817001116 5/37503848*7>234504>-003336 2//5>*8574567-7<8*873002227 <413-3001152-/7142>>8000008

货物或应税劳务、服务名称	规格型号	单位	数量	单价	金额	税率	税额
*家具*办公桌		张	200	150.00	30000.00	13%	3900.00
*家具*办公椅		把	250	80.00	20000.00	13%	2600.00
合　　计					¥50000.00		¥6500.00
价税合计（大写）	⊗ 伍万陆仟伍佰圆整				（小写）¥56500.00		

销售方	名　　称:金陵钱多多家具有限公司 纳税人识别号:91516850689258158N 地 址、电 话:金陵市玄武区中山路88号 0688-86615898 开户行及账号:中国工商银行金陵玄武支行 1298010002000316285	备注	

收款人：　　复核：　　开票人：张雯　　销售方：（章）

税总函 [2018] 562 号海南华森实业公司

第一联：记账联　销售方记账凭证

教学专用

43-1/4

报 销 单

填报日期：2021 年 12 月 20 日　　　　单据及附件共 2 张

<table>
<tr><td>姓名</td><td>钱多多</td><td>所属部门</td><td>总经办</td><td>报销形式</td><td colspan="2">现金</td></tr>
<tr><td></td><td></td><td></td><td></td><td>支票号码</td><td colspan="2"></td></tr>
<tr><td colspan="3">报销项目</td><td colspan="2">摘　要</td><td>金　额</td><td>备　注</td></tr>
<tr><td colspan="3">招待费</td><td colspan="2">支付业务招待费</td><td>3200.00</td><td></td></tr>
<tr><td colspan="3"></td><td colspan="2"></td><td></td><td></td></tr>
<tr><td colspan="3"></td><td colspan="2"></td><td></td><td></td></tr>
<tr><td colspan="3"></td><td colspan="2"></td><td></td><td></td></tr>
<tr><td colspan="3"></td><td colspan="2"></td><td></td><td></td></tr>
<tr><td colspan="5">合　计</td><td>¥3200.00</td><td></td></tr>
<tr><td colspan="5">金额大写：⊗拾 ⊗万 叁仟 贰佰 零拾 零元 零角 零分</td><td>原借款：5000.00元</td><td>应退款：1800.00元
应补款：元</td></tr>
</table>

总经理：　　财务经理：张丽　　部门经理：　　会计：张雯　　出纳：李丽　　报销人：钱多多

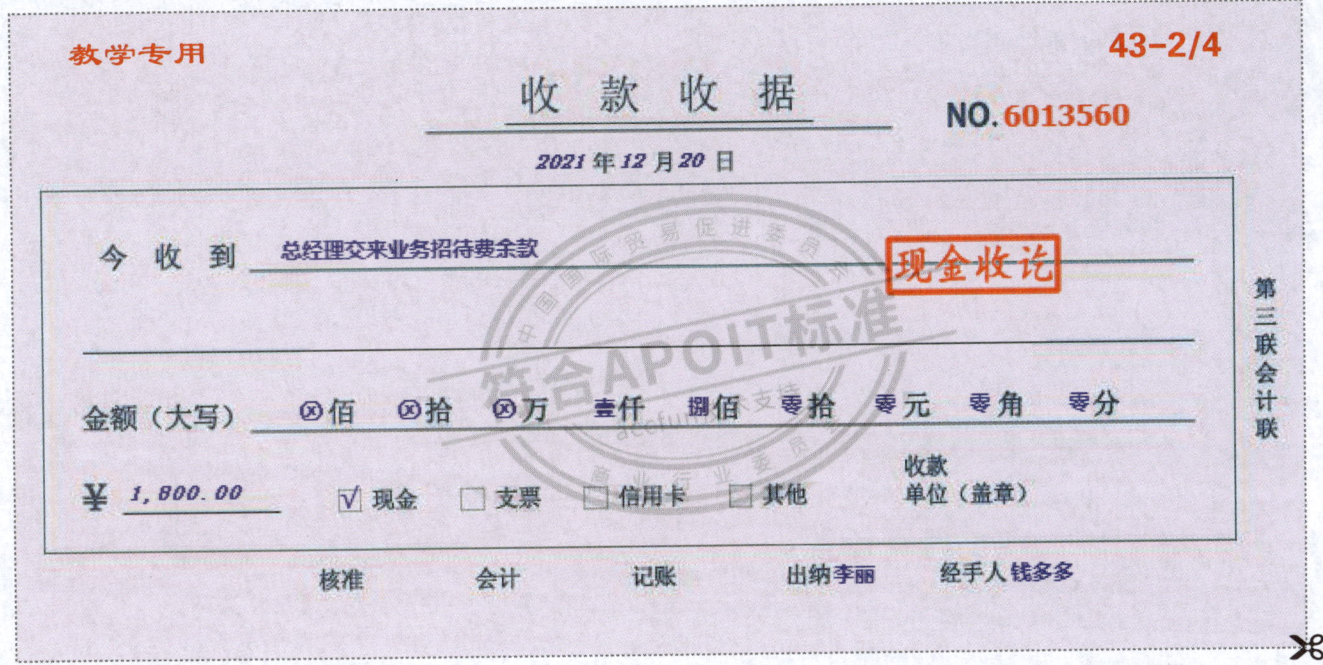

教学专用　　43-2/4

收款收据　　NO.6013560

2021年12月20日

今收到　总经理交来业务招待费余款　现金收讫

金额（大写）　⊗佰　⊗拾　⊗万　壹仟　捌佰　零拾　零元　零角　零分

¥ 1,800.00　☑现金　□支票　□信用卡　□其他　收款单位（盖章）

核准　会计　记账　出纳 李丽　经手人 钱多多

第三联会计联

43-3/4

教学专用

金陵增值税电子普通发票

发票代码: 051002143211
发票号码: 65764856
开票日期: 2021年12月20日
校 验 码: 17364 73648 17471 56567

机器编号: 864435764323

购买方	名　　称: 金陵钱多多家具有限公司 纳税人识别号: 91516850689258158N 地 址、电 话: 开户行及账号:	密码区	115-56<19458<3840+481*56799 75/373*4348*7>+>-2//54348*7 >*23-4367-7<8*873/+<4840+12 334+2395*3-/>7142>>8--56<32

货物或应税劳务、服务名称	规格型号	单位	数量	单价	金额	税率	税额
*食品类产品*烟			2	970.875	1941.75	3%	58.25
合计					¥1941.75		¥58.25
价税合计(大写)	⊗贰仟圆整				(小写)¥2000.00		

销售方	名　　称: 金陵翰飞商贸有限公司 纳税人识别号: 91518850689212312N 地 址、电 话: 金陵市玄武区上地路186号 0688-86615175 开户行及账号: 中国工商银行金陵上地支行 1298010002000319757	备注	

收款人: 张颖　　复核: 叶鑫　　开票人: 张元启　　销售方: (章)

教学专用

43-4/4

金陵增值税电子普通发票

发票代码：051002143211
发票号码：18010256
开票日期：2021年12月16日
校 验 码：18040 18400 18408 12566

机器编号：123241224750

购买方	名称：金陵钱多多家具有限公司 纳税人识别号：91516850689258158N 地址、电话： 开户行及账号：	密码区	-65745<19458<38404817156018 5/37503848*7>234504>-773277 2//5>*8574567-7<8*873337669 <413-3001152-/7142>>8078905

货物或应税劳务、服务名称	规格型号	单位	数量	单价	金额	税率	税额
*餐饮服务*餐饮					1165.05	3%	34.95
合计					￥1165.05		￥34.95
价税合计（大写）	⊗壹仟贰佰圆整				（小写）￥1200.00		

销售方	名称：金陵四方娱乐有限公司 纳税人识别号：91511740173491011N 地址、电话：金陵市玄武区南通路124号 0688-15878606 开户行及账号：中国工商银行金陵玄武支行 1290034290103528731	备注	

收款人：谢飞翔　　复核：刘莉　　开票人：郭米　　销售方：（章）

教学专用

44-1/2

报销单

填报日期：2021 年 12 月 20 日　　　　单据及附件共 1 张

姓名	李丽	所属部门	财务部	报销形式	现金
				支票号码	

现金付讫

报销项目	摘要	金额	备注
打印机维修费	支付公司打印机维修费	320.00	
合计		¥320.00	
金额大写：ⓧ拾 ⓧ万 ⓧ仟 叁佰 贰拾 零元 零角 零分		原借款：　元	应退款：　元 应补款：　元

总经理：　财务经理：张丽　部门经理：张丽　会计：张雯　出纳：李丽　报销人：李丽

教学专用

金陵增值税电子普通发票

44-2/2

发票代码：051002143211
发票号码：03096071
开票日期：2021年12月18日
校 验 码：00210 09876 12345 67890

机器编号：129876324754

购买方	名 称：金陵钱多多家具有限公司 纳税人识别号：91516850689258158N 地 址、电 话： 开户行及账号：	密码区	+65745<19458<38404817032796 5/37503848*7>234504>-001265 2//5>*8574567-7<8*873004500 <413-3001152-/7142>>8098568

货物或应税劳务、服务名称	规格型号	单位	数量	单价	金额	税率	税额
*劳务*打印机维修费			1	310.68	310.68	3%	9.32
合 计					¥310.68		¥9.32
价税合计（大写）	⊗ 叁佰贰拾圆整				（小写）¥320.00		

销售方	名 称：金陵方为机电设备有限公司 纳税人识别号：91110115762211664N 地 址、电 话：金陵市玄武区南华路91号 0688-86619814 开户行及账号：中国工商银行金陵玄武支行 6212261409210760999	备注	金陵方为机电设备有限公司 91110115762211664N 发票专用章

收 款 人：曹彬彬　　复 核：林雪燕　　开 票 人：周洁然　　销 售 方：（章）

教学专用　　　　45-1/2

金陵钱多多家具有限公司
销售单

NO. 6807205

地址：金陵市玄武区中山路88号
电话：0688-86615898　　邮编：258800

客户名称：金陵万达商贸有限公司
地址电话：金陵市海淀区上地路10号 0688-2542510
日期：2021年12月21日

编码	产品名称	规格	单位	单价	数里	金额	备注
001	办公桌		张	169.50	400	67800.00	
002	办公椅		把	67.80	450	30510.00	
	人民币(大写)：玖万捌仟叁佰壹拾元整					¥98310.00	

会计联

销售经理：李林　会计：张雯　仓管：周白　签收人：张零　经办人：张慧

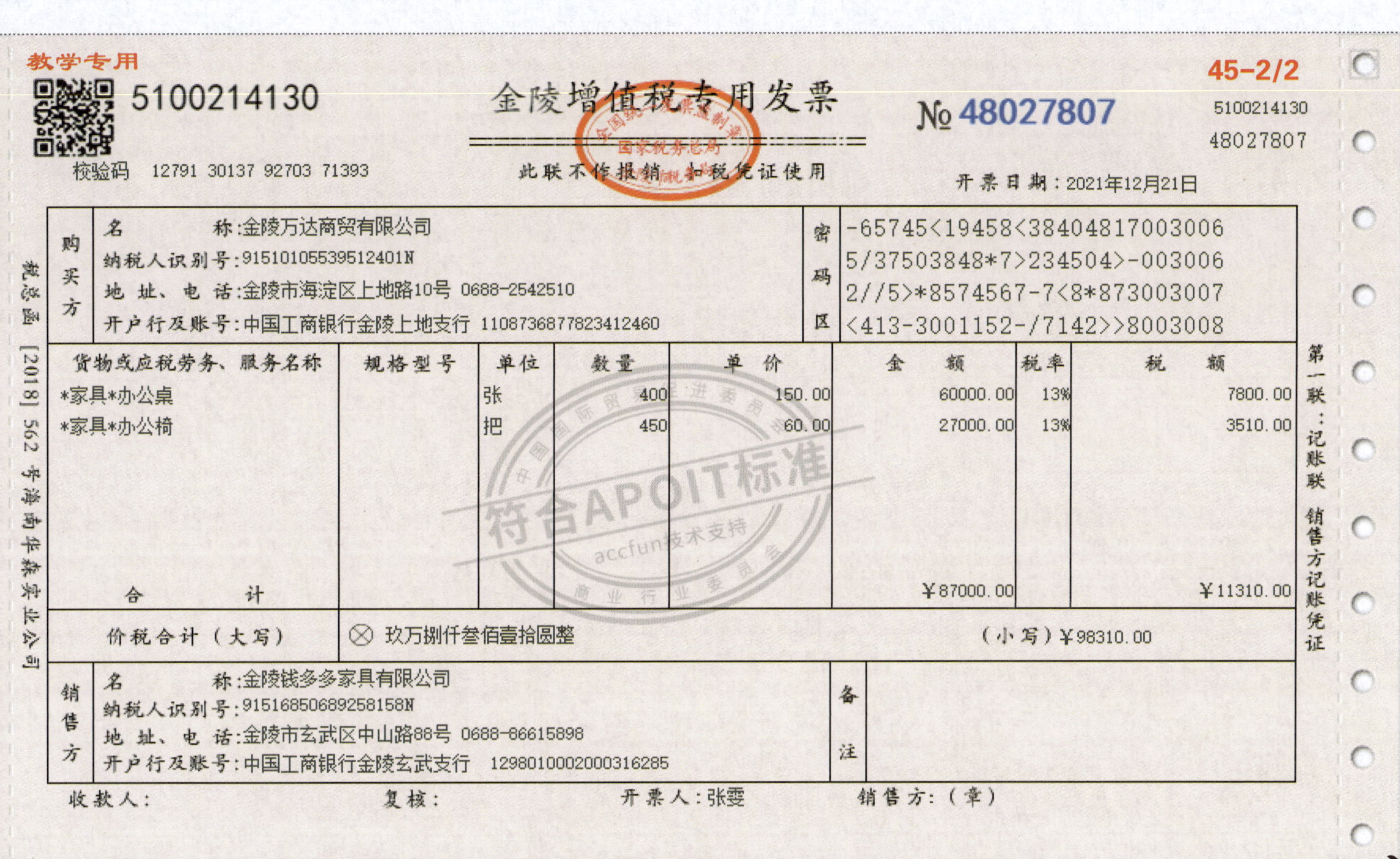

教学专用

5100214130

金陵增值税专用发票

№ 48027807

45-2/2

5100214130

48027807

校验码 12791 30137 92703 71393

此联不作报销、扣税凭证使用

开票日期：2021年12月21日

购买方	名　　称:金陵万达商贸有限公司 纳税人识别号:915101055395124O1N 地 址、电 话:金陵市海淀区上地路10号 0688-2542510 开户行及账号:中国工商银行金陵上地支行 110873687782341246O	密码区	-65745<19458<38404817003006 5/37503848*7>234504>-003006 2//5>*8574567-7<8*873003007 <413-3001152-/7142>>8003008

货物或应税劳务、服务名称	规格型号	单位	数量	单价	金额	税率	税额
*家具*办公桌		张	400	150.00	60000.00	13%	7800.00
*家具*办公椅		把	450	60.00	27000.00	13%	3510.00
合　计					¥87000.00		¥11310.00
价税合计（大写）	⊗ 玖万捌仟叁佰壹拾圆整				（小写）¥98310.00		

销售方	名　　称:金陵钱多多家具有限公司 纳税人识别号:91516850689258158N 地 址、电 话:金陵市玄武区中山路88号 0688-86615898 开户行及账号:中国工商银行金陵玄武支行 1298010002000316285	备注	

收款人：　　复核：　　开票人：张雯　　销售方：（章）

第一联：记账联　销售方记账凭证

税总函［2018］562号海南华森实业公司

教学专用

46-1/2

报 销 单

填报日期：2021 年 12 月 22 日　　　　单据及附件共 1 张

姓名	钱多多	所属部门	总经办	报销形式	现金
				支票号码	

报销项目	摘要	金额	备注
快递费	报销快递费	240.00	
合计		¥240.00	
金额大写：⊗拾 ⊗万 ⊗仟 贰佰 肆拾 零元 零角 零分		原借款：　元	应退款：　元 应补款：　元

现金付讫

总经理：　　财务经理：张丽　　部门经理：　　会计：张雯　　出纳：李丽　　报销人：钱多多

机器编号：904212424222

教学专用

金陵增值税电子普通发票

46-2/2

发票代码：051002143211
发票号码：04591178
开票日期：2021年12月22日
校 验 码：13234 44224 21334 55211

购买方	名　　称：金陵钱多多家具有限公司 纳税人识别号：91516850689258158N 地 址、电 话： 开户行及账号：	密码区	-23245<19458<38404817 73\4-5 41/37503848*7>234504>-05321 2//5>*8574567-7<8*873*21-\\ 8*7>3001152-/7142>>8*76-\21

货物或应税劳务、服务名称	规格型号	单位	数量	单价	金额	税率	税额
*物流辅助服务*收派服务费			1	233.01	233.01	3%	6.99
合　　计					¥233.01		¥6.99
价税合计（大写）	⊗贰佰肆拾圆整				（小写）¥240.00		

销售方	名　　称：金陵市顺丰速运有限公司 纳税人识别号：91516800988043146M 地 址、电 话：金陵市玄武区中山路87号 0688-86615754 开户行及账号：中国工商银行金陵玄武支行 1298010002545313211	备注	

收 款 人：吴晓婷　　复 核：许倩倩　　开 票 人：陈丽娟　　销 售 方：（章）

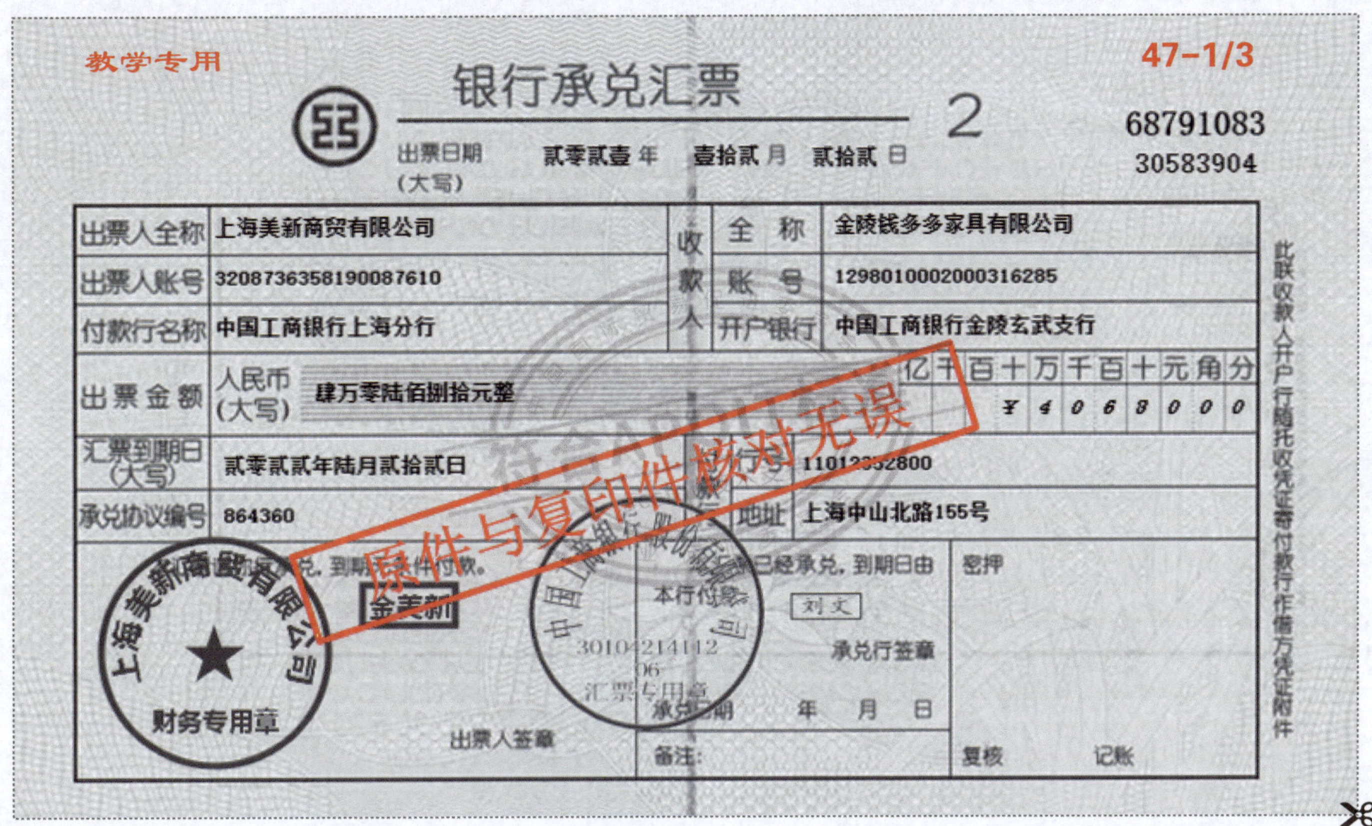

教学专用

47-1/3

银行承兑汇票 2

68791083
30583904

出票日期（大写） 贰零贰壹 年 壹拾贰 月 贰拾贰 日

出票人全称	上海美新商贸有限公司	收款人	全称	金陵钱多多家具有限公司
出票人账号	3208736358190087610		账号	1298010002000316285
付款行名称	中国工商银行上海分行		开户银行	中国工商银行金陵玄武支行
出票金额	人民币（大写） 肆万零陆佰捌拾元整		亿千百十万千百十元角分	¥ 4 0 6 8 0 0 0
汇票到期日（大写）	贰零贰贰年陆月贰拾贰日	付款行	行号	110123352800
承兑协议编号	864360		地址	上海中山北路155号

本汇票请你行承兑，到期无条件付款。 本汇票已经承兑，到期日由本行付款。 密押

上海美新商贸有限公司 财务专用章　金美新

出票人签章

中国工商银行股份有限公司 30104214112 06 汇票专用章　刘文

承兑行签章

承兑日期 年 月 日

备注：

复核 记账

此联收款人开户行随托收凭证寄付款行作借方凭证附件

原件与复印件核对无误

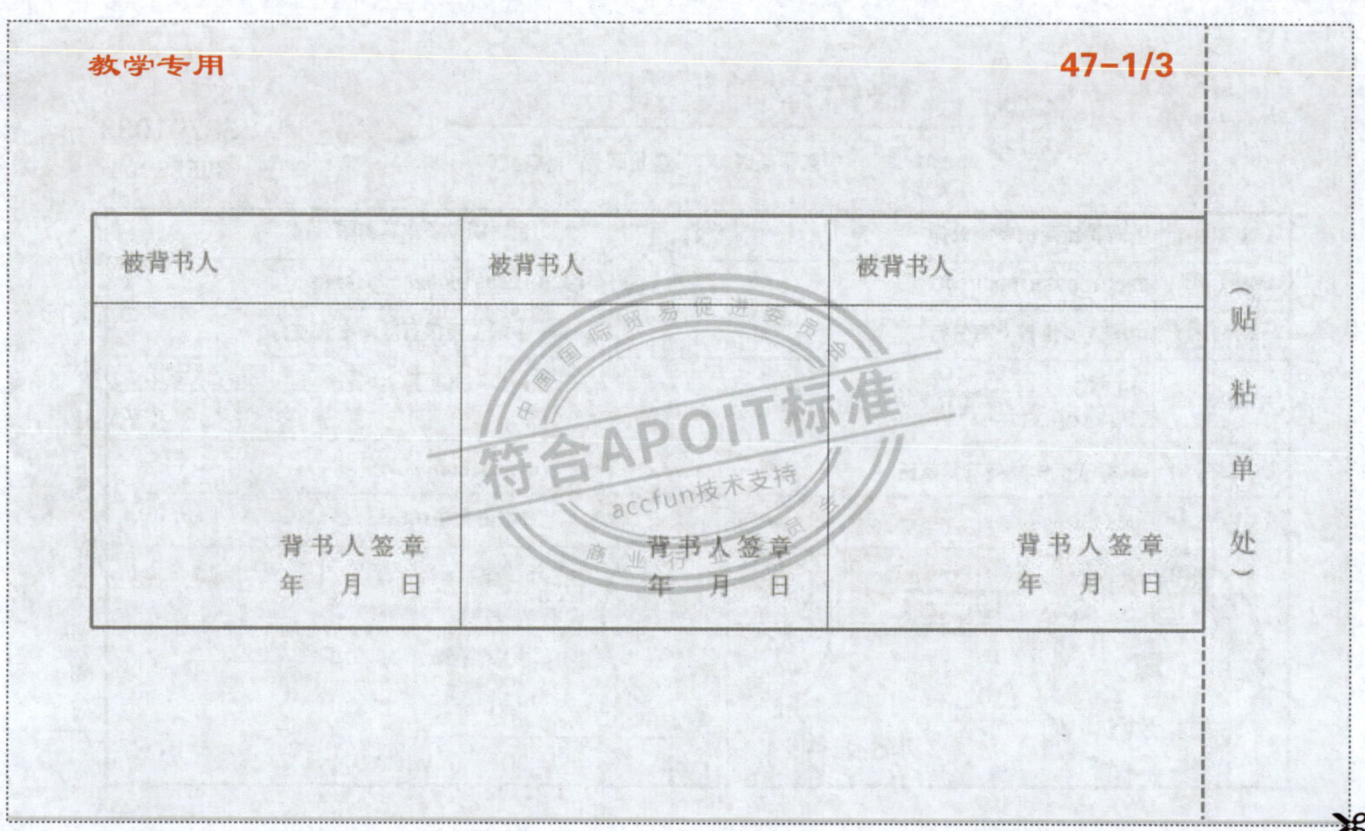

教学专用

47-1/3

被背书人	被背书人	被背书人
背书人签章 年 月 日	背书人签章 年 月 日	背书人签章 年 月 日

（贴粘单处）

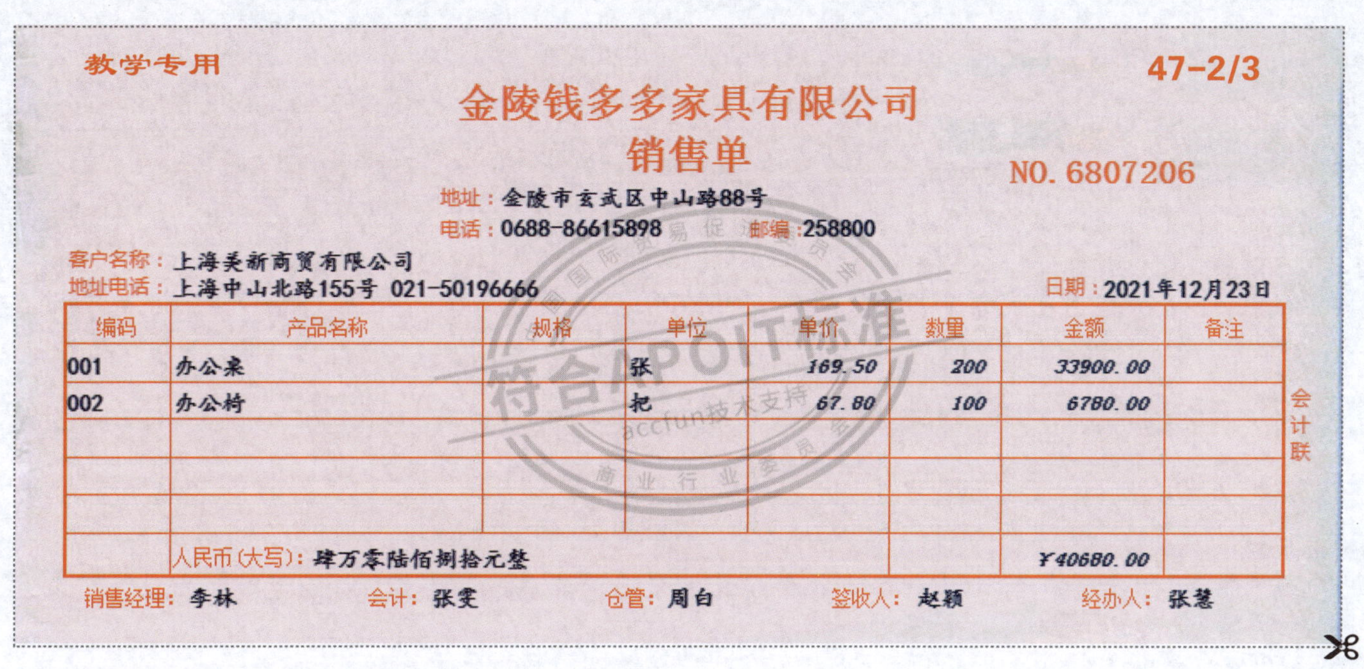
教学专用　　47-2/3

金陵钱多多家具有限公司

销售单

NO. 6807206

地址：金陵市玄武区中山路88号

电话：0688-86615898　邮编：258800

客户名称：上海美新商贸有限公司

地址电话：上海中山北路155号 021-50196666　　日期：2021年12月23日

编码	产品名称	规格	单位	单价	数量	金额	备注
001	办公桌		张	169.50	200	33900.00	
002	办公椅		把	67.80	100	6780.00	
	人民币(大写)：肆万零陆佰捌拾元整					¥40680.00	

会计联

销售经理：李林　会计：张雯　仓管：周白　签收人：赵颖　经办人：张慧

教学专用

5100214130

金陵增值税专用发票

№ 48027808

47-3/3

5100214130

48027808

校验码 12791 30137 92703 71393

此联不作报销、扣税凭证使用

开票日期：2021年12月23日

购买方	名称：上海美新商贸有限公司 纳税人识别号：91310005539512500N 地址、电话：上海中山北路155号 021-50196666 开户行及账号：中国工商银行上海分行 3208736358190087610	密码区	-65745<19458<38404817070020 5/37503848*7>234504>-008006 2//5>*8574567-7<8*873000050 <413-3001152-/7142>>8400040

货物或应税劳务、服务名称	规格型号	单位	数量	单价	金额	税率	税额
*家具*办公桌		张	200	150.00	30000.00	13%	3900.00
*家具*办公椅		把	100	60.00	6000.00	13%	780.00
合计					¥36000.00		¥4680.00
价税合计（大写）	⊗ 肆万零陆佰捌拾圆整				（小写）¥40680.00		

销售方	名称：金陵钱多多家具有限公司 纳税人识别号：91516850689258158N 地址、电话：金陵市玄武区中山路88号 0688-86615898 开户行及账号：中国工商银行金陵玄武支行 1298010002000316285	备注	

收款人： 复核： 开票人：张雯 销售方：（章）

第一联：记账联 销售方记账凭证

税总函［2018］562号海南华森实业公司

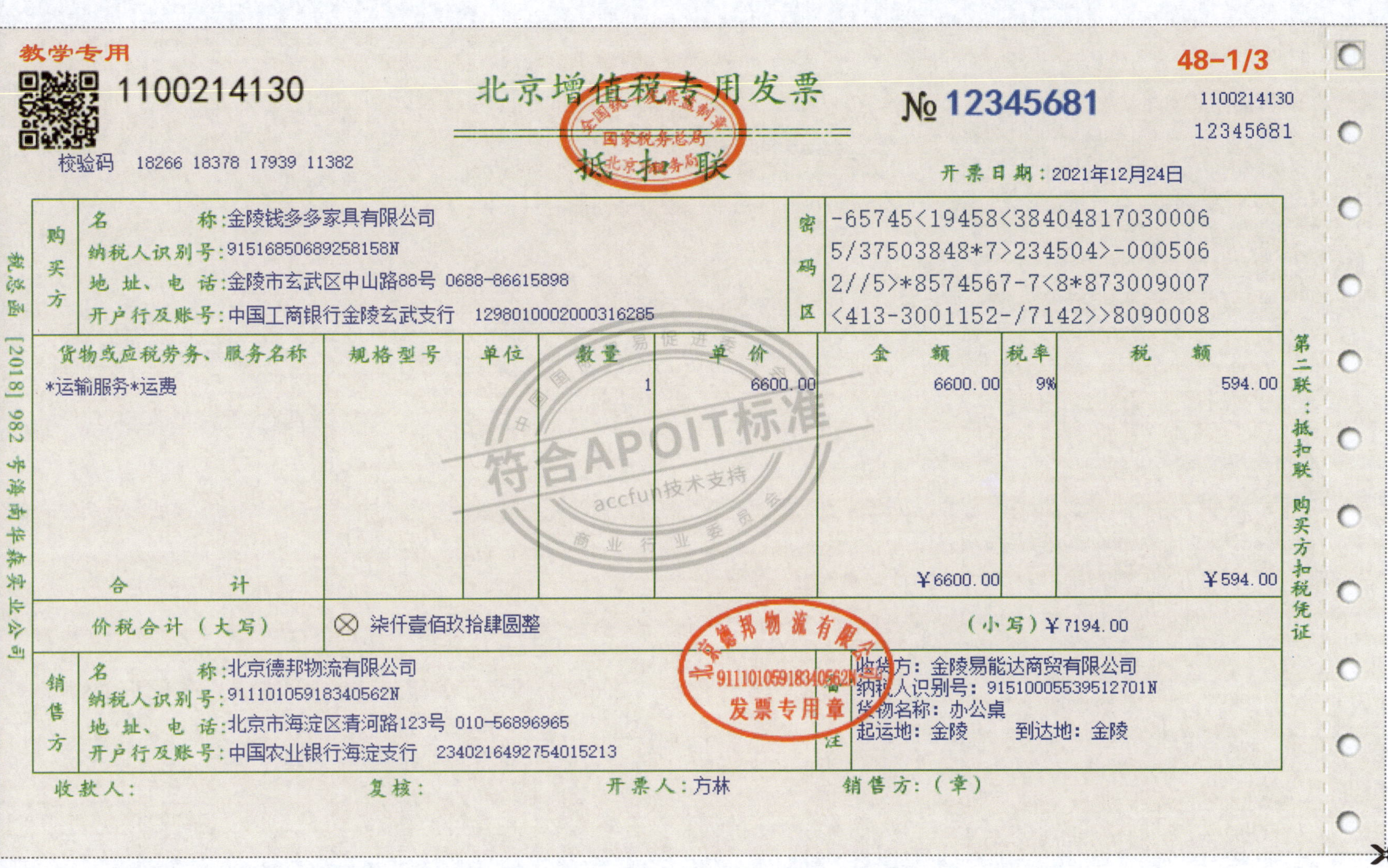

教学专用

1100214130

北京增值税专用发票

抵扣联

№ 12345681　　1100214130　12345681

48-1/3

校验码 18266 18378 17939 11382

开票日期：2021年12月24日

购买方	名　　称：金陵钱多多家具有限公司 纳税人识别号：91516850689258158N 地 址、电 话：金陵市玄武区中山路88号 0688-86615898 开户行及账号：中国工商银行金陵玄武支行 1298010002000316285	密码区	-65745<19458<38404817030006 5/37503848*7>234504>-000506 2//5>*8574567-7<8*873009007 <413-3001152-/7142>>8090008

货物或应税劳务、服务名称	规格型号	单位	数量	单价	金额	税率	税额
*运输服务*运费			1	6600.00	6600.00	9%	594.00
合　　计					¥6600.00		¥594.00
价税合计（大写）	⊗ 柒仟壹佰玖拾肆圆整				（小写）¥7194.00		

销售方	名　　称：北京德邦物流有限公司 纳税人识别号：91110105918340562N 地 址、电 话：北京市海淀区清河路123号 010-56896965 开户行及账号：中国农业银行海淀支行 2340216492754015213	备注	收货方：金陵易能达商贸有限公司 纳税人识别号：91510005539512701N 货物名称：办公桌 起运地：金陵　　到达地：金陵

收款人：　　复核：　　开票人：方林　　销售方：（章）

第二联：抵扣联　购买方扣税凭证

税总函［2018］982号海南华森实业公司

全国统一发票监制章 国家税务总局 北京市税务局

北京德邦物流有限公司 91110105918340562N 发票专用章

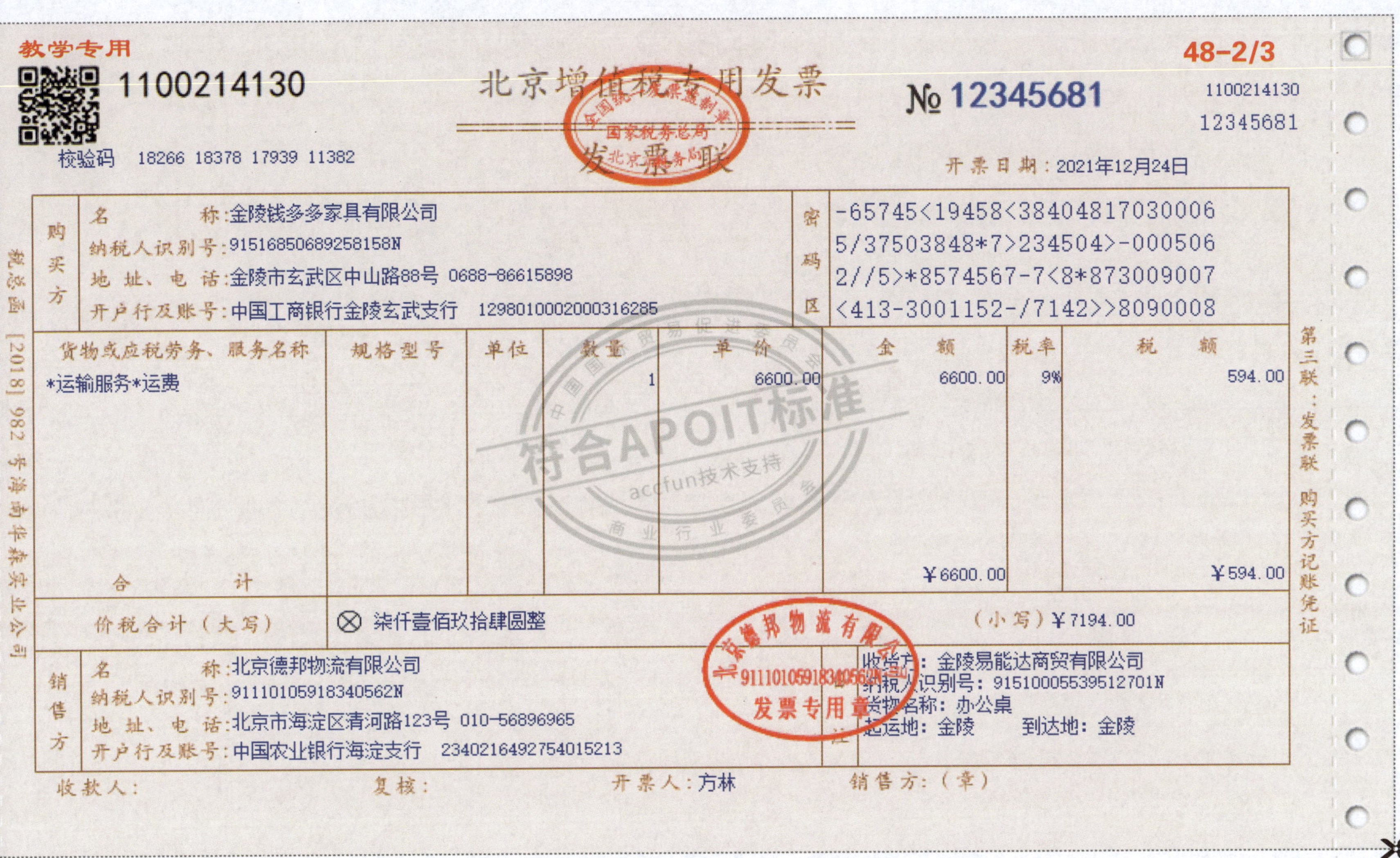

教学专用

1100214130

北京增值税专用发票

发票联

№ 12345681

1100214130

12345681

48-2/3

校验码 18266 18378 17939 11382

开票日期：2021年12月24日

购买方	名称：金陵钱多多家具有限公司 纳税人识别号：91516850689258158N 地址、电话：金陵市玄武区中山路88号 0688-86615898 开户行及账号：中国工商银行金陵玄武支行 1298010002000316285	密码区	-65745<19458<38404817030006 5/37503848*7>234504>-000506 2//5>*8574567-7<8*873009007 <413-3001152-/7142>>8090008

货物或应税劳务、服务名称	规格型号	单位	数量	单价	金额	税率	税额
*运输服务*运费			1	6600.00	6600.00	9%	594.00
合计					¥6600.00		¥594.00
价税合计（大写）	⊗柒仟壹佰玖拾肆圆整				（小写）¥7194.00		

销售方	名称：北京德邦物流有限公司 纳税人识别号：91110105918340562N 地址、电话：北京市海淀区清河路123号 010-56896965 开户行及账号：中国农业银行海淀支行 2340216492754015213	备注	收货方：金陵易能达商贸有限公司 纳税人识别号：91510005539512701N 货物名称：办公桌 起运地：金陵 到达地：金陵

收款人： 复核： 开票人：方林 销售方：（章）

第三联：发票联 购买方记账凭证

税总函〔2018〕982号海南华森实业公司

教学专用

48-3/3

ICBC 中国工商银行 业务回单（付款）

日期： 2021年 12月 24日 回单编号： 1534900002

付款人户名： 金陵钱多多家具有限公司 付款人开户行： 金陵玄武支行

付款人账号（卡号）： 1298010002000316285

收款人户名： 北京德邦物流有限公司 收款人开户行： 中国农业银行海淀支行

收款人账号（卡号）： 2340216492754015213

金额： 柒仟壹佰玖拾肆元整 小写： 7194.00元

业务（产品）种类： 结算业务凭证 凭证种类： 0000000000 凭证号码： 000000000000000000

摘要： 运费 用途： 转账 币种： 人民币

交易机构： 0410000292 记账柜员： 03741 交易代码： 02108 渠道： 柜面

产品名称： 费用名称：

应收金额： 7194.00 实收金额： 7194.00 收费渠道：

本回单为第一次打印，注意重复 打印日期： 2021年 12月 25日 打印柜员： 9 验证码： 0A87640EF006

中国工商银行股份有限公司 金陵玄武支行 业务专用章 850FBCEF0014

教学专用

49-1/3

报 销 单

填报日期：2021 年 12 月 27 日　　　　单据及附件共 1 张

姓名	张雯	所属部门	财务部	报销形式	现金
				支票号码	

报销项目	摘要	金额	备注
通讯费	报销通信费	521.22	
合计		¥521.22	
金额大写：⊗拾 ⊗万 ⊗仟 伍佰贰拾壹元贰角贰分		原借款：　元	应退款：　元 应补款：　元

现金付讫

总经理：　财务经理：张丽　部门经理：张丽　会计：　出纳：李丽　报销人：张雯

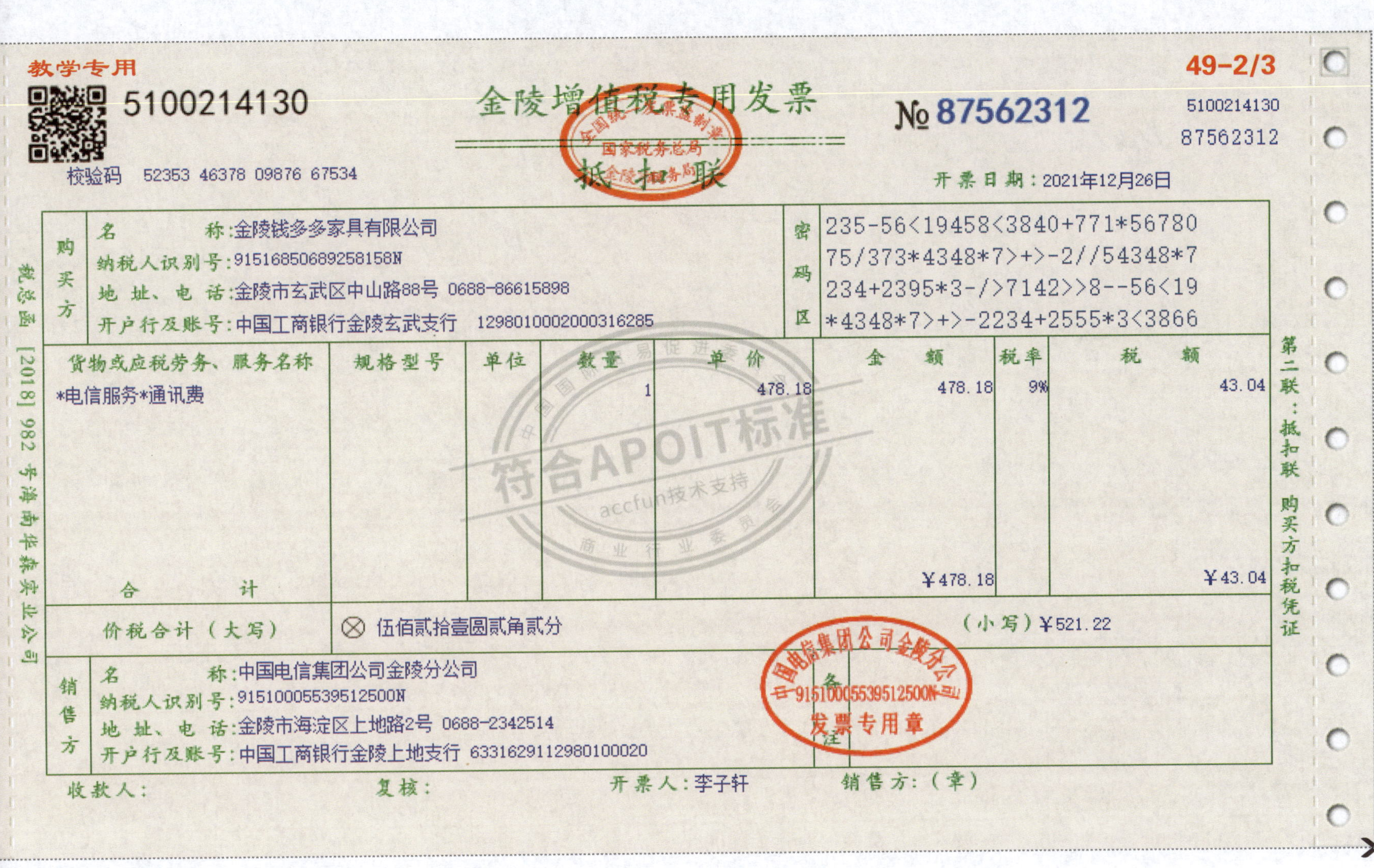

教学专用 49-2/3

5100214130

金陵增值税专用发票

抵扣联

№ 87562312

5100214130
87562312

校验码 52353 46378 09876 67534

开票日期：2021年12月26日

购买方	名　　称：金陵钱多多家具有限公司 纳税人识别号：91516850689258158N 地 址、电 话：金陵市玄武区中山路88号 0688-86615898 开户行及账号：中国工商银行金陵玄武支行 1298010002000316285	密码区	235-56<19458<3840+771*56780 75/373*4348*7>+>-2//54348*7 234+2395*3-/>7142>>8--56<19 *4348*7>+>-2234+2555*3<3866

货物或应税劳务、服务名称	规格型号	单位	数量	单价	金额	税率	税额
*电信服务*通讯费			1	478.18	478.18	9%	43.04
合　计					￥478.18		￥43.04
价税合计（大写）	⊗ 伍佰贰拾壹圆贰角贰分				（小写）￥521.22		

销售方	名　　称：中国电信集团公司金陵分公司 纳税人识别号：91510005539512500N 地 址、电 话：金陵市海淀区上地路2号 0688-2342514 开户行及账号：中国工商银行金陵上地支行 6331629112980100020	备注	

收款人：　　复核：　　开票人：李子轩　　销售方：（章）

税总函［2018］982号海南华森实业公司

第二联：抵扣联 购买方扣税凭证

教学专用

49-3/3

5100214130

金陵增值税专用发票

№87562312

5100214130
87562312

发票联

校验码 52353 46378 09876 67534

开票日期：2021年12月26日

购买方	名称:金陵钱多多家具有限公司 纳税人识别号:91516850689258158N 地址、电话:金陵市玄武区中山路88号 0688-86615898 开户行及账号:中国工商银行金陵玄武支行 1298010002000316285	密码区	235-56<19458<3840+771*56780 75/373*4348*7>+>-2//54348*7 234+2395*3-/>7142>>8--56<19 *4348*7>+>-2234+2555*3<3866

货物或应税劳务、服务名称	规格型号	单位	数量	单价	金额	税率	税额
*电信服务*通讯费			1	478.18	478.18	9%	43.04
合计					¥478.18		¥43.04
价税合计（大写）	⊗伍佰贰拾壹圆贰角贰分				（小写）¥521.22		

销售方	名称:中国电信集团公司金陵分公司 纳税人识别号:91510005539512500N 地址、电话:金陵市海淀区上地路2号 0688-2342514 开户行及账号:中国工商银行金陵上地支行 6331629112980100020	备注	

收款人：　　复核：　　开票人：李子轩　　销售方：（章）

第三联：发票联　购买方记账凭证

税总函[2018]982号海南华森实业公司

教学专用

ICBC 中国工商银行 业务回单（付款） 50-1/1

日期： 2021年 12月 27日 回单编号： 1534900005

付款人户名： 金陵钱多多家具有限公司 付款人开户行： 金陵玄武支行

付款人账号（卡号）： 1298010002000316285

收款人户名： 收款人开户行：

收款人账号（卡号）：

金额： 叁拾伍元整 小写： 35.00元

业务（产品）种类： 结算业务凭证 凭证种类： 000000000 凭证号码： 000000000000000000

摘要： 短信服务费 用途： 转账 币种： 人民币

交易机构： 0410000292 记账柜员： 03741 交易代码： 02108 渠道： 柜面

产品名称： 费用名称：

应收金额： 35.00 实收金额： 35.00 收费渠道：

本回单为第一次打印，注意重复 打印日期： 2021年 12月 28日 打印柜员： 9 验证码： 0A87640EF006

中国工商银行股份有限公司 金陵玄武支行 业务专用章 850FBCEF0014

教学专用

51-1/2

ICBC 中国工商银行 业务回单(付款)

日期： 2021年 12月 31日 回单编号： 1534900002

付款人户名： 金陵钱多多家具有限公司 付款人开户行： 金陵玄武支行

付款人账号（卡号）： 1298010002000316285

收款人户名： 金陵航天信息有限公司 收款人开户行： 金陵上地支行

收款人账号（卡号）： 1208736856823412780

金额： 贰佰捌拾元整 小写： 280.00元

业务（产品）种类： 结算业务凭证 凭证种类： 000000000 凭证号码： 000000000000000000

摘要： 税盘服务费 用途： 转账 币种： 人民币

交易机构： 0410000292 记账柜员： 03741 交易代码： 02108 渠道： 柜面

产品名称： 费用名称：

应收金额： 280.00 实收金额： 280.00 收费渠道：

本回单为第一次打印，注意重复 打印日期： 2021年 12月 31日 打印柜员： 9 验证码： 0A87640EF006

中国工商银行股份有限公司 金陵玄武支行 业务专用章 850FBCEF0014

教学专用

51-2/2

金陵增值税电子普通发票

发票代码：051002143211
发票号码：37885345
开票日期：2021年12月31日
校 验 码：12367 18639 18246 91164

机器编号：36738966756

购买方	名 称：金陵钱多多家具有限公司 纳税人识别号：91516850689258158N 地 址、电 话： 开户行及账号：	密码区	235-56<19458<38400481*56780 75/373*4348*7>+>-27/54348*7 >*23-4367-7<868733+<4840+48 234+2395*3-/>0000>>8--56<19

货物或应税劳务、服务名称	规格型号	单位	数量	单价	金额	税率	税额
*信息技术服务*增值税税控系统技术服务费		年	1	264.15	264.15	6%	15.85
合 计					￥264.15		￥15.85
价税合计（大写）	⊗贰佰捌拾圆整				（小写）￥280.00		

销售方	名 称：金陵航天信息有限公司 纳税人识别号：91510017750055395N 地 址、电 话：金陵市海淀区上地路110号 0688-1158879 开户行及账号：中国工商银行金陵上地支行 120873685682341278O	备注	

收 款 人：张婷　　复 核：卢星　　开 票 人：李佳佳　　销 售 方：（章）

教学专用

ICBC 中国工商银行 业务回单(付款) 52-1/3

日期： 2021年 12月 31日 回单编号： 1534900043

付款人户名： 金陵钱多多家具有限公司 付款人开户行： 金陵玄武支行

付款人账号（卡号）： 1298010002000316285

收款人户名： 金陵市银蚂蚁网络科技有限公司 收款人开户行： 建行金陵支行

收款人账号（卡号）： 1629112980100020003

金额： 叁仟壹佰陆拾肆元整 小写： 3164.00元

业务（产品）种类： 结算业务凭证 凭证种类： 000000000 凭证号码： 000000000000000000

摘要： 财务软件 用途： 转账 币种： 人民币

交易机构： 0410000292 记账柜员： 03741 交易代码： 02108 渠道： 柜面

产品名称： 费用名称：

应收金额： 3164.00 实收金额： 3164.00 收费渠道：

本回单为第一次打印，注意重复 打印日期： 2021年 12月 31日 打印柜员： 9 验证码： 0A87640EF006

中国工商银行股份有限公司 金陵玄武支行 业务专用章 850FBCEF0014

教学专用

5100214130

校验码 23452 35231 45352 23434

金陵增值税专用发票

抵扣联

№ 05679217

52-2/3

5100214130

05679217

开票日期：2021年12月27日

购买方	名称:金陵钱多多家具有限公司 纳税人识别号:91516850689258158N 地址、电话:金陵市玄武区中山路88号 0688-86615898 开户行及账号:中国工商银行金陵玄武支行 1298010002000316285	密码区	235-56<19458<3840+481756780 75/373*4348*7>+>-2//5434827 >*23-4367-7<88888/+<4849048 234+2395*3-/>6666>>8--56819

货物或应税劳务、服务名称	规格型号	单位	数量	单价	金额	税率	税额
*软件*财务软件			1	2800.00	2800.00	13%	364.00
合计					¥2800.00		¥364.00
价税合计（大写）	⊗叁仟壹佰陆拾肆圆整				（小写）¥3164.00		

销售方	名称:金陵市银蚂蚁网络科技有限公司 纳税人识别号:91510025124168352N 地址、电话:金陵市海淀区上地路32号 0688-2342518 开户行及账号:中国建设银行金陵支行 1629112980100020003	备注	

收款人：　　复核：　　开票人：林懿轩　　销售方：（章）

税总函［2018］982号海南华森实业公司

第二联：抵扣联 购买方扣税凭证

教学专用

5100214130

金陵增值税专用发票

发票联

52-3/3

№ 05679217

5100214130

05679217

校验码 23452 35231 45352 23434

开票日期：2021年12月27日

购买方	名称:金陵钱多多家具有限公司 纳税人识别号:91516850689258158N 地址、电话:金陵市玄武区中山路88号 0688-86615898 开户行及账号:中国工商银行金陵玄武支行 1298010002000316285	密码区	235-56<19458<3840+481756780 75/373*4348*7>+>-2//5434827 >*23-4367-7<88888/+<4849048 234+2395*3-/>6666>>8--56819

货物或应税劳务、服务名称	规格型号	单位	数量	单价	金额	税率	税额
*软件*财务软件			1	2800.00	2800.00	13%	364.00
合计					¥2800.00		¥364.00
价税合计（大写）	⊗叁仟壹佰陆拾肆圆整				（小写）¥3164.00		

销售方	名称:金陵市银蚂蚁网络科技有限公司 纳税人识别号:91510025124168352N 地址、电话:金陵市海淀区上地路32号 0688-2342518 开户行及账号:中国建设银行金陵支行 16291129801000200003	备注	

收款人： 复核： 开票人：林懿轩 销售方：（章）

第三联：发票联 购买方记账凭证

税总函［2018］982号海南华森实业公司

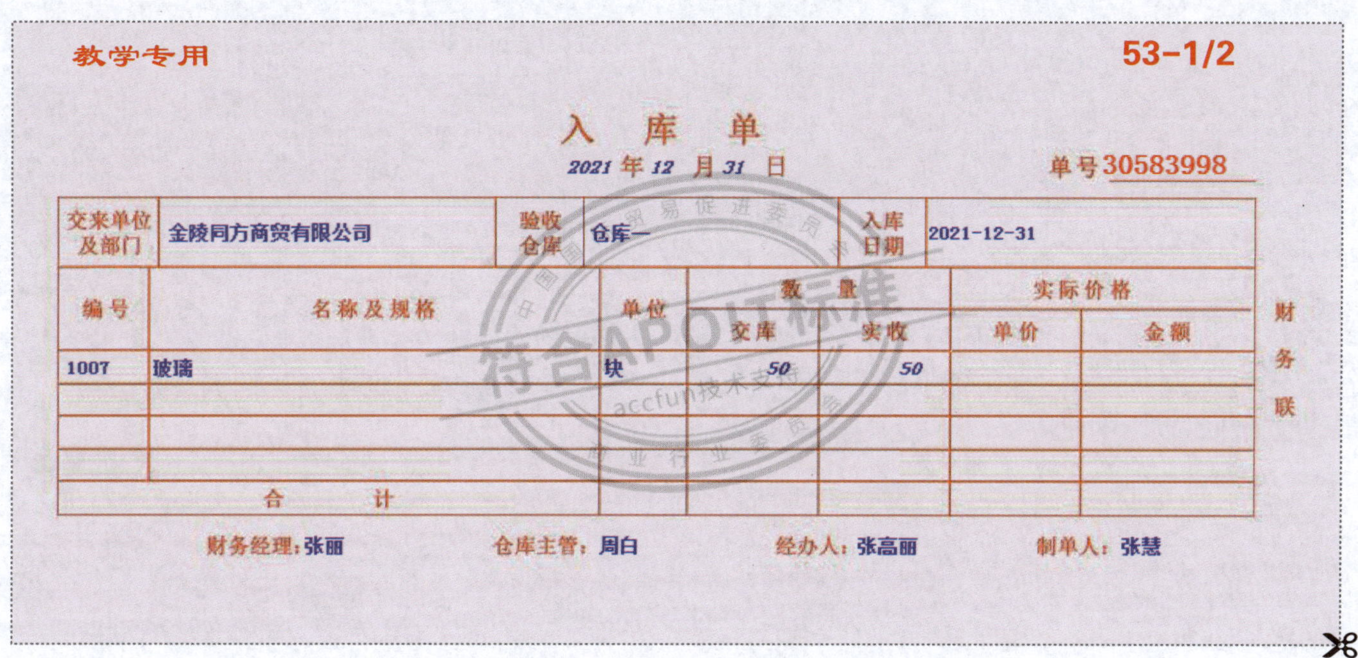

教学专用

53-1/2

入　库　单

2021 年 12 月 31 日　　　　单号 30583998

交来单位及部门	金陵同方商贸有限公司	验收仓库	仓库一	入库日期	2021-12-31

编号	名称及规格	单位	数量		实际价格	
			交库	实收	单价	金额
1007	玻璃	块	50	50		
合　　计						

财务联

财务经理：张丽　　仓库主管：周白　　经办人：张高丽　　制单人：张慧

教学专用 53-2/2

玻璃购销合同

甲方（需方）：金陵钱多多家具有限公司

乙方（供方）：金陵同方商贸有限公司

为了搞好玻璃的购销工作，本着友好合作和维护双方利益精神，根据《中华人民共和国合同法》及相关法律、法规的规定，经双方友好协商，特订立本合同。

一、产品名称、规格、数量及价格

产品名称	规格（㎜）	数量（块）	单价（元/块）	金额（不含税：元）
白玻璃	1200*1100	50	100.00	5000.00
合计				5000.00

备注：开具增值税专用发票，不含税金额为：（人民币）伍仟元整（¥：5000.00 元）；含税金额为：（人民币）伍仟陆佰伍拾元整（¥：5650.00 元）

二、数量

玻璃数量以实际使用的整块玻璃相同面积计算。

三、质量要求

1、乙方所供玻璃必须是合同所指定生产厂家生产的优质合法玻璃。

2、背喷漆彩晶玻璃加工，以甲方认可的样板颜色为准；喷涂必须均匀，不能花；漆附着力要好，不能脱落；同一批次背喷漆玻璃不能有色差。

四、货款与支付方式

货款依本合同条款一所列品名、规格和价格，按实际用量进行结算。付款实行分期结算的方式：

1、甲方每向乙方递交一批货单，甲方按货单总价款(不含税)的 20% ，向乙方支付订金。

2、货到甲方现场后，甲方按货款的 60 %向乙方支付货款。

3、待钢化玻璃和镜片安装完毕，无质量问题，甲方在一周内将货款全额支付。

五、违约责任

1、甲方逾期未支付玻璃货款，乙方有权解除本合同，并由甲方支付合同总金额 10%的违约金。

2、乙方逾期交付玻璃超过 7 日，甲方有权解除本合同，并由乙方支付合同总金额 10%的违约金。

甲方（签章）：

电话：0688-86615893

签订日期：[illegible]年 12 月 25 日

乙方（签章）：

电话：0688-2142[illegible]00

签订日期：202[illegible] 12 月[illegible]日

教学专用

ICBC 中国工商银行 业务回单（收款） 54-1/2

日期： 2021年 12月 31日 回单编号： 1534900002

付款人户名： 金陵万佳商贸有限公司 付款人开户行： 金陵上地支行

付款人账号（卡号）： 1208736856823412780

收款人户名： 金陵钱多多家具有限公司 收款人开户行： 金陵玄武支行

收款人账号（卡号）： 1298010002000316285

金额： 伍万伍仟玖佰叁拾伍元整 小写： 55935.00元

业务（产品）种类： 结算业务凭证 凭证种类： 000000000 凭证号码： 000000000000000000

摘要： 货款 用途： 币种： 人民币

交易机构： 0410000292 记账柜员： 03741 交易代码： 02108 渠道： 柜面

产品名称： 费用名称：

应收金额： 55935.00 实收金额： 55935.00 收费渠道：

本回单为第一次打印，注意重复 打印日期： 2021年 12月 31日 打印柜员： 9 验证码： 0A87640EF006

中国工商银行股份有限公司 金陵玄武支行 业务专用章 850FBCEF0014

教学专用

购销合同

54-2/2

甲方（需方）：金陵万佳商贸有限公司

乙方（供方）：金陵钱多多家具有限公司

供需双方本着平等互利、协商一致的原则，签订本合同，以资双方信守执行。

第一条　产品名称、规格型号、单位、数量、单价、总金额

序号	产品名称	规格型号	单位	数量	单价（元）	总金额（含税）
001	办公桌		张	200	169.50	33900.00
002	办公椅		把	250	90.40	22600.00
合计						￥56500.00

备注：为了双方资金周转的需要，经协商，乙方同意按该笔价款的一定比率给以甲方现金折扣，折扣条件为：2/10、1/20、n/30。

第二条　商品质量标准

商品质量标准可选择下列第_3_项作标准：

1．附商品样本，作为合同附件。

2．商品质量，按照______标准执行。（副品不得超过__%）。

3．商品质量由双方议定。

第三条　商品单价及合同总金额

1．商品定价，供需双方同意按_合同_定价执行。如因原料、材料、生产条件发生变化，需变动价格时，应经供需双方协商。否则，造成损失由违约方承担经济责任。

2．合同总金额（大写）：_人民币伍万陆仟伍佰元整_。

第四条　违约责任

1. 甲方逾期未支付货款，乙方有权解除本合同，并由甲方支付合同金额 10%的违约金。

2. 乙方逾期交付办公桌、办公椅超过 7 日，甲方有权解除本合同，并由乙方支付合同总金额 10%违约金。

第五条 发票条款

1．该批货物经需方验收合格后 3 日内，供方应按正常税率须为需方开具合法、正式和有效的增值税专用发票。

2．　如果供方提供的增值税发票是假的或虚开的，被相关政府部门查出，一切责任由供方承担。

甲方（签章）　　　　　　　　乙方（签章）

代表：吴浦　　　　　　　　代表：钱多多

签订日期：2021年12月17日　　　　签订日期：2021年12月17日

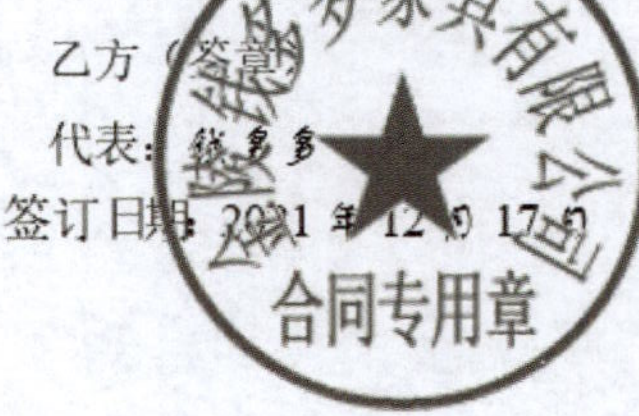

教学专用

ICBC 中国工商银行 业务回单（收款） 55-1/1

日期： 2021年 12月 31日 回单编号： 1534900002

付款人户名： 付款人开户行：

付款人帐号（卡号）：

收款人户名： 金陵钱多多家具有限公司 收款人开户行： 金陵玄武支行

收款人帐号（卡号）： 1298010002000316285

金额： 陆拾捌元整 小写： 68.00元

业务（产品）种类： 利息收入 凭证种类： 凭证号码： 000000000000000000

0000000000

摘要： 利息 用途： 币种：人民币

交易机构： 0410000292 记账柜员： 03741 交易代码： 02108 渠道： 柜面

起息日期： 2021-11-15 止息日期： 2021-12-15 利率： 0.300000% 利息： 68.00

计息账户账号： 1298010002000316285

本回单为第一次打印，注意重复 打印日期： 2021年 12月 31日 打印柜员： 9 验证码： 0A87640EF006

中国工商银行股份有限公司 金陵玄武支行 业务专用章 850FBCEF0014

教学专用

56-1/1

金陵钱多多家具有限公司

工资计提表

期间：2021年12月01日至2021年12月31日　　计提日期：2021年12月31日　　单位：元

部门	姓名	应发工资	代扣个人款项		累计情况（含累计工资/专项及附加扣除）				累计已预扣预缴税额	本期应预扣预缴个税	实发工资	计提单位承担	
			社保费	公积金	累计收入	累计减除费用	累计专项扣除	累计专项附加扣除				社保费	公积金
总经办	钱多多	8000.00	220.00	100.00	78800.00	60000.00	3840.00	12000.00	38.40	50.40	7629.60	732.00	100.00
行政部	陈华	4000.00	220.00	100.00	48000.00	60000.00	3840.00			0.00	3680.00	732.00	100.00
财务部	张丽	6000.00	220.00	100.00	66500.00	60000.00	3840.00	18000.00		0.00	5680.00	732.00	100.00
	张雯	4200.00	220.00	100.00	53700.00	60000.00	3840.00			0.00	3880.00	732.00	100.00
	李丽	4000.00	220.00	100.00	50000.00	60000.00	3840.00			0.00	3680.00	732.00	100.00
采购部	张高丽	6000.00	220.00	100.00	64000.00	60000.00	3840.00			4.80	5675.20	732.00	100.00
	李奇	5000.00	220.00	100.00	50000.00	60000.00	3840.00			0.00	4680.00	732.00	100.00
仓管部	张慧	4600.00	220.00	100.00	54400.00	60000.00	3840.00			0.00	4280.00	732.00	100.00
	周白	4200.00	220.00	100.00	48400.00	60000.00	3840.00			0.00	3880.00	732.00	100.00
小　计		**46,000.00**	**1,980.00**	**900.00**	**513,800.00**	**540,000.00**	**34,560.00**	**30,000.00**	**38.40**	**55.20**	**43,064.80**	**6,588.00**	**900.00**
销售部	李林	5500.00	220.00	100.00	51500.00	60000.00	3840.00	12000.00		0.00	5180.00	732.00	100.00
	王玲	5200.00	220.00	100.00	50700.00	60000.00	3840.00	6000.00		0.00	4880.00	732.00	100.00
小计		**10,700.00**	**440.00**	**200.00**	**102,200.00**	**120,000.00**	**7,680.00**	**18,000.00**	**0.00**	**0.00**	**10,060.00**	**1,464.00**	**200.00**
车间主任	刘怀辉	6000.00	220.00	100.00	72000.00	60000.00	3840.00	24000.00		0.00	5680.00	732.00	100.00
办公桌工人	关童	4200.00	220.00	100.00	50400.00	60000.00	3840.00			0.00	3880.00	732.00	100.00
	陆游	4000.00	220.00	100.00	48000.00	60000.00	3840.00			0.00	3680.00	732.00	100.00
办公椅工人	陈洪	4500.00	220.00	100.00	54000.00	60000.00	3840.00			0.00	4180.00	732.00	100.00
小　计		**18,700.00**	**880.00**	**400.00**	**224,400.00**	**240,000.00**	**15,360.00**	**24,000.00**	**0.00**	**0.00**	**17,420.00**	**2,928.00**	**400.00**
合　计		**75,400.00**	**3,300.00**	**1,500.00**	**840,400.00**	**900,000.00**	**57,600.00**	**72,000.00**	**38.40**	**55.20**	**70,544.80**	**10,980.00**	**1,500.00**

单位负责人：钱多多　　复核人：张丽　　制表人：张雯

教学专用

57-1/6

金陵钱多多家具有限公司

原材料发出单位成本计算表

年　　月　　日　　　　　　　　　单位：元

材料名称	期初结存		本期入库		加权平均单价
	数量	金额	数量	金额	
密度板					
打磨纸					
乳胶					
滑道					
拉手					
螺丝					
合　计					

审核人：　　　　　　　　制表人：

教学专用

57-2/6

金陵钱多多家具有限公司

原材料发出成本汇总表

年　　月　　日　　　　　　单位：元

材料名称	单价	生产办公桌		生产办公椅		合　计	
		数量	金额	数量	金额	数量	金额
密度板							
打磨纸							
乳胶							
滑道							
拉手							
螺丝							
合　计							

审核人：　　　　　　制表人：

教学专用　　　　　　　　　　　　　　　　　　　　　　　　　　　　57-3/6

领　料　单

领料部门：生产车间

用　途 办公椅　　　　2021 年 12 月 06 日　　　　第　001 号

材料			单位	数量		成本									
						单价	总价								
编号	名称	规格		请领	实发		百	十	万	千	百	十	元	角	分
1001	密度板	2440*1220*2mm	张	300	300										
1002	打磨纸		卷	300	300										
1003	乳胶		升	300	300										
1004	滑道	80*80mm	套	300	300										
合计															

会计联

部门经理：　　　　会计：张雯　　　　仓库：周白　　　　经办人：陈洪

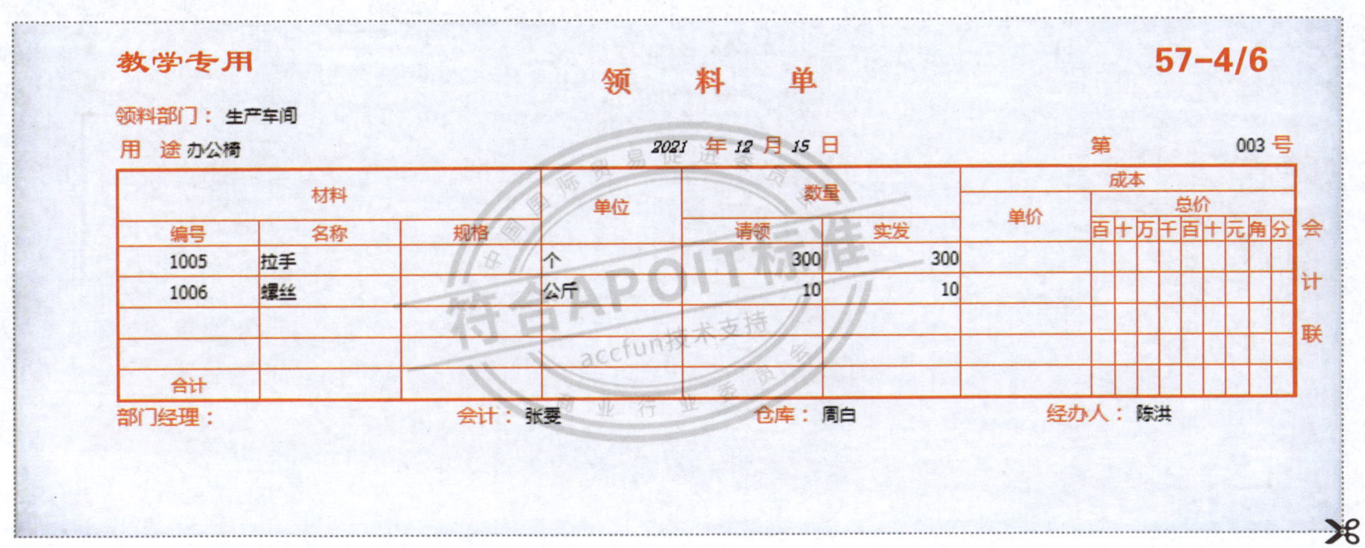

教学专用　　　　　　　　　　　　　　　　　　　　　　　　　　　　57-4/6

领　料　单

领料部门：生产车间

用　途 办公椅　　　　2021 年 12 月 15 日　　　　第　003 号

材料			单位	数量		成本									
						单价	总价								
编号	名称	规格		请领	实发		百	十	万	千	百	十	元	角	分
1005	拉手		个	300	300										
1006	螺丝		公斤	10	10										
合计															

会计联

部门经理：　　　　会计：张雯　　　　仓库：周白　　　　经办人：陈洪

教学专用　　　　57-5/6

领　料　单

领料部门：生产车间

用　途 办公桌　　　　2021 年 12 月 08 日　　　　第 002 号

材料			单位	数量		成本										
						单价	总价									
编号	名称	规格		请领	实发		百	十	万	千	百	十	元	角	分	
1001	密度板	2440*1220*2mm	张	600	600											
1002	打磨纸		卷	600	600											
1003	乳胶		升	500	500											
1004	滑道	80*80mm	套	600	600											
合计																

会计联

部门经理：　　　　会计：张雯　　　　仓库：周白　　　　经办人：陆游

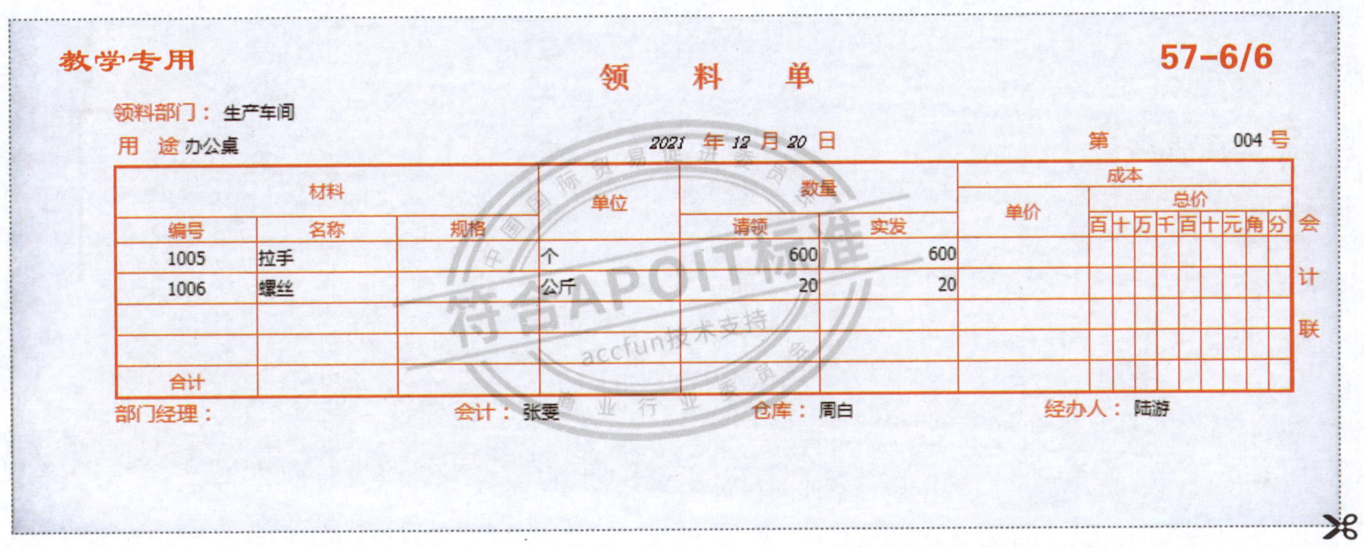

教学专用　　　　57-6/6

领　料　单

领料部门：生产车间

用　途 办公桌　　　　2021 年 12 月 20 日　　　　第 004 号

材料			单位	数量		成本										
						单价	总价									
编号	名称	规格		请领	实发		百	十	万	千	百	十	元	角	分	
1005	拉手		个	600	600											
1006	螺丝		公斤	20	20											
合计																

会计联

部门经理：　　　　会计：张雯　　　　仓库：周白　　　　经办人：陆游

教学专用

58-1/2

金陵钱多多家具有限公司

周转材料发出成本计算表

年　　月　　日　　　　　　单位：元

材料名称	期初结存		本期入库		加权平均单价	本期出库	
	数量	金额	数量	金额		数量	金额
润滑油							
手套							
口罩							
合　计							

审核人：　　　　　　制表人：

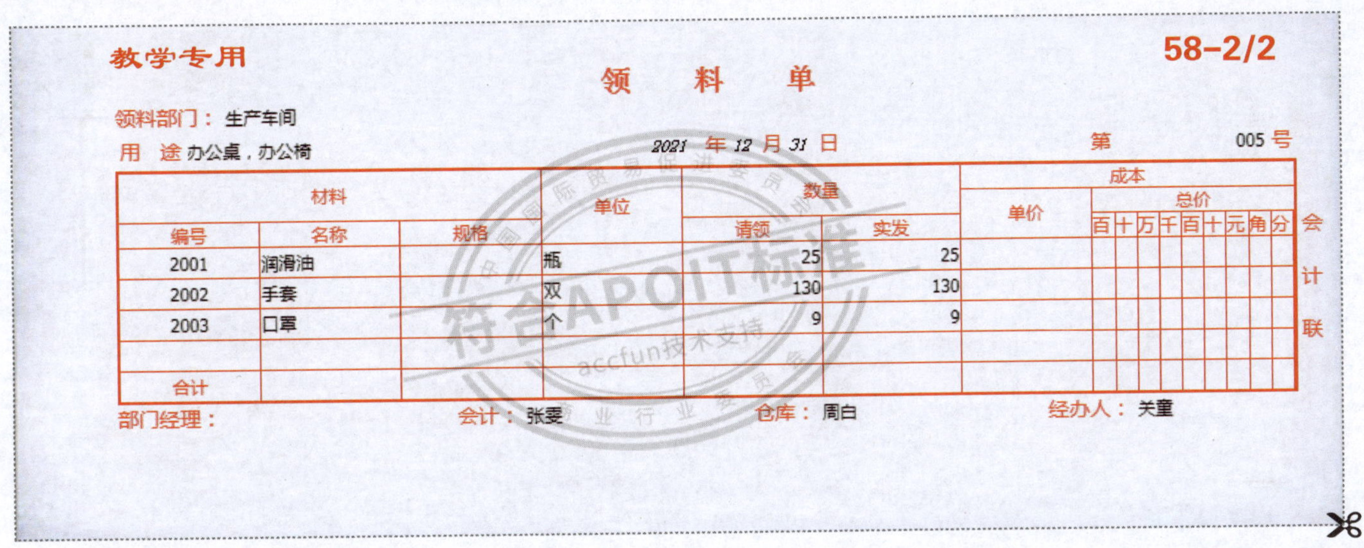

教学专用　　58-2/2

领 料 单

领料部门：生产车间

用　途 办公桌，办公椅　　2021 年 12 月 31 日　　第 005 号

材料			单位	数量		成本		会计联
						单价	总价	
编号	名称	规格		请领	实发		百十万千百十元角分	
2001	润滑油		瓶	25	25			
2002	手套		双	130	130			
2003	口罩		个	9	9			
合计								

部门经理：　　会计：张雯　　仓库：周白　　经办人：关童

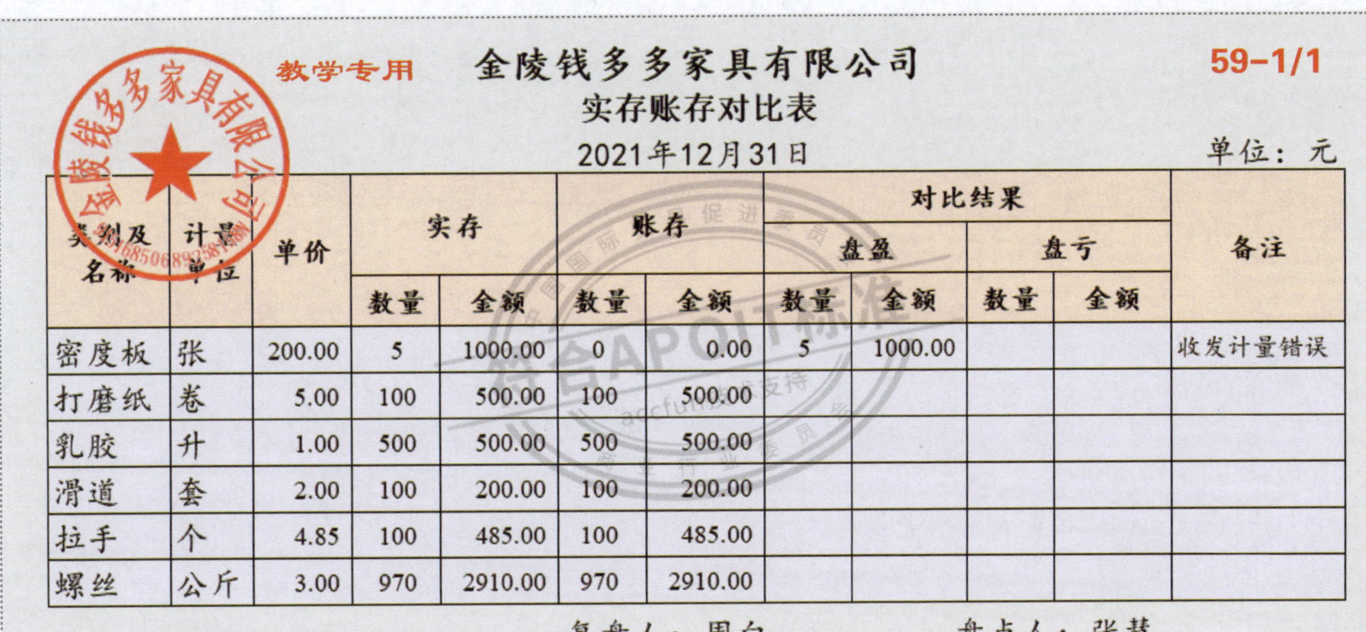

教学专用

金陵钱多多家具有限公司

59-1/1

实存账存对比表

2021年12月31日

单位：元

类别及名称	计量单位	单价	实存		账存		对比结果				备注
							盘盈		盘亏		
			数量	金额	数量	金额	数量	金额	数量	金额	
密度板	张	200.00	5	1000.00	0	0.00	5	1000.00			收发计量错误
打磨纸	卷	5.00	100	500.00	100	500.00					
乳胶	升	1.00	500	500.00	500	500.00					
滑道	套	2.00	100	200.00	100	200.00					
拉手	个	4.85	100	485.00	100	485.00					
螺丝	公斤	3.00	970	2910.00	970	2910.00					

复盘人：周白　　盘点人：张慧

教学专用

60-1/1

处理报告

金陵钱多多家具有限公司

处理时间：2021年12月31日

处理金额：1000.00元

发生时间：2021年12月31日

业务性质：密度板盘盈5张，单价200.00元 金额1000.00元

业务原因：材料收发计量错误，对方未追究责任，因此计入营业外收入。

批准： 张丽　　复核： 张雯　　申请： 刘怀辉

教学专用

金陵钱多多家具有限公司

61-1/1

固定资产折旧计提表

2021年12月31日

单位：元

固定资产名称	固定资产类别	使用部门	入账时间	可使用年限	原值	残值率(%)	净残值	折旧方法	月折旧额	累计折旧	净值
办公桌椅及配套	办公设备	行政部及总经办	2020/06/10	5	14400.00	5%	720.00	平均年限法			
办公桌椅及配套	办公设备	财务部	2020/06/15	5	2400.00	5%	120.00	平均年限法			
办公桌椅及配套	办公设备	采购部	2020/06/16	5	1500.00	5%	75.00	平均年限法			
办公桌椅及配套	办公设备	销售部	2020/06/12	5	2400.00	5%	120.00	平均年限法			
笔记本电脑（已变卖）	电子设备	行政部及总经办	2021/06/12	3	10800.00	5%	540.00	平均年限法			
笔记本电脑（两台）	电子设备	财务部	2020/08/12	3	7200.00	5%	360.00	平均年限法			
笔记本电脑（两台）	电子设备	采购部	2020/07/25	3	7200.00	5%	360.00	平均年限法			
传真机	电子设备	销售部	2020/08/16	3	3600.00	5%	180.00	平均年限法			
台式电脑（三台）	电子设备	销售部	2020/08/29	3	4500.00	5%	225.00	平均年限法			
数控生产机床	生产设备	生产车间	2021/12/03	10	100000.00	5%	5000.00	平均年限法			
数控装配机床	生产设备	生产车间	2021/12/12	10	45900.00	5%	2295.00	平均年限法			
合　　计					199900.00		9995.00				

审核人：张丽　　　　制表人：张雯

教学专用

金陵钱多多家具有限公司

62-1/1

制造费用分配表

年　　月　　日　　　　单位：元

分配对象	分配标准（工时）	分配率	分配金额
办公桌	800		
办公椅	200		
合　计	1000		
制造费用各明细账归集项目			
费用项目	金额	费用项目	金额
物料消耗		住房公积金	
职工薪酬		水电费	
社保费		房租	
福利费			

审核人：　　　　制表人：

教学专用　　　　63-1/5

金陵钱多多家具有限公司

产品成本计算表

产品名称：办公桌　　完工日期：2021年12月15日　　完工数量：1000张　单位：元

成本项目	计算公式	直接材料	直接人工	制造费用	合　计
月初在产品成本	①				
本月生产费用	②				
成本合计	③ =① +②				
完工产品数量	④				
月末在产品数量	⑤				
月末在产品完工程度	⑥				
月末在产品约当产量	⑦ =⑤×⑥				
产量合计	⑧ =④+⑦				
单位成本	⑨ =③/⑧				
完工产品成本	⑩ =④×⑨				
月末在产品成本	⑪ =③-⑩				

审核人：　　　　制表人：

教学专用　　　　63-2/5

金陵钱多多家具有限公司

产品成本计算表

产品名称：办公椅　　完工日期：2021年12月15日　　完工数量：1000把　　单位：元

成本项目	计算公式	直接材料	直接人工	制造费用	合　计
月初在产品成本	①				
本月生产费用	②				
成本合计	③ =① +②				
完工产品数量	④				
月末在产品数量	⑤				
月末在产品完工程度	⑥				
月末在产品约当产量	⑦ =⑤×⑥				
产量合计	⑧ =④+⑦				
单位成本	⑨ =③/⑧				
完工产品成本	⑩ =④×⑨				
月末在产品成本	⑪ =③-⑩				

审核人：　　　　制表人：

教学专用

63-3/5

金陵钱多多家具有限公司

完工产品产量情况表

产品名称	月初在产品	本月投入	本月完工	本月转出	月末在产品	完工率	备注
办公桌（张）		2000	1000	1000	1000	60%	
办公椅（把）		2000	1000	1000	1000	60%	
合　计		4000	2000	2000	2000		

审核人：张丽　　　　制表人：张雯

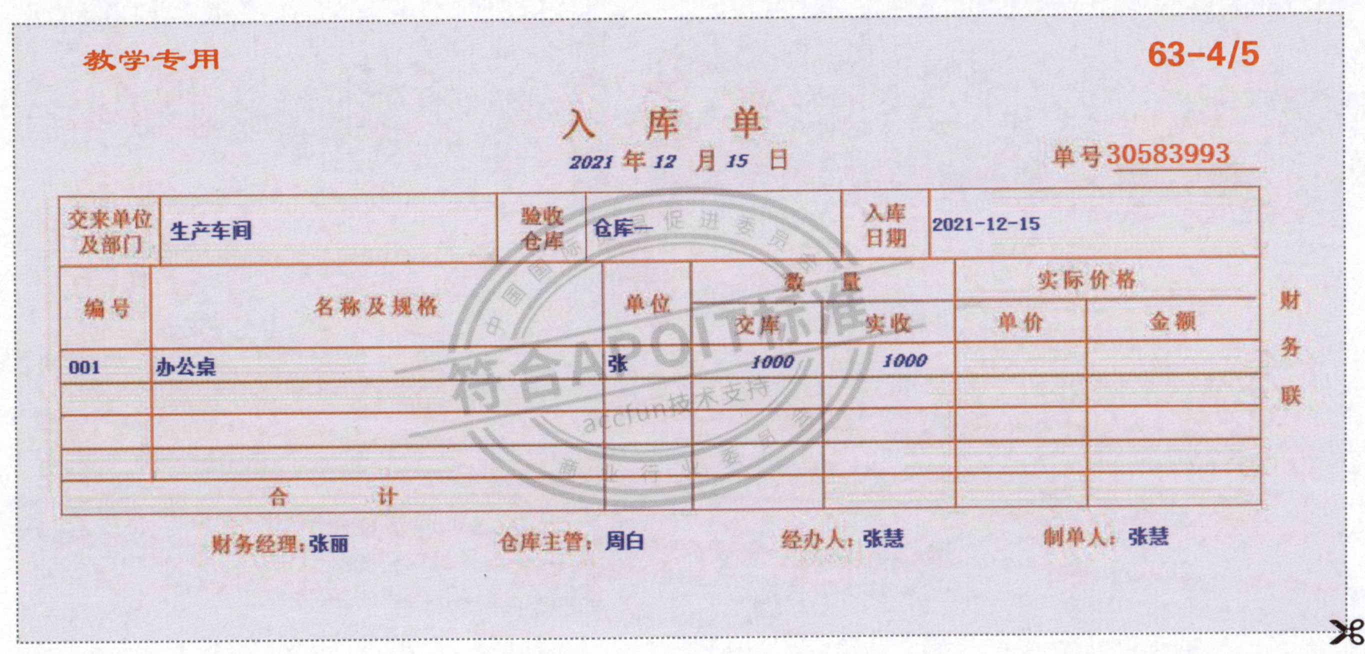

教学专用　　63-4/5

入　库　单

2021 年 12 月 15 日　　单号 30583993

交来单位及部门	生产车间	验收仓库	仓库一	入库日期	2021-12-15	
编号	名称及规格	单位	数量		实际价格	
			交库	实收	单价	金额
001	办公桌	张	1000	1000		
合计						

财务联

财务经理：张丽　　仓库主管：周白　　经办人：张慧　　制单人：张慧

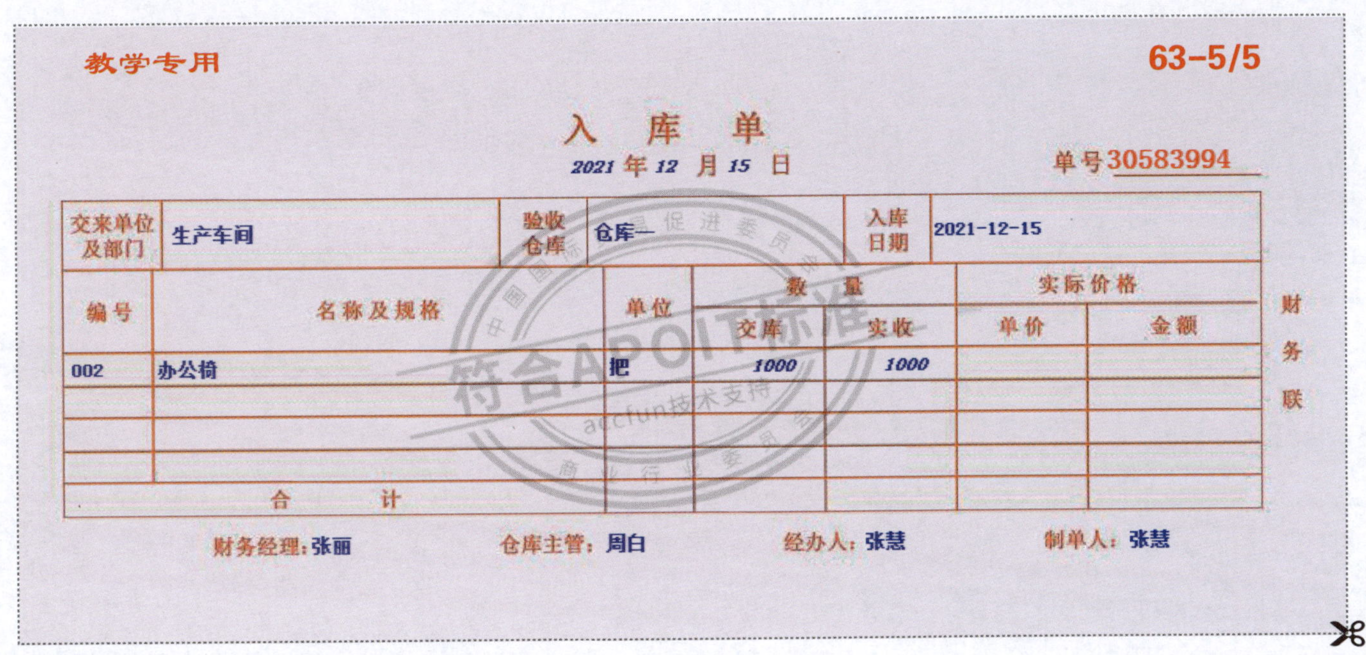

教学专用　　63-5/5

入　库　单

2021 年 12 月 15 日　　　　单号30583994

交来单位及部门	生产车间	验收仓库	仓库一	入库日期	2021-12-15	
编号	名称及规格	单位	数量		实际价格	
			交库	实收	单价	金额
002	办公椅	把	1000	1000		
合　计						

财务联

财务经理：张丽　　仓库主管：周白　　经办人：张慧　　制单人：张慧

教学专用

64-1/5

金陵钱多多家具有限公司

销售产品成本计算表

年　　月　　日　　　　单位：元

产品名称	期初库存		本期完工入库		加权平均单价	本期出库	
	数量	金额	数量	金额		数量	金额
合　计							

审核人：　　　　制表人：

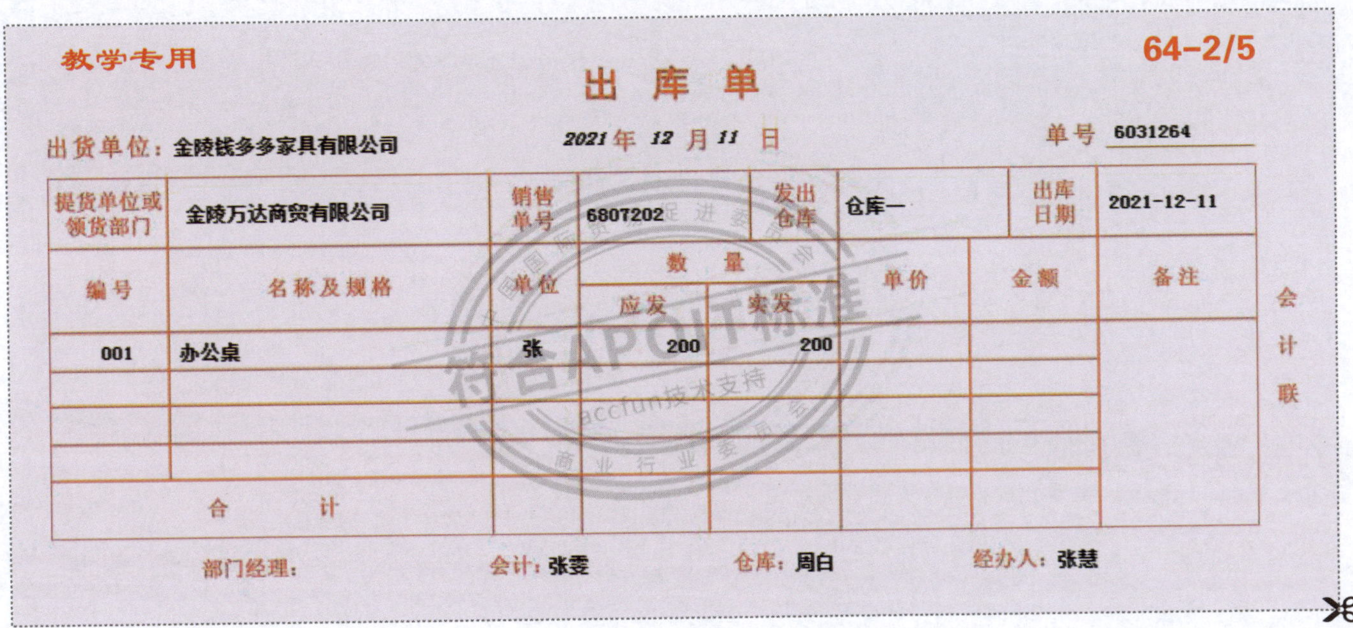

教学专用　　64-2/5

出库单

出货单位：金陵钱多多家具有限公司　　2021年12月11日　　单号 6031264

提货单位或领货部门	金陵万达商贸有限公司	销售单号	6807202	发出仓库	仓库一	出库日期	2021-12-11
编号	名称及规格	单位	数量 应发	数量 实发	单价	金额	备注
001	办公桌	张	200	200			
合计							

会计联

部门经理：　　会计：张雯　　仓库：周白　　经办人：张慧

教学专用

64-3/5

出库单

出货单位：金陵钱多多家具有限公司　　2021年12月17日　　单号 6031267

提货单位或领货部门	金陵万佳商贸有限公司	销售单号	6807204	发出仓库	仓库一	出库日期	2021-12-17
编号	名称及规格	单位	数量 应发	数量 实发	单价	金额	备注
001	办公桌	张	200	200			
002	办公椅	把	250	250			
合计							

会计联

部门经理：　　会计：张雯　　仓库：周白　　经办人：张慧

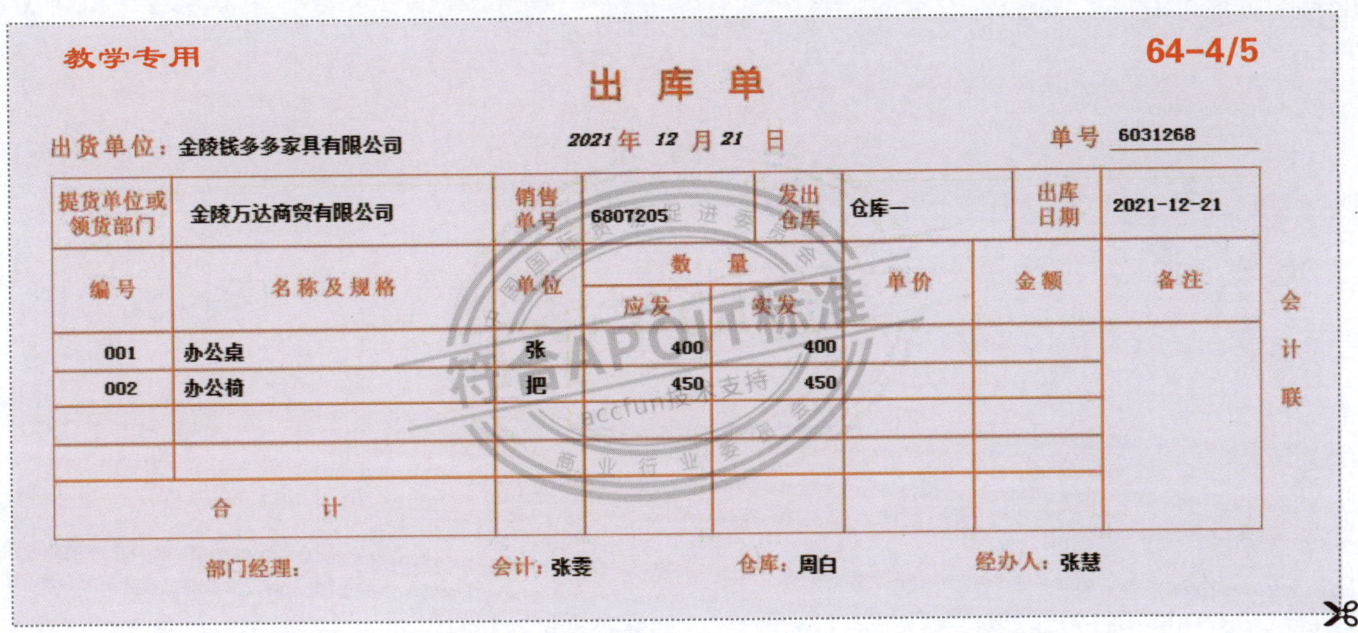

教学专用　　64-4/5

出　库　单

出货单位：金陵钱多多家具有限公司　　2021年 12 月 21 日　　单号 6031268

提货单位或领货部门	金陵万达商贸有限公司	销售单号	6807205	发出仓库	仓库一	出库日期	2021-12-21
编号	名称及规格	单位	数量 应发	数量 实发	单价	金额	备注
001	办公桌	张	400	400			
002	办公椅	把	450	450			
合　计							

会计联

部门经理：　　会计：张雯　　仓库：周白　　经办人：张慧

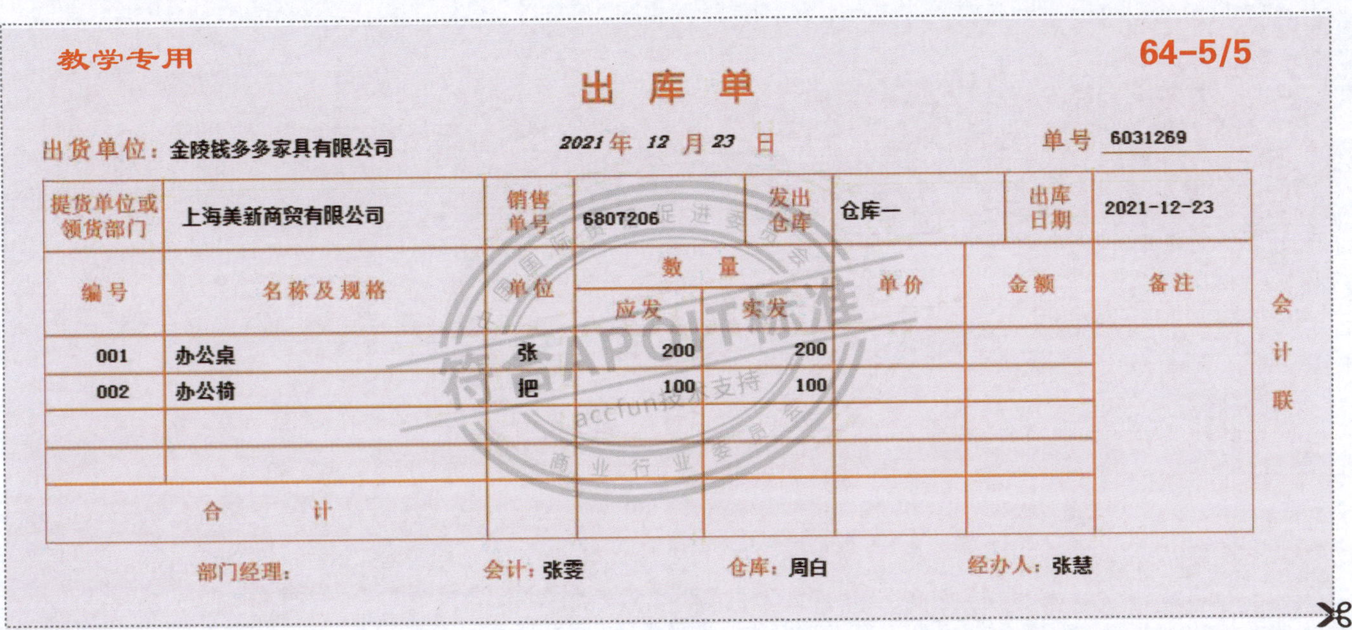

教学专用　　64-5/5

出库单

出货单位：金陵钱多多家具有限公司　　2021年12月23日　　单号 6031269

提货单位或领货部门	上海美新商贸有限公司	销售单号	6807206	发出仓库	仓库一	出库日期	2021-12-23
编号	名称及规格	单位	数量 应发	数量 实发	单价	金额	备注
001	办公桌	张	200	200			
002	办公椅	把	100	100			
合计							

会计联

部门经理：　　会计：张雯　　仓库：周白　　经办人：张慧

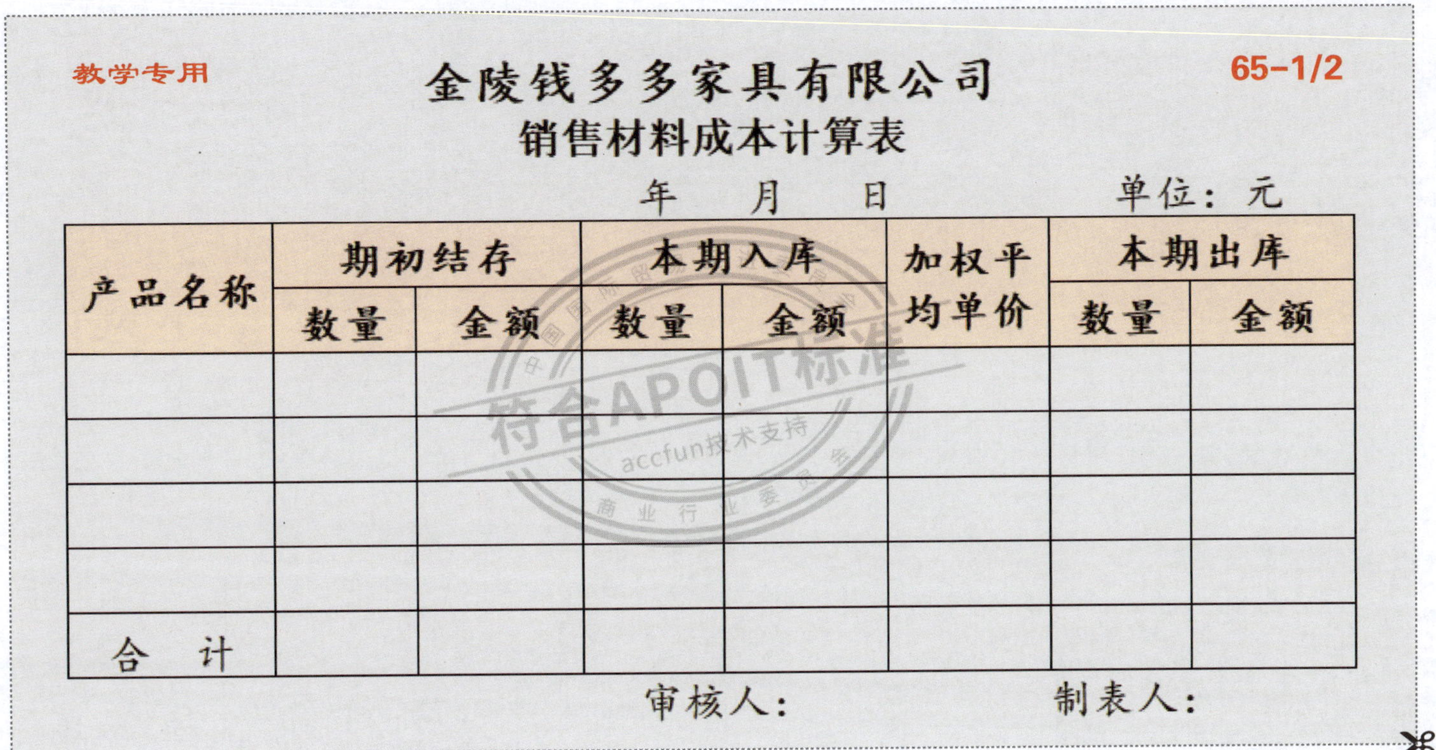

教学专用　　65-1/2

金陵钱多多家具有限公司
销售材料成本计算表

年　　月　　日　　　　单位：元

产品名称	期初结存		本期入库		加权平均单价	本期出库	
	数量	金额	数量	金额		数量	金额
合　计							

审核人：　　　　制表人：

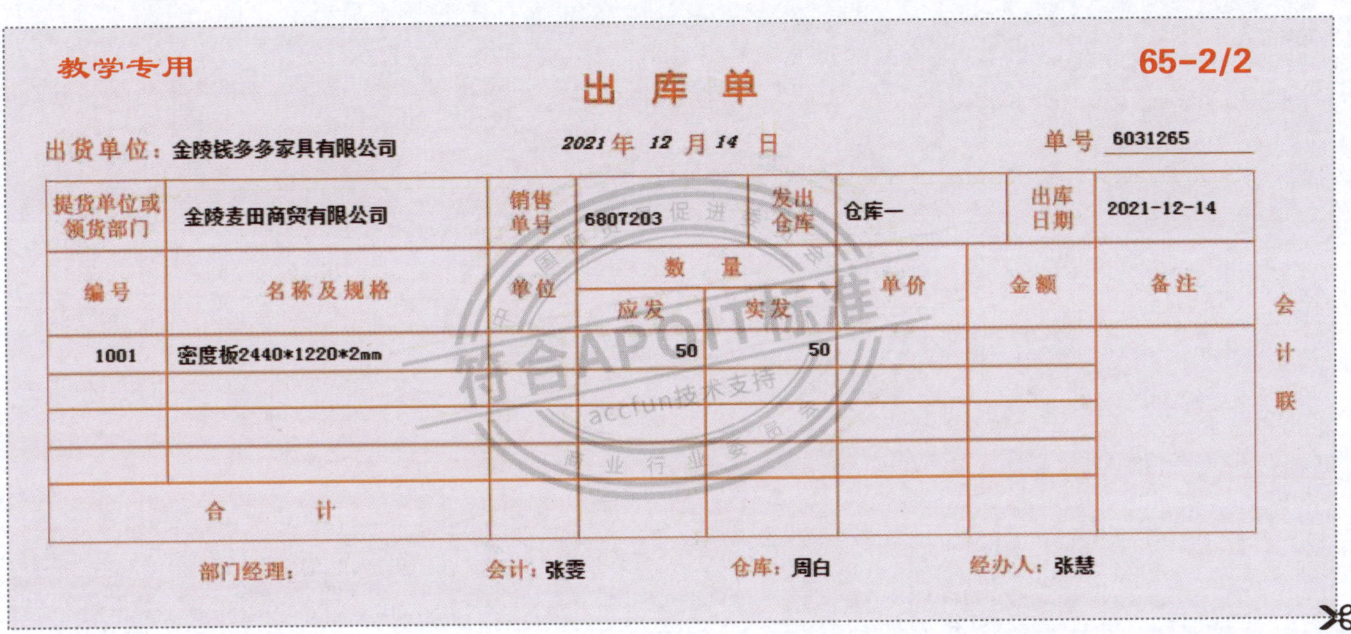
教学专用　　65-2/2

出 库 单

出货单位：金陵钱多多家具有限公司　　2021 年 12 月 14 日　　单号 6031265

提货单位或领货部门	金陵麦田商贸有限公司	销售单号	6807203	发出仓库	仓库一	出库日期	2021-12-14
编号	名称及规格	单位	数量		单价	金额	备注
			应发	实发			
1001	密度板2440*1220*2mm		50	50			
合计							

会计联

部门经理：　　会计：张雯　　仓库：周白　　经办人：张慧

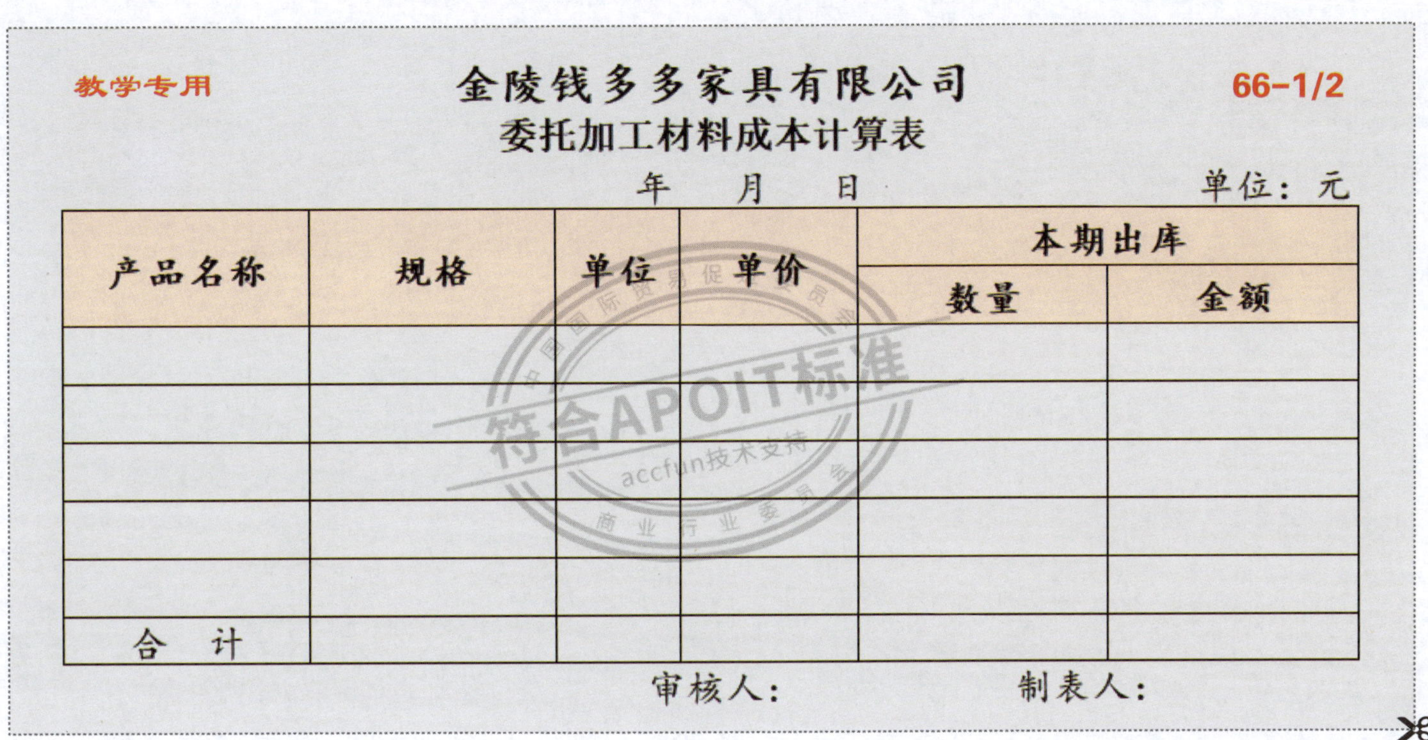

教学专用

66-1/2

金陵钱多多家具有限公司

委托加工材料成本计算表

年　　月　　日　　　　单位：元

产品名称	规格	单位	单价	本期出库	
				数量	金额
合　计					

审核人：　　　　制表人：

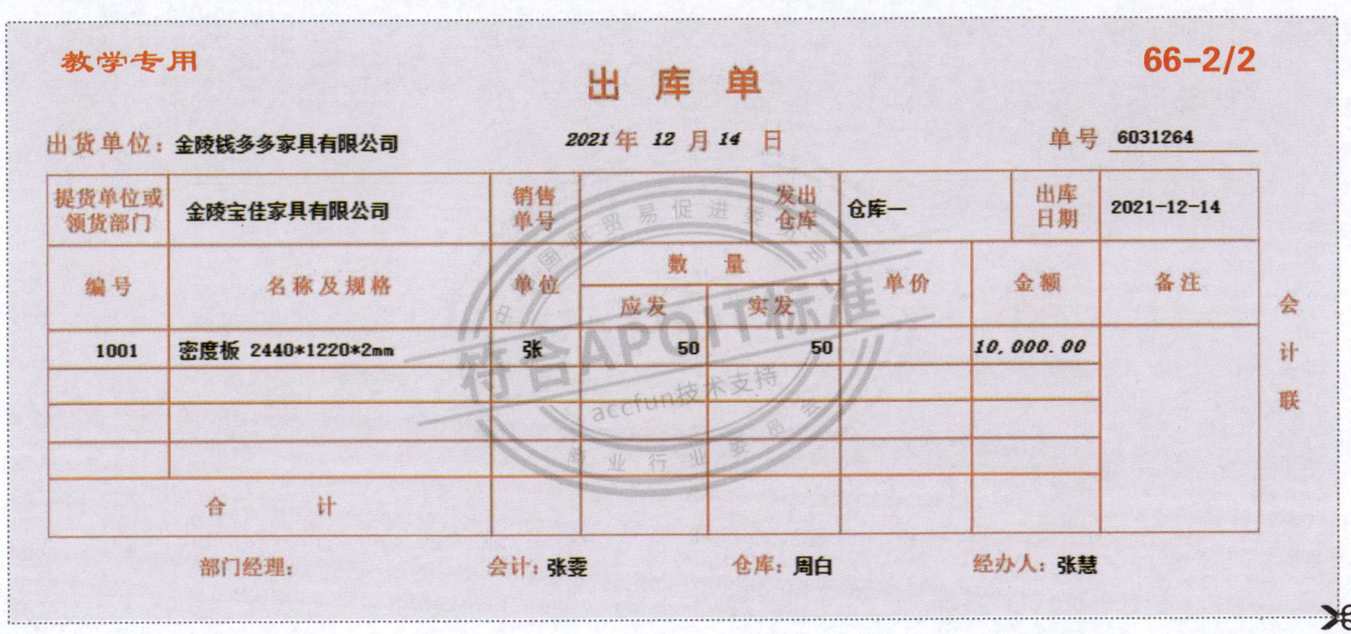

教学专用　　66-2/2

出 库 单

出货单位：金陵钱多多家具有限公司　　2021 年 12 月 14 日　　单号 6031264

提货单位或领货部门	金陵宝佳家具有限公司	销售单号		发出仓库	仓库一	出库日期	2021-12-14
编号	名称及规格	单位	数量 应发	数量 实发	单价	金额	备注
1001	密度板 2440*1220*2mm	张	50	50		10,000.00	
合计							

会计联

部门经理：　　会计：张雯　　仓库：周白　　经办人：张慧

教学专用

金陵钱多多家具有限公司

67-1/1

无形资产摊销表

年　　月　　日　　　　　　单位：元

无形资产名称	原值	摊销年限	本月摊销金额	备注
合　计				

审核人：　　　　　　制表人：

教学专用

68-1/1

所得税费用计提表

所属期：2021年10至12月

利润总额			减按12.5%的应纳税所得额	税率	所得税费用
10月	11月	12月			
6,843.50				20%	

教学专用

69-1/1

金陵钱多多家具有限公司

当期损益汇总计算表

年　月　日　　　　单位：元

项　目		本期发生额	项　目		本期发生额
当期收益	主营业务收入		当期费用	主营业务成本	
	其他业务收入			其他业务成本	
	营业外收入			税金及附加	
	投资收益			管理费用	
				销售费用	
				财务费用	
				资产减值损失	
				营业外支出	
				所得税费用	
	合　计			合　计	
当期损益（正数为盈利，负数为亏损）					

审核人：　　　　制表人：

◆业务 70 ◆

年末结转未分配利润。

◆业务 71 ◆

年末提取法定盈余公积。

◆业务 72 ◆

年末结转法定盈余公积。

附件：银行对账单

教学专用

中国工商银行客户存款对账单

币种：人民币　　单位：元　　2021年　　页号：1

账号：1298010002000316285　　户名：金陵钱多多家具有限公司　　上月余额：997358.31

日期	业务产品种类	凭证种类	凭证号	对方户名	摘要	借方发生额	贷方发生额	余额	记账信息
12/1	结算业务凭证	0	0	金陵佳佳机械设备有限公司	购买机床	113000.00	0.00	884358.31	3529234522
12/2	结算业务凭证	0	0	王玲	差旅费	4820.00	0.00	879538.31	3529234523
12/2	结算业务凭证	0	0	金陵钱多多家具有限公司	购买理财产品	100000.00	0.00	779538.31	3529234524
12/2	结算业务凭证	0	0	金陵万达商贸有限公司	收到货款	0.00	18650.00	798188.31	3529234525
12/6	结算业务凭证	0	0	北京德邦物流有限公司	运输费	5559.00	0.00	792629.31	3529234526
12/6	结算业务凭证	0	0	金陵宏鑫商贸有限公司	安装费	872.00	0.00	791757.31	3529234527
12/6	结算业务凭证	0	0	中国平安保险金陵市玄武区分公司	支付保险费	5600.00	0.00	786157.31	3529234528
12/7	结算业务凭证	0	0	金陵万佳商贸有限公司	收到货款	0.00	25808.00	811965.31	3529234529
12/8	结算业务凭证	0	0	金陵上麦商贸有限公司	支付货款	12000.00	0.00	799965.31	3529234530
12/8	结算业务凭证	0	0	金陵易能达商贸有限公司	支付货款	43450.00	0.00	756515.31	3529234531
12/8	结算业务凭证	0	0	金陵同方商贸有限公司	支付货款	118650.00	0.00	637865.31	3529234532
12/9	转账	0	0	金陵同方商贸有限公司	银行汇票	130000.00	0.00	507865.31	3529234533
12/9	结算业务凭证	0	0	账单自助服务产品中间内部核算账户	汇票手续费	20.00	0.00	507845.31	3529234534
12/10	电划	0	0	中国工商银行上海分行	银行汇票到期	0.00	22600.00	530445.31	3529234535
12/10	结算业务凭证	0	0	国家税务总局金陵市税务局	支付房租	8000.00	0.00	522445.31	3529234536
12/10	结算业务凭证	0	0	金陵同方商贸有限公司	汇票多余款	0.00	9881.00	532326.31	3529234537
12/11	结算业务凭证	0	0	金陵万达商贸有限公司	货款	0.00	40680.00	573006.31	3529234538
12/14	结算业务凭证	0	0	金陵宝佳家具有限公司	加工费	5650.00	0.00	567356.31	3529234539
12/14	结算业务凭证	0	0	金陵麦田商贸有限公司	货款	0.00	22600.00	589956.31	3529234540
12/15	转账	0	0	财库联网集中户	财税库行扣款交易	19605.12	0.00	570351.19	3529234541
12/15	转账	0	0	财库联网集中户	财税库行扣款交易	2352.61	0.00	567998.58	3529234542
12/15	转账	0	0	财库联网集中户	财税库行扣款交易	180.57	0.00	567818.01	3529234543
12/15	转账	0	0	财库联网集中户	缴纳社保费	14280.00	0.00	553538.01	3529234544
12/15	转账	0	0	公积金账户	缴纳公积金	3000.00	0.00	550538.01	3529234545
12/15	结算业务凭证	0	0	金陵钱多多家具有限公司	工资	53741.60	0.00	496796.41	3529234546
12/15	转账	0	0	财库联网集中户	缴税	38.40	0.00	496758.01	3529234547
12/16	结算业务凭证	0	0	金陵市水务集团有限公司	水费	991.90	0.00	495766.11	3529234548
12/16	结算业务凭证	0	0	金陵市电力有限公司	电费	2260.00	0.00	493506.11	3529234549
12/24	结算业务凭证	0	0	北京德邦物流有限公司	运费	7194.00	0.00	486312.11	3529234550
12/27	结算业务凭证	0	0	账单自助服务产品中间内部核算账户	短信服务费	35.00	0.00	486277.11	3529234551
12/28	结算业务凭证	0	0	金陵航天信息有限公司	税控服务	280.00	0.00	485997.11	3529234552
12/28	结算业务凭证	0	0	金陵市银蚂蚁网络科技有限公司	购买无形资产	3164.00	0.00	482833.11	3529234553
12/28	结算业务凭证	0	0	金陵万佳商贸有限公司	货款	0.00	55935.00	538768.11	3529234554
12/28	利息收入	0	0		利息	0.00	68.00	538836.11	3529234555

截止：2021年12月31日　　账户余额：538836.11　　保留余额：0.00　　冻结余额：0.00　　透支余额：0.00　　可用余额：538836.11

截止：2022年01月02日　　账户可用余额：538836.11　　打印次数：1　　验证码：　　打印时间：2022年01月02日

中国工商银行股份有限公司金陵分行
自助回单专用章
（002）

专用发票汇总表：

专用发票汇总表

教学专用

制表日期：2021 年 12 月 31 日
所属期间：2021 年 12 月-2021 年 12 月
正数发票清单（2021 年 12 月）
纳税人登记号：91516850689258158N
企业名称：金陵钱多多家具有限公司
地址电话：金陵市玄武区中山路 88 号 0688-86615898
金额单位：元

★ 发票领用存情况 ★

期初库存份数	6	正数发票份数	6	负数发票份数	0
购进发票份数	10	正数废票份数	0	负数废票份数	0
退回发票份数	0	期末库存份数	10		

★销 项 情 况★

金额单位：元

序号	项目名称	合计	13%	9%	6%	4%	3%	其他
1	销项正废金额	0.00	0.00	0.00	0.00	0.00	0.00	0.00
2	销项正数金额	235194.69	235194.69	0.00	0.00	0.00	0.00	0.00
3	销项负废金额	0.00	0.00	0.00	0.00	0.00	0.00	0.00
4	销项负数金额	0.00	0.00	0.00	0.00	0.00	0.00	0.00
5	实际销售金额	235194.69	235194.69	0.00	0.00	0.00	0.00	0.00
6	销项正废税额	0.00	0.00	0.00	0.00	0.00	0.00	0.00
7	销项正数税额	30575.31	30575.31	0.00	0.00	0.00	0.00	0.00
8	销项负废税额	0.00	0.00	0.00	0.00	0.00	0.00	0.00
9	销项负数税额	0.00	0.00	0.00	0.00	0.00	0.00	0.00
10	实际销项税额	30575.31	30575.31	0.00	0.00	0.00	0.00	0.00

发票统计表：

2022/1/9

增值税发票综合服务平台

发票统计表（报表更新时间：2021-12-31 15:23:30）

纳税人名称：金陵钱多多家具有限公司　纳税人识别号：91516850689258158N　所属月份：2021年12月　单位：（份、元）

发票类型＼用途	抵扣			不抵扣		
	份数	金额	有效税额	份数	金额	有效税额
增值税专用发票	15	391921.68	48859.44	0	0.00	0.00
机动车销售统一发票	0	0.00	0.00	0	0.00	0.00
通行费电子发票	0	0.00	0.00	0	0.00	0.00
海关缴款书	0	–	0.00	0	–	0.00
出口转内销发票	0	0.00	0.00	0	0.00	0.00
出口转内销海关缴款书	0	–	0.00	0	–	0.00
总计	15	391921.68	48859.44	0	0.00	0.00

备注

1、本统计表包括当前选定税款所属期内所有勾选为抵扣和不抵扣的增值税发票、海关缴款书；

2、本统计表只允许查询下载近一年数据。

纳税人认证发票查询信息：

纳税人认证发票信息查询

教学专用

查询时间：2022-01-09

票总份数：15份　　发票总金额：391921.68元　　发票总税额：48859.44元　　认证日期：2021-12

号	发票代码	发票号码	购货方识别号	销货方识别号	开票日期	金额	税额	认证日期	认证方式	发票类别
1	5100214130	28027200	91516850689258158N	91510005539512000N	2021-12-01 00:00:00.0	105000.00	13650.00	2021-12-31 12:24:41.0	网络认证	专用发票
2	5100214130	68027090	91516850689258158N	91510105539512456N	2021-12-01 00:00:00.0	100000.00	13000.00	2021-12-31 12:24:42.0	网络认证	专用发票
3	5100214130	58027000	91516850689258158N	91510010553951100N	2021-12-03 00:00:00.0	40000.00	5200.00	2021-12-31 12:24:43.0	网络认证	专用发票
4	1100214130	12345679	91516850689258158N	91110105918340562N	2021-12-06 00:00:00.0	5100.00	459.00	2021-12-31 12:24:44.0	网络认证	专用发票
5	5100214130	68027091	91516850689258158N	91510010553951100N	2021-12-06 00:00:00.0	800.00	72.00	2021-12-31 12:24:44.4	网络认证	专用发票
6	5100214130	18010210	91516850689258158N	91510005539515700N	2021-12-06 00:00:00.0	6796.11	203.89	2021-12-31 12:24:44.5	网络认证	专用发票
7	5100214130	03096082	91516850689258158N	91510015762211660N	2021-12-06 00:00:00.0	5283.02	316.98	2021-12-31 12:24:44.6	网络认证	专用发票
8	5100214130	18010211	91516850689258158N	91510005539515700N	2021-12-08 00:00:00.0	4854.37	145.63	2021-12-31 12:24:44.7	网络认证	专用发票
9	5100214130	28027201	91516850689258158N	91510005539512000N	2021-12-09 00:00:00.0	106300.00	13819.00	2021-12-31 12:24:44.8	网络认证	专用发票
10	5100214130	67867564	91516850689258158N	91232000533523442N	2021-12-09 00:00:00.0	5000.00	650.00	2021-12-31 12:24:44.9	网络认证	专用发票
11	5100214130	99794198	91516850689258158N	91510893098637596N	2021-12-16 00:00:00.0	910.00	81.90	2021-12-31 12:24:44.10	网络认证	专用发票
12	5100214130	40027892	91516850689258158N	91510893098637500N	2021-12-16 00:00:00.0	2000.00	260.00	2021-12-31 12:24:44.11	网络认证	专用发票
13	1100214130	12345681	91516850689258158N	91110105918340562N	2021-12-24 00:00:00.0	6600.00	594.00	2021-12-31 12:24:44.12	网络认证	专用发票
14	5100214130	87562312	91516850689258158N	91510005539512500N	2021-12-26 00:00:00.0	478.18	43.04	2021-12-31 12:24:44.13	网络认证	专用发票
15	5100214130	05679217	91516850689258158N	91510025124168352N	2021-12-27 00:00:00.0	2800.00	364.00	2021-12-31 12:24:45.5	网络认证	专用发票

查询结果不包含您在当期申报后至当期申报期限内通过“增值税发票查询平台”勾选确认的发票信息

前言

一、会计信息化证概述

1. 会计信息化证是什么？

会计信息化证（全称：会计信息化应用能力考试）分为财务会计信息化证、管理会计信息化证、财务 / 审计 / 税务主管信息化证，由中国电子企业协会智能财务分会与中国国际贸易促进委员会商业行业委员会联合颁发，作为会计人员岗位技术能力水平的有效证明，是满足财政部对会计信息化改革下会计岗位新要求的证书。会计信息化证是真正会计工作的上岗证。

2. 为什么报考会计信息化证？

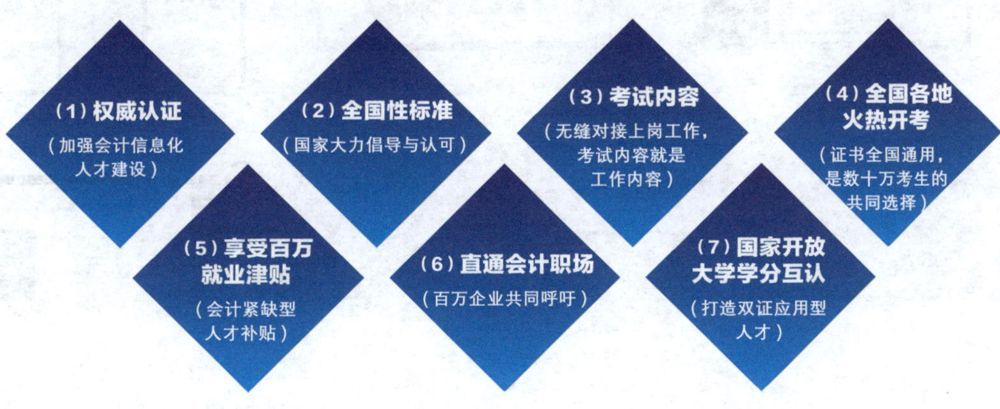

职业教育国家学分银行建设是“职教 20 条”提出的重大改革任务。受教育部委托，国家开放大学全面推进职业教育国家学分银行的建设。2020 年 1 月 1 日，会计信息化证正式加入国家开放大学学分银行体系“学习成果互认联盟”，学习者可凭积累学分抵免 6~20 学分。

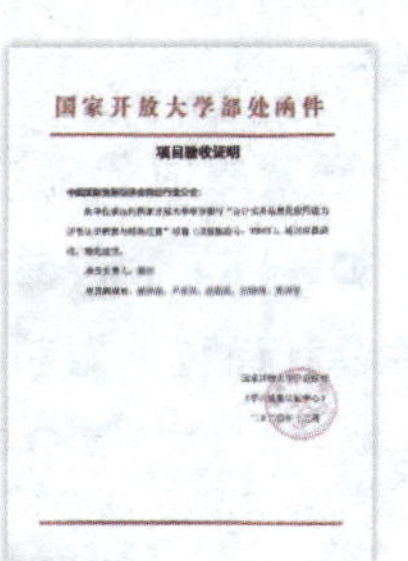
国家开放大学部处函件

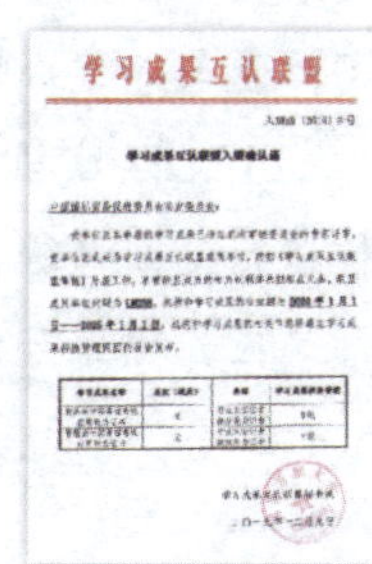
学习成果互认联盟

二、财务会计信息化证实训课程

《APOIT 实训系列课程》充分融合全国各地 10000 多家财税公司、事务所的会计真账实操经验，全仿真模拟真实票据和会计业务，还原会计工作的真实场景，学习过程就是工作过程，学完即可上岗！

1. 情景胜任式学习模式，快速匹配企业招聘要求

基于数万家企业客户与财税企业的实务内容，本课程线下业务册全仿真模拟真实票据和经济业务，线上配套全仿真账务、本省报税系统、三大网银实训系统，无缝对接实务工作，使学生在完成特定业务的过程中获得技能与经验，满足企业新会计人的上岗要求，快速就业。

2. 陪伴式实习，提升学习的效率与效果

通过 AI 大数据，实习过程动态跟踪学员的胜任力提升，匹配职业导师专业辅导、工作情景再现、每日一面职场经验传递、会计信息化证模拟考试、简历辅导、模拟面试等陪伴式教学服务，让学习体验与效果大幅度提升。

APOIT 实训课程紧跟时代潮流，依据国家标准白皮书，对课程进行全面升级，加入“人工智能应用”全新模块，不仅是胜任会计岗位，更是守住会计岗位，做新时代下企业需要的会计人才。

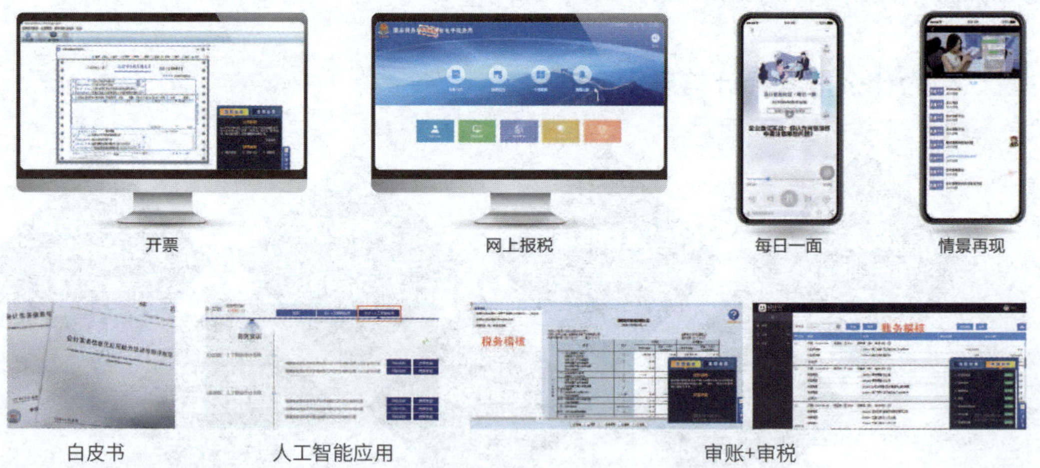

三、管理会计信息化证实训课程

APOIT 标准管理会计岗位实训课程，源于企业管理会计五大岗位实操内容，结合浪潮、上海财经大学、厦门大学等多方管理会计研究成果，采用双线教学方式，通过名师精讲 + 沙盘岗位实战练习相结合，让学员快速认知管理会计，提升工作思维与职场竞争力。

独创全仿真管理会计实战课程，包括：五大岗位实战、线上沙盘实战、财务共享中心实训平台、厦大名师精讲。

基于中交、中铁、上海建工、大连造船、中农发等企业管理者的战略与预算工作，匹配线上沙盘案例实战，全面模拟企业的战略与预算过程及其结果，让学生站在管理的角度理解和认识战略与预算，全面提升学员的战略管理与预算管理能力。

基于浪潮集团、中国铁塔、恒瑞制药、太阳纸业等企业的成本控制、营运管理、投融资决策与绩效管理工作，匹配线上沙盘案例实战，全面模拟企业经营过程及其结果，让学生站在管理的角度理解和认识经营决策，全面提升学员的全局观与资本观。

基于山东国投、顺德控股、国信证券、广东地铁、湖北交投等知名企业管理者报表分析与内部控制工作，匹配线上沙盘案例实战，全面提升学生的管理会计报告分析及内部控制能力，协助管理当局掌握状况，参与财务管理拟定未来策略及执行能力。

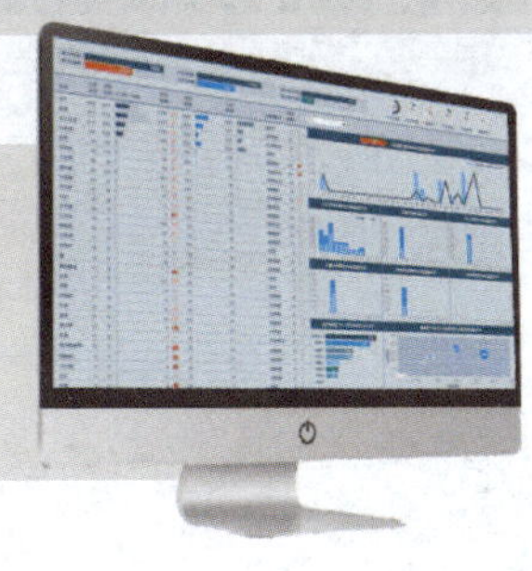

课程深度融合管理会计和 Excel 数据分析实战应用，以管理会计的视角，讲述财务人员运用 Excel 的进阶功能，案例基于企业真实职场情景，涵盖管理会计实务工作中所必需的“成本管理、往来账款管理、销售与生产管理、资产管理、报表合并、全面预算”等板块，快速提升会计工作效率和 Excel 数据分析能力。

四、财务 / 审计 / 税务主管信息化证实训课程

在企业数字化转型的背景下，中小型企业迫切需要具备更高洞察能力、更准确预测能力，可以更高效地处理各种信息的财务主管。数字化财务主管岗位实训班以企业岗位为核心，提升数字化时代下财务主管的综合能力，使他们成为行业中不可缺少的人才。

1. 情景胜任式实习：快速提升岗位胜任力

基于数万家企业的实务工作内容，数字化财务主管岗位实训还原真实工作场景，实战导师与职业导师双线教学，通过全仿真岗位实训，快速积累工作经验，提升岗位胜任力，学习过程就是工作过程。

2. 陪伴式学习和成长：上万家企业岗位推荐 / 定向培养 / 简历直达

通过 AI 大数据，实时跟踪学员的胜任力提升。发布海量求职资源，上万家企业岗位推荐，专业导师辅导，为学员匹配合适的岗位招聘信息，实现精准就业职推，根据学员所在省市推荐当地头部企业招聘，名师指导提升面试通过率，为学员的职业提升保驾护航。

3. 全仿真岗位测评：入选会计人才库

完成数字化财务主管岗位实训班学习后，参与全仿真财务主管岗位测评，测评结果就是工作结果，成绩优秀者入选会计信息化紧缺人才库。

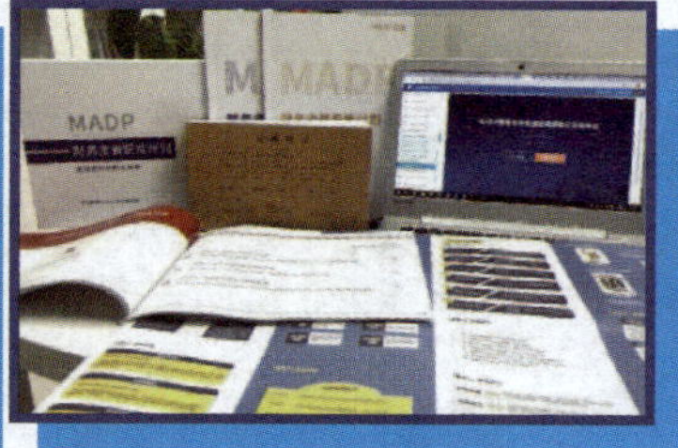

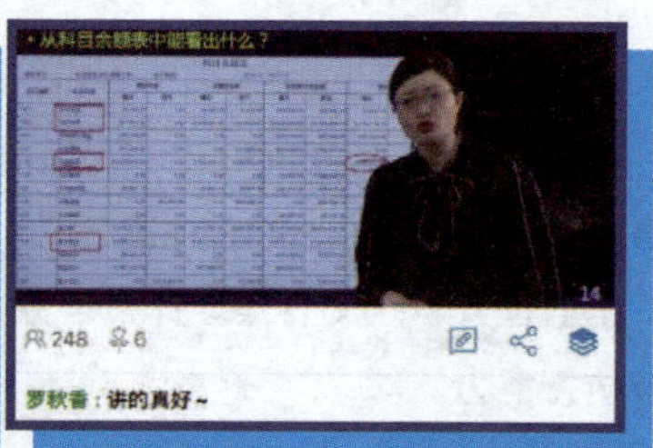

数字化
会计精英岗位实训

工作业务册（下） 工业会计

会计信息化证考试研究中心 编 | 铸远 ZHUYUAN 监制

厦门大学出版社 XIAMEN UNIVERSITY PRESS | 国家一级出版社 全国百佳图书出版单位

图书在版编目(CIP)数据

数字化会计精英岗位实训/会计信息化证考试研究中心编.—厦门:厦门大学出版社,2021.3(2022.7 重印)
ISBN 978-7-5615-8148-3

Ⅰ.①数… Ⅱ.①会… Ⅲ.①会计学—岗位培训—教材 Ⅳ.①F230

中国版本图书馆 CIP 数据核字(2021)第 049162 号

出版发行 厦门大学出版社
社　　址 厦门市软件园二期望海路 39 号
邮政编码 361008
总 编 办 0592-2182177　0592-2181406(传真)
营销中心 0592-2184458　0592-2181365
网　　址 http://www.xmupress.com
邮　　箱 xmup@xmupress.com
印　　刷 厦门市明亮彩印有限公司

开本 889mm×1194mm　1/16
印张 56
字数 1 600 千字
版次 2021 年 3 月第 1 版
印次 2022 年 7 月第 6 次印刷
定价 398.00 元

厦门大学出版社
微信二维码

厦门大学出版社
微博二维码

编　委　会

目录

Content

数字化会计岗位实训说明及工业会计工作导航图 ······ 001

一、岗前准备 ······ 003

◆ 准备 01 ◆ 了解岗位职责 ······ 003
◆ 准备 02 ◆ 掌握工作相关信息 ······ 004
◆ 准备 03 ◆ 解读财务制度 ······ 009
◆ 准备 04 ◆ 会计科目及期初余额 ······ 018

二、经济业务 ······ 022

(一)经济业务说明 ······ 022
(二)经济业务分类 ······ 025

三、网上报税 ······ 026

◆ 模块一 ◆ 防伪税控 ······ 026
◆ 模块二 ◆ 网上认证 ······ 026
◆ 模块三 ◆ 网上报税 ······ 026

四、财务分析 ······ 027

◆ 模块一 ◆ 利润分析 ······ 027
◆ 模块二 ◆ 资金分析 ······ 027
◆ 模块三 ◆ 税负分析 ······ 027
◆ 模块四 ◆ 权益分析 ······ 027

附：经济业务说明

- 业务 01　◆　采购原材料密度板
- 业务 02　◆　购入不需安装的数控生产机床
- 业务 03　◆　销售人员出差报销
- 业务 04　◆　购买办公用品
- 业务 05　◆　购买理财产品
- 业务 06　◆　收到上个月货款
- 业务 07　◆　购入需安装的装配机床
- 业务 08　◆　支付装配机床运输费用
- 业务 09　◆　支付装配机床的安装费用
- 业务 10　◆　装配机床安装完毕,交付使用
- 业务 11　◆　购买周转材料
- 业务 12　◆　投保财产保险
- 业务 13　◆　收到货款
- 业务 14　◆　支付员工生活困难借款
- 业务 15　◆　采购原材料
- 业务 16　◆　支付货款
- 业务 17　◆　支付原材料采购款
- 业务 18　◆　申请银行汇票
- 业务 19　◆　支付银行汇票手续费
- 业务 20　◆　采购原材料
- 业务 21　◆　银行承兑汇票到期
- 业务 22　◆　支付房租
- 业务 23　◆　收回银行汇票多余款
- 业务 24　◆　销售货物
- 业务 25　◆　预借差旅备用金
- 业务 26　◆　发放职工福利
- 业务 27　◆　固定资产清理
- 业务 28　◆　取得笔记本电脑变卖收入
- 业务 29　◆　结转固定资产清理损益
- 业务 30　◆　报销员工差旅费
- 业务 31　◆　委托加工橱柜
- 业务 32　◆　销售密度板
- 业务 33　◆　缴纳增值税
- 业务 34　◆　缴纳附加税费
- 业务 35　◆　缴纳印花税
- 业务 36　◆　缴纳社保费
- 业务 37　◆　缴纳住房公积金
- 业务 38　◆　发放 11 月份工资
- 业务 39　◆　缴纳个人所得税
- 业务 40　◆　支付水费
- 业务 41　◆　支付电费

◆ 业务 42 ◆ 销售货物
◆ 业务 43 ◆ 报销业务招待费
◆ 业务 44 ◆ 支付公司打印机维修费
◆ 业务 45 ◆ 销售货物
◆ 业务 46 ◆ 支付快递费
◆ 业务 47 ◆ 销售货物
◆ 业务 48 ◆ 支付销售运费
◆ 业务 49 ◆ 支付本月通讯费
◆ 业务 50 ◆ 支付短信服务费
◆ 业务 51 ◆ 支付税盘服务费
◆ 业务 52 ◆ 购入无形资产
◆ 业务 53 ◆ 购买原材料,暂估入库
◆ 业务 54 ◆ 收到货款
◆ 业务 55 ◆ 收到银行利息
◆ 业务 56 ◆ 计提 12 月份职工薪酬
◆ 业务 57 ◆ 领用生产材料
◆ 业务 58 ◆ 领用周转材料
◆ 业务 59 ◆ 材料盘盈
◆ 业务 60 ◆ 盘盈材料处理
◆ 业务 61 ◆ 计提折旧
◆ 业务 62 ◆ 结转制造费用
◆ 业务 63 ◆ 结转完工产品成本
◆ 业务 64 ◆ 结转产品销售成本
◆ 业务 65 ◆ 结转销售材料成本
◆ 业务 66 ◆ 委托加工发出物资
◆ 业务 67 ◆ 摊销无形资产
◆ 业务 68 ◆ 计提所得税
◆ 业务 69 ◆ 结转本期损益
◆ 业务 70 ◆ 结转未分配利润
◆ 业务 71 ◆ 提取法定盈余公积
◆ 业务 72 ◆ 结转法定盈余公积
附件:银行对账单
专用发票汇总表
发票统计表
纳税人认证发票查询信息

数字化会计岗位实训说明及工业会计工作导航图

《数字化会计精英岗位实训》以金陵钱多多家具有限公司为会计主体，内容包括企业的基本信息、企业会计政策，企业相关财务制度，以及2021年11月、12月的完整经济业务。实训中所用到的各种原始凭证、记账凭证、账簿及会计报表等，均以最新的会计准则、财税政策为依据，按实务工作中会计人员核算使用的真实“证账表”格式设计制作并采用彩色印刷。参训者以线下工作业务册为载体，按任务驱动式的学习方式，全方位地亲历会计核算过程的全部具体工作；同时配套线上APOIT会计实务课程O2O学习系统，依靠强大的互联网技术，将线下工作业务册对应的防伪税控发票开具、增值税发票认证、网上报税、电算化软件运用等工作任务搬到线上互联网系统，让参训者身临其境地体验会计工作的全过程，从而彻底解决会计从业人员实习难、工作经验获得难等问题。通过系统学习，参训者可以迅速积累一定的工作经验，从而更好地胜任会计工作。

本实训分为商业全盘账训练和工业全盘账训练，其应用方式如下：

1.商业全盘账训练：为强化各个业务的学习效果，使学员能熟练掌握会计工作流程，我们先训练以“会计手工账务处理方式”对11月份的经济业务进行处理，然后仍以11月份业务为载体，通过“电算化软件账务处理方式”来学习电算化软件的实务操作技能，并了解手工账和电脑账处理的差异。

2.工业全盘账训练：在完成“商业全盘账训练”全部课程的学习后，进一步巩固全盘账实操能力和电算化实操能力，并了解工业企业和商业企业的会计处理差异，更加重点掌握工业企业的费用成本归集分配、产品成本计算等经济业务，运用“电算化软件账务处理方式”对12月份完整的经济业务进行综合训练。

3.APOIT线上配套训练：运用线上APOIT会计实务课程O2O学习系统，将线下工作业务册配套的11、12月份的防伪税控发票开具、增值税发票认证、网上报税，以及电算化软件操作等会计工作任务在线上无缝对接地进行会计工作的训练。

业务简要说明：请结合目录列表的顺序进行学习，了解企业相关信息、会计政策及核算办法，熟悉企业会计科目，为后续业务核算做好准备。

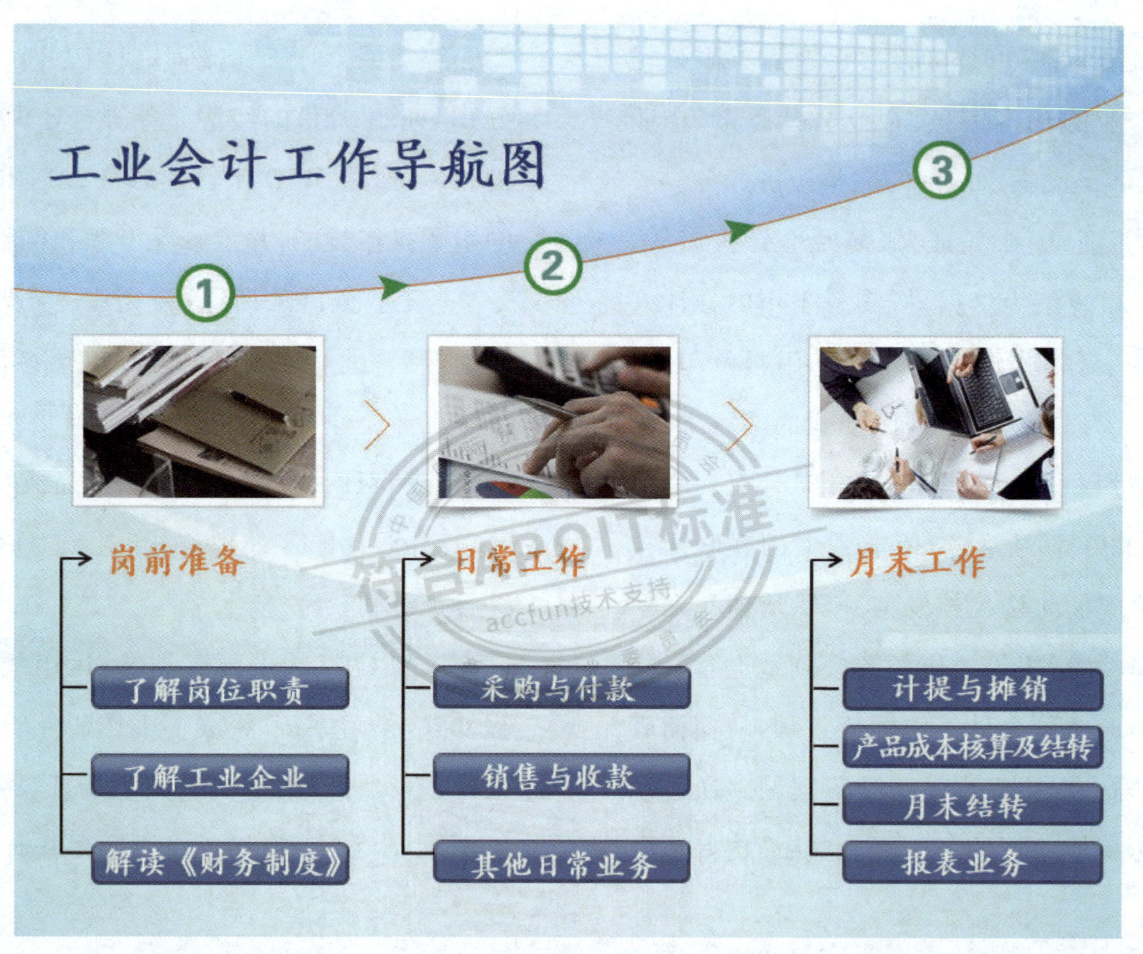
工业会计工作导航图
1
2
3
岗前准备
了解岗位职责
了解工业企业
解读《财务制度》
日常工作
采购与付款
销售与收款
其他日常业务
月末工作
计提与摊销
产品成本核算及结转
月末结转
报表业务

一、岗前准备

◆准备 01 ◆ 了解岗位职责

1.了解工作的重点

向财务经理了解本公司会计工作的重点。

2.了解工作注意事项

向财务经理了解工作中需要注意的事项。

工业企业主办会计岗位职责

1.了解工业企业的特征，熟悉工业企业流程及企业财务制度。

2.及时做好企业日常采购、生产、销售及其他日常业务的账务处理。

3.月末，能够准确地进行料、工、费及成本的核算；能编制相应的会计报表，并能对报表进行简单分析。

4.能够根据企业生产工艺特点选择合适的成本核算方法（如品种法、分批法、分步法），并准确进行企业的成本核算。

5.其他工业会计应当掌握的能力。

◆准备 02 ◆ 掌握工作相关信息

国家企业信用信息公示系统：

国家企业信用信息公示系统（金陵）
National Enterprise Credit Information Publicity System
企业信用信息 | 经营异常名录 | 严重违法失信企业名单
请输入企业名称、统一社会信用代码或注册号

金陵钱多多家具有限公司 存续（在营、开业、在册）
统一社会信用代码：91516850689258158N
法定代表人：钱多多
登记机关：金陵市工商行政管理局
成立日期：2020年01月01日
发送报告 信息分享 信息打印

基础信息 行政许可信息 行政处罚信息 列入经营异常名录信息 列入严重违法失信企业名单（黑名单）信息

营业执照信息

- 统一社会信用代码：91516850689258158N
- 企业名称：金陵钱多多家具有限公司
- 类型：有限责任公司（自然人独资）
- 法定代表人：钱多多
- 注册资本：100万元人民币
- 成立日期：2020年01月01日
- 营业期限自：2020年01月01日
- 营业期限至：自2020年01月01日至2069年12月31日
- 登记机关：金陵市玄武区工商局
- 核准日期：2020年01月01日
- 登记状态：存续（在营、开业、在册）
- 住所：金陵市玄武区中山路88号
- 经营范围：加工制造、零售日用品、销售家具、五金交电、建筑材料、装饰材料、化工产品、电器设备、机械设备、水暖器材、家用电器、工艺美术品、服装鞋帽、计算机软硬件及辅助设备、汽车配件、文化用品、体育用品、通讯器材及配件、针纺织品、家居用品、玩具、箱包、塑料制品、化工产品（不含一类毒化学品、化学危险品）。（依法须经批准的项目，经相关部门批准后依批准的内容开展经营活动。）

营业执照（正本）：

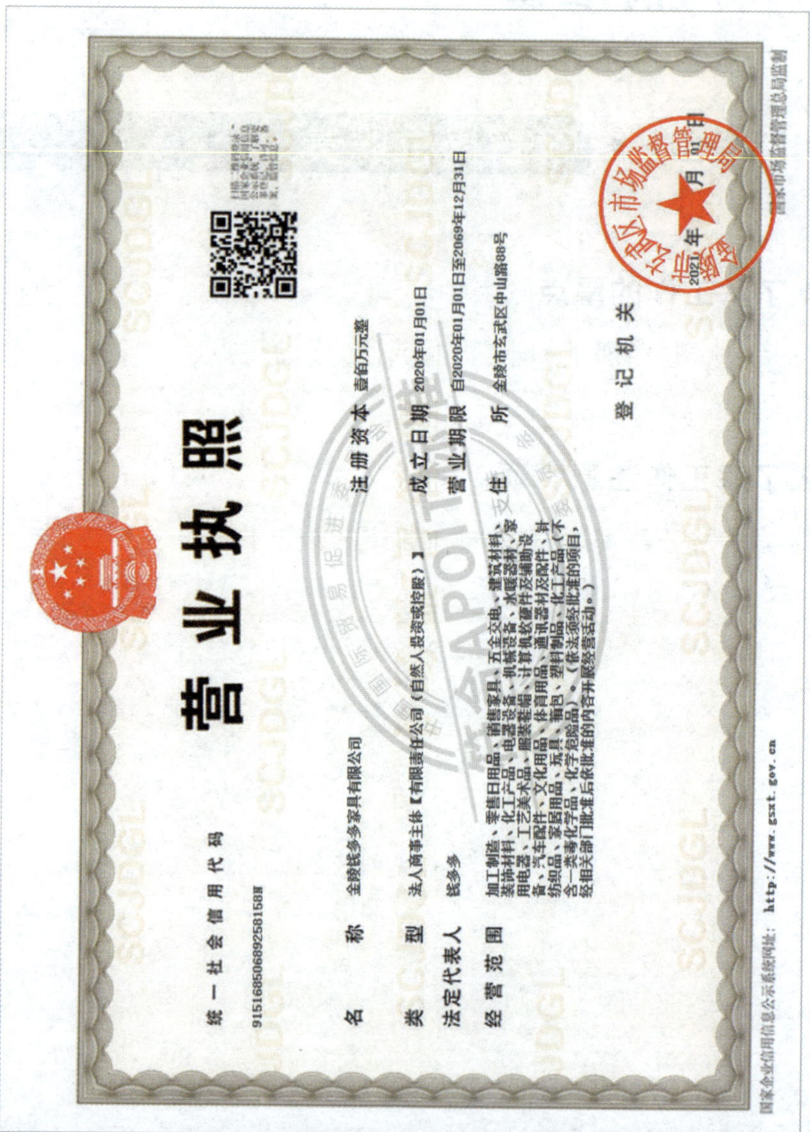

营业执照

统一社会信用代码
91516850689258158N

名　　称　金陵钱多多家具有限公司
类　　型　法人商事主体【有限责任公司（自然人投资或控股）】
法定代表人　钱多多
经营范围　加工制造、零售日用品、销售家具、五金交电、建筑材料、装饰材料、化工产品、电器设备、机械设备、水暖器材、家用电器、工艺美术品、服装鞋帽、计算机软硬件及辅助设备、汽车配件、文化用品、体育用品、通讯器材及配件、针纺织品、家居用品、玩具、箱包、塑料制品、化工产品（不含一类毒化学品、化学危险品）。（依法须经批准的项目，经相关部门批准后依批准的内容开展经营活动。）
注册资本　壹佰万元整
成立日期　2020年01月01日
营业期限　自2020年01月01日至2069年12月31日
住　　所　金陵市玄武区中山路88号

登记机关

国家企业信用信息公示系统网址：http://www.gsxt.gov.cn

基本存款账户信息：

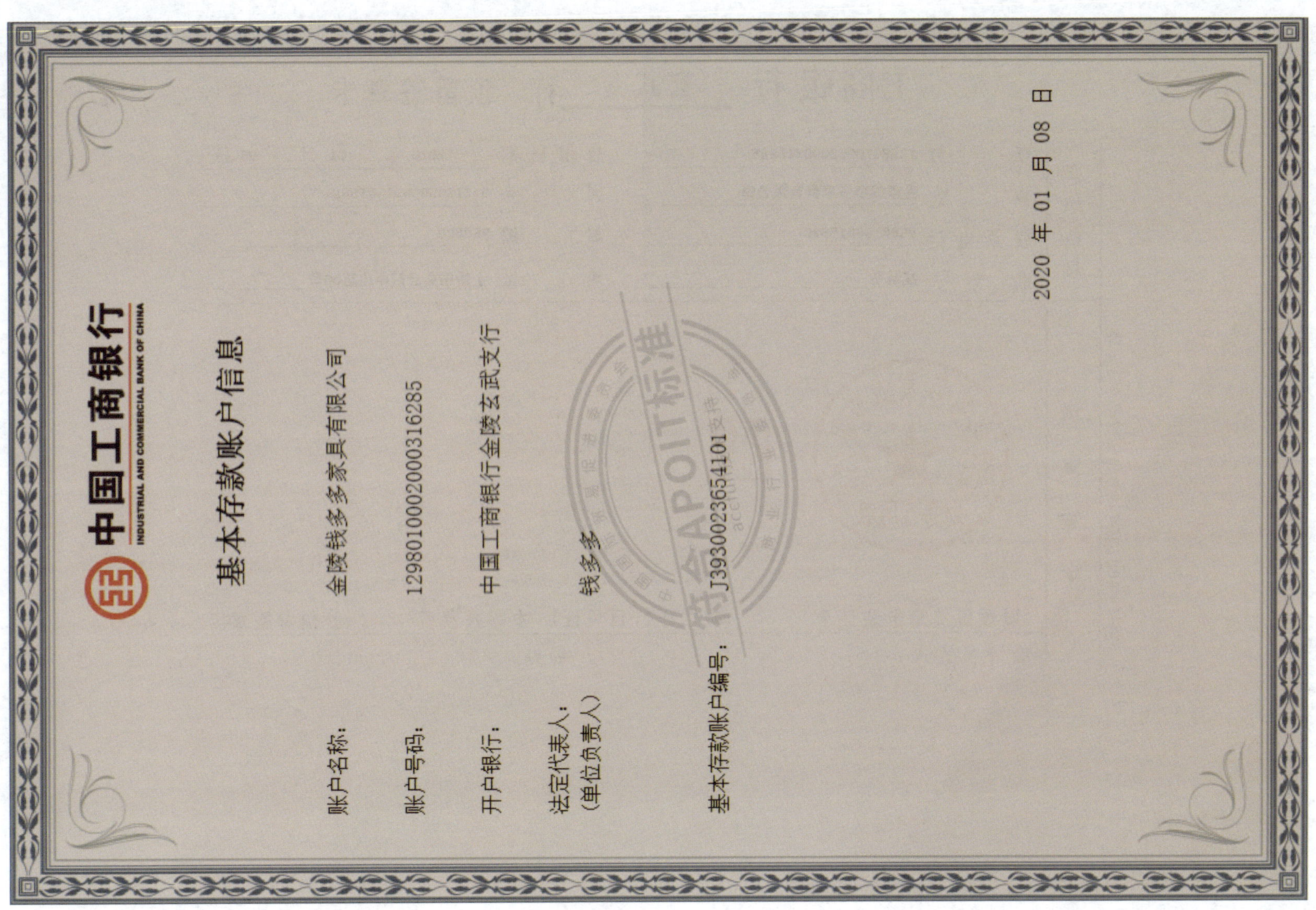

中国工商银行
INDUSTRIAL AND COMMERCIAL BANK OF CHINA

基本存款账户信息

账户名称：金陵钱多多家具有限公司

账户号码：1298010002000316285

开户银行：中国工商银行金陵玄武支行

法定代表人（单位负责人）：钱多多

基本存款账户编号：J3930023654101

2020 年 01 月 08 日

银行预留签章卡：

工商银行 玄武支 行 预留签章卡

必填信息				
账号	1298010002000316285	启用日期	2020 年 01 月 05 日
户名	金陵钱多多家具有限公司	客户号	91516850689258158N
联系电话	0688-86615898	邮编	258800
联系人	钱多多	地址	金陵市玄武区中山路88号

预留签章

金陵钱多多家具有限公司 财务专用章

钱多多印

（旧预留签章卡装订于　　年　月　日凭证）本行共预留　　份预留签章卡

会计负责人：　　经办：

代号（兴会44）10×15=50K2003.6月版

企业组织架构：

总经办
行政部
财务部
采购部
销售部
仓管部
生产车间
行政人员
财务经理
采购经理
销售经理
仓库主管
车间主管
会计
采购人员
销售人员
仓库人员
车间工人
出纳

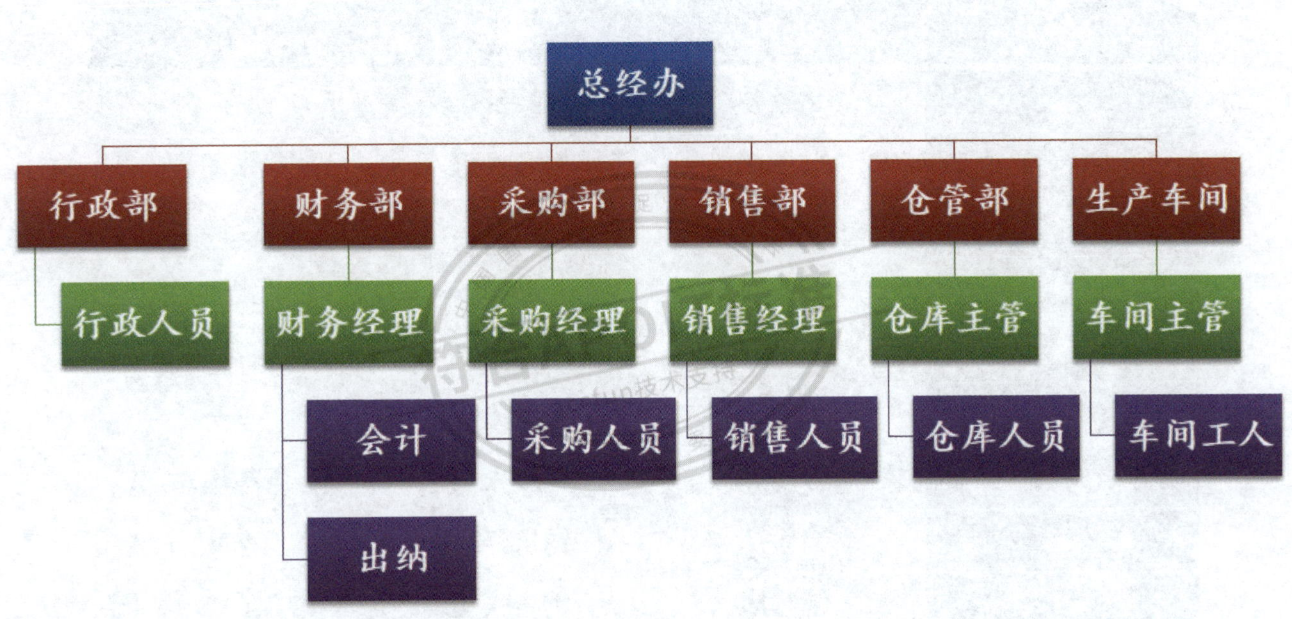

企业主要人员分布：

序号	部门	职位	姓名
1	总经办	总经理	钱多多
2	财务部	财务经理	张丽
3	财务部	出纳	李丽
4	财务部	会计	张雯
5	采购部	采购经理	张高丽
6	采购部	采购人员	李奇
7	行政部	行政人员	陈华
8	销售部	销售经理	李林
9	销售部	销售人员	王玲
10	仓管部	仓库主管	周白
11	仓管部	仓库人员	张慧
12	生产车间	车间主管	刘怀辉
13	生产车间	车间工人	陆游
14	生产车间	车间工人	陈洪
15	生产车间	车间工人	关童

准备 03 解读财务制度

本公司执行《小企业会计准则》，相关财务制度关键点如下：

(1)库存现金管理制度

库存现金管理制度

1.公司财务部库存现金限定期限（3至5天）控制在核定限额5万元以内，不得超限额存放现金。

2.严格执行现金盘点制度，做到日清月结，保证现金的安全。现金遇有长短款，应及时查明原因，报告单位领导，并追究相关人员的责任。

3.出纳不准坐支、不准白条抵库。

4.不准私自挪用、占用和借用公司现金。

5.到银行提取或送存现金（金额达3万元以上）的时候，需由两名人员一同前往。

6.出纳要妥善保管保险箱内存放的现金和有价证券，私人财物不得存放于保险箱。

7.出纳必须随时接受单位领导的检查、监督。

8.出纳必须严格遵守、执行上述各条规定。

(2)银行存款管理制度

银行存款管理制度

1.必须遵守中国人民银行的规定，办理银行基本账户和一般账户的开户，以及各种银行结算业务。

2.必须认真贯彻执行《中华人民共和国支付管理结算办法》、《中华人民共和国票据法》等相关的结算管理制度。

3.公司应为每个银行开户账号建立一本银行存款日记账，出纳应及时将公司银行存款日记账与银行对账单逐笔进行核对。会计于次月初编制“银行存款余额调节表”。

4.空白银行支票与预留印鉴必须实行分管。由出纳登记支票使用情况，逐笔记录签发支票的用途、使用单位、金额、支票号码等。

（3）债权债务核算制度

债权债务核算制度

1.应收账款的管理：企业为加强对应收账款的管理，在总分类账的基础上，按客户的名称设置明细分类账，详细、序时地记载与各客户的往来情况，同时定期与客户进行核对；本企业预收账款业务发生不多的，不设置“预收账款”，把预收账款业务通过“应收账款”核算。

2.应付账款是指公司因购买材料、商品和接受劳务而发生的负债，按照实际发生额入账，并按债权人设置明细账核算增减情况。本企业预付账款业务不多的，不设置“预付账款”，把预付账款业务通过“应付账款”核算。

3.应付职工薪酬是指根据有关规定应付给职工的各种薪酬，按工资、员工福利、社保费、住房公积金等进行明细核算。月末将本月职工薪酬进行分配，分别计入相关成本费用账户。次月发放工资时，用“其他应收款”核算代扣个人社保、住房公积金，并用“应交税费——应交个人所得税”核算代扣个税。月初支付本月社保、公积金，月末通过“应付职工薪酬”计提单位承担的社保、公积金。

（4）存货核算制度

存货核算制度

1. 存货数量的确定采用永续盘存制，设立存货明细账，记录存货的收发情况，并定时结出其结存数量。

2. 购入的存货，按买价加运输、装卸、保险等费用，运输途中的合理损耗，入库前的挑选整理费用和按规定应计入成本的税金以及其他费用，作为实际成本。外购存货入库时按实际成本法计价。

3. 存货发出成本计算采用月末一次加权平均法，在领料单上须注明用途、数量、领用部门等，以确保核算的准确性。

4. 外购存货发出和结存均按实际成本法计价。

5. 包装物、低值易耗品的摊销方法采用一次摊销法。

6. 存货的盘点包括月度、年中和年终盘点，务必做到账实相符。在盘点中发现盘盈、盘亏、损毁、变质等情况应及时处理。

(5)委托加工核算制度

委托加工核算制度

1.“委托加工物资”核算企业委托外单位加工的各种材料、商品等物资的实际成本,该科目按照加工物资设置明细科目。

2.企业委托外单位加工过程中,实际发生的各种材料、商品物资,加工费用以及运杂费等,计入委托加工物资产品成本。

3.委托加工物质材料发出,以当月发出的数量和月末一次加权平均单价核算发出材料成本。

4.加工完成并验收入库后,将加工中实际耗用物资的成本、支付的加工费用及负担的运杂费、支付的税费等转入“库存商品”科目。

(6)固定资产核算制度

固定资产核算制度

1. 固定资产在取得时,按取得时的成本入账,取得时的成本包括买价、相关税费、运输和保险等相关费用,以及为使固定资产达到预定可使用状态前所必要的支出。

2. 按固定资产的折旧年限,将固定资产划分为电子设备、办公设备、生产设备和运输设备。

3. 固定资产的预计使用期限:生产设备使用 10 年,电子设备使用 3 年,办公设备使用 5 年,运输设备使用 4 年。

4. 公司对固定资产采用年限平均法(即直线法)计提折旧,按月计提固定资产的折旧,本月增加的固定资产从下月起计提折旧,本月减少的固定资产当月仍计提折旧,从下月起停止计提折旧。

5. 固定资产的管理由财务部和总经办共同负责。财务部负责设立固定资产明细账;行政部负责建立固定资产卡片并定期对账。

6. 每年年终,由财务部牵头,组织使用部门对固定资产进行盘点,编制盘点表。

(7)无形资产核算制度

无形资产核算制度

1. 无形资产以取得时并使之达到预定用途而发生的全部支出,作为无形资产的成本。

2. 无形资产自取得当月起在预计使用年限内分期摊销,计入损益,本公司采购的财务软件有效使用期限为1年,到期后再按年支付使用费。

3. 公司对无形资产采用平均年限法(即直线法)进行摊销。按月对无形资产进行摊销,无形资产应当自可供使用(即其达到预定用途)当月起开始摊销,处置当月不再摊销。

4.无形资产的管理由总经办和财务部共同负责,财务部负责建立无形资产明细账,总经办负责清查、盘点及日常监督工作。

5.每年年度终了进行一次全面的清查盘点,并根据需要不定期地进行全面或局部的清查。

(8)生产成本核算制度

生产成本核算制度

1. 企业生产过程中实际消耗的直接材料、直接人工、其他直接支出与制造费用,计入产品成本。

2. 公司采用品种法对产品成本进行计算。

3. 核算生产耗用的各种材料,要收集当月生产过程中领用、退库、交库的全部材料凭证进行核算,按材料的实际价格进行核算。

4. 投入人工按工时比例法进行分配。

5. 公司设有一个车间为生产车间。

6. 制造费用采用生产工时比例分配法进行分配。

7. 公司采用约当产量法对在产品与完工产品成本进行计算、分配,每个车间半成品的完工比率和月末的在产品数量由生产管理人员在月末统计得出。

8. 领用材料一次性投入。

(9)费用审批制度

费用审批制度

1. 因公出差、经总经理批准借支公款的，应在回单位后七天内结清，不得拖欠。

2. 金额在1000元以下(含1000元)的，由主管部门经理签字之后交给财务经理复核、审批；金额在1000元以上的，由主管部门经理审核签字之后交给财务经理复核再由总经理审批。

3. 借款人必须按规定填写“借款单”，注明借款事由、借款金额，出纳应对借款事项专门设置台账进行跟踪管理。

4. 手续完整、填写无误的，出纳凭审批后的单据付款。

5. 正常的办公费用开支，必须有正式发票且印章齐全，还需要经手人、部门负责人签名。

6. 报销单填写必须完整，原始单据必须真实、合法，签章必须符合以上相关规定，出纳才能给予报销。

(10)税费核算制度

税费核算制度

1.“应交税费”核算公司按照税法等规定计算应交纳的各种税费，包括增值税、企业所得税、城市维护建设税、教育费附加、地方教育附加，以及公司代扣代缴的个人所得税等，公司按应交的税费进行明细核算，应交增值税明细账根据规定设置进项税额等专栏进行明细核算。

2.本企业为增值税一般纳税人。应交增值税分别按“进项税额”、“销项税额”、“转出未交增值税”、“转出多交增值税”等设置明细科目。月份终了，企业计算当月应交未交增值税，借记“应交税费——应交增值税(转出未交增值税)”科目，贷记“应交税费——未交增值税”科目。企业计算当月多交增值税，借记“应交税费——未交增值税”，贷记“应交税费——转出多交增值税”。次月申报缴纳上月应交的增值税时，借记“应交税费——未交增值税”科目，贷记“银行存款”、“库存现金”等科目。

3.本企业所得税采用查账征收方式，企业所得税税率为25%，企业所得税每个季度申报预缴，次年5月31号之前完成年度汇算清缴。

(11)所有者权益核算制度

所有者权益核算制度

1."实收资本"核算投资者投入的资本。

2."本年利润"核算公司当期实现的净利润(或发生的净亏损),年度终了,应将本年收入和支出相抵后结出的本年实现的净利润,转入"利润分配"科目。

3."利润分配"核算公司利润的分配(或亏损的弥补)和历年分配(或弥补)后的余额。公司在"利润分配"科目下设置"未分配利润"明细科目。

(12)损益核算制度

损益核算制度(1)

1."主营业务收入"核算销售商品、提供劳务等主营业务的收入。公司在商品已经发出、劳务已经提供,同时收讫价款或取得价款权利的凭证时确认收入的实现并开具发票结算。

2."主营业务成本"核算公司确认销售商品、提供劳务等主营业务应结转的成本。

3."税金及附加"核算企业经营业务应负担的城市维护建设税、教育费附加、地方教育附加和印花税等。

4."销售费用"核算公司销售商品过程中发生的各项费用,按运输费、折旧费、工资、社保费、住房公积金、差旅费、业务招待费、广告费等进行明细核算。

损益核算制度(2)

5."管理费用"核算公司为组织和管理企业生产经营所发生的各项费用,按工资、社保费、住房公积金、办公费、快递费、房租、水电费、通讯费、招待费、保险费、折旧费等进行明细核算。

6."财务费用"核算公司为筹集生产经营所需资金而发生的费用,按利息支出、利息收入、手续费等项目设置明细账,进行明细核算。

7."营业外收入"和"营业外支出"核算与公司生产经营活动无直接关系的各种收入和支出。

8."所得税费用"核算公司根据所得税准则确认的应从当期利润总额中扣除的所得税费用,需要在利润表中反映。

9."以前年度损益调整"核算公司本年度发生的调整以前年度损益的事项。

(13)财务报告

公司财务报告分为月报、季报、半年报、年报，内容上包括资产负债表、利润表、现金流量表。

会计手工账务处理程序(科目汇总表账务处理程序)：

常见会计电算化软件账务处理程序：

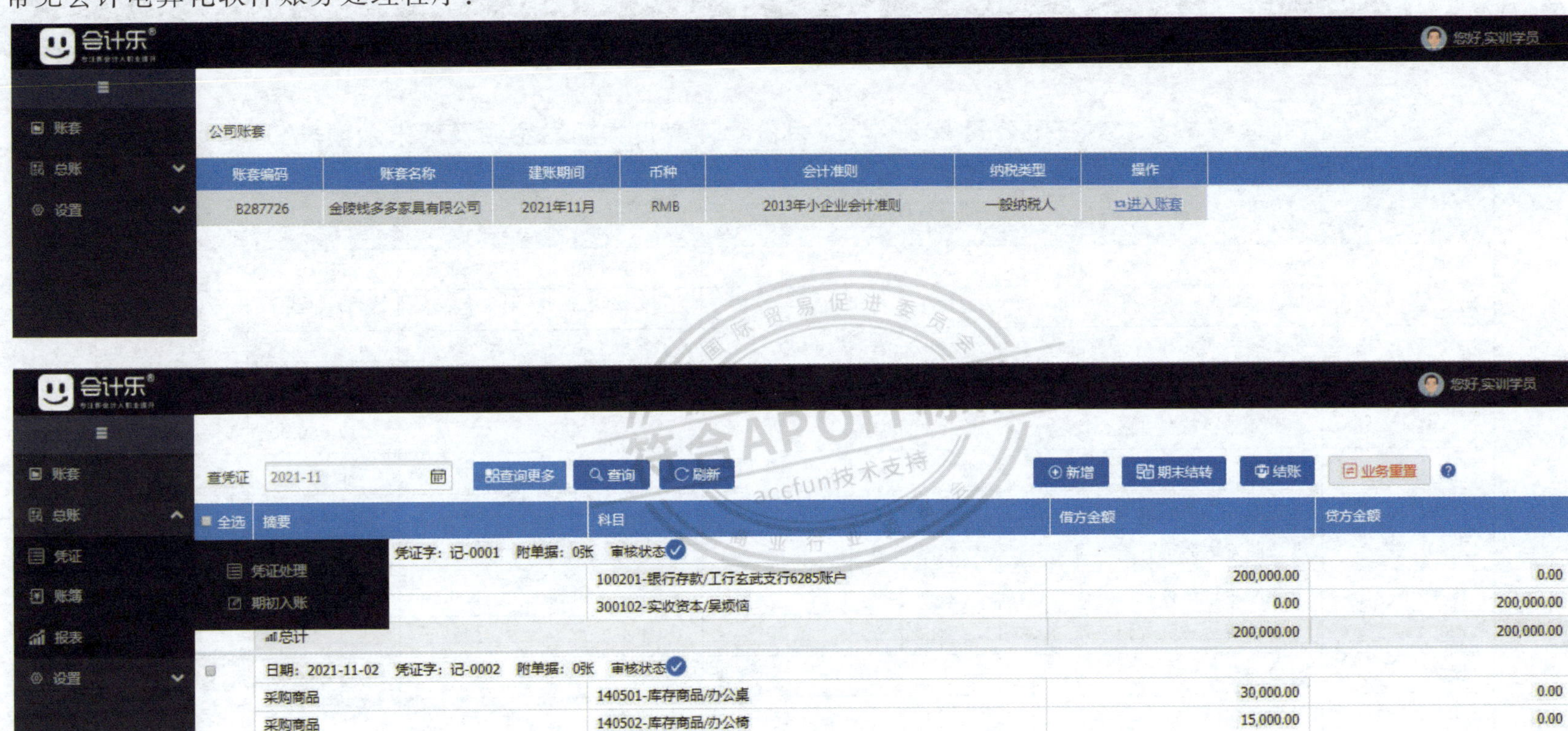

◆准备 04◆ 会计科目及期初余额

金陵钱多多家具有限公司 2021 年 11 月份会计科目本期发生额及期末余额表

科目代码	科目名称	期初余额		本期发生额		期末余额	
		借方	贷方	借方	贷方	借方期末	贷方期末
1001	库存现金	5 982.00		10 700.00	10 011.70	6 670.30	
1002	银行存款	717 465.56		413 796.00	133 903.25	997 358.31	
100201	工行玄武支行 6285 账户	717 465.56		413 796.00	133 903.25	997 358.31	
1121	应收票据	22 600.00				22 600.00	
112101	上海美新商贸有限公司	22 600.00				22 600.00	
1122	应收账款	178 616.00		233 910.00	153 680.00	258 846.00	
112201	金陵万佳商贸有限公司	25 808.00				25 808.00	
112202	金陵万达商贸有限公司	33 900.00		193 230.00	108 480.00	118 650.00	
112203	金陵沃特商贸有限公司	69 000.00		45 200.00	45 200.00	69 000.00	
112204	金陵海达商贸有限公司	4 520.00		−4 520.00			
112205	金陵东宇贸易有限公司	45 388.00				45 388.00	
1221	其他应收款	6 520.00		8 520.00	6 520.00	8 520.00	
122101	钱多多			5 000.00		5 000.00	
122102	王玲	3 000.00			3 000.00		
122103	代扣个人社保	2 420.00		2 420.00	2 420.00	2 420.00	
122104	代扣个人住房公积金	1 100.00		1 100.00	1 100.00	1 100.00	
1405	库存商品	88 290.00		105 000.00	167 740.00	25 550.00	
140501	办公桌	62 540.00		70 000.00	113 740.00	18 800.00	
140502	办公椅	25 750.00		35 000.00	54 000.00	6 750.00	
1601	固定资产	54 000.00				54 000.00	
160101	办公设备	20 700.00				20 700.00	

续表

科目代码	科目名称	期初余额		本期发生额		期末余额	
		借方	贷方	借方	贷方	借方期末	贷方期末
160102	电子设备	33 300.00				33 300.00	
1602	累计折旧		14 886.50		1 206.50		16 093.00
1604	在建工程	283 102.88				283 102.88	
160401	生产设备	283 102.88				283 102.88	
2202	应付账款		22 600.00	30 000.00	118 650.00		111 250.00
220201	金陵易能达商贸有限公司		22 600.00	30 000.00	50 850.00		43 450.00
220202	上海美新商贸有限公司				67 800.00		67 800.00
2211	应付职工薪酬		50 200.00	59 352.00	66 452.00		57 300.00
221101	职工工资		50 200.00	50 200.00	57 300.00		57 300.00
221102	社保费			8 052.00	8 052.00		
221103	住房公积金			1 100.00	1 100.00		
2221	应交税费		26 208.00	94 068.00	89 817.73		21 957.73
222101	应交增值税			67 860.00	67 860.00		
22210101	进项税额			14 324.88	14 324.88		
22210102	销项税额			33 930.00	33 930.00		
22210103	转出未交增值税			19 605.12	19 605.12		
222102	未交增值税		23 400.00	23 400.00	19 605.12		19 605.12
222103	应交企业所得税						
222104	应交城市维护建设税		1 638.00	1 638.00	1 372.36		1 372.36
222105	应交教育费附加		702.00	702.00	588.15		588.15
222106	应交地方教育附加		468.00	468.00	392.10		392.10
3001	实收资本		800 000.00		200 000.00		1 000 000.00
300101	钱多多		500 000.00				500 000.00
300102	吴烦恼		300 000.00		200 000.00		500 000.00
3101	盈余公积		22 149.13				22 149.13

续表

科目代码	科目名称	期初余额		本期发生额		期末余额	
		借方	贷方	借方	贷方	借方期末	贷方期末
310101	法定盈余公积		22 149.13				22 149.13
3103	本年利润		221 190.64		7 364.82		228 555.46
3104	利润分配		199 342.17				199 342.17
310401	未分配利润		199 342.17				199 342.17
5001	主营业务收入			261 000.00	261 000.00		
500101	办公桌			171 000.00	171 000.00		
500102	办公椅			90 000.00	90 000.00		
5401	主营业务成本			167 740.00	167 740.00		
540101	办公桌			113 740.00	113 740.00		
540102	办公椅			54 000.00	54 000.00		
5403	税金及附加			2 477.61	2 477.61		
540301	印花税			125.00	125.00		
540302	城市维护建设税			1 372.36	1 372.36		
540303	教育费附加			588.15	588.15		
540304	地方教育附加			392.10	392.10		
5601	销售费用			21 262.82	21 262.82		
560101	工资			11 500.00	11 500.00		
560102	社保费			1 464.00	1 464.00		
560103	住房公积金			200.00	200.00		
560104	运输费			3 000.00	3 000.00		
560105	差旅费			3 497.07	3 497.07		
560106	招待费			1 350.00	1 350.00		
560107	折旧费			251.75	251.75		
5602	管理费用			61 239.75	61 239.75		
560201	工资			45 800.00	45 800.00		

续表

科目代码	科目名称	期初余额		本期发生额		期末余额	
		借方	贷方	借方	贷方	借方期末	贷方期末
560202	社保费			6 588.00	6 588.00		
560203	住房公积金			900.00	900.00		
560204	办公费			200.00	200.00		
560205	快递费			250.00	250.00		
560206	房租			3 500.00	3 500.00		
560207	水电费			1 285.00	1 285.00		
560208	通讯费			330.00	330.00		
560209	招待费			1 432.00	1 432.00		
560210	折旧费			954.75	954.75		
560211	差旅费						
5603	财务费用			11.00	11.00		
560301	手续费			11.00	11.00		
560302	利息支出						
560303	利息收入						
5711	营业外支出			904.00	904.00		
571101	违约金			904.00	904.00		
5801	所得税费用						
合计		1 356 576.44	1 356 576.44	1 469 981.18	1 469 981.18	1 656 647.49	1 656 647.49

金陵钱多多家具有限公司 2021 年 11 月份库存商品本期发生数量及结余数量表

科目代码	科目名称	单位	期初结存数量	本期借方数量	本期贷方数量	期末结存数量
140501	库存商品—办公桌	张	610	800	1210	200
140502	库存商品—办公椅	把	550	800	1200	150

二、经济业务

(一)经济业务说明

2021年12月份发生的经济业务说明

凭证号	业务发生日期	经济业务说明	单 据 编 号
001	2021—12—01	采购原材料密度板	1—1/4、1—2/4、1—3/4、1—4/4
002	2021—12—01	购入不需安装的数控生产机床	2—1/6、2—2/6、2—3/6、2—4/6、2—5/6、2—6/6
003	2021—12—02	销售人员出差报销	3—1/7、3—2/7、3—3/7、3—4/7、3—5/7、3—6/7、3—7/7
004	2021—12—02	购买办公用品	4—1/2、4—2/2
005	2021—12—02	购买理财产品	5—1/1
006	2021—12—02	收到上个月货款	6—1/3、6—2/3、6—3/3
007	2021—12—03	购入需安装的数控装配机床	7—1/4、7—2/4、7—3/4、7—4/4
008	2021—12—06	支付数控装配机床运输费用	8—1/3、8—2/3、8—3/3
009	2021—12—06	支付数控装配机床的安装费用	9—1/3、9—2/3、9—3/3
010	2021—12—06	数控装配机床安装完毕,交付使用	10—1/1
011	2021—12—06	购买周转材料	11—1/4、11—2/4、11—3/4、11—4/4
012	2021—12—06	转生产型企业,投保财产保险	12—1/3、12—2/3、12—3/3
013	2021—12—07	收到货款	13—1/1
014	2021—12—07	支付员工生活困难借款	14—1/1
015	2021—12—08	采购原材料	15—1/5、15—2/5、15—3/5、15—4/5、15—5/5
016	2021—12—08	支付货款	16—1/1
017	2021—12—08	支付原材料采购款	17—1/1
018	2021—12—09	申请银行汇票	18—1/3、18—2/3、18—3/3
019	2021—12—09	支付汇票手续费	19—1/1
020	2021—12—09	采购原材料	20—1/7、20—2/7、20—3/7、20—4/7、20—5/7、20—6/7、20—7/7

续表

凭证号	业务发生日期	经济业务说明	单据编号
021	2021—12—10	银行承兑汇票到期	21—1/2、21—2/2
022	2021—12—10	支付房租	22—1/3、22—2/3、22—3/3
023	2021—12—10	收回银行汇票多余款	23—1/2、23—2/2
024	2021—12—11	销售货物	24—1/3、24—2/3、24—3/3
025	2021—12—12	预借差旅备用金	25—1/1
026	2021—12—12	购买芒果作为员工福利发给职工，已全部发放	26—1/3、26—2/3、26—3/3
027	2021—12—12	变卖总经办笔记本电脑，转入固定资产清理	27—1/1
028	2021—12—13	取得笔记本电脑变卖收入	28—1/2、28—2/2
029	2021—12—13	结转固定资产清理损益	29—1/1
030	2021—12—13	报销员工差旅费	30—1/5、30—2/5、30—3/5、30—4/5、30—5/5
031	2021—12—14	委托加工橱柜	31—1/3、31—2/3、31—3/3
032	2021—12—14	销售密度板	32—1/3、32—2/3、32—3/3
033	2021—12—15	缴纳增值税	33—1/1
034	2021—12—15	缴纳附加税费	34—1/1
035	2021—12—15	缴纳印花税	35—1/1
036	2021—12—15	缴纳社保费	36—1/2、36—2/2
037	2021—12—15	缴纳住房公积金	37—1/2、37—2/2
038	2021—12—15	发放 11 月份工资	38—1/2、38—2/2
039	2021—12—15	缴纳个人所得税	39—1/1
040	2021—12—16	支付水费	40—1/4、40—2/4、40—3/4、40—4/4
041	2021—12—16	支付电费	41—1/4、41—2/4、41—3/4、41—4/4
042	2021—12—17	销售货物（现金折扣）	42—1/2、42—2/2
043	2021—12—20	业务招待费报销并收回借款余额	43—1/4、43—2/4、43—3/4、43—4/4
044	2021—12—20	支付公司打印机维修费	44—1/2、44—2/2
045	2021—12—21	销售货物	45—1/2、45—2/2
046	2021—12—22	支付快递费	46—1/2、46—2/2

续表

凭证号	业务发生日期	经济业务说明	单 据 编 号
047	2021—12—23	销售货物	47—1/3、47—2/3、47—3/3
048	2021—12—24	支付销售运费	48—1/3、48—2/3、48—3/3
049	2021—12—27	支付本月通讯费	49—1/3、49—2/3、49—3/3
050	2021—12—27	支付短信服务费	50—1/1
051	2021—12—31	支付税盘服务费	51—1/2、51—2/2
052	2021—12—31	购入无形资产	52—1/3、52—2/3、52—3/3
053	2021—12—31	购买原材料、暂估入库	53—1/2、53—2/2
054	2021—12—31	收到货款(现金折扣)	54—1/2、54—2/2
055	2021—12—31	收到银行利息	55—1/1
056	2021—12—31	计提12月份职工薪酬	56—1/1
057	2021—12—31	领用生产材料	57—1/6、57—2/6、57—3/6、57—4/6、57—5/6、57—6/6
058	2021—12—31	领用周转材料	58—1/2、58—2/2
059	2021—12—31	材料盘盈	59—1/1
060	2021—12—31	盘盈材料处理	60—1/1
061	2021—12—31	计提折旧	61—1/1
062	2021—12—31	结转制造费用	62—1/1
063	2021—12—31	结转完工产品成本	63—1/5、63—2/5、63—3/5、63—4/5、63—5/5
064	2021—12—31	结转产品销售成本	64—1/5、64—2/5、64—3/5、64—4/5、64—5/5
065	2021—12—31	结转销售材料成本	65—1/2、65—2/2
066	2021—12—31	委托加工发出物资	66—1/2、66—2/2
067	2021—12—31	摊销无形资产	67—1/1
068	2021—12—31	计提所得税	68—1/1
069	2021—12—31	结转本期损益	69—1/1
070	2021—12—31	结转未分配利润	
071	2021—12—31	提取法定盈余公积	
072	2021—12—31	结转法定盈余公积	

(二)经济业务分类

由于原始凭证大部分都是由非会计人员一手经办,并且经过一系列传递移交过来的,因此,会计人员收到的大部分原始凭证处于杂乱、无序的状态。为了便于核算,会计人员首先应对其进行分类:可以按经济业务类型分类,也可以按票据来源岗位分类。

经济业务分类表

<table>
<tr><td>第一类:
按经济业务类型分类</td><td colspan="2">1. 与银行收付业务相关的原始凭证
2. 与现金收付业务相关的原始凭证
3. 与采购业务相关的原始凭证
4. 与销售业务相关的原始凭证
5. 与成本核算业务相关的原始凭证
6. 与计提结转税费业务相关的原始凭证
7. 与计提结转其他业务相关的原始凭证</td></tr>
<tr><td rowspan="4">第二类:
按票据来源岗位分类</td><td>会计收集</td><td>1. 与采购业务有关的购货发票的发票联、抵扣联及货物运输发票的发票联、抵扣联
2. 与销售业务有关的销售发票的记账联、销售单</td></tr>
<tr><td>出纳传递</td><td>1. 与银行收付业务相关的原始凭证
2. 与现金收付业务相关的原始凭证</td></tr>
<tr><td>仓库传递</td><td>1. 与销售业务结转销售成本有关的出库单
2. 与采购业务办理验收有关的入库单(收料单)
3. 与生产领料有关的领料单
4. 与完工产品入库有关的入库单</td></tr>
<tr><td>会计自制</td><td>1. 与计提结转增值税、附加税相关的原始凭证
2. 与成本计算有关的固定资产折旧计提表、工资结算计提分配表、制造费用分配表;另需根据仓库传递的领料单编制发料汇总表,根据出库单编制结转销售产品成本计算表
3. 与结转当期损益有关的损益计算表
4. 与计提结转所得税有关的所得税计提表
5. 年末,还需编制利润分配结转、计提相关业务的自制表格</td></tr>
</table>

为了更好地实现与实际会计工作的无缝对接,还原实际工作中原始凭证审核、分类、整理之前的原始面貌,我们可以对 12 月份的经济业务,以兼职会计的身份,按分类做账方法进行学习。

三、网上报税

请登录线上系统进行网上报税：

【模块一】防伪税控

开具业务24、28、32、42、45、47的增值税发票。

【模块二】网上认证

认证业务1、2、7、8、9、11、12、15、20、31、40、41、48、49、52的增值税专用发票抵扣联。

【模块三】网上报税

申报 12 月份税种。

四、财务分析

请登录线上系统进行财务分析：

【模块一】利润分析

根据利润明细表，分析公司本年经营情况，并提供优化建议。

【模块二】资金分析

根据现金流量表，分析公司本年资金情况，并提供优化建议。

【模块三】税负分析

根据财务数据及纳税申报表，分析公司本年税负情况，并提供优化建议。

【模块四】权益分析

根据资产负债表，分析公司本年资产结构，并提供优化建议。

前言

一、会计信息化证概述

1. 会计信息化证是什么?

会计信息化证（全称：会计信息化应用能力考试）分为财务会计信息化证、管理会计信息化证、财务 / 审计 / 税务主管信息化证，由中国电子企业协会智能财务分会与中国国际贸易促进委员会商业行业委员会联合颁发，作为会计人员岗位技术能力水平的有效证明，是满足财政部对会计信息化改革下会计岗位新要求的证书。会计信息化证是真正会计工作的上岗证。

2. 为什么报考会计信息化证?

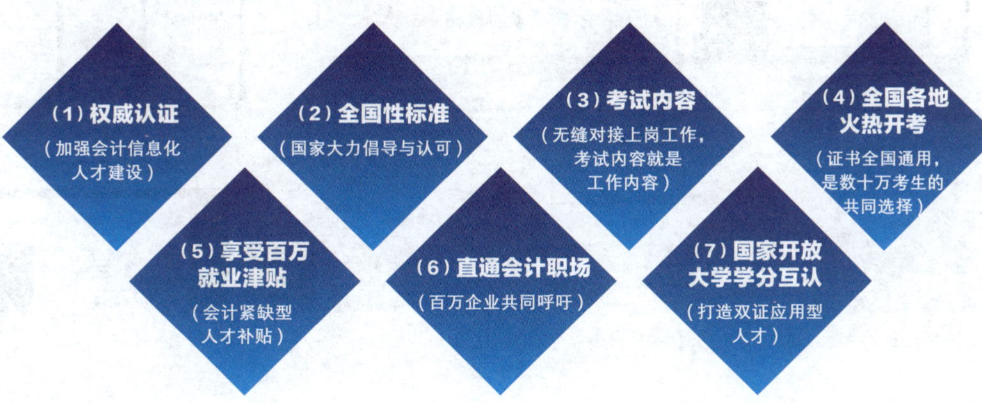

职业教育国家学分银行建设是“职教 20 条”提出的重大改革任务。受教育部委托，国家开放大学全面推进职业教育国家学分银行的建设。2020 年 1 月 1 日，会计信息化证正式加入国家开放大学学分银行体系“学习成果互认联盟”，学习者可凭积累学分抵免 6~20 学分。

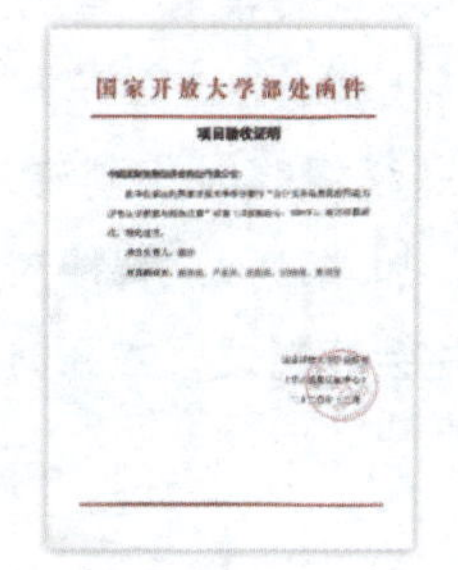

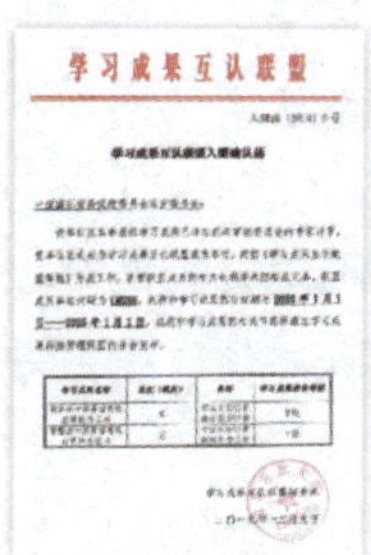

二、财务会计信息化证实训课程

《APOIT 实训系列课程》充分融合全国各地 10000 多家财税公司、事务所的会计真账实操经验，全仿真模拟真实票据和会计业务，还原会计工作的真实场景，学习过程就是工作过程，学完即可上岗！

1. 情景胜任式学习模式，快速匹配企业招聘要求

基于数万家企业客户与财税企业的实务内容，本课程线下业务册全仿真模拟真实票据和经济业务，线上配套全仿真账务、本省报税系统、三大网银实训系统，无缝对接实务工作，使学生在完成特定业务的过程中获得技能与经验，满足企业新会计人的上岗要求，快速就业。

2. 陪伴式实习，提升学习的效率与效果

通过 AI 大数据，实习过程动态跟踪学员的胜任力提升，匹配职业导师专业辅导、工作情景再现、每日一面职场经验传递、会计信息化证模拟考试、简历辅导、模拟面试等陪伴式教学服务，让学习体验与效果大幅度提升。

APOIT 实训课程紧跟时代潮流，依据国家标准白皮书，对课程进行全面升级，加入“人工智能应用”全新模块，不仅是胜任会计岗位，更是守住会计岗位，做新时代下企业需要的会计人才。

三、管理会计信息化证实训课程

APOIT标准管理会计岗位实训课程，源于企业管理会计五大岗位实操内容，结合浪潮、上海财经大学、厦门大学等多方管理会计研究成果，采用双线教学方式，通过名师精讲+沙盘岗位实战练习相结合，让学员快速认知管理会计，提升工作思维与职场竞争力。

独创全仿真管理会计实战课程，包括：五大岗位实战、线上沙盘实战、财务共享中心实训平台、厦大名师精讲。

基于中交、中铁、上海建工、大连造船、中农发等企业管理者的战略与预算工作，匹配线上沙盘案例实战，全面模拟企业的战略与预算过程及其结果，让学生站在管理的角度理解和认识战略与预算，全面提升学员的战略管理与预算管理能力。

基于浪潮集团、中国铁塔、恒瑞制药、太阳纸业等企业的成本控制、营运管理、投融资决策与绩效管理工作，匹配线上沙盘案例实战，全面模拟企业经营过程及其结果，让学生站在管理的角度理解和认识经营决策，全面提升学员的全局观与资本观。

基于山东国投、顺德控股、国信证券、广东地铁、湖北交投等知名企业管理者报表分析与内部控制工作，匹配线上沙盘案例实战，全面提升学生的管理会计报告分析及内部控制能力，协助管理当局掌握状况，参与财务管理拟定未来策略及执行能力。

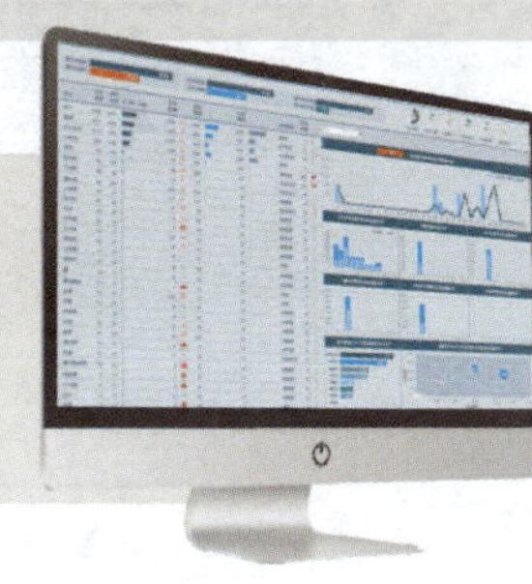

课程深度融合管理会计和Excel数据分析实战应用，以管理会计的视角，讲述财务人员运用Excel的进阶功能，案例基于企业真实职场情景，涵盖管理会计实务工作中所必需的“成本管理、往来账款管理、销售与生产管理、资产管理、报表合并、全面预算”等板块，快速提升会计工作效率和Excel数据分析能力。

四、财务 / 审计 / 税务主管信息化证实训课程

在企业数字化转型的背景下，中小型企业迫切需要具备更高洞察能力、更准确预测能力，可以更高效地处理各种信息的财务主管。数字化财务主管岗位实训班以企业岗位为核心，提升数字化时代下财务主管的综合能力，使他们成为行业中不可缺少的人才。

1. 情景胜任式实习：快速提升岗位胜任力

基于数万家企业的实务工作内容，数字化财务主管岗位实训还原真实工作场景，实战导师与职业导师双线教学，通过全仿真岗位实训，快速积累工作经验，提升岗位胜任力，学习过程就是工作过程。

2. 陪伴式学习和成长：上万家企业岗位推荐 / 定向培养 / 简历直达

通过 AI 大数据，实时跟踪学员的胜任力提升。发布海量求职资源，上万家企业岗位推荐，专业导师辅导，为学员匹配合适的岗位招聘信息，实现精准就业职推，根据学员所在省市推荐当地头部企业招聘，名师指导提升面试通过率，为学员的职业提升保驾护航。

3. 全仿真岗位测评：入选会计人才库

完成数字化财务主管岗位实训班学习后，参与全仿真财务主管岗位测评，测评结果就是工作结果，成绩优秀者入选会计信息化紧缺人才库。

数字化
会计精英岗位实训

工作业务册（上） 商业会计

会计信息化证考试研究中心 编 |  监制

厦门大学出版社
XIAMEN UNIVERSITY PRESS
国家一级出版社
全国百佳图书出版单位

图书在版编目(CIP)数据

数字化会计精英岗位实训/会计信息化证考试研究中心编.—厦门:厦门大学出版社,2021.3(2022.7 重印)

ISBN 978-7-5615-8148-3

Ⅰ.①数…　Ⅱ.①会…　Ⅲ.①会计学—岗位培训—教材　Ⅳ.①F230

中国版本图书馆 CIP 数据核字(2021)第 049162 号

出版发行 厦门大学出版社

社　　址 厦门市软件园二期望海路 39 号

邮政编码 361008

总 编 办 0592-2182177　0592-2181406(传真)

营销中心 0592-2184458　0592-2181365

网　　址 http://www.xmupress.com

邮　　箱 xmup@xmupress.com

印　　刷 厦门市明亮彩印有限公司

开本 889mm×1194mm　1/16

印张 56

字数 1 600 千字

版次 2021 年 3 月第 1 版

印次 2022 年 7 月第 6 次印刷

定价 398.00 元

厦门大学出版社
微信二维码

厦门大学出版社
微博二维码

编　委　会

目 录

Content

数字化会计岗位实训说明及商业会计工作导航图 …… 001

一、岗前准备 …… 003

- 准备 01 ◆ 了解岗位职责 …… 003
- 准备 02 ◆ 掌握工作相关信息 …… 004
- 准备 03 ◆ 解读财务制度 …… 009
- 准备 04 ◆ 会计科目及期初余额 …… 017

二、实操程序 …… 023

三、经济业务 …… 024

四、网上报税 …… 026

- 模块一 ◆ 防伪税控 …… 026
- 模块二 ◆ 网上认证 …… 026
- 模块三 ◆ 网上报税 …… 026

五、财务分析 …… 027

- 模块一 ◆ 利润分析 …… 027
- 模块二 ◆ 资金分析 …… 027
- 模块三 ◆ 税负分析 …… 027
- 模块四 ◆ 权益分析 …… 027

附：经济业务说明

- 业务 01 ◆ 注册资金剩余款项入资
- 业务 02 ◆ 采购货物，款未付
- 业务 03 ◆ 销售货物
- 业务 04 ◆ 提取备用金
- 业务 05 ◆ 总经办报销业务招待费
- 业务 06 ◆ 支付运费
- 业务 07 ◆ 销售部报销差旅费
- 业务 08 ◆ 购买办公用品
- 业务 09 ◆ 销售货物
- 业务 10 ◆ 支付部分款项
- 业务 11 ◆ 报销业务招待费
- 业务 12 ◆ 收到客户交来订金
- 业务 13 ◆ 报销公司管理人员快递费
- 业务 14 ◆ 缴纳 10 月份增值税
- 业务 15 ◆ 缴纳 10 月份附加税费
- 业务 16 ◆ 缴纳 10 月份印花税
- 业务 17 ◆ 缴纳社保费
- 业务 18 ◆ 缴纳住房公积金
- 业务 19 ◆ 发放 10 月份工资
- 业务 20 ◆ 销售人员出差报销
- 业务 21 ◆ 支付办公场所租金
- 业务 22 ◆ 支付水电费
- 业务 23 ◆ 采购货物，款未付
- 业务 24 ◆ 支付本月通讯费
- 业务 25 ◆ 销售货物
- 业务 26 ◆ 收到货款
- 业务 27 ◆ 支付短信服务费
- 业务 28 ◆ 支付员工借款
- 业务 29 ◆ 退货商品冲减收入
- 业务 30 ◆ 退货商品冲减成本
- 业务 31 ◆ 销售货物
- 业务 32 ◆ 收到货款
- 业务 33 ◆ 结转发出成本
- 业务 34 ◆ 计提折旧
- 业务 35 ◆ 计提 11 月份工资
- 业务 36 ◆ 结转本月未交增值税
- 业务 37 ◆ 计提 11 月份附加税费
- 业务 38 ◆ 结转本期损益

附件：银行对账单

专用发票汇总表

普通发票汇总表

发票统计表

纳税人认证发票信息查询

数字化会计岗位实训说明及商业会计工作导航图

《数字化会计精英岗位实训》以金陵钱多多家具有限公司为会计主体，内容包括企业的基本信息、企业会计政策、企业相关财务制度，以及2021年11月、12月的完整经济业务。实训中所用到的各种原始凭证、记账凭证、账簿及会计报表等，均以最新的会计准则、财税政策为依据，按实务工作中会计人员核算使用的真实"证账表"格式设计制作并采用彩色印刷。参训者以线下工作业务册为载体，按任务驱动式的学习方式全方位地亲历会计核算过程的全部具体工作；同时配套线上APOIT会计实务课程O2O学习系统，依靠强大的互联网技术，将线下工作业务册对应的防伪税控发票开具、增值税发票认证、网上报税、电算化软件运用等工作任务搬到线上互联网系统，让参训者身临其境地体验会计工作的全过程，从而彻底解决会计从业人员实习难、工作经验获得难等问题。通过系统学习，参训者可以迅速积累一定的工作经验，从而更好地胜任会计工作。

本实训分为商业全盘账训练和工业全盘账训练，其应用方式如下：

1.商业全盘账训练：为强化各个业务的学习效果，使学员能熟练掌握会计工作流程，我们先训练以"会计手工账务处理方式"对11月份的经济业务进行处理，然后仍以11月份业务为载体，通过"电算化软件账务处理方式"来学习电算化软件的实务操作技能，并了解手工账和电脑账处理的差异。

2.工业全盘账训练：在完成"商业全盘账训练"全部课程的学习后，进一步巩固全盘账实操能力和电算化实操能力，并了解工业企业和商业企业的会计处理差异，更加重点掌握工业企业的费用成本归集分配、产品成本计算等经济业务，运用"电算化软件账务处理方式"对12月份完整的经济业务进行综合训练。

3.APOIT线上配套训练：运用线上APOIT会计实务课程O2O学习系统，将线下工作业务册配套的11、12月份的防伪税控发票开具、增值税发票认证、网上报税，以及电算化软件操作等会计工作任务在线上无缝对接地进行会计工作的训练。

业务简要说明：请结合目录列表的顺序进行学习，了解企业相关信息、会计政策及核算办法，熟悉企业会计科目，为后续业务核算做好准备。

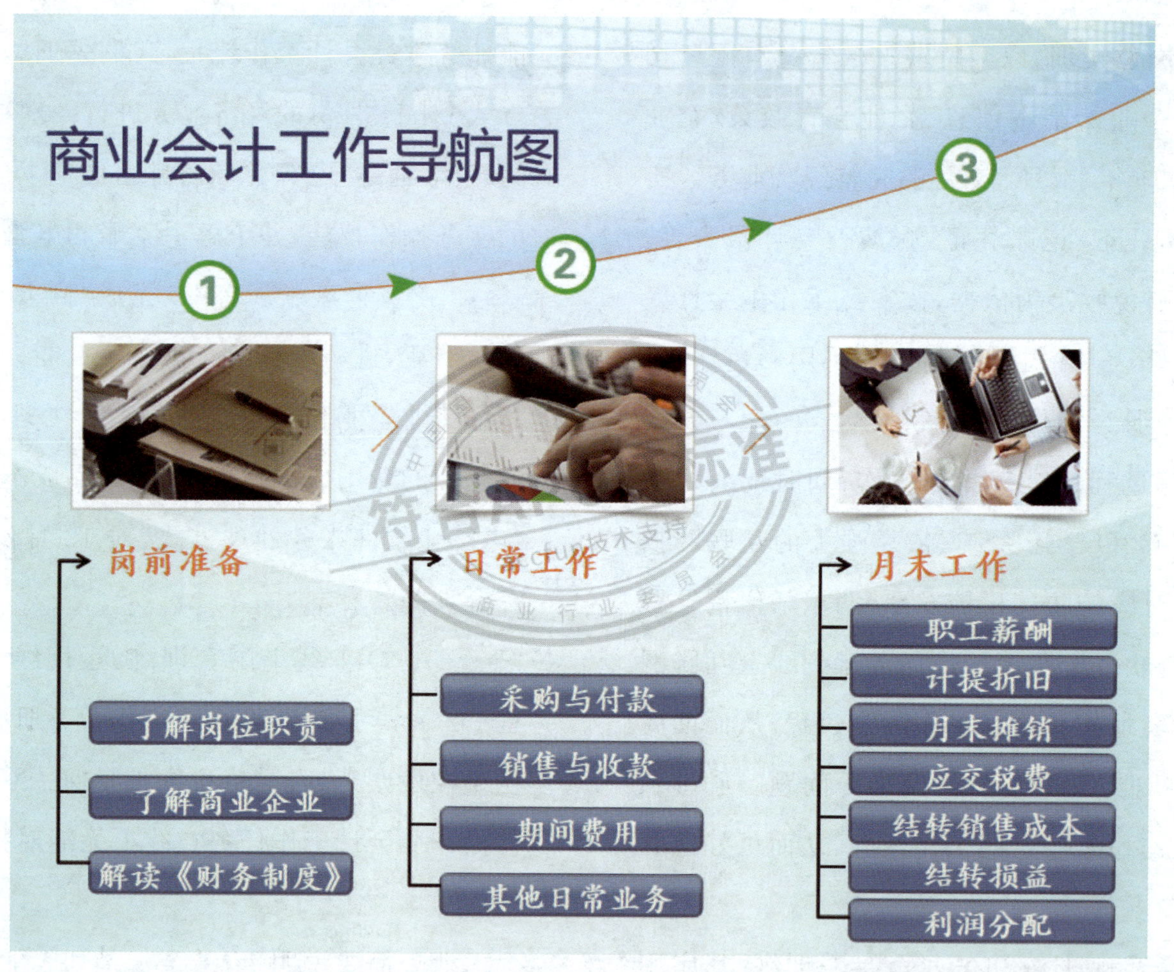
商业会计工作导航图
1
2
3
岗前准备
了解岗位职责
了解商业企业
解读《财务制度》
日常工作
采购与付款
销售与收款
期间费用
其他日常业务
月末工作
职工薪酬
计提折旧
月末摊销
应交税费
结转销售成本
结转损益
利润分配

一、岗前准备

◆准备 01 ◆ 了解岗位职责

1.了解工作的重点

向财务经理了解本公司会计工作的重点。

2.了解工作注意事项

向财务经理了解工作中需要注意的事项。

商业企业主办会计岗位职责

1.参照财务制度，审核合同、原始凭证等经济业务凭证。

2.及时将采购与付款、销售与收款等日常经济业务进行账务处理，编制记账凭证。

3.月末，核算各项税费、归集工资费用、计提各类折旧摊销、结转当月损益。

4.及时编制财务报表，包括对外报表和对内报表。

5.能够熟练地进行日常开票、相关税种的纳税和申报，以及合理的税收筹划。

6.能够根据财务经理的安排完成相关的制度建设工作。

◆准备 02◆ 掌握工作相关信息

国家企业信用信息公示系统：

营业执照（正本）：

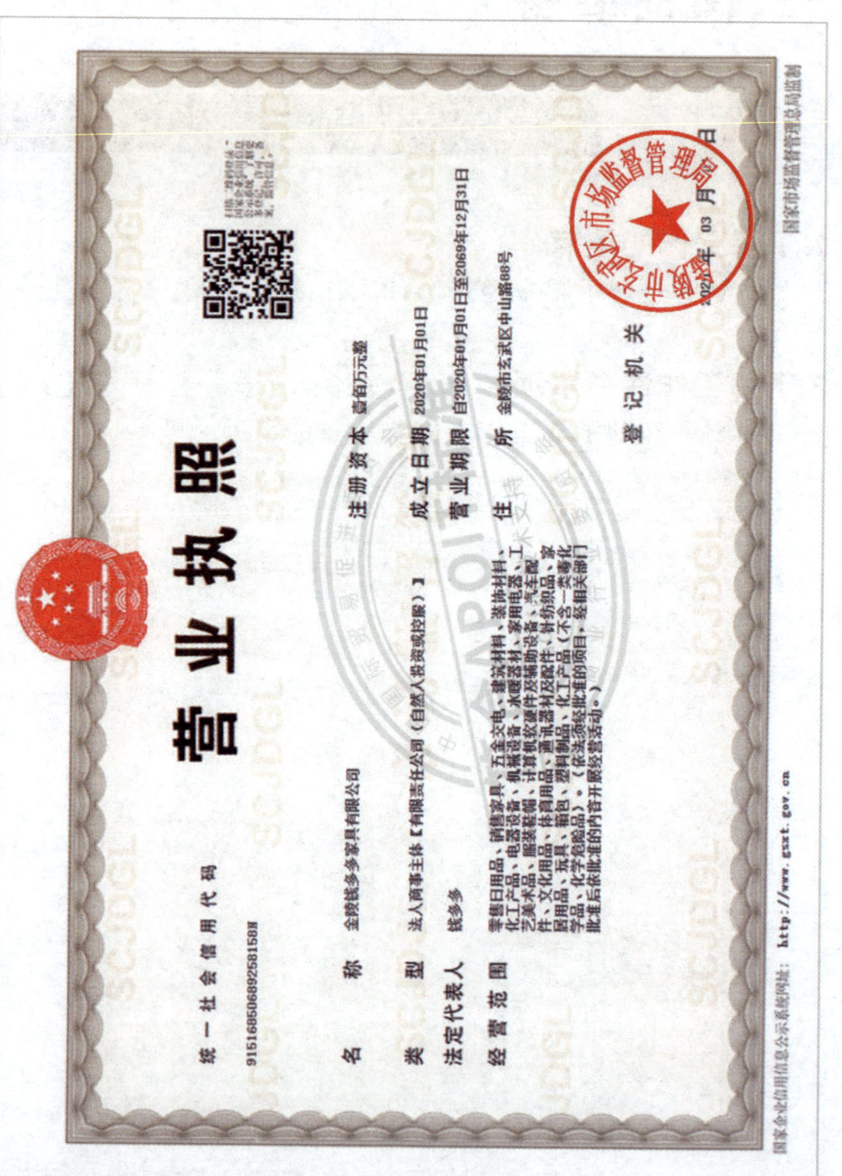

基本存款账户信息：

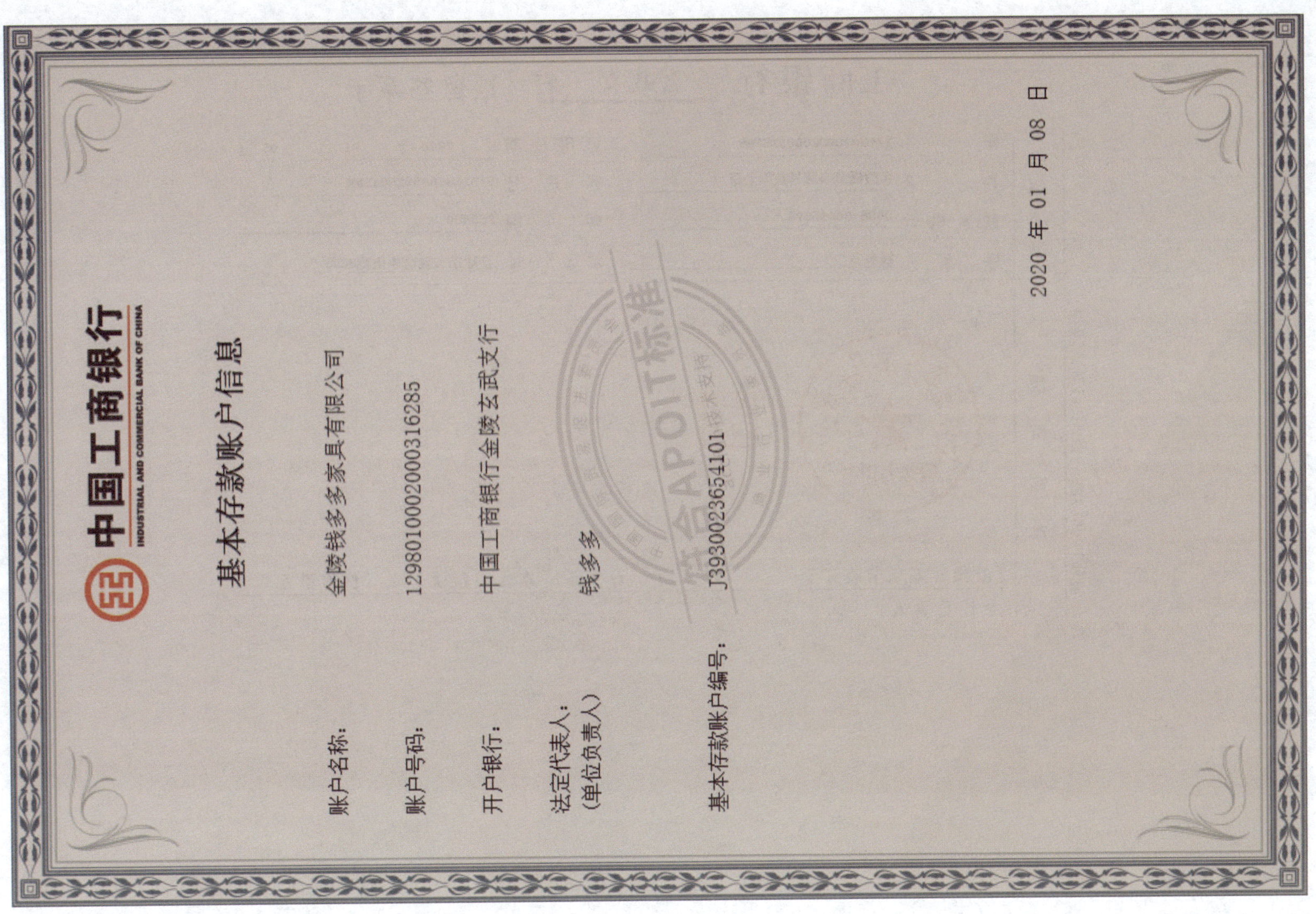

中国工商银行
INDUSTRIAL AND COMMERCIAL BANK OF CHINA

基本存款账户信息

账户名称：金陵钱多多家具有限公司

账户号码：1298010002000316285

开户银行：中国工商银行金陵玄武支行

法定代表人：
(单位负责人) 钱多多

基本存款账户编号：J3930023654101

2020 年 01 月 08 日

银行预留签章卡：

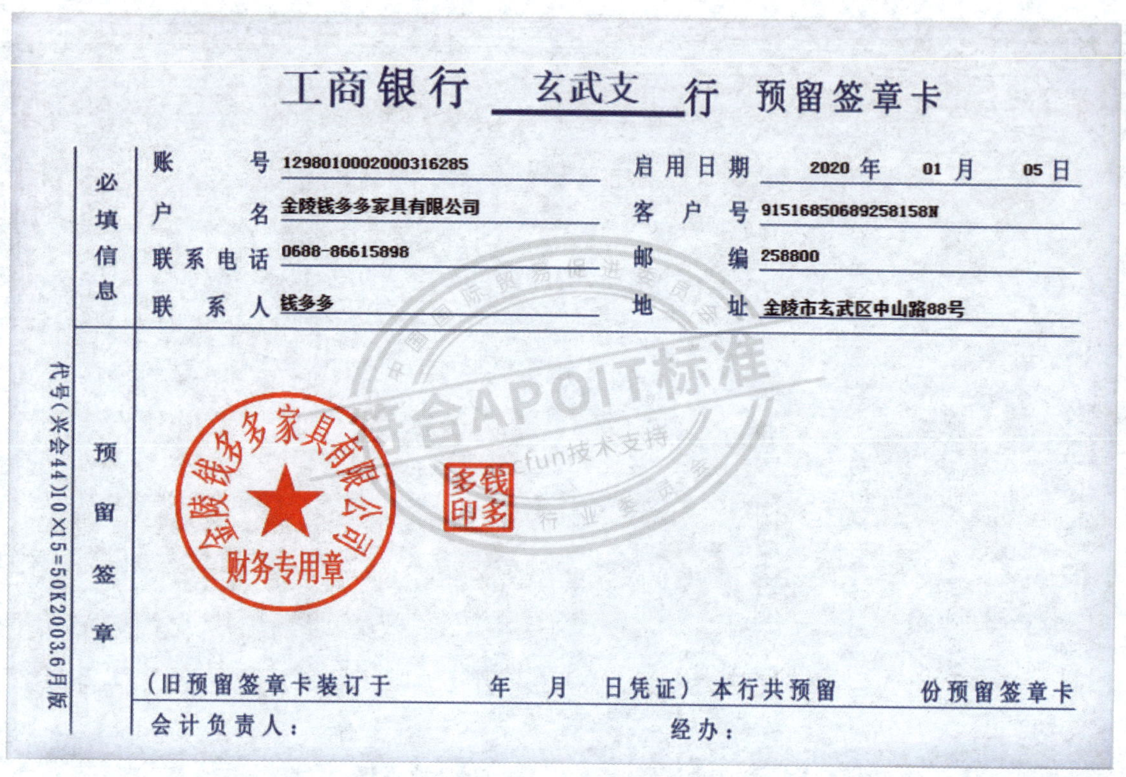

工商银行 玄武支 行 预留签章卡

必填信息			
账号	1298010002000316285	启用日期	2020 年 01 月 05 日
户名	金陵钱多多家具有限公司	客户号	91516850689258158N
联系电话	0688-86615898	邮编	256800
联系人	钱多多	地址	金陵市玄武区中山路88号

预留签章

（旧预留签章卡装订于　　年　月　日凭证）本行共预留　　份预留签章卡

会计负责人：　　　　经办：

代号（兴会44）10×15=50K2003.6月版

组织架构：

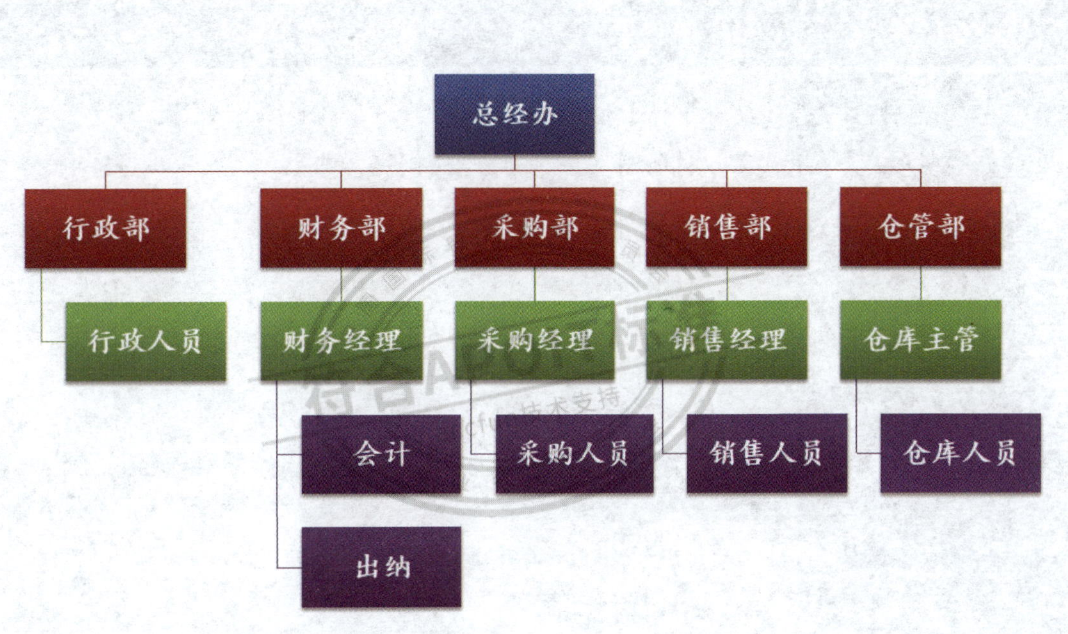

企业主要人员分布：

序号	部门	职位	姓名
1	总经办	总经理	钱多多
2	财务部	财务经理	张丽
3	财务部	出纳	李丽
4	财务部	会计	张雯
5	采购部	采购经理	张高丽
6	采购部	采购人员	李奇
7	行政部	行政人员	陈华
8	销售部	销售经理	李林
9	销售部	销售人员	王玲
10	仓管部	仓库主管	周白
11	仓管部	仓库人员	张慧

准备 03 解读财务制度

本公司执行《小企业会计准则》，相关财务制度关键点如下：

（1）库存现金管理制度

库存现金管理制度

1.公司财务部库存现金限定期限（3 至 5 天）内应控制在核定限额 5 万元以内，不得超限额存放现金。

2.严格执行现金盘点制度，做到日清月结，保证现金的安全。现金遇有长短款，应及时查明原因，报告单位领导，并追究相关人员的责任。

3.出纳不准坐支、不准白条抵库。

4.不准私自挪用、占用和借用公司现金。

5.到银行提取或送存现金（金额达 3 万元以上）的时候，需由两名人员一同前往。

6.出纳要妥善保管保险箱内存放的现金和有价证券，私人财物不得存放于保险箱。

7.出纳必须随时接受单位领导的检查、监督。

8.出纳必须严格遵守、执行上述各条规定。

（2）银行存款管理制度

银行存款管理制度

1.必须遵守中国人民银行的规定，办理银行基本账户和一般账户的开户，以及各种银行结算业务。

2.必须认真贯彻执行《中华人民共和国支付管理结算办法》、《中华人民共和国票据法》等相关的结算管理制度。

3.公司应为每个银行开户账号建立一本银行存款日记账。出纳应及时将公司银行存款日记账与银行对账单逐笔核对。会计于次月初编制“银行存款余额调节表”。

4.空白银行支票与预留印鉴必须由不同人员分别保管。由出纳登记支票使用情况，逐笔记录签发支票的用途、使用单位、金额、支票号码等。

(3)债权债务核算制度

债权债务核算制度(1)

1.企业为加强对应收账款的管理,在总分类账的基础上,按客户的名称设置明细分类账,详细、序时地记载与各客户的往来情况,同时定期与客户进行核对。本企业预收账款业务不多,不设置"预收账款",预收账款业务通过"应收账款"核算。

2.应付账款是指公司因购买材料、商品和接受劳务而发生的负债,按照实际发生额入账,并按债权人设置明细账核算增减情况。本企业预付账款业务不多,不设置"预付账款",预付账款业务通过"应付账款"核算。

债权债务核算制度(2)

3.应付职工薪酬是指根据有关规定应付给职工的各种薪酬,按工资、员工福利、社保费、住房公积金等进行明细核算。月末将本月职工薪酬进行分配,分别计入相关成本费用账户。次月发放工资时,用"其他应收款"核算代扣的个人社保、住房公积金,并用"应交税费——应交个人所得税"核算代扣个税。月初支付本月社保、公积金,月末通过"应付职工薪酬"计提单位承担的社保、公积金。

（4）存货核算制度

存货核算制度

1.会计设立数量金额式明细账，记录库存商品的收发情况，并结出其结存数量。

2.购入库存商品时，以买价加运输费、运输途中的合理损耗、入库前的挑选整理费用按规定应计入成本的税金以及其他费用，作为实际成本。但为了简化核算，本公司购销过程发生的运输费用直接计入当期损益，通过“销售费用”核算。

3.库存商品的发出成本按全月一次加权平均法计算，库存商品出库一律须填写出库单，在出库单上一般须注明产品名称、数量、领用部门等。

4.每月月末及年终需对库存商品进行盘点，务必做到账、表、物三者相符。在盘点中发现的盘盈、盘亏、损毁、变质等情况，应及时查明原因。因管理不善造成的或无法查明原因的盘盈盘亏，经相关领导审批后，计入当期损益。

（5）固定资产核算制度

固定资产核算制度

1.固定资产在取得时，按取得时的成本入账，取得时的成本包括买价、相关税费、运输和保险等相关费用，以及为使固定资产达到预定可使用状态前所发生的必要的支出。

2.按固定资产的折旧年限，将固定资产划分为电子设备、办公设备。

3.固定资产的预计使用期限：生产设备使用10年，电子设备使用3年，办公设备使用5年，运输设备使用4年。

4.公司对固定资产采用年限平均法（直线法）按月计提折旧，本月增加的固定资产从下月起计提折旧；本月减少的固定资产当月仍计提折旧，从下月起停止计提折旧。

5.固定资产的管理由财务部和行政部共同负责。财务部负责设立固定资产明细账；行政部负责建立固定资产卡片及固定资产管理台账，并定期对账。

6.每年年终，由财务部牵头，组织使用部门对固定资产进行盘点，并编制盘点表。

(6)无形资产核算制度

无形资产核算制度

1.无形资产以取得并使之达到预定用途而发生的全部支出,作为无形资产的成本。

2.无形资产自取得当月起在预计使用年限内分期摊销,并计入当期损益。本公司采购的财务软件有效使用年限为1年,到期后再按年支付使用费。

3.公司对无形资产采用平均年限法(直线法)按月进行摊销,无形资产应当自可供使用(达到预定用途)当月起开始摊销,处置当月不再摊销。

4.无形资产的管理由财务部和行政部共同负责。财务部负责建立无形资产明细账,行政部负责清查、盘点及日常监督工作。

5.每年年度终了进行一次全面清查盘点,并根据需要不定期地进行全面或局部的清查。

(7)费用审批制度

费用审批制度

1.因公出差、经总经理批准借支的公款,应在回单位后七天内结清,不得拖欠。

2.金额在1000元以下(含1000元)的,由主管部门经理签字之后交给财务经理复核、审批。金额在1000元以上的,由主管部门经理审核签字之后交给财务经理复核再由总经理审批。

3.借款人必须按规定填写“借款单”,注明借款事由、借款金额,出纳应对借款事项专门设置台账进行跟踪管理。

4.手续完整、填写无误的,出纳凭审批后的单据付款。

5.正常的办公费用开支,必须有正式发票且印章齐全,经手人、部门负责人须签名。

6.报销单填写必须完整,原始单据必须真实、合法,签章必须符合以上相关规定,出纳才予以报销。

(8)税费核算制度

税费核算制度

1."应交税费"核算公司按照税法等规定计算应交纳的各种税费,包括增值税、企业所得税、城市维护建设税、教育费附加、地方教育附加,以及公司代扣代缴的个人所得税等,公司按应交的税费进行明细核算。

2.本企业为增值税一般纳税人。应交增值税分别按"进项税额"、"销项税额"、"转出未交增值税"等设置明细科目。月份终了,如果企业需要缴纳增值税,月末需要结转当月应交未交的增值税,借记"应交税费——应交增值税(转出未交增值税)"科目,贷记"应交税费——未交增值税"科目。次月申报缴纳上月应交的增值税时,借记"应交税费——未交增值税"科目,贷记"银行存款"科目。月份终了,如果企业增值税有留抵税额,本月不需要缴纳增值税,月末不需要进行结转增值税处理。

3.本企业所得税采用查账征收方式,企业所得税税率为25%,企业所得税每个季度申报预缴,次年5月31号之前完成年度汇算清缴。

(9)所有者权益核算制度

所有者权益核算制度

1."实收资本"核算投资者投入的资本。

2."本年利润"核算公司当期实现的净利润(或发生的净亏损),年度终了,应将本年收入和支出相抵后结出的本年实现的净利润,转入"利润分配"科目。

3."利润分配"核算公司利润的分配(或亏损的弥补)和历年分配(或弥补)后的余额。公司在"利润分配"科目下设置"未分配利润"明细科目。

(10)损益核算制度

损益核算制度(1)

1.“主营业务收入”核算销售商品、提供劳务等主营业务的收入。公司在商品已经发出、劳务已经提供,同时收讫价款或取得价款权利的凭证时确认收入的实现并开具发票结算。

2.“主营业务成本”核算公司确认销售商品、提供劳务等主营业务收入时应结转的成本。

3.“税金及附加”核算企业经营主要业务应负担的城市维护建设税、教育费附加、地方教育附加和印花税等。

4.“销售费用”核算公司销售商品过程中发生的各项费用,按工资、社保费、住房公积金、运输费、差旅费、招待费、广告费、折旧费等进行明细核算。

损益核算制度(2)

5.“管理费用”核算公司为组织和管理企业生产经营所发生的各项费用,按工资、社保费、住房公积金、办公费、快递费、房租、水电费、通讯费、招待费、保险费、折旧费等进行明细核算。

6.“财务费用”核算公司为筹集生产经营所需资金而发生的费用,按利息支出、利息收入、手续费等项目设置明细账,进行明细核算。

7.“营业外收入”和“营业外支出”核算与公司生产经营活动无直接关系的各种收入和支出。

8.“所得税费用”核算公司根据所得税准则确认的应从当期利润总额中扣除的所得税费用,需要在利润表中反映。

9.“以前年度损益调整”核算公司本年度发生的调整以前年度损益的事项。

(11)财务报告

公司财务报告分为月报、季报、半年报、年报,内容上包括资产负债表、利润表、现金流量表。

会计手工账务处理程序(科目汇总表账务处理程序):

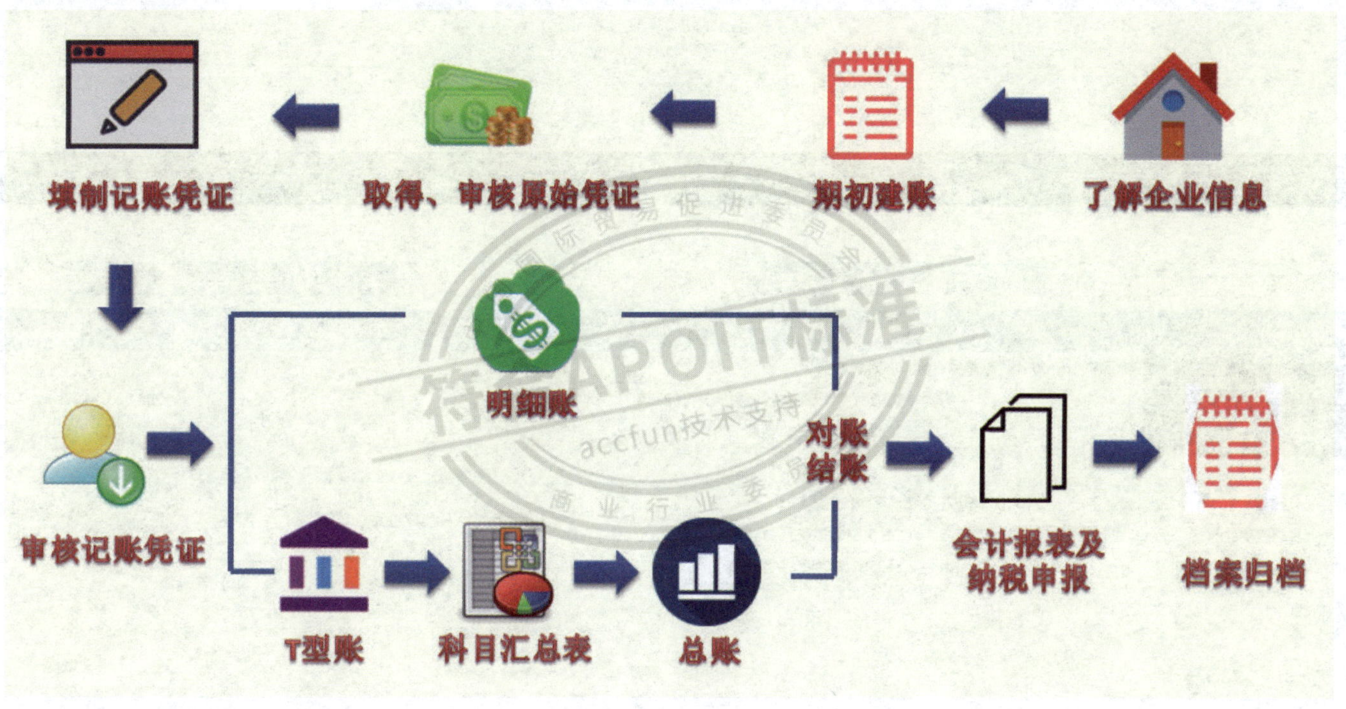

会计电算化软件账务处理程序：

准备 04　会计科目及期初余额

金陵钱多多家具有限公司 2021 年 10 月份会计科目累计发生额及余额表

科目代码	科目名称	年初余额		累计发生额		期末余额		账页格式
		借方	贷方	借方	贷方	借方	贷方	
1001	库存现金	10 288.30		86 300.00	90 606.30	5 982.00		总账/三栏账
1002	银行存款	322 227.62		2 593 013.25	2 197 775.31	717 465.56		总账
100201	工行玄武支行 6285 账户	322 227.62		2 593 013.25	2 197 775.31	717 465.56		三栏日记账
1121	应收票据	153 000.00		22 600.00	153 000.00	22 600.00		总账
112101	上海美新商贸有限公司	80 000.00		22 600.00	80 000.00	22 600.00		三栏明细账
112102	金陵万达商贸有限公司	21 000.00			21 000.00			
112103	杭州嘉禾商贸有限公司	52 000.00			52 000.00			
1122	应收账款	175 888.16		888 000.00	885 272.16	178 616.00		总账
112201	金陵万佳商贸有限公司	25 808.00				25 808.00		三栏明细账
112202	金陵万达商贸有限公司	48 800.00		498 380.00	513 280.00	33 900.00		
112203	金陵沃特商贸有限公司			371 100.00	302 100.00	69 000.00		
112204	金陵海达商贸有限公司	44 900.00		18 520.00	58 900.00	4 520.00		
112205	金陵东宇贸易有限公司	56 380.16			10 992.16	45 388.00		
1221	其他应收款	3 560.00		74 600.00	71 640.00	6 520.00		总账

续表

科目代码	科目名称	年初余额		累计发生额		期末余额		账页格式
		借方	贷方	借方	贷方	借方	贷方	
122101	钱多多			45 000.00	45 000.00			三栏明细账
122102	王玲	1 000.00		4 000.00	2 000.00	3 000.00		
122103	代扣个人社保	1 760.00		17 600.00	16 940.00	2 420.00		
122104	代扣个人住房公积金	800.00		8 000.00	7 700.00	1 100.00		
1405	库存商品	282 590.00		970 500.00	1 164 800.00	88 290.00		总账
140501	办公桌	177 400.00		700 500.00	815 360.00	62 540.00		数量金额明细账
140502	办公椅	105 190.00		270 000.00	349 440.00	25 750.00		
1601	固定资产	43 200.00		10 800.00		54 000.00		总账
160101	办公设备	20 700.00				20 700.00		三栏明细账
160102	电子设备	22 500.00		10 800.00		33 300.00		
1602	累计折旧		4 531.50		10 355.00		14 886.50	总账/三栏账
1604	在建工程	177 606.80		105 496.08		283 102.88		总账
160401	生产设备	177 606.80		105 496.08		283 102.88		三栏明细账
2202	应付账款		90 230.08	1 071 183.08	1 003 553.00		22 600.00	总账
220201	金陵易能达商贸有限公司		90 230.08	372 730.08	305 100.00		22 600.00	三栏明细账
220202	上海美新商贸有限公司			698 453.00	698 453.00			
2211	应付职工薪酬		25 900.00	341 520.00	365 820.00		50 200.00	总账
221101	职工工资		25 900.00	291 600.00	315 900.00		50 200.00	三栏明细账
221102	社保费			43 920.00	43 920.00			
221103	住房公积金			6 000.00	6 000.00			

续表

科目代码	科目名称	年初余额		累计发生额		期末余额		账页格式
		借方	贷方	借方	贷方	借方	贷方	
2221	应交税费		26 208.00	602 768.66	602 768.66		26 208.00	总账
222101	应交增值税			494 312.00	494 312.00			应交增值税明细账
22210101	进项税额			155 226.90	155 226.90			
22210102	销项税额			247 156.00	247 156.00			
22210103	转出未交增值税			91 929.10	91 929.10			
222102	未交增值税		23 400.00	91 929.10	91 929.10		23 400.00	三栏明细账
222103	应交企业所得税			5 496.08	5 496.08			
222104	应交城市维护建设税		1 638.00	6 435.03	6 435.03		1 638.00	
222105	应交教育费附加		702.00	2 757.87	2 757.87		702.00	
222106	应交地方教育附加		468.00	1 838.58	1 838.58		468.00	
3001	实收资本		800 000.00				800 000.00	总账
300101	钱多多		500 000.00				500 000.00	三栏明细账
300102	吴烦恼		300 000.00				300 000.00	
3101	盈余公积		22 149.13				22 149.13	总账
310101	法定盈余公积		22 149.13				22 149.13	三栏明细账
3103	本年利润				221 190.64		221 190.64	总账/三栏账
3104	利润分配		199 342.17				199 342.17	总账
310401	未分配利润		199 342.17				199 342.17	三栏明细账
5001	主营业务收入			1 901 200.00	1 901 200.00			总账

续表

科目代码	科目名称	年初余额		累计发生额		期末余额		账页格式
		借方	贷方	借方	贷方	借方	贷方	
500101	办公桌			1 330 840.00	1 330 840.00			三栏明细账
500102	办公椅			570 360.00	570 360.00			
5401	主营业务成本			1 164 800.00	1 164 800.00			总账
540101	办公桌			815 360.00	815 360.00			三栏明细账
540102	办公椅			349 440.00	349 440.00			
5403	税金及附加			12 820.48	12 820.48			总账
540301	印花税			1 789.00	1 789.00			三栏明细账
540302	城市维护建设税			6 435.03	6 435.03			
540303	教育费附加			2 757.87	2 757.87			
540304	地方教育附加			1 838.58	1 838.58			
5601	销售费用			136 914.30	136 914.30			总账
560101	工资			48 000.00	48 000.00			多栏明细账
560102	社保费			8 784.00	8 784.00			
560103	住房公积金			1 200.00	1 200.00			
560104	运输费			28 500.00	28 500.00			
560105	差旅费			32 962.80	32 962.80			
560106	招待费			13 500.00	13 500.00			
560107	折旧费			2 517.50	2 517.50			
560108	业务宣传费			1 450.00	1 450.00			
5602	管理费用			359 875.50	359 875.50			总账

续表

科目代码	科目名称	年初余额		累计发生额		期末余额		账页格式
		借方	贷方	借方	贷方	借方	贷方	
560201	工资			243 600.00	243 600.00			
560202	社保费			35 136.00	35 136.00			
560203	住房公积金			4 800.00	4 800.00			
560204	办公费			1 700.00	1 700.00			
560205	快递费			2 250.00	2 250.00			
560206	房租			35 000.00	35 000.00			多栏明细账
560207	水电费			12 850.00	12 850.00			
560208	通讯费			2 970.00	2 970.00			
560209	招待费			12 022.00	12 022.00			
560210	折旧费			9 547.50	9 547.50			
5603	财务费用			103.00	103.00			总账
560301	手续费			103.00	103.00			
560302	利息支出							多栏明细账
560303	利息收入							
5711	营业外支出							总账
571101	违约金							三栏明细账
5801	所得税费用			5 496.08	5 496.08			总账/三栏账
	合　计	1 168 360.88	1 168 360.88	10 347 990.43	10 347 990.43	1 356 576.44	1 356 576.44	

金陵钱多多家具有限公司 2021 年 10 月份库存商品累计发生数量及结余数量表

科目代码	科目名称	单位	年初结存数量	累计借方数量	累计贷方数量	期末结存数量
140501	库存商品—办公桌	张	1 730.00	6 833.00	7 953.00	610.00
140502	库存商品—办公椅	把	2 246.00	5 767.00	7 463.00	550.00

固定资产明细账期初余额

2021 年 11 月 01 日

金额单位:元

使用部门	固定资产名称	类别名称	购入时间	单位	数量	原值	年限	折旧方法	净残值(5%)	已提折旧
行政部及总经办	办公桌椅及配套	办公设备	2020 年 6 月 10 日	套	1	14 400.00	5	年限平均	720.00	3 648.00
	笔记本电脑	电子设备	2021 年 6 月 12 日	台	1	10 800.00	3	年限平均	540.00	1 140.00
财务部	办公桌椅及配套	办公设备	2020 年 6 月 15 日	套	1	2 400.00	5	年限平均	120.00	608.00
	笔记本电脑	电子设备	2020 年 8 月 12 日	台	2	7 200.00	3	年限平均	360.00	2 660.00
采购部	办公桌椅及配套	办公设备	2020 年 6 月 16 日	套	1	1 500.00	5	年限平均	75.00	380.00
	笔记本电脑	电子设备	2020 年 7 月 25 日	台	2	7 200.00	3	年限平均	360.00	2 850.00
销售部	办公桌椅及配套	办公设备	2020 年 6 月 12 日	套	1	2 400.00	5	年限平均	120.00	608.00
	传真机	电子设备	2020 年 8 月 16 日	台	1	3 600.00	3	年限平均	180.00	1 330.00
	台式电脑	电子设备	2020 年 8 月 29 日	台	3	4 500.00	3	年限平均	225.00	1 662.50

二、实操程序

商业全盘账训练要求学生首先以手工账务处理方式独立完成从建账到编制会计报表及纳税申报等各个环节的会计工作内容，并完成对会计档案的整理装订，然后以上述经济业务为载体再进行会计电算化软件账务处理的训练。

（一）熟悉资料

通读全部资料，熟悉实训程序和要求，以及该公司的基本情况、所采用的会计核算程序、具体的会计处理方法和有关制度规定，了解该公司发生的各种经济业务活动。

（二）建账

严格按照会计工作的实际要求，先根据实训资料建立总账和明细账并登记各账户的期初余额，然后进行对账和试算平衡，确保正确无误后，方可进行账务处理。

（三）填制凭证

1.审核原始凭证

处理每项经济业务时，必须先认真审核原始凭证，确保原始凭证所反映的经济业务的内容和数据真实、准确。

2.填制和审核记账凭证

记账凭证使用通用记账凭证，根据原始凭证填制记账凭证。填制完毕后，应仔细审核其账户名称、金额及凭证编号等。

（四）登记账簿

现金日记账、银行存款日记账和有关明细分类账应在业务发生时根据记账凭证逐笔登记；总分类账应根据科目汇总表进行登记，登完账后应核对账证记录，确保准确无误。

（五）对账和结账

期末结账前应先认真进行对账，包括账证核对和账账核对。如有问题，应按规定进行错账更正，然后结出各个账户的本期发生额和期末余额。

（六）编制财务报表及纳税申报

在结账的基础上，根据本期账户余额编制资产负债表和利润表，并完成纳税申报。

（七）财务分析

根据资产负债表、利润表及现金流量表，进行利润分析、资金分析、税负分析和权益分析，为管理层决策提供优化建议。

（八）装订归档

将已填制的记账凭证加具封面装订成册，对各种账页进行排序、编号，并按总账、明细账的类别装订成册。各种报表也应该加具封面装订成册。账、证、表分类装订成册后归档保管。

三、经济业务

2021 年 11 月发生的经济业务说明

凭证号	业务发生日期	经济业务说明	单 据 编 号
001	2021－11－02	注册资金剩余款项入资	1－1/1
002	2021－11－02	采购货物，款未付	2－1/4、2－2/4、2－3/4、2－4/4
003	2021－11－02	销售货物	3－1/2、3－2/2
004	2021－11－05	提取备用金	4－1/1
005	2021－11－05	总经办报销业务招待费	5－1/5、5－2/5、5－3/5、5－4/5、5－5/5
006	2021－11－06	支付运费	6－1/3、6－2/3、6－3/3
007	2021－11－06	销售部报销差旅费	7－1/6、7－2/6、7－3/6、7－4/6、7－5/6、7－6/6
008	2021－11－09	购买办公用品	8－1/2、8－2/2
009	2021－11－10	销售货物	9－1/3、9－2/3、9－3/3
010	2021－11－12	支付部分款项	10－1/1
011	2021－11－13	报销业务招待费	11－1/2、11－2/2
012	2021－11－15	收到客户交来订金	12－1/2、12－2/2
013	2021－11－15	报销公司管理人员快递费	13－1/2、13－2/2
014	2021－11－15	缴纳 10 月份增值税	14－1/1
015	2021－11－15	缴纳 10 月份附加税费	15－1/1
016	2021－11－15	缴纳 10 月份印花税	16－1/1
017	2021－11－15	缴纳社保费	17－1/2、17－2/2
018	2021－11－15	缴纳住房公积金	18－1/2、18－2/2
019	2021－11－20	发放 10 月份工资	19－1/2、19－2/2
020	2021－11－23	销售人员出差报销	20－1/6、20－2/6、20－3/6、20－4/6、20－5/6、20－6/6
021	2021－11－25	支付办公场所租金	21－1/2、21－2/2
022	2021－11－25	支付水电费	22－1/6、22－2/6、22－3/6、22－4/6、22－5/6、22－6/6

续表

凭证号	业务发生日期	经济业务说明	单 据 编 号
023	2021—11—26	采购货物,款未付	23—1/4、23—2/4、23—3/4、23—4/4
024	2021—11—27	支付本月通讯费	24—1/3、24—2/3、24—3/3
025	2021—11—27	销售货物(销售折扣)	25—1/2、25—2/2
026	2021—11—30	收到货款	26—1/1
027	2021—11—30	支付短信服务费	27—1/1
028	2021—11—30	支付员工借款	28—1/1
029	2021—11—30	因产品质量问题冲减上月收入	29—1/2、29—2/2
030	2021—11—30	因产品质量问题冲减上月成本	30—1/1
031	2021—11—30	销售货物	31—1/2、31—2/2
032	2021—11—30	收到货款	32—1/2、32—2/2
033	2021—11—30	结转发出成本	33—1/5、33—2/5、33—3/5、33—4/5、33—5/5
034	2021—11—30	计提折旧	34—1/1
035	2021—11—30	计提 11 月份工资	35—1/1
036	2021—11—30	结转本月未交增值税	36—1/1
037	2021—11—30	计提 11 月份附加税费	37—1/1
038	2021—11—30	结转本期损益	38—1/1

四、网上报税

请登录线上系统进行网上报税：

【模块一】防伪税控

开具业务 3、9、25、29、31 的增值税发票。

【模块二】网上认证

认证业务 2、6、22、23、24 的增值税专用发票抵扣联。

【模块三】网上报税

申报 11 月份税种。

五、财务分析

请登录线上系统进行财务分析：

【模块一】利润分析

根据利润明细表，分析公司本月经营情况，并提供优化建议。

【模块二】资金分析

根据现金流量表，分析公司本月资金情况，并提供优化建议。

【模块三】税负分析

根据财务数据及纳税申报表，分析公司本月税负情况，并提供优化建议。

【模块四】权益分析

根据资产负债表，分析公司本月资产结构，并提供优化建议。

账簿启用及交接表

机构名称		印　鉴
账簿名称	（第　　册）	
账簿编号		
账簿页数	本账簿共计　　页（本账簿页数检点人盖章　　）	
启用日期	公元　　年　　月　　日	

经管人员	负责人		主办会计		复核		记账	
	姓名	盖章	姓名	盖章	姓名	盖章	姓名	盖章

接交记录	经管人员		接管				交出			
	职别	姓名	年	月	日	盖章	年	月	日	盖章

备注	

账 簿 目 录 表

账 户 名 称	账 号	总页码	账 户 名 称	账 号	总页码	账 户 名 称	账 号	总页码

明 细 账

分页：________ 总页：________

________级科目________________ ________级科目________________

年		凭证		摘 要	√	借 方											贷 方											借或贷	余 额										
月	日	种类	号数			亿	千	百	十	万	千	百	十	元	角	分	亿	千	百	十	万	千	百	十	元	角	分		亿	千	百	十	万	千	百	十	元	角	分

明 细 账

分页:________ 总页:________

______级科目______________________ ______级科目______________________

年		凭证		摘要	√	借方											贷方											借或贷	余额										
月	日	种类	号数			亿	千	百	十	万	千	百	十	元	角	分	亿	千	百	十	万	千	百	十	元	角	分		亿	千	百	十	万	千	百	十	元	角	分

明细账

分页:______ 总页:______

______级科目______ ______级科目______

年		凭证		摘要	√	借方											贷方											借或贷	余额										
月	日	种类	号数			亿	千	百	十	万	千	百	十	元	角	分	亿	千	百	十	万	千	百	十	元	角	分		亿	千	百	十	万	千	百	十	元	角	分

明细账

分页：______ 总页：______

______级科目______ ______级科目______

年		凭证		摘要	√	借方											贷方											借或贷	余额										
月	日	种类	号数			亿	千	百	十	万	千	百	十	元	角	分	亿	千	百	十	万	千	百	十	元	角	分		亿	千	百	十	万	千	百	十	元	角	分

明 细 账

分页：________ 总页：________

______级科目______________________ ______级科目______________________

年		凭证		摘　要	√	借　方											贷　方											借或贷	余　额										
月	日	种类	号数			亿	千	百	十	万	千	百	十	元	角	分	亿	千	百	十	万	千	百	十	元	角	分		亿	千	百	十	万	千	百	十	元	角	分

明细账

分页:________ 总页:________

________级科目________________ ________级科目________________

年		凭证		摘要	√	借方											贷方											借或贷	余额										
月	日	种类	号数			亿	千	百	十	万	千	百	十	元	角	分	亿	千	百	十	万	千	百	十	元	角	分		亿	千	百	十	万	千	百	十	元	角	分

明 细 账

分页：________ 总页：________

______级科目______________________ ______级科目______________________

年		凭证		摘　要	√	借　方											贷　方											借或贷	余　额										
月	日	种类	号数			亿	千	百	十	万	千	百	十	元	角	分	亿	千	百	十	万	千	百	十	元	角	分		亿	千	百	十	万	千	百	十	元	角	分

明 细 账

分页：________ 总页：________

______级科目______________________ ______级科目______________________

年		凭证		摘 要	√	借 方											贷 方											借或贷	余 额										
月	日	种类	号数			亿	千	百	十	万	千	百	十	元	角	分	亿	千	百	十	万	千	百	十	元	角	分		亿	千	百	十	万	千	百	十	元	角	分

明细账

分页：________ 总页：________

________级科目________________________ ________级科目________________________

年		凭证		摘要	√	借方											贷方											借或贷	余额										
月	日	种类	号数			亿	千	百	十	万	千	百	十	元	角	分	亿	千	百	十	万	千	百	十	元	角	分		亿	千	百	十	万	千	百	十	元	角	分

明细账

分页：________ 总页：________

______级科目______________________ ______级科目______________________

年		凭证		摘要	√	借方											贷方											借或贷	余额										
月	日	种类	号数			亿	千	百	十	万	千	百	十	元	角	分	亿	千	百	十	万	千	百	十	元	角	分		亿	千	百	十	万	千	百	十	元	角	分

明 细 账

分页：________ 总页：________

________级科目________________________　　________级科目________________________

年		凭证		摘 要	√	借 方											贷 方											借或贷	余 额										
月	日	种类	号数			亿	千	百	十	万	千	百	十	元	角	分	亿	千	百	十	万	千	百	十	元	角	分		亿	千	百	十	万	千	百	十	元	角	分

明 细 账

分页:________ 总页:________

______级科目______________ ______级科目______________

年		凭证		摘要	√	借方											贷方											借或贷	余额										
月	日	种类	号数			亿	千	百	十	万	千	百	十	元	角	分	亿	千	百	十	万	千	百	十	元	角	分		亿	千	百	十	万	千	百	十	元	角	分

明细账

分页:________ 总页:________

________级科目________________　　________级科目________________

年		凭证		摘要	√	借方											贷方											借或贷	余额										
月	日	种类	号数			亿	千	百	十	万	千	百	十	元	角	分	亿	千	百	十	万	千	百	十	元	角	分		亿	千	百	十	万	千	百	十	元	角	分

明 细 账

分页：________ 总页：________

________级科目________________ ________级科目________________

年		凭证		摘要	√	借方											贷方											借或贷	余额										
月	日	种类	号数			亿	千	百	十	万	千	百	十	元	角	分	亿	千	百	十	万	千	百	十	元	角	分		亿	千	百	十	万	千	百	十	元	角	分

明细账

分页:______ 总页:______

______级科目______ ______级科目______

年		凭证		摘要	√	借方											贷方											借或贷	余额										
月	日	种类	号数			亿	千	百	十	万	千	百	十	元	角	分	亿	千	百	十	万	千	百	十	元	角	分		亿	千	百	十	万	千	百	十	元	角	分

明细账

分页:________ 总页:________

______级科目______________________________ ______级科目______________________________

年		凭证		摘要	√	借方											贷方											借或贷	余额										
月	日	种类	号数			亿	千	百	十	万	千	百	十	元	角	分	亿	千	百	十	万	千	百	十	元	角	分		亿	千	百	十	万	千	百	十	元	角	分

明 细 账

分页：________ 总页：________

______级科目____________________ ______级科目____________________

年		凭证		摘 要	√	借 方											贷 方											借或贷	余 额										
月	日	种类	号数			亿	千	百	十	万	千	百	十	元	角	分	亿	千	百	十	万	千	百	十	元	角	分		亿	千	百	十	万	千	百	十	元	角	分

明细账

分页：________ 总页：________

______级科目______________________ ______级科目______________________

年		凭证		摘要	√	借方											贷方											借或贷	余额										
月	日	种类	号数			亿	千	百	十	万	千	百	十	元	角	分	亿	千	百	十	万	千	百	十	元	角	分		亿	千	百	十	万	千	百	十	元	角	分

明细账

分页:________ 总页:________

______级科目______________________ ______级科目______________________

年		凭证		摘要	√	借方											贷方											借或贷	余额										
月	日	种类	号数			亿	千	百	十	万	千	百	十	元	角	分	亿	千	百	十	万	千	百	十	元	角	分		亿	千	百	十	万	千	百	十	元	角	分

明 细 账

分页:________ 总页:________

____级科目________________ ____级科目________________

<table>
<tr><th colspan="2">年</th><th colspan="2">凭证</th><th rowspan="2">摘 要</th><th rowspan="2">√</th><th colspan="11">借 方</th><th colspan="11">贷 方</th><th rowspan="2">借或贷</th><th colspan="11">余 额</th></tr>
<tr><th>月</th><th>日</th><th>种类</th><th>号数</th><th>亿</th><th>千</th><th>百</th><th>十</th><th>万</th><th>千</th><th>百</th><th>十</th><th>元</th><th>角</th><th>分</th><th>亿</th><th>千</th><th>百</th><th>十</th><th>万</th><th>千</th><th>百</th><th>十</th><th>元</th><th>角</th><th>分</th><th>亿</th><th>千</th><th>百</th><th>十</th><th>万</th><th>千</th><th>百</th><th>十</th><th>元</th><th>角</th><th>分</th></tr>
</table>

明细账

分页：________ 总页：________

______级科目______________________ ______级科目______________________

年		凭证		摘要	√	借方											贷方											借或贷	余额										
月	日	种类	号数			亿	千	百	十	万	千	百	十	元	角	分	亿	千	百	十	万	千	百	十	元	角	分		亿	千	百	十	万	千	百	十	元	角	分

明细账

分页：　　　　总页：

级科目　　　　　　　　级科目

年		凭证		摘要	√	借方											贷方											借或贷	余额										
月	日	种类	号数			亿	千	百	十	万	千	百	十	元	角	分	亿	千	百	十	万	千	百	十	元	角	分		亿	千	百	十	万	千	百	十	元	角	分

明 细 账

分页：________ 总页：________

______级科目______________________ ______级科目______________________

年		凭证		摘要	√	借方											贷方											借或贷	余额										
月	日	种类	号数			亿	千	百	十	万	千	百	十	元	角	分	亿	千	百	十	万	千	百	十	元	角	分		亿	千	百	十	万	千	百	十	元	角	分

明 细 账

分页:__________ 总页:__________

______级科目______________________ ______级科目______________________

年		凭证		摘　要	√	借　方											贷　方											借或贷	余　额										
月	日	种类	号数			亿	千	百	十	万	千	百	十	元	角	分	亿	千	百	十	万	千	百	十	元	角	分		亿	千	百	十	万	千	百	十	元	角	分

明 细 账

分页:______ 总页:______

______级科目______________ ______级科目______________

年		凭证		摘 要	√	借 方											贷 方											借或贷	余 额										
月	日	种类	号数			亿	千	百	十	万	千	百	十	元	角	分	亿	千	百	十	万	千	百	十	元	角	分		亿	千	百	十	万	千	百	十	元	角	分

明细账

分页:________ 总页:________

______级科目______________________ ______级科目______________________

年		凭证		摘要	√	借方											贷方											借或贷	余额										
月	日	种类	号数			亿	千	百	十	万	千	百	十	元	角	分	亿	千	百	十	万	千	百	十	元	角	分		亿	千	百	十	万	千	百	十	元	角	分

明细账

分页：________ 总页：________

______级科目______________________　　　　______级科目______________________

年		凭证		摘要	√	借方											贷方											借或贷	余额										
月	日	种类	号数			亿	千	百	十	万	千	百	十	元	角	分	亿	千	百	十	万	千	百	十	元	角	分		亿	千	百	十	万	千	百	十	元	角	分

明细账

分页:＿＿＿＿ 总页:＿＿＿＿

＿＿级科目＿＿＿＿＿＿＿＿＿＿＿＿＿＿ ＿＿级科目＿＿＿＿＿＿＿＿＿＿＿＿＿＿

年		凭证		摘要	√	借方											贷方											借或贷	余额										
月	日	种类	号数			亿	千	百	十	万	千	百	十	元	角	分	亿	千	百	十	万	千	百	十	元	角	分		亿	千	百	十	万	千	百	十	元	角	分

明细账

分页：______ 总页：______

______级科目______________　　______级科目______________

年		凭证		摘要	√	借方											贷方											借或贷	余额										
月	日	种类	号数			亿	千	百	十	万	千	百	十	元	角	分	亿	千	百	十	万	千	百	十	元	角	分		亿	千	百	十	万	千	百	十	元	角	分

明细账

分页：________ 总页：________

______级科目________________________ ______级科目________________________

年		凭证		摘要	√	借方											贷方											借或贷	余额										
月	日	种类	号数			亿	千	百	十	万	千	百	十	元	角	分	亿	千	百	十	万	千	百	十	元	角	分		亿	千	百	十	万	千	百	十	元	角	分

明细账

分页:________ 总页:________

________级科目________________ ________级科目________________

年		凭证		摘要	✓	借方											贷方											借或贷	余额										
月	日	种类	号数			亿	千	百	十	万	千	百	十	元	角	分	亿	千	百	十	万	千	百	十	元	角	分		亿	千	百	十	万	千	百	十	元	角	分

明细账

分页:________ 总页:________

________级科目________　　________级科目________

年		凭证		摘要	√	借方											贷方											借或贷	余额										
月	日	种类	号数			亿	千	百	十	万	千	百	十	元	角	分	亿	千	百	十	万	千	百	十	元	角	分		亿	千	百	十	万	千	百	十	元	角	分

明 细 账

分页：________ 总页：________

________级科目________________________ ________级科目________________________

年		凭证		摘要	√	借方											贷方											借或贷	余额										
月	日	种类	号数			亿	千	百	十	万	千	百	十	元	角	分	亿	千	百	十	万	千	百	十	元	角	分		亿	千	百	十	万	千	百	十	元	角	分

明细账

分页:________ 总页:________

____级科目________________ ____级科目________________

年		凭证		摘要	√	借方											贷方											借或贷	余额										
月	日	种类	号数			亿	千	百	十	万	千	百	十	元	角	分	亿	千	百	十	万	千	百	十	元	角	分		亿	千	百	十	万	千	百	十	元	角	分

明细账

分页：________ 总页：________

____级科目________________________ ____级科目________________________

年		凭证		摘要	√	借方											贷方											借或贷	余额										
月	日	种类	号数			亿	千	百	十	万	千	百	十	元	角	分	亿	千	百	十	万	千	百	十	元	角	分		亿	千	百	十	万	千	百	十	元	角	分

明细账

分页：________ 总页：________

____级科目________________ ____级科目________________________

年		凭证		摘要	√	借方											贷方											借或贷	余额										
月	日	种类	号数			亿	千	百	十	万	千	百	十	元	角	分	亿	千	百	十	万	千	百	十	元	角	分		亿	千	百	十	万	千	百	十	元	角	分

明细账

分页：________ 总页：________

____级科目________________　　____级科目________________

年		凭证		摘　要	√	借　方											贷　方											借或贷	余　额										
月	日	种类	号数			亿	千	百	十	万	千	百	十	元	角	分	亿	千	百	十	万	千	百	十	元	角	分		亿	千	百	十	万	千	百	十	元	角	分

明细账

分页：________ 总页：________

________级科目________________ ________级科目________________

年		凭证		摘要	√	借方											贷方											借或贷	余额										
月	日	种类	号数			亿	千	百	十	万	千	百	十	元	角	分	亿	千	百	十	万	千	百	十	元	角	分		亿	千	百	十	万	千	百	十	元	角	分

明 细 账

分页:________ 总页:________

________级科目________________ ________级科目________________________

年		凭证		摘 要	√	借 方											贷 方											借或贷	余 额										
月	日	种类	号数			亿	千	百	十	万	千	百	十	元	角	分	亿	千	百	十	万	千	百	十	元	角	分		亿	千	百	十	万	千	百	十	元	角	分

明细账

分页：______ 总页：______

______级科目______ ______级科目______

年		凭证		摘要	√	借方											贷方											借或贷	余额										
月	日	种类	号数			亿	千	百	十	万	千	百	十	元	角	分	亿	千	百	十	万	千	百	十	元	角	分		亿	千	百	十	万	千	百	十	元	角	分

明 细 账

分页：________ 总页：________

________级科目________________ ________级科目________________

年		凭证		摘 要	√	借 方											贷 方											借或贷	余 额										
月	日	种类	号数			亿	千	百	十	万	千	百	十	元	角	分	亿	千	百	十	万	千	百	十	元	角	分		亿	千	百	十	万	千	百	十	元	角	分

明细账

分页:__________ 总页:__________

______级科目______________________ ______级科目______________________

年		凭证		摘要	√	借方											贷方											借或贷	余额										
月	日	种类	号数			亿	千	百	十	万	千	百	十	元	角	分	亿	千	百	十	万	千	百	十	元	角	分		亿	千	百	十	万	千	百	十	元	角	分

明细账

分页：________ 总页：________

______级科目______________________ ______级科目______________________

年		凭证		摘要	√	借方											贷方											借或贷	余额										
月	日	种类	号数			亿	千	百	十	万	千	百	十	元	角	分	亿	千	百	十	万	千	百	十	元	角	分		亿	千	百	十	万	千	百	十	元	角	分

明 细 账

分页：＿＿＿＿ 总页：＿＿＿＿

＿＿级科目＿＿＿＿＿＿＿＿　　＿＿级科目＿＿＿＿＿＿＿＿

年		凭证		摘 要	√	借 方											贷 方											借或贷	余 额										
月	日	种类	号数			亿	千	百	十	万	千	百	十	元	角	分	亿	千	百	十	万	千	百	十	元	角	分		亿	千	百	十	万	千	百	十	元	角	分

明 细 账

分页：______ 总页：______

______级科目______________ ______级科目______________

年		凭证		摘要	√	借方											贷方											借或贷	余额										
月	日	种类	号数			亿	千	百	十	万	千	百	十	元	角	分	亿	千	百	十	万	千	百	十	元	角	分		亿	千	百	十	万	千	百	十	元	角	分

明 细 账

分页:________ 总页:________

________级科目________ ________级科目________

年		凭证		摘 要	√	借 方											贷 方											借或贷	余 额										
月	日	种类	号数			亿	千	百	十	万	千	百	十	元	角	分	亿	千	百	十	万	千	百	十	元	角	分		亿	千	百	十	万	千	百	十	元	角	分

明 细 账

分页:________ 总页:________

____级科目________________ ____级科目________________

年		凭证		摘要	√	借方											贷方											借或贷	余额										
月	日	种类	号数			亿	千	百	十	万	千	百	十	元	角	分	亿	千	百	十	万	千	百	十	元	角	分		亿	千	百	十	万	千	百	十	元	角	分

明细账

分页:________ 总页:________

____级科目________________ ____级科目________________

年		凭证		摘要	√	借方											贷方											借或贷	余额										
月	日	种类	号数			亿	千	百	十	万	千	百	十	元	角	分	亿	千	百	十	万	千	百	十	元	角	分		亿	千	百	十	万	千	百	十	元	角	分

明细账

分页：＿＿＿＿ 总页：＿＿＿＿

＿＿级科目＿＿＿＿＿＿＿＿＿＿ ＿＿级科目＿＿＿＿＿＿＿＿＿＿

年		凭证		摘要	√	借方											贷方											借或贷	余额										
月	日	种类	号数			亿	千	百	十	万	千	百	十	元	角	分	亿	千	百	十	万	千	百	十	元	角	分		亿	千	百	十	万	千	百	十	元	角	分

明细账

分页：________ 总页：________

________级科目________________________ ________级科目________________________

年		凭证		摘要	√	借方											贷方											借或贷	余额										
月	日	种类	号数			亿	千	百	十	万	千	百	十	元	角	分	亿	千	百	十	万	千	百	十	元	角	分		亿	千	百	十	万	千	百	十	元	角	分

明 细 账

分页：________ 总页：________

______级科目____________________ ______级科目____________________

年		凭证		摘要	√	借方											贷方											借或贷	余额										
月	日	种类	号数			亿	千	百	十	万	千	百	十	元	角	分	亿	千	百	十	万	千	百	十	元	角	分		亿	千	百	十	万	千	百	十	元	角	分

明细账

分页：________ 总页：________

______级科目______________ ______级科目______________________________

年		凭证		摘要	√	借方											贷方											借或贷	余额										
月	日	种类	号数			亿	千	百	十	万	千	百	十	元	角	分	亿	千	百	十	万	千	百	十	元	角	分		亿	千	百	十	万	千	百	十	元	角	分

明细账

分页：________ 总页：________

______级科目______________________ ______级科目______________________

年		凭证		摘要	√	借方											贷方											借或贷	余额										
月	日	种类	号数			亿	千	百	十	万	千	百	十	元	角	分	亿	千	百	十	万	千	百	十	元	角	分		亿	千	百	十	万	千	百	十	元	角	分

明 细 账

分页：________ 总页：________

____级科目________________ ____级科目________________

年		凭证		摘要	√	借方											贷方											借或贷	余额										
月	日	种类	号数			亿	千	百	十	万	千	百	十	元	角	分	亿	千	百	十	万	千	百	十	元	角	分		亿	千	百	十	万	千	百	十	元	角	分

明细账

分页:________ 总页:________

____级科目________________　　____级科目________________

年		凭证		摘要	√	借方											贷方											借或贷	余额										
月	日	种类	号数			亿	千	百	十	万	千	百	十	元	角	分	亿	千	百	十	万	千	百	十	元	角	分		亿	千	百	十	万	千	百	十	元	角	分

明细账

分页：________ 总页：________

________级科目________________________ ________级科目________________________

年		凭证		摘要	√	借方											贷方											借或贷	余额										
月	日	种类	号数			亿	千	百	十	万	千	百	十	元	角	分	亿	千	百	十	万	千	百	十	元	角	分		亿	千	百	十	万	千	百	十	元	角	分

明 细 账

分页：________ 总页：________

________级科目________________________ ________级科目________________________________

年		凭证		摘 要	√	借 方											贷 方											借或贷	余 额										
月	日	种类	号数			亿	千	百	十	万	千	百	十	元	角	分	亿	千	百	十	万	千	百	十	元	角	分		亿	千	百	十	万	千	百	十	元	角	分

明 细 账

分页：________ 总页：________

____级科目________________ ____级科目________________

年		凭证		摘 要	√	借 方											贷 方											借或贷	余 额										
月	日	种类	号数			亿	千	百	十	万	千	百	十	元	角	分	亿	千	百	十	万	千	百	十	元	角	分		亿	千	百	十	万	千	百	十	元	角	分

明细账

分页：______ 总页：______

______级科目______________ ______级科目______________

年		凭证		摘要	√	借方											贷方											借或贷	余额										
月	日	种类	号数			亿	千	百	十	万	千	百	十	元	角	分	亿	千	百	十	万	千	百	十	元	角	分		亿	千	百	十	万	千	百	十	元	角	分

明细账

分页:________ 总页:________

______级科目______________ ______级科目______________

年		凭证		摘要	√	借方											贷方											借或贷	余额										
月	日	种类	号数			亿	千	百	十	万	千	百	十	元	角	分	亿	千	百	十	万	千	百	十	元	角	分		亿	千	百	十	万	千	百	十	元	角	分

明细账

分页：　　　　总页：

　　级科目　　　　　　　　　　　　　　级科目

年		凭证		摘要	√	借方											贷方											借或贷	余额										
月	日	种类	号数			亿	千	百	十	万	千	百	十	元	角	分	亿	千	百	十	万	千	百	十	元	角	分		亿	千	百	十	万	千	百	十	元	角	分

明细账

分页:______ 总页:______

______级科目______　　　　______级科目______

年		凭证		摘要	√	借方											贷方											借或贷	余额										
月	日	种类	号数			亿	千	百	十	万	千	百	十	元	角	分	亿	千	百	十	万	千	百	十	元	角	分		亿	千	百	十	万	千	百	十	元	角	分

明细账

分页：＿＿＿＿ 总页：＿＿＿＿

＿＿级科目＿＿＿＿＿＿＿＿＿＿　　＿＿级科目＿＿＿＿＿＿＿＿＿＿

年		凭证		摘要	√	借方											贷方											借或贷	余额										
月	日	种类	号数			亿	千	百	十	万	千	百	十	元	角	分	亿	千	百	十	万	千	百	十	元	角	分		亿	千	百	十	万	千	百	十	元	角	分

明细账

分页：________ 总页：________

______级科目______________________ ______级科目______________________

年		凭证		摘要	√	借方											贷方											借或贷	余额										
月	日	种类	号数			亿	千	百	十	万	千	百	十	元	角	分	亿	千	百	十	万	千	百	十	元	角	分		亿	千	百	十	万	千	百	十	元	角	分

明 细 账

分页:________ 总页:________

____级科目________________ ____级科目________________

年		凭证		摘 要	√	借 方											贷 方											借或贷	余 额										
月	日	种类	号数			亿	千	百	十	万	千	百	十	元	角	分	亿	千	百	十	万	千	百	十	元	角	分		亿	千	百	十	万	千	百	十	元	角	分

明细账

分页：______ 总页：______

______级科目______ ______级科目______

年		凭证		摘要	√	借方											贷方											借或贷	余额										
月	日	种类	号数			亿	千	百	十	万	千	百	十	元	角	分	亿	千	百	十	万	千	百	十	元	角	分		亿	千	百	十	万	千	百	十	元	角	分

明细账

分页：　　　　总页：

级科目　　　　级科目

年		凭证		摘要	√	借方											贷方											借或贷	余额										
月	日	种类	号数			亿	千	百	十	万	千	百	十	元	角	分	亿	千	百	十	万	千	百	十	元	角	分		亿	千	百	十	万	千	百	十	元	角	分

明细账

分页：________ 总页：________

______级科目______________________________ ______级科目______________________________

年		凭证		摘要	√	借方											贷方											借或贷	余额										
月	日	种类	号数			亿	千	百	十	万	千	百	十	元	角	分	亿	千	百	十	万	千	百	十	元	角	分		亿	千	百	十	万	千	百	十	元	角	分

明细账

分页：　　　　总页：

级科目　　　　　　　　　　级科目

年		凭证		摘要	√	借方											贷方											借或贷	余额										
月	日	种类	号数			亿	千	百	十	万	千	百	十	元	角	分	亿	千	百	十	万	千	百	十	元	角	分		亿	千	百	十	万	千	百	十	元	角	分

明细账

分页:________ 总页:________

______级科目______________ ______级科目______________

年		凭证		摘要	√	借方											贷方											借或贷	余额										
月	日	种类	号数			亿	千	百	十	万	千	百	十	元	角	分	亿	千	百	十	万	千	百	十	元	角	分		亿	千	百	十	万	千	百	十	元	角	分

明 细 账

分页:________ 总页:________

______级科目______________________ ______级科目______________________

年		凭证		摘 要	√	借 方											贷 方											借或贷	余 额										
月	日	种类	号数			亿	千	百	十	万	千	百	十	元	角	分	亿	千	百	十	万	千	百	十	元	角	分		亿	千	百	十	万	千	百	十	元	角	分

明细账

分页:________ 总页:________

______级科目________________________ ______级科目________________________

年		凭证		摘要	√	借方											贷方											借或贷	余额										
月	日	种类	号数			亿	千	百	十	万	千	百	十	元	角	分	亿	千	百	十	万	千	百	十	元	角	分		亿	千	百	十	万	千	百	十	元	角	分

明细账

分页：________ 总页：________

________级科目________________ ________级科目________________

年		凭证		摘要	√	借方											贷方											借或贷	余额										
月	日	种类	号数			亿	千	百	十	万	千	百	十	元	角	分	亿	千	百	十	万	千	百	十	元	角	分		亿	千	百	十	万	千	百	十	元	角	分

明 细 账

分页：________ 总页：________

______级科目______________________ ______级科目______________________

年		凭证		摘要	√	借方											贷方											借或贷	余额										
月	日	种类	号数			亿	千	百	十	万	千	百	十	元	角	分	亿	千	百	十	万	千	百	十	元	角	分		亿	千	百	十	万	千	百	十	元	角	分

明细账

分页:________ 总页:________

______级科目______________________ ______级科目______________________

年		凭证		摘要	√	借方											贷方											借或贷	余额										
月	日	种类	号数			亿	千	百	十	万	千	百	十	元	角	分	亿	千	百	十	万	千	百	十	元	角	分		亿	千	百	十	万	千	百	十	元	角	分

明 细 账

______级科目________________　　　______级科目________________

年		凭证		摘要	√	借方											贷方											借或贷	余额										
月	日	种类	号数			亿	千	百	十	万	千	百	十	元	角	分	亿	千	百	十	万	千	百	十	元	角	分		亿	千	百	十	万	千	百	十	元	角	分

明 细 账

分页:______ 总页:______

______级科目______________ ______级科目______________

年		凭证		摘 要	√	借 方											贷 方											借或贷	余 额										
月	日	种类	号数			亿	千	百	十	万	千	百	十	元	角	分	亿	千	百	十	万	千	百	十	元	角	分		亿	千	百	十	万	千	百	十	元	角	分

明 细 账

分页:________ 总页:________

______级科目______________________ ______级科目______________________

年		凭证		摘要	√	借方											贷方											借或贷	余额										
月	日	种类	号数			亿	千	百	十	万	千	百	十	元	角	分	亿	千	百	十	万	千	百	十	元	角	分		亿	千	百	十	万	千	百	十	元	角	分

账簿启用及交接表

<table>
<tr><td>机构名称</td><td></td><td rowspan="5">印　鉴</td></tr>
<tr><td>账簿名称</td><td>（第　　　册）</td></tr>
<tr><td>账簿编号</td><td></td></tr>
<tr><td>账簿页数</td><td>本账簿共计　　　页（本账簿页数
检点人盖章　　　）</td></tr>
<tr><td>启用日期</td><td>公元　　　年　　　月　　　日</td></tr>
</table>

<table>
<tr><td rowspan="3">经管人员</td><td colspan="2">负责人</td><td colspan="2">主办会计</td><td colspan="2">复核</td><td colspan="2">记账</td></tr>
<tr><td>姓名</td><td>盖章</td><td>姓名</td><td>盖章</td><td>姓名</td><td>盖章</td><td>姓名</td><td>盖章</td></tr>
<tr><td></td><td></td><td></td><td></td><td></td><td></td><td></td><td></td></tr>
</table>

<table>
<tr><td rowspan="6">接交记录</td><td colspan="2">经管人员</td><td colspan="4">接管</td><td colspan="4">交出</td></tr>
<tr><td>职别</td><td>姓名</td><td>年</td><td>月</td><td>日</td><td>盖章</td><td>年</td><td>月</td><td>日</td><td>盖章</td></tr>
<tr><td></td><td></td><td></td><td></td><td></td><td></td><td></td><td></td><td></td><td></td></tr>
<tr><td></td><td></td><td></td><td></td><td></td><td></td><td></td><td></td><td></td><td></td></tr>
<tr><td></td><td></td><td></td><td></td><td></td><td></td><td></td><td></td><td></td><td></td></tr>
<tr><td></td><td></td><td></td><td></td><td></td><td></td><td></td><td></td><td></td><td></td></tr>
</table>

<table>
<tr><td>备注</td><td></td></tr>
</table>

账 簿 目 录 表

账 户 名 称	账 号	总页码	账 户 名 称	账 号	总页码	账 户 名 称	账 号	总页码

总分类账

分页：________ 总页：________

年		凭证		摘要	√	借方											贷方											借或贷	余额										
月	日	种类	号数			亿	千	百	十	万	千	百	十	元	角	分	亿	千	百	十	万	千	百	十	元	角	分		亿	千	百	十	万	千	百	十	元	角	分

总分类账

分页:________ 总页:________

年		凭证		摘要	√	借方											贷方											借或贷	余额										
月	日	种类	号数			亿	千	百	十	万	千	百	十	元	角	分	亿	千	百	十	万	千	百	十	元	角	分		亿	千	百	十	万	千	百	十	元	角	分

总分类账

分页：________ 总页：________

年		凭证		摘要	√	借方											贷方											借或贷	余额										
月	日	种类	号数			亿	千	百	十	万	千	百	十	元	角	分	亿	千	百	十	万	千	百	十	元	角	分		亿	千	百	十	万	千	百	十	元	角	分

总分类账

分页:________ 总页:________

年		凭证		摘要	√	借方											贷方											借或贷	余额										
月	日	种类	号数			亿	千	百	十	万	千	百	十	元	角	分	亿	千	百	十	万	千	百	十	元	角	分		亿	千	百	十	万	千	百	十	元	角	分

总分类账

分页:________ 总页:________

年		凭证		摘要	√	借方											贷方											借或贷	余额										
月	日	种类	号数			亿	千	百	十	万	千	百	十	元	角	分	亿	千	百	十	万	千	百	十	元	角	分		亿	千	百	十	万	千	百	十	元	角	分

总分类账

分页：______ 总页：______

年		凭证		摘要	√	借方											贷方											借或贷	余额										
月	日	种类	号数			亿	千	百	十	万	千	百	十	元	角	分	亿	千	百	十	万	千	百	十	元	角	分		亿	千	百	十	万	千	百	十	元	角	分

总分类账

分页：________ 总页：________

年		凭证		摘要	√	借方											贷方											借或贷	余额										
月	日	种类	号数			亿	千	百	十	万	千	百	十	元	角	分	亿	千	百	十	万	千	百	十	元	角	分		亿	千	百	十	万	千	百	十	元	角	分

总分类账

分页：________ 总页：________

年		凭证		摘要	√	借方											贷方											借或贷	余额										
月	日	种类	号数			亿	千	百	十	万	千	百	十	元	角	分	亿	千	百	十	万	千	百	十	元	角	分		亿	千	百	十	万	千	百	十	元	角	分

总分类账

分页：________ 总页：________

年		凭证		摘要	√	借方											贷方											借或贷	余额										
月	日	种类	号数			亿	千	百	十	万	千	百	十	元	角	分	亿	千	百	十	万	千	百	十	元	角	分		亿	千	百	十	万	千	百	十	元	角	分

总分类账

分页：________ 总页：________

年		凭证		摘要	√	借方											贷方											借或贷	余额										
月	日	种类	号数			亿	千	百	十	万	千	百	十	元	角	分	亿	千	百	十	万	千	百	十	元	角	分		亿	千	百	十	万	千	百	十	元	角	分

总分类账

分页:________ 总页:________

年		凭证		摘要	√	借方											贷方											借或贷	余额										
月	日	种类	号数			亿	千	百	十	万	千	百	十	元	角	分	亿	千	百	十	万	千	百	十	元	角	分		亿	千	百	十	万	千	百	十	元	角	分

总分类账

分页:________ 总页:________

年		凭证		摘要	√	借方											贷方											借或贷	余额										
月	日	种类	号数			亿	千	百	十	万	千	百	十	元	角	分	亿	千	百	十	万	千	百	十	元	角	分		亿	千	百	十	万	千	百	十	元	角	分

总分类账

分页：________ 总页：________

年		凭证		摘要	√	借方											贷方											借或贷	余额										
月	日	种类	号数			亿	千	百	十	万	千	百	十	元	角	分	亿	千	百	十	万	千	百	十	元	角	分		亿	千	百	十	万	千	百	十	元	角	分

总分类账

分页:________ 总页:________

年		凭证		摘　要	√	借　方											贷　方											借或贷	余　额										
月	日	种类	号数			亿	千	百	十	万	千	百	十	元	角	分	亿	千	百	十	万	千	百	十	元	角	分		亿	千	百	十	万	千	百	十	元	角	分

总分类账

分页：________ 总页：________

年		凭证		摘要	√	借方											贷方											借或贷	余额										
月	日	种类	号数			亿	千	百	十	万	千	百	十	元	角	分	亿	千	百	十	万	千	百	十	元	角	分		亿	千	百	十	万	千	百	十	元	角	分

总分类账

分页：＿＿＿＿ 总页：＿＿＿＿

年		凭证		摘要	√	借方											贷方											借或贷	余额										
月	日	种类	号数			亿	千	百	十	万	千	百	十	元	角	分	亿	千	百	十	万	千	百	十	元	角	分		亿	千	百	十	万	千	百	十	元	角	分

总分类账

分页：________ 总页：________

年		凭证		摘要	√	借方											贷方											借或贷	余额										
月	日	种类	号数			亿	千	百	十	万	千	百	十	元	角	分	亿	千	百	十	万	千	百	十	元	角	分		亿	千	百	十	万	千	百	十	元	角	分

总分类账

分页：________ 总页：________

年		凭证		摘要	√	借方											贷方											借或贷	余额										
月	日	种类	号数			亿	千	百	十	万	千	百	十	元	角	分	亿	千	百	十	万	千	百	十	元	角	分		亿	千	百	十	万	千	百	十	元	角	分

总分类账

分页：________ 总页：________

年		凭证		摘要	√	借方											贷方											借或贷	余额										
月	日	种类	号数			亿	千	百	十	万	千	百	十	元	角	分	亿	千	百	十	万	千	百	十	元	角	分		亿	千	百	十	万	千	百	十	元	角	分

总分类账

分页:________ 总页:________

年		凭证		摘要	√	借方											贷方											借或贷	余额										
月	日	种类	号数			亿	千	百	十	万	千	百	十	元	角	分	亿	千	百	十	万	千	百	十	元	角	分		亿	千	百	十	万	千	百	十	元	角	分

总分类账

分页：________ 总页：________

年		凭证		摘要	√	借方											贷方											借或贷	余额										
月	日	种类	号数			亿	千	百	十	万	千	百	十	元	角	分	亿	千	百	十	万	千	百	十	元	角	分		亿	千	百	十	万	千	百	十	元	角	分

总分类账

分页：________ 总页：________

年		凭证		摘要	√	借方											贷方											借或贷	余额										
月	日	种类	号数			亿	千	百	十	万	千	百	十	元	角	分	亿	千	百	十	万	千	百	十	元	角	分		亿	千	百	十	万	千	百	十	元	角	分

总分类账

分页：________ 总页：________

年		凭证		摘要	√	借方											贷方											借或贷	余额										
月	日	种类	号数			亿	千	百	十	万	千	百	十	元	角	分	亿	千	百	十	万	千	百	十	元	角	分		亿	千	百	十	万	千	百	十	元	角	分

总分类账

分页:________ 总页:________

年		凭证		摘要	√	借方											贷方											借或贷	余额										
月	日	种类	号数			亿	千	百	十	万	千	百	十	元	角	分	亿	千	百	十	万	千	百	十	元	角	分		亿	千	百	十	万	千	百	十	元	角	分

总分类账

分页:＿＿＿＿　总页:＿＿＿＿

年		凭证		摘要	√	借方											贷方											借或贷	余额										
月	日	种类	号数			亿	千	百	十	万	千	百	十	元	角	分	亿	千	百	十	万	千	百	十	元	角	分		亿	千	百	十	万	千	百	十	元	角	分

总分类账

分页：________ 总页：________

年		凭证		摘要	√	借方											贷方											借或贷	余额										
月	日	种类	号数			亿	千	百	十	万	千	百	十	元	角	分	亿	千	百	十	万	千	百	十	元	角	分		亿	千	百	十	万	千	百	十	元	角	分

总分类账

分页:________ 总页:________

年		凭证		摘 要	√	借 方											贷 方											借或贷	余 额										
月	日	种类	号数			亿	千	百	十	万	千	百	十	元	角	分	亿	千	百	十	万	千	百	十	元	角	分		亿	千	百	十	万	千	百	十	元	角	分

总分类账

分页:________ 总页:________

年		凭证		摘要	√	借方											贷方											借或贷	余额										
月	日	种类	号数			亿	千	百	十	万	千	百	十	元	角	分	亿	千	百	十	万	千	百	十	元	角	分		亿	千	百	十	万	千	百	十	元	角	分

总分类账

分页:________ 总页:________

年		凭证		摘要	√	借方											贷方											借或贷	余额										
月	日	种类	号数			亿	千	百	十	万	千	百	十	元	角	分	亿	千	百	十	万	千	百	十	元	角	分		亿	千	百	十	万	千	百	十	元	角	分

总分类账

分页:________ 总页:________

年		凭证		摘要	√	借方											贷方											借或贷	余额										
月	日	种类	号数			亿	千	百	十	万	千	百	十	元	角	分	亿	千	百	十	万	千	百	十	元	角	分		亿	千	百	十	万	千	百	十	元	角	分

总分类账

分页:________ 总页:________

年		凭证		摘要	√	借方											贷方											借或贷	余额										
月	日	种类	号数			亿	千	百	十	万	千	百	十	元	角	分	亿	千	百	十	万	千	百	十	元	角	分		亿	千	百	十	万	千	百	十	元	角	分

总分类账

分页:________ 总页:________

年		凭证		摘要	√	借方											贷方											借或贷	余额										
月	日	种类	号数			亿	千	百	十	万	千	百	十	元	角	分	亿	千	百	十	万	千	百	十	元	角	分		亿	千	百	十	万	千	百	十	元	角	分

总分类账

分页:________ 总页:________

年		凭证		摘要	√	借方											贷方											借或贷	余额										
月	日	种类	号数			亿	千	百	十	万	千	百	十	元	角	分	亿	千	百	十	万	千	百	十	元	角	分		亿	千	百	十	万	千	百	十	元	角	分

总分类账

分页：________ 总页：________

年		凭证		摘　　要	√	借　方											贷　方											借或贷	余　额										
月	日	种类	号数			亿	千	百	十	万	千	百	十	元	角	分	亿	千	百	十	万	千	百	十	元	角	分		亿	千	百	十	万	千	百	十	元	角	分

总分类账

分页：________ 总页：________

年		凭证		摘要	√	借方											贷方											借或贷	余额										
月	日	种类	号数			亿	千	百	十	万	千	百	十	元	角	分	亿	千	百	十	万	千	百	十	元	角	分		亿	千	百	十	万	千	百	十	元	角	分

总分类账

分页：________ 总页：________

年		凭证		摘要	√	借方											贷方											借或贷	余额										
月	日	种类	号数			亿	千	百	十	万	千	百	十	元	角	分	亿	千	百	十	万	千	百	十	元	角	分		亿	千	百	十	万	千	百	十	元	角	分

总分类账

分页：________ 总页：________

年		凭证		摘要	√	借方											贷方											借或贷	余额										
月	日	种类	号数			亿	千	百	十	万	千	百	十	元	角	分	亿	千	百	十	万	千	百	十	元	角	分		亿	千	百	十	万	千	百	十	元	角	分

总分类账

分页：________ 总页：________

年		凭证		摘要	√	借方											贷方											借或贷	余额										
月	日	种类	号数			亿	千	百	十	万	千	百	十	元	角	分	亿	千	百	十	万	千	百	十	元	角	分		亿	千	百	十	万	千	百	十	元	角	分

总分类账

分页：　　　　总页：

年		凭证		摘要	√	借方											贷方											借或贷	余额										
月	日	种类	号数			亿	千	百	十	万	千	百	十	元	角	分	亿	千	百	十	万	千	百	十	元	角	分		亿	千	百	十	万	千	百	十	元	角	分

总分类账

分页:________ 总页:________

年		凭证		摘要	√	借方											贷方											借或贷	余额										
月	日	种类	号数			亿	千	百	十	万	千	百	十	元	角	分	亿	千	百	十	万	千	百	十	元	角	分		亿	千	百	十	万	千	百	十	元	角	分

总分类账

分页：________ 总页：________

年		凭证		摘要	√	借方											贷方											借或贷	余额										
月	日	种类	号数			亿	千	百	十	万	千	百	十	元	角	分	亿	千	百	十	万	千	百	十	元	角	分		亿	千	百	十	万	千	百	十	元	角	分

总分类账

分页:________ 总页:________

年		凭证		摘要	√	借方											贷方											借或贷	余额										
月	日	种类	号数			亿	千	百	十	万	千	百	十	元	角	分	亿	千	百	十	万	千	百	十	元	角	分		亿	千	百	十	万	千	百	十	元	角	分

总分类账

分页：________ 总页：________

年		凭证		摘要	√	借方											贷方											借或贷	余额										
月	日	种类	号数			亿	千	百	十	万	千	百	十	元	角	分	亿	千	百	十	万	千	百	十	元	角	分		亿	千	百	十	万	千	百	十	元	角	分

总分类账

分页：________ 总页：________

年		凭证		摘要	√	借方											贷方											借或贷	余额										
月	日	种类	号数			亿	千	百	十	万	千	百	十	元	角	分	亿	千	百	十	万	千	百	十	元	角	分		亿	千	百	十	万	千	百	十	元	角	分

总分类账

分页:________ 总页:________

年		凭证		摘要	√	借方											贷方											借或贷	余额										
月	日	种类	号数			亿	千	百	十	万	千	百	十	元	角	分	亿	千	百	十	万	千	百	十	元	角	分		亿	千	百	十	万	千	百	十	元	角	分

总分类账

分页：________ 总页：________

年		凭证		摘要	√	借方											贷方											借或贷	余额										
月	日	种类	号数			亿	千	百	十	万	千	百	十	元	角	分	亿	千	百	十	万	千	百	十	元	角	分		亿	千	百	十	万	千	百	十	元	角	分

总分类账

分页：______ 总页：______

年		凭证		摘要	√	借方											贷方											借或贷	余额										
月	日	种类	号数			亿	千	百	十	万	千	百	十	元	角	分	亿	千	百	十	万	千	百	十	元	角	分		亿	千	百	十	万	千	百	十	元	角	分

总分类账

分页：________ 总页：________

年		凭证		摘要	√	借方											贷方											借或贷	余额										
月	日	种类	号数			亿	千	百	十	万	千	百	十	元	角	分	亿	千	百	十	万	千	百	十	元	角	分		亿	千	百	十	万	千	百	十	元	角	分

总分类账

分页：__________ 总页：__________

年		凭证		摘要	√	借方											贷方											借或贷	余额										
月	日	种类	号数			亿	千	百	十	万	千	百	十	元	角	分	亿	千	百	十	万	千	百	十	元	角	分		亿	千	百	十	万	千	百	十	元	角	分

总分类账

分页：________ 总页：________

年		凭证		摘要	√	借方											贷方											借或贷	余额										
月	日	种类	号数			亿	千	百	十	万	千	百	十	元	角	分	亿	千	百	十	万	千	百	十	元	角	分		亿	千	百	十	万	千	百	十	元	角	分

账簿启用及交接表

机构名称		印鉴
账簿名称	（第　　册）	
账簿编号		
账簿页数	本账簿共计　　页（本账簿页数 检点人盖章　　）	
启用日期	公元　　年　　月　　日	

经管人员	负责人		主办会计		复核		记账	
	姓名	盖章	姓名	盖章	姓名	盖章	姓名	盖章

接交记录	经管人员		接管				交出			
	职别	姓名	年	月	日	盖章	年	月	日	盖章

备注	

账 簿 目 录 表

账户名称	账号	总页码	账户名称	账号	总页码	账户名称	账号	总页码

应交税费——应交增值税明细账

分页：______ 总页：______

										贷方																																																		借或贷	余额								
转出未交增值税										合计										销项税额										出口退税										进项税额转出										转出多交增值税																				
千	百	十	万	千	百	十	元	角	分	千	百	十	万	千	百	十	元	角	分	千	百	十	万	千	百	十	元	角	分	千	百	十	万	千	百	十	元	角	分	千	百	十	万	千	百	十	元	角	分	千	百	十	万	千	百	十	元	角	分		千	百	十	万	千	百	十	元	角	分

年		凭证		摘要	借方																																																	
					合计										进项税额										已交税金										减免税款										出口抵减内销应纳税额									
月	日	种类	号数		千	百	十	万	千	百	十	元	角	分	千	百	十	万	千	百	十	元	角	分	千	百	十	万	千	百	十	元	角	分	千	百	十	万	千	百	十	元	角	分	千	百	十	万	千	百	十	元	角	分

应交税费——应交增值税明细账

分页:______ 总页:______

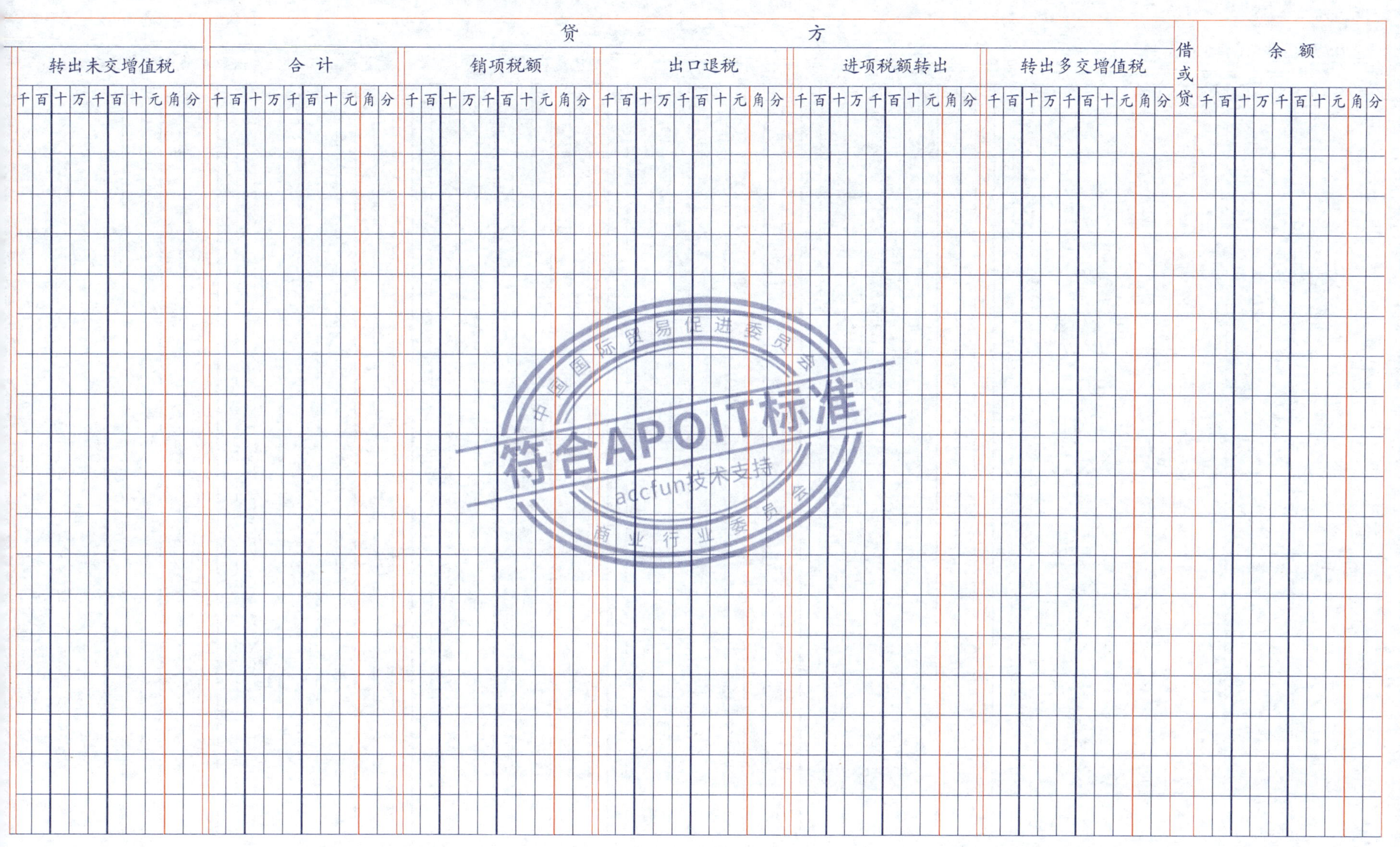

转出未交增值税										贷方																																																		借或贷	余额									
										合计										销项税额										出口退税										进项税额转出										转出多交增值税																				
千	百	十	万	千	百	十	元	角	分	千	百	十	万	千	百	十	元	角	分	千	百	十	万	千	百	十	元	角	分	千	百	十	万	千	百	十	元	角	分	千	百	十	万	千	百	十	元	角	分	千	百	十	万	千	百	十	元	角	分		千	百	十	万	千	百	十	元	角	分

年		凭证		摘要	借方																																																	
					合计										进项税额										已交税金										减免税款										出口抵减内销应纳税额									
月	日	种类	号数		千	百	十	万	千	百	十	元	角	分	千	百	十	万	千	百	十	元	角	分	千	百	十	万	千	百	十	元	角	分	千	百	十	万	千	百	十	元	角	分	千	百	十	万	千	百	十	元	角	分

应交税费——应交增值税明细账

分页:______ 总页:______

										贷方																																																		借或贷	余额									
转出未交增值税										合计										销项税额										出口退税										进项税额转出										转出多交增值税																				
千	百	十	万	千	百	十	元	角	分	千	百	十	万	千	百	十	元	角	分	千	百	十	万	千	百	十	元	角	分	千	百	十	万	千	百	十	元	角	分	千	百	十	万	千	百	十	元	角	分	千	百	十	万	千	百	十	元	角	分		千	百	十	万	千	百	十	元	角	分

<table>
<tr><th colspan="2">年</th><th colspan="2">凭证</th><th rowspan="3">摘要</th><th colspan="50">借方</th></tr>
<tr><th rowspan="2">月</th><th rowspan="2">日</th><th rowspan="2">种类</th><th rowspan="2">号数</th><th colspan="10">合计</th><th colspan="10">进项税额</th><th colspan="10">已交税金</th><th colspan="10">减免税款</th><th colspan="10">出口抵减内销应纳税额</th></tr>
<tr><th>千</th><th>百</th><th>十</th><th>万</th><th>千</th><th>百</th><th>十</th><th>元</th><th>角</th><th>分</th><th>千</th><th>百</th><th>十</th><th>万</th><th>千</th><th>百</th><th>十</th><th>元</th><th>角</th><th>分</th><th>千</th><th>百</th><th>十</th><th>万</th><th>千</th><th>百</th><th>十</th><th>元</th><th>角</th><th>分</th><th>千</th><th>百</th><th>十</th><th>万</th><th>千</th><th>百</th><th>十</th><th>元</th><th>角</th><th>分</th><th>千</th><th>百</th><th>十</th><th>万</th><th>千</th><th>百</th><th>十</th><th>元</th><th>角</th><th>分</th></tr>
</table>

应交税费——应交增值税明细账

分页：______ 总页：______

转出未交增值税										贷方																																																		借或贷	余额									
										合计										销项税额										出口退税										进项税额转出										转出多交增值税																				
千	百	十	万	千	百	十	元	角	分	千	百	十	万	千	百	十	元	角	分	千	百	十	万	千	百	十	元	角	分	千	百	十	万	千	百	十	元	角	分	千	百	十	万	千	百	十	元	角	分	千	百	十	万	千	百	十	元	角	分		千	百	十	万	千	百	十	元	角	分

<table>
<tr><td colspan="2">年</td><td colspan="2">凭证</td><td rowspan="3">摘　　要</td><td colspan="50">借　　　　方</td></tr>
<tr><td rowspan="2">月</td><td rowspan="2">日</td><td rowspan="2">种类</td><td rowspan="2">号数</td><td colspan="10">合　计</td><td colspan="10">进项税额</td><td colspan="10">已交税金</td><td colspan="10">减免税款</td><td colspan="10">出口抵减内销应纳税额</td></tr>
<tr><td>千</td><td>百</td><td>十</td><td>万</td><td>千</td><td>百</td><td>十</td><td>元</td><td>角</td><td>分</td><td>千</td><td>百</td><td>十</td><td>万</td><td>千</td><td>百</td><td>十</td><td>元</td><td>角</td><td>分</td><td>千</td><td>百</td><td>十</td><td>万</td><td>千</td><td>百</td><td>十</td><td>元</td><td>角</td><td>分</td><td>千</td><td>百</td><td>十</td><td>万</td><td>千</td><td>百</td><td>十</td><td>元</td><td>角</td><td>分</td><td>千</td><td>百</td><td>十</td><td>万</td><td>千</td><td>百</td><td>十</td><td>元</td><td>角</td><td>分</td></tr>
</table>

应交税费——应交增值税明细账

分页:______ 总页:______

										贷方																																																		借或贷	余额								
转出未交增值税										合计										销项税额										出口退税										进项税额转出										转出多交增值税																				
千	百	十	万	千	百	十	元	角	分	千	百	十	万	千	百	十	元	角	分	千	百	十	万	千	百	十	元	角	分	千	百	十	万	千	百	十	元	角	分	千	百	十	万	千	百	十	元	角	分	千	百	十	万	千	百	十	元	角	分		千	百	十	万	千	百	十	元	角	分

年		凭证		摘要	借方																																																	
					合计										进项税额										已交税金										减免税款										出口抵减内销应纳税额									
月	日	种类	号数		千	百	十	万	千	百	十	元	角	分	千	百	十	万	千	百	十	元	角	分	千	百	十	万	千	百	十	元	角	分	千	百	十	万	千	百	十	元	角	分	千	百	十	万	千	百	十	元	角	分

账簿启用及交接表

机构名称		印　鉴
账簿名称	（第　　册）	
账簿编号		
账簿页数	本账簿共计　　页（本账簿页数 检点人盖章　　）	
启用日期	公元　　年　　月　　日	

经管人员	负责人		主办会计		复核		记账	
	姓名	盖章	姓名	盖章	姓名	盖章	姓名	盖章

接交记录	经管人员		接管				交出			
	职别	姓名	年	月	日	盖章	年	月	日	盖章

备注	

账 簿 目 录 表

账户名称	账号	总页码	账户名称	账号	总页码	账户名称	账号	总页码

分页：________ 总页：________

明 细 账

编号名称________ 存放地点________ 寄存放地点________ 计量单位________ 规格________ 类别________

年		凭证字号	摘要	收入													发出													结存												
				数量	单价	金额											数量	单价	金额											数量	单价	金额										
月	日					亿	千	百	十	万	千	百	十	元	角	分			亿	千	百	十	万	千	百	十	元	角	分			亿	千	百	十	万	千	百	十	元	角	分

分页:________ 总页:________

明 细 账

编号名称________ 存放地点________ 寄存放地点________ 计量单位________ 规格________ 类别________

年		凭证字号	摘要	收入													发出													结存												
月	日			数量	单价	金额											数量	单价	金额											数量	单价	金额										
						亿	千	百	十	万	千	百	十	元	角	分			亿	千	百	十	万	千	百	十	元	角	分			亿	千	百	十	万	千	百	十	元	角	分

分页：________ 总页：________

明 细 账

编号名称________ 存放地点________ 寄存放地点________ 计量单位________ 规格________ 类别________

年		凭证字号	摘 要	收入													发出													结存												
月	日			数 量	单 价	金 额											数 量	单 价	金 额											数 量	单 价	金 额										
						亿	千	百	十	万	千	百	十	元	角	分			亿	千	百	十	万	千	百	十	元	角	分			亿	千	百	十	万	千	百	十	元	角	分

分页:________ 总页:________

明细账

编号名称________ 存放地点________ 寄存放地点________ 计量单位________ 规格________ 类别________

年		凭证字号	摘要	收入													发出													结存												
月	日			数量	单价	金额											数量	单价	金额											数量	单价	金额										
						亿	千	百	十	万	千	百	十	元	角	分			亿	千	百	十	万	千	百	十	元	角	分			亿	千	百	十	万	千	百	十	元	角	分

明 细 账

编号名称________ 存放地点________ 寄存放地点________ 计量单位________ 规格________ 类别________

年		凭证字号	摘要	收入													发出													结存												
月	日			数量	单价	金额											数量	单价	金额											数量	单价	金额										
						亿	千	百	十	万	千	百	十	元	角	分			亿	千	百	十	万	千	百	十	元	角	分			亿	千	百	十	万	千	百	十	元	角	分

明 细 账

分页:________ 总页:________

编号名称________ 存放地点________ 寄存放地点________ 计量单位________ 规格________ 类别________

年		凭证字号	摘要	收入													发出													结存												
				数量	单价	金额											数量	单价	金额											数量	单价	金额										
月	日					亿	千	百	十	万	千	百	十	元	角	分			亿	千	百	十	万	千	百	十	元	角	分			亿	千	百	十	万	千	百	十	元	角	分

分页：________ 总页：________

明细账

编号名称________ 存放地点________ 寄存放地点________ 计量单位________ 规格________ 类别________

年		凭证字号	摘要	收入													发出													结存												
月	日			数量	单价	金额											数量	单价	金额											数量	单价	金额										
						亿	千	百	十	万	千	百	十	元	角	分			亿	千	百	十	万	千	百	十	元	角	分			亿	千	百	十	万	千	百	十	元	角	分

分页:________ 总页:________

明 细 账

编号名称________ 存放地点________ 寄存放地点________ 计量单位________ 规格________ 类别________

年		凭证字号	摘要	收入													发出													结存												
月	日			数量	单价	金额											数量	单价	金额											数量	单价	金额										
						亿	千	百	十	万	千	百	十	元	角	分			亿	千	百	十	万	千	百	十	元	角	分			亿	千	百	十	万	千	百	十	元	角	分

分页：________ 总页：________

明 细 账

编号名称 ________ 存放地点 ________ 寄存放地点 ________ 计量单位 ________ 规格 ________ 类别 ________

年		凭证字号	摘要	收入													发出													结存												
				数量	单价	金额											数量	单价	金额											数量	单价	金额										
月	日					亿	千	百	十	万	千	百	十	元	角	分			亿	千	百	十	万	千	百	十	元	角	分			亿	千	百	十	万	千	百	十	元	角	分

明 细 账

分页：________ 总页：________

编号名称________ 存放地点________ 寄存放地点________ 计量单位________ 规格________ 类别________

年		凭证字号	摘 要	收 入													发 出													结 存												
				数 量	单 价	金 额											数 量	单 价	金 额											数 量	单 价	金 额										
月	日					亿	千	百	十	万	千	百	十	元	角	分			亿	千	百	十	万	千	百	十	元	角	分			亿	千	百	十	万	千	百	十	元	角	分

账簿启用及交接表

机构名称		印鉴
账簿名称	（第　　册）	
账簿编号		
账簿页数	本账簿共计　　页（本账簿页数 检点人盖章　　）	
启用日期	公元　　年　　月　　日	

经管人员	负责人		主办会计		复核		记账	
	姓名	盖章	姓名	盖章	姓名	盖章	姓名	盖章

接交记录	经管人员		接管				交出			
	职别	姓名	年	月	日	盖章	年	月	日	盖章

备注	

账 簿 目 录 表

账户名称	账号	总页码	账户名称	账号	总页码	账户名称	账号	总页码

明 细 账

分页:______ 总页:______

(　　　　) 方 项 目

亿	千	百	十	万	千	百	十	元	角	分	亿	千	百	十	万	千	百	十	元	角	分	亿	千	百	十	万	千	百	十	元	角	分	亿	千	百	十	万	千	百	十	元	角	分	亿	千	百	十	万	千	百	十	元	角	分	亿	千	百	十	万	千	百	十	元	角	分	亿	千	百	十	万	千	百	十	元	角	分	亿	千	百	十	万	千	百	十	元	角	分	亿	千	百	十	万	千	百	十	元	角	分

级科目

年		凭证号数	摘要	借方	贷方	借或贷	余额			
月	日			亿千百十万千百十元角分	亿千百十万千百十元角分		亿千百十万千百十元角分	亿千百十万千百十元角分	亿千百十万千百十元角分	亿千百十万千百十元角分

明　细　账

分页：______　总页：______

（　　　　）方　项　目

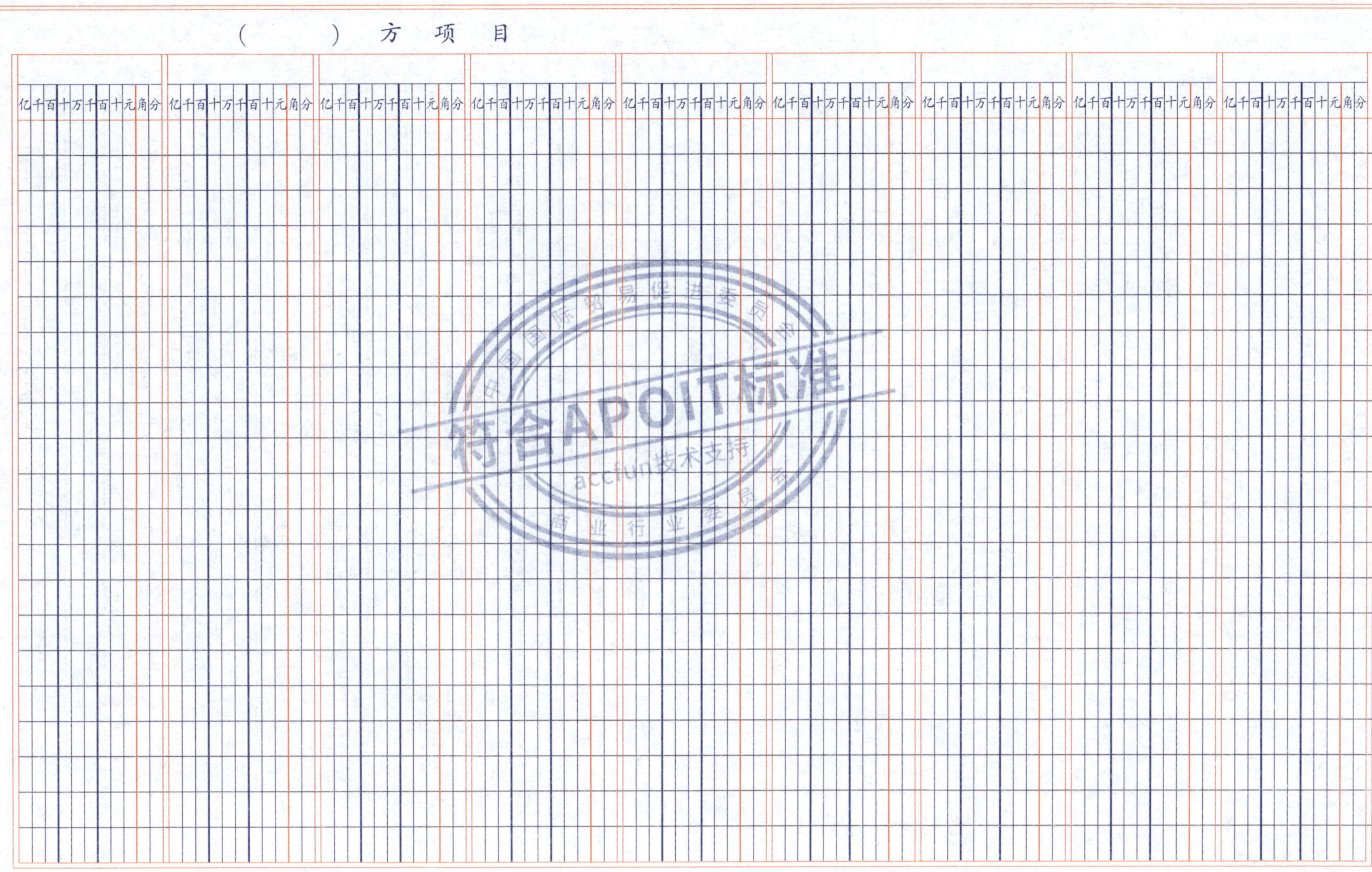

亿	千	百	十	万	千	百	十	元	角	分

亿	千	百	十	万	千	百	十	元	角	分

亿	千	百	十	万	千	百	十	元	角	分

亿	千	百	十	万	千	百	十	元	角	分

亿	千	百	十	万	千	百	十	元	角	分

亿	千	百	十	万	千	百	十	元	角	分

亿	千	百	十	万	千	百	十	元	角	分

亿	千	百	十	万	千	百	十	元	角	分

亿	千	百	十	万	千	百	十	元	角	分

级科目

年		凭证号数	摘要	借方	贷方	借或贷	余额			
月	日			亿千百十万千百十元角分	亿千百十万千百十元角分		亿千百十万千百十元角分	亿千百十万千百十元角分	亿千百十万千百十元角分	亿千百十万千百十元角分

明 细 账

分页：______ 总页：______

（　　　）方 项 目

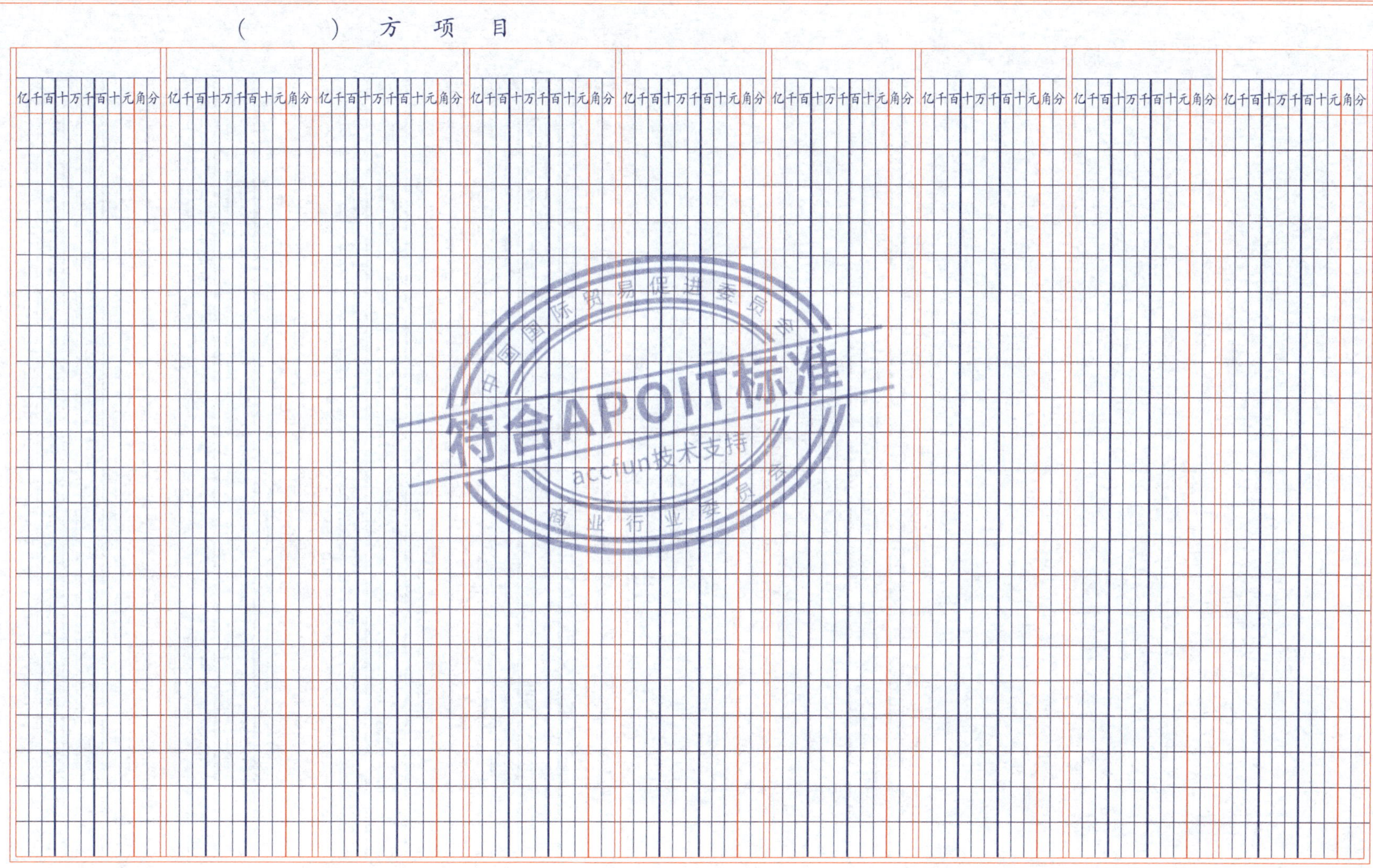

____级科目________________

年		凭证号数	摘要	借方	贷方	借或贷	余额			
月	日			亿千百十万千百十元角分	亿千百十万千百十元角分		亿千百十万千百十元角分	亿千百十万千百十元角分	亿千百十万千百十元角分	亿千百十万千百十元角分

明　细　账

分页:______　总页:______

(　　　　)方　项　目

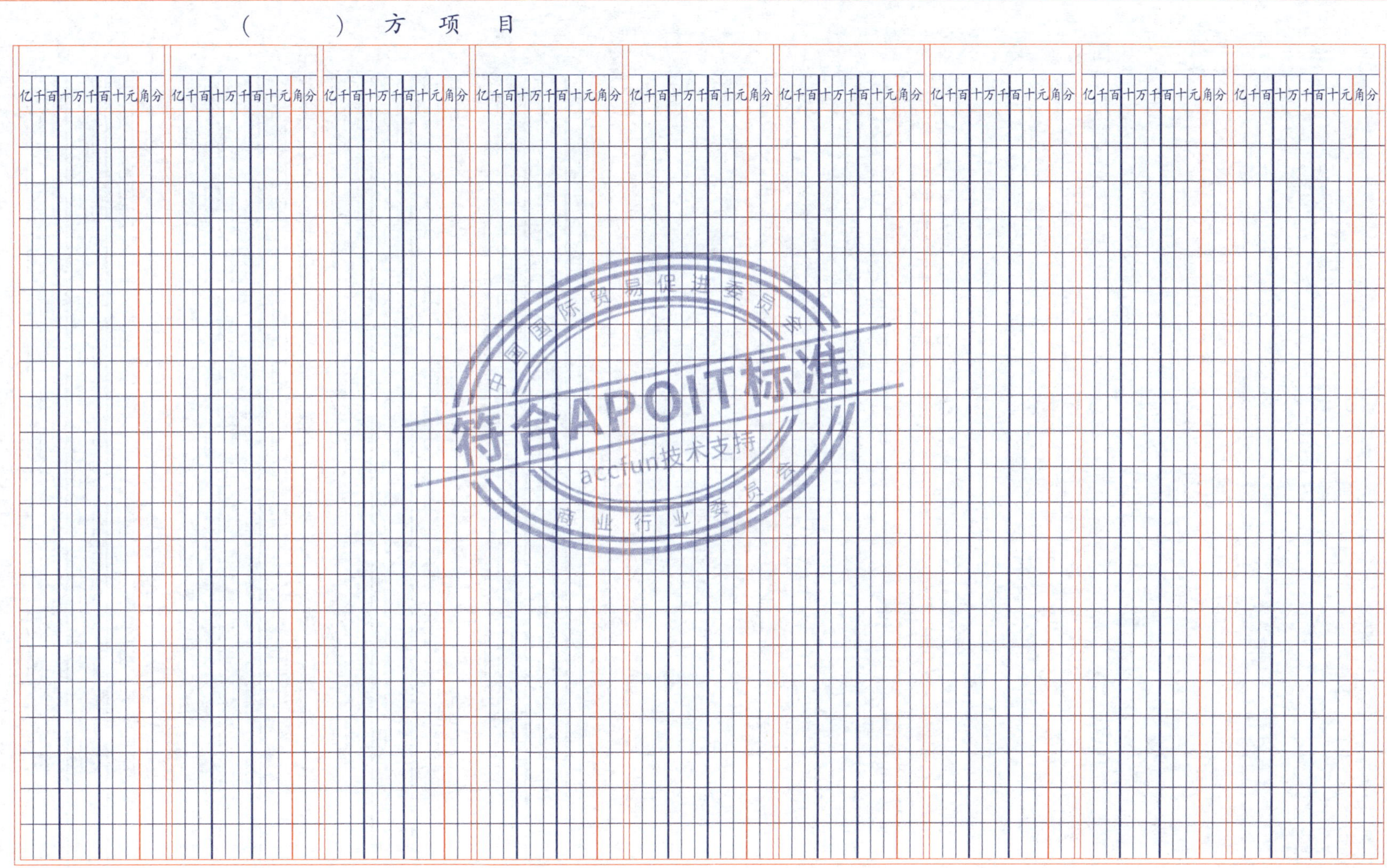

亿	千	百	十	万	千	百	十	元	角	分	亿	千	百	十	万	千	百	十	元	角	分	亿	千	百	十	万	千	百	十	元	角	分	亿	千	百	十	万	千	百	十	元	角	分	亿	千	百	十	万	千	百	十	元	角	分	亿	千	百	十	万	千	百	十	元	角	分	亿	千	百	十	万	千	百	十	元	角	分	亿	千	百	十	万	千	百	十	元	角	分	亿	千	百	十	万	千	百	十	元	角	分

级科目

<table>
<tr><th colspan="2">年</th><th rowspan="2">凭证号数</th><th rowspan="2">摘要</th><th colspan="11">借方</th><th colspan="11">贷方</th><th rowspan="2">借或贷</th><th colspan="11">余额</th><th colspan="11"></th><th colspan="11"></th><th colspan="11"></th></tr>
<tr><th>月</th><th>日</th><th>亿</th><th>千</th><th>百</th><th>十</th><th>万</th><th>千</th><th>百</th><th>十</th><th>元</th><th>角</th><th>分</th><th>亿</th><th>千</th><th>百</th><th>十</th><th>万</th><th>千</th><th>百</th><th>十</th><th>元</th><th>角</th><th>分</th><th>亿</th><th>千</th><th>百</th><th>十</th><th>万</th><th>千</th><th>百</th><th>十</th><th>元</th><th>角</th><th>分</th><th>亿</th><th>千</th><th>百</th><th>十</th><th>万</th><th>千</th><th>百</th><th>十</th><th>元</th><th>角</th><th>分</th><th>亿</th><th>千</th><th>百</th><th>十</th><th>万</th><th>千</th><th>百</th><th>十</th><th>元</th><th>角</th><th>分</th><th>亿</th><th>千</th><th>百</th><th>十</th><th>万</th><th>千</th><th>百</th><th>十</th><th>元</th><th>角</th><th>分</th></tr>
</table>

明　细　账

分页:______　总页:______

(　　　　)　方　项　目

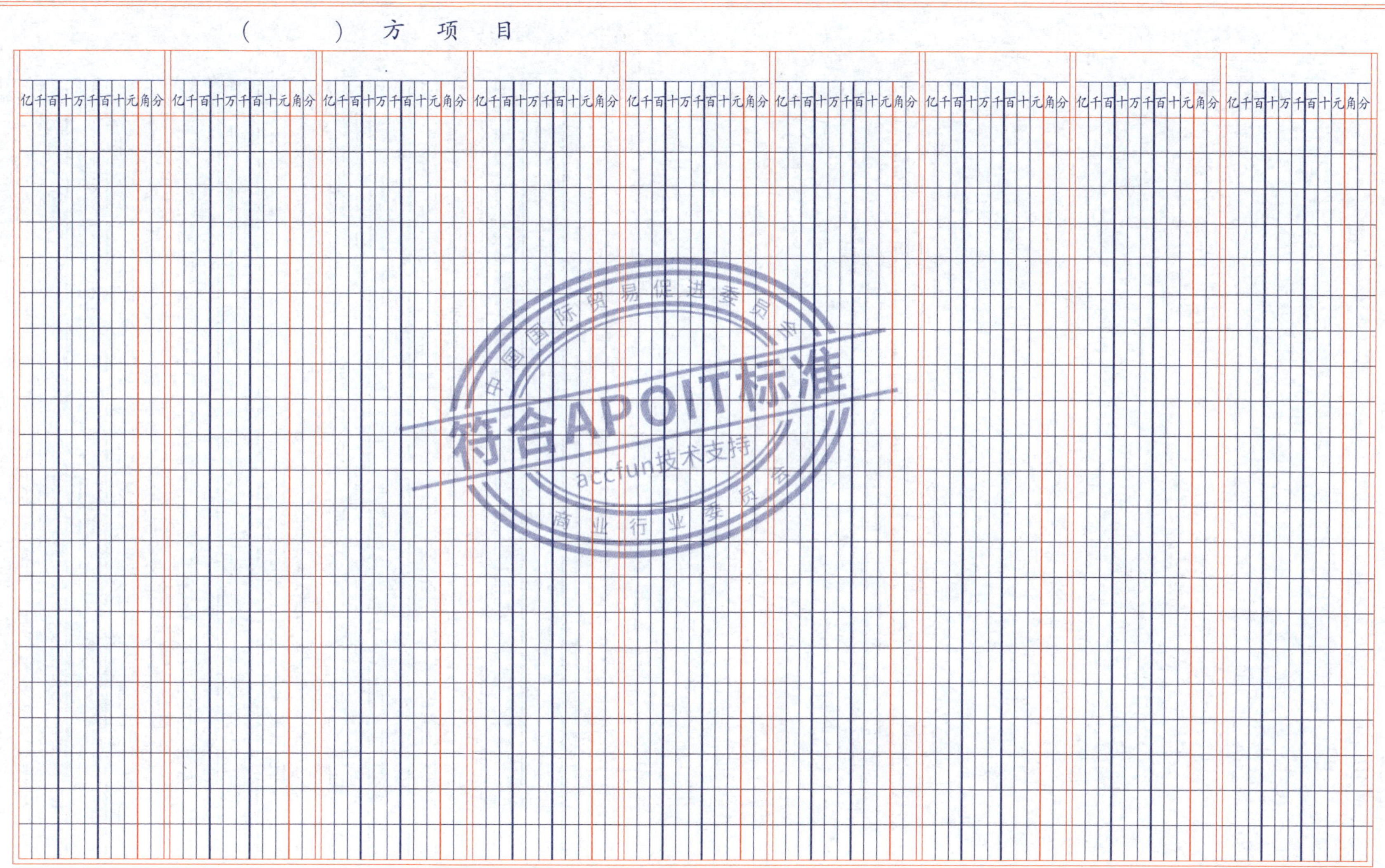

级科目

年 月	日	凭证号数	摘要	借方 亿千百十万千百十元角分	贷方 亿千百十万千百十元角分	借或贷	余额 亿千百十万千百十元角分	亿千百十万千百十元角分	亿千百十万千百十元角分	亿千百十万千百十元角分

明　细　账

分页：______　总页：______

（　　　）方　项　目

亿千百十万千百十元角分	亿千百十万千百十元角分	亿千百十万千百十元角分	亿千百十万千百十元角分	亿千百十万千百十元角分	亿千百十万千百十元角分	亿千百十万千百十元角分	亿千百十万千百十元角分	亿千百十万千百十元角分

级科目

年		凭证号数	摘要	借方	贷方	借或贷	余额			
月	日			亿千百十万千百十元角分	亿千百十万千百十元角分		亿千百十万千百十元角分	亿千百十万千百十元角分	亿千百十万千百十元角分	亿千百十万千百十元角分

明 细 账

分页：______ 总页：______

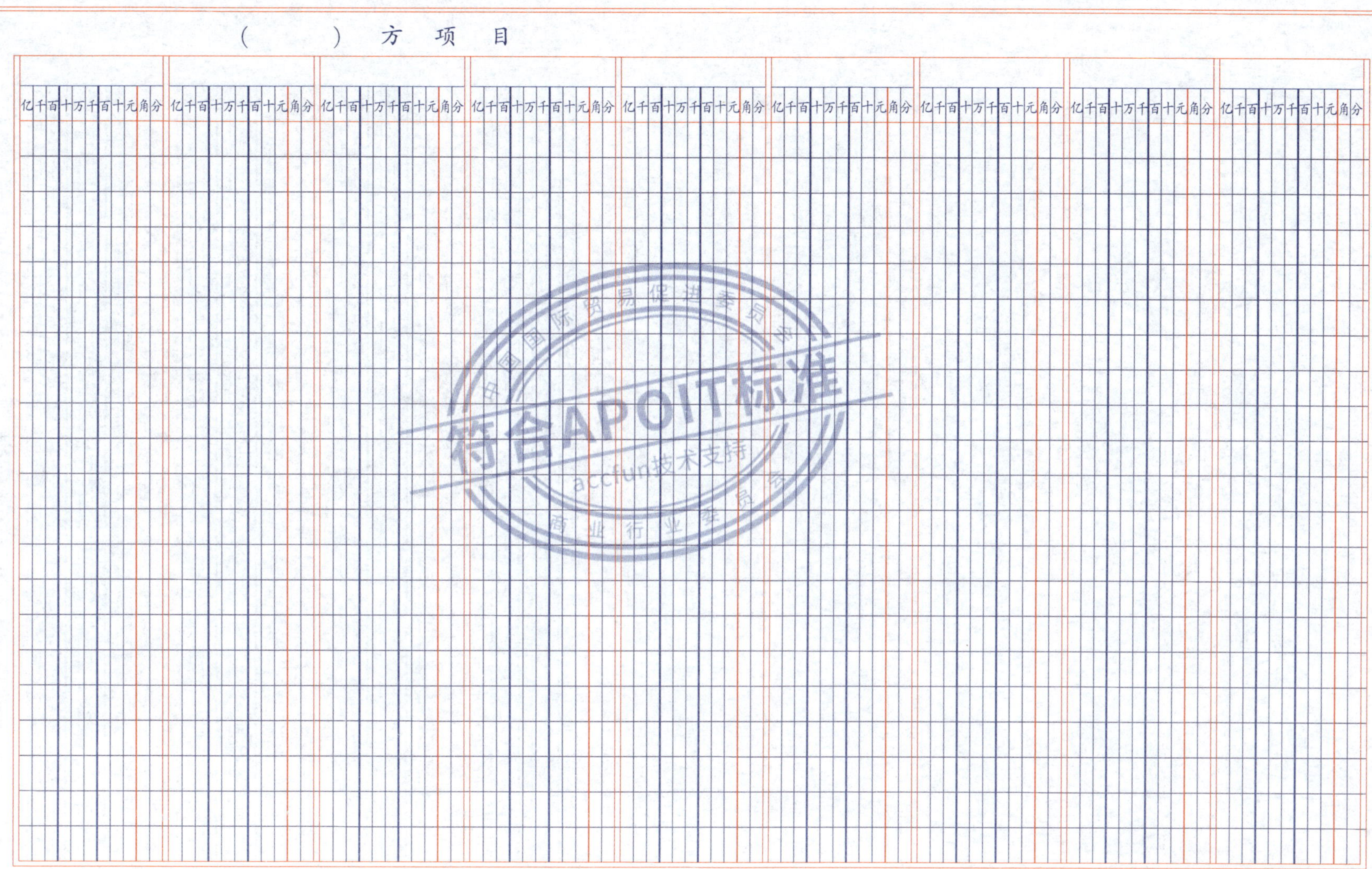

（ ） 方 项 目

亿	千	百	十	万	千	百	十	元	角	分	亿	千	百	十	万	千	百	十	元	角	分	亿	千	百	十	万	千	百	十	元	角	分	亿	千	百	十	万	千	百	十	元	角	分	亿	千	百	十	万	千	百	十	元	角	分	亿	千	百	十	万	千	百	十	元	角	分	亿	千	百	十	万	千	百	十	元	角	分	亿	千	百	十	万	千	百	十	元	角	分	亿	千	百	十	万	千	百	十	元	角	分

级科目

年		凭证号数	摘要	借方	贷方	借或贷	余额			
月	日			亿千百十万千百十元角分	亿千百十万千百十元角分		亿千百十万千百十元角分	亿千百十万千百十元角分	亿千百十万千百十元角分	亿千百十万千百十元角分

明　细　账

分页:______ 总页:______

(　　　　)方　项　目

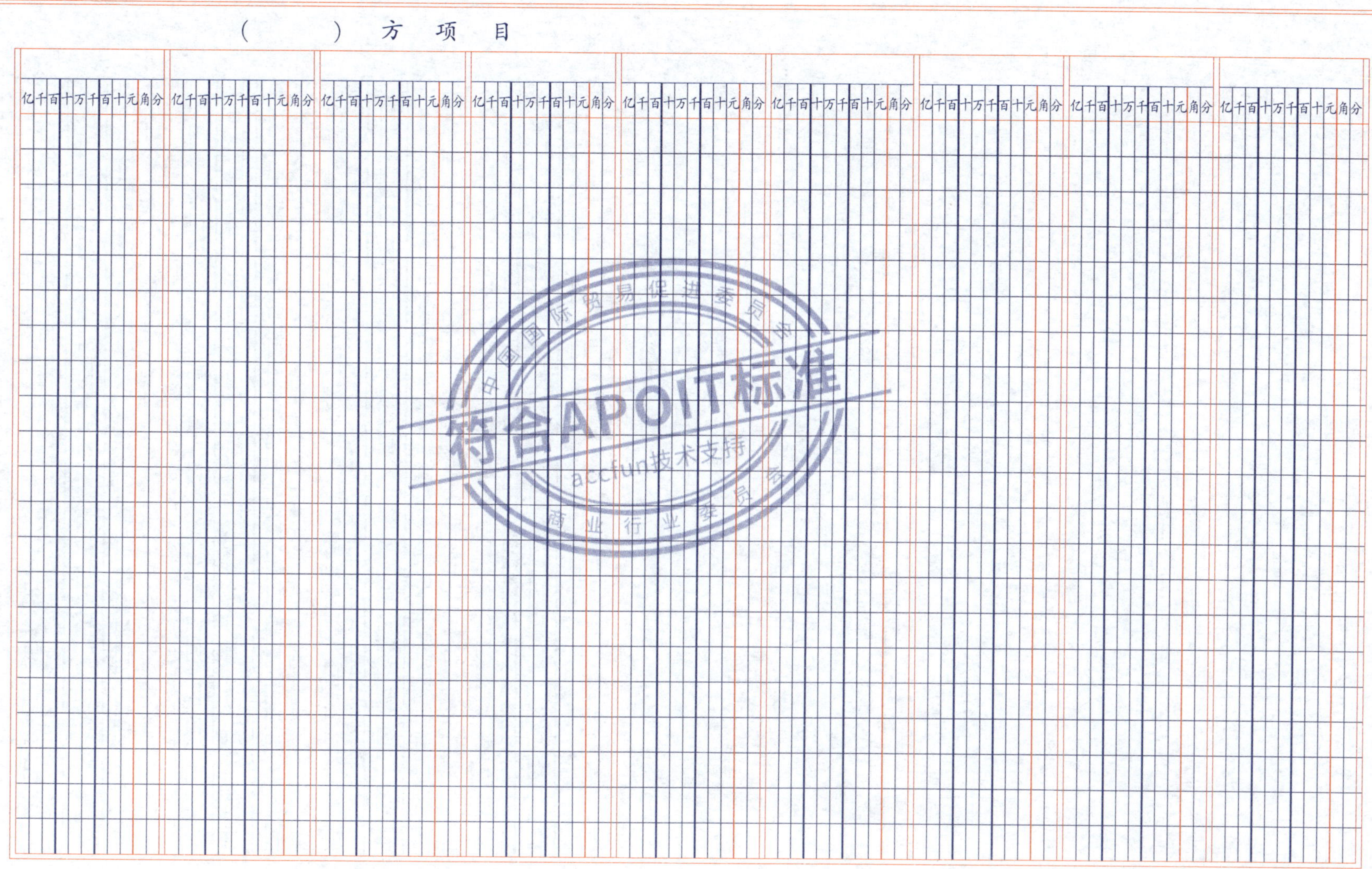

亿	千	百	十	万	千	百	十	元	角	分	亿	千	百	十	万	千	百	十	元	角	分	亿	千	百	十	万	千	百	十	元	角	分

亿	千	百	十	万	千	百	十	元	角	分	亿	千	百	十	万	千	百	十	元	角	分	亿	千	百	十	万	千	百	十	元	角	分

亿	千	百	十	万	千	百	十	元	角	分	亿	千	百	十	万	千	百	十	元	角	分	亿	千	百	十	万	千	百	十	元	角	分

级科目

年		凭证号数	摘要	借方	贷方	借或贷	余额			
月	日			亿千百十万千百十元角分	亿千百十万千百十元角分		亿千百十万千百十元角分	亿千百十万千百十元角分	亿千百十万千百十元角分	亿千百十万千百十元角分

明　细　账

分页：______　总页：______

（　　　　）方　项　目

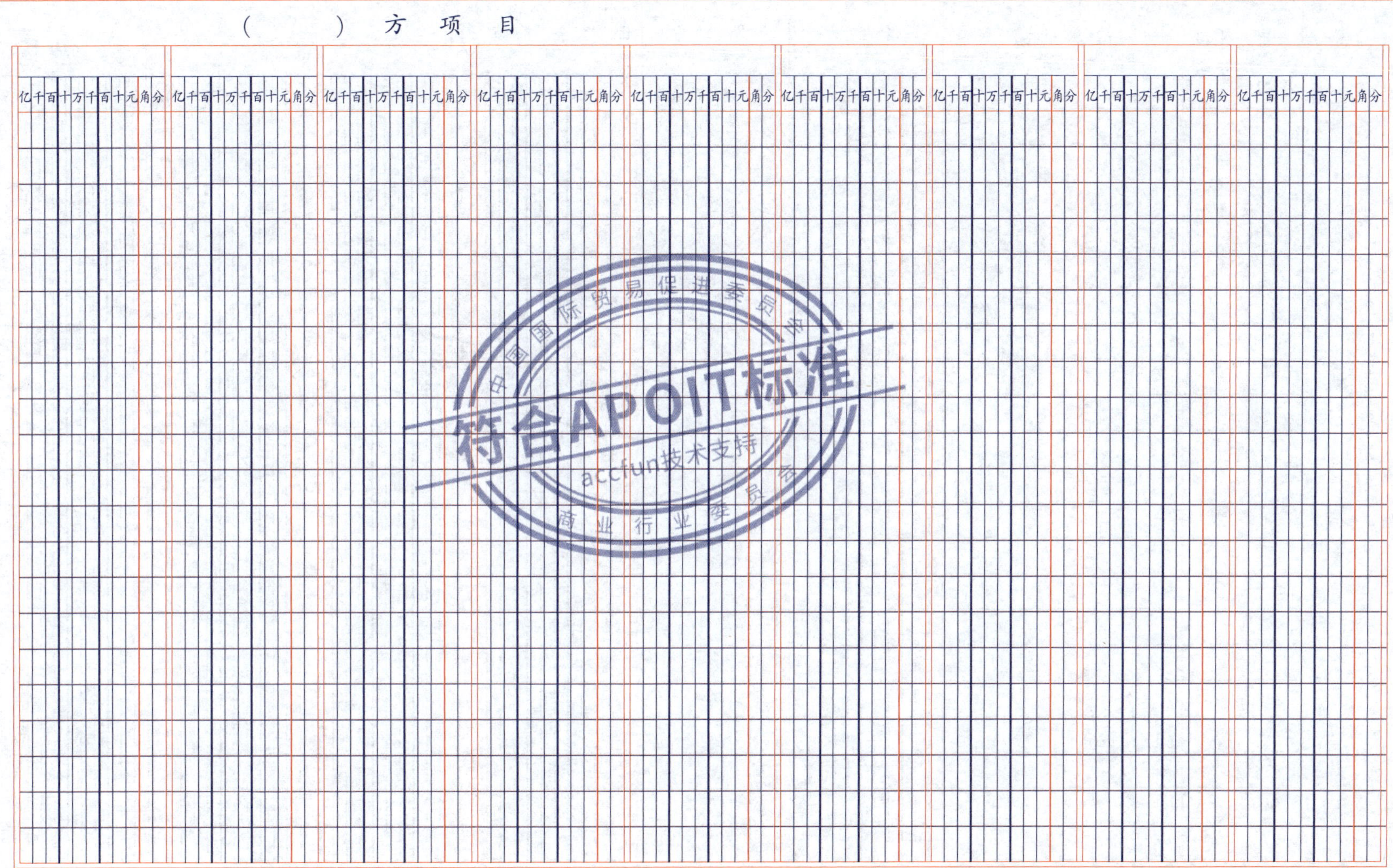

级科目

年		凭证号数	摘要	借方											贷方											借或贷	余额																																													
月	日			亿	千	百	十	万	千	百	十	元	角	分	亿	千	百	十	万	千	百	十	元	角	分		亿	千	百	十	万	千	百	十	元	角	分	亿	千	百	十	万	千	百	十	元	角	分	亿	千	百	十	万	千	百	十	元	角	分	亿	千	百	十	万	千	百	十	元	角	分

科目汇总表

年　月　日至　月　日

编号:		附件共			张
凭证号数		第	号至	号共	张
		第	号至	号共	张
		第	号至	号共	张

会计科目	总页	借方金额												贷方金额											
		十	亿	千	百	十	万	千	百	十	元	角	分	十	亿	千	百	十	万	千	百	十	元	角	分
合计																									

会计科目	总页	借方金额												贷方金额											
		十	亿	千	百	十	万	千	百	十	元	角	分	十	亿	千	百	十	万	千	百	十	元	角	分
合计																									

财会主管　　记账　　复核　　制表

科目汇总表

年　月　日至　月　日

编号：		附件共		张
凭证号数	第	号至	号共	张
	第	号至	号共	张
	第	号至	号共	张

会计科目	总页	借方金额												贷方金额											
		十	亿	千	百	十	万	千	百	十	元	角	分	十	亿	千	百	十	万	千	百	十	元	角	分
合计																									

会计科目	总页	借方金额												贷方金额											
		十	亿	千	百	十	万	千	百	十	元	角	分	十	亿	千	百	十	万	千	百	十	元	角	分
合计																									

财会主管　　　　记账　　　　复核　　　　制表

科目汇总表

年　月　日至　月　日

编号：　　附件共　　张

凭证号数				
	第	号至	号共	张
	第	号至	号共	张
	第	号至	号共	张

会计科目	总页	借方金额												贷方金额											
		十	亿	千	百	十	万	千	百	十	元	角	分	十	亿	千	百	十	万	千	百	十	元	角	分
合计																									

会计科目	总页	借方金额												贷方金额											
		十	亿	千	百	十	万	千	百	十	元	角	分	十	亿	千	百	十	万	千	百	十	元	角	分
合计																									

财会主管　　记账　　复核　　制表

科目汇总表

年　月　日至　月　日

编号：　　附件共　　张

凭证号数	第	号至	号共	张
	第	号至	号共	张
	第	号至	号共	张
	第	号至	号共	张

会计科目	总页	借方金额												贷方金额											
		十	亿	千	百	十	万	千	百	十	元	角	分	十	亿	千	百	十	万	千	百	十	元	角	分
合计																									

会计科目	总页	借方金额												贷方金额											
		十	亿	千	百	十	万	千	百	十	元	角	分	十	亿	千	百	十	万	千	百	十	元	角	分
合计																									

财会主管　　　　记账　　　　复核　　　　制表

试算平衡表

年　　月　　　　　　　　　　　　　　　　单位：元

科目代码	科目名称	期初余额		本期发生		期末余额	
		借方	贷方	借方	贷方	借方	贷方
合计							

复核：　　　　　　　　　　　　制表：

试算平衡表

年　　月　　　　　　　　　　　　　　　　单位：元

科目代码	科目名称	期初余额		本期发生		期末余额	
		借方	贷方	借方	贷方	借方	贷方
合计							

复核：　　　　　　　　　　　　制表：

试算平衡表

年　　月　　　　　　　　　　　　　　　　　　单位：元

科目代码	科目名称	期初余额		本期发生		期末余额	
		借方	贷方	借方	贷方	借方	贷方
合计							

复核:　　　　　　　　　　　　制表:

试算平衡表

年　　月　　　　　　　　单位：元

科目代码	科目名称	期初余额		本期发生		期末余额	
		借方	贷方	借方	贷方	借方	贷方
合　计							

复核：　　　　　　　　制表：

资产负债表

会小企01表

编制单位：　　　　　　　　　　年　　月　　日　　　　　　　　单位：

资　产	行次	期末余额	年初余额	负债及所有者权益	行次	期末余额	年初余额
流动资产：				流动负债：			
货币资金	1			短期借款	31		
短期投资	2			应付票据	32		
应收票据	3			应付账款	33		
应收账款	4			预收账款	34		
预付账款	5			应付职工薪酬	35		
应收股利	6			应交税费	36		
应收利息	7			应付利息	37		
其他应收款	8			应付利润	38		
存货	9			其他应付款	39		
其中：原材料	10			其他流动负债	40		
在产品	11			流动负债合计	41		
库存商品	12			非流动负债：			
周转材料	13			长期借款	42		
其他流动资产	14			长期应付款	43		
流动资产合计	15			递延收益	44		
非流动资产：				其他非流动负债	45		
长期债券投资	16			非流动负债合计	46		
长期股权投资	17			负债合计	47		
固定资产原价	18						
减：累计折旧	19						
固定资产账面价值	20						
在建工程	21						
工程物资	22						
固定资产清理	23						
生产性生物资产	24			所有者权益（或股东权益）：			
无形资产	25			实收资本（或股本）	48		
开发支出	26			资本公积	49		
长期待摊费用	27			盈余公积	50		
其他非流动资产	28			未分配利润	51		
非流动资产合计	29			所有者权益（或股东权益）合计	52		
资产总计	30			负债和所有者权益（或股东权益）总计	53		

单位负责人：　　　　　　　　会计主管：　　　　　　　　复核：　　　　　　　　制表：

资产负债表

会小企01表

编制单位：　　　　　　　　　年　　月　　日　　　　　　　　单位：

资　产	行次	期末余额	年初余额	负债及所有者权益	行次	期末余额	年初余额
流动资产：				流动负债：			
货币资金	1			短期借款	31		
短期投资	2			应付票据	32		
应收票据	3			应付账款	33		
应收账款	4			预收账款	34		
预付账款	5			应付职工薪酬	35		
应收股利	6			应交税费	36		
应收利息	7			应付利息	37		
其他应收款	8			应付利润	38		
存货	9			其他应付款	39		
其中：原材料	10			其他流动负债	40		
在产品	11			流动负债合计	41		
库存商品	12			非流动负债：			
周转材料	13			长期借款	42		
其他流动资产	14			长期应付款	43		
流动资产合计	15			递延收益	44		
非流动资产：				其他非流动负债	45		
长期债券投资	16			非流动负债合计	46		
长期股权投资	17			负债合计	47		
固定资产原价	18						
减：累计折旧	19						
固定资产账面价值	20						
在建工程	21						
工程物资	22						
固定资产清理	23						
生产性生物资产	24			所有者权益（或股东权益）：			
无形资产	25			实收资本（或股本）	48		
开发支出	26			资本公积	49		
长期待摊费用	27			盈余公积	50		
其他非流动资产	28			未分配利润	51		
非流动资产合计	29			所有者权益（或股东权益）合计	52		
资产总计	30			负债和所有者权益（或股东权益）总计	53		

单位负责人：　　　　　　会计主管：　　　　　　复核：　　　　　　制表：

资产负债表

会小企01表

编制单位：　　　　　　　　　　　　　　年　　月　　日　　　　　　　　　　　　单位：

资　产	行次	期末余额	年初余额	负债及所有者权益	行次	期末余额	年初余额
流动资产：				流动负债：			
货币资金	1			短期借款	31		
短期投资	2			应付票据	32		
应收票据	3			应付账款	33		
应收账款	4			预收账款	34		
预付账款	5			应付职工薪酬	35		
应收股利	6			应交税费	36		
应收利息	7			应付利息	37		
其他应收款	8			应付利润	38		
存货	9			其他应付款	39		
其中：原材料	10			其他流动负债	40		
在产品	11			流动负债合计	41		
库存商品	12			非流动负债：			
周转材料	13			长期借款	42		
其他流动资产	14			长期应付款	43		
流动资产合计	15			递延收益	44		
非流动资产：				其他非流动负债	45		
长期债券投资	16			非流动负债合计	46		
长期股权投资	17			负债合计	47		
固定资产原价	18						
减：累计折旧	19						
固定资产账面价值	20						
在建工程	21						
工程物资	22						
固定资产清理	23						
生产性生物资产	24			所有者权益（或股东权益）：			
无形资产	25			实收资本（或股本）	48		
开发支出	26			资本公积	49		
长期待摊费用	27			盈余公积	50		
其他非流动资产	28			未分配利润	51		
非流动资产合计	29			所有者权益（或股东权益）合计	52		
资产总计	30			负债和所有者权益（或股东权益）总计	53		

单位负责人：　　　　　　　　会计主管：　　　　　　　　复核：　　　　　　　　制表：

资产负债表

会小企01表

编制单位：　　　　　　　　　　　　年　月　日　　　　　　　　　　　单位：

资　产	行次	期末余额	年初余额	负债及所有者权益	行次	期末余额	年初余额
流动资产：				流动负债：			
货币资金	1			短期借款	31		
短期投资	2			应付票据	32		
应收票据	3			应付账款	33		
应收账款	4			预收账款	34		
预付账款	5			应付职工薪酬	35		
应收股利	6			应交税费	36		
应收利息	7			应付利息	37		
其他应收款	8			应付利润	38		
存货	9			其他应付款	39		
其中：原材料	10			其他流动负债	40		
在产品	11			流动负债合计	41		
库存商品	12			非流动负债：			
周转材料	13			长期借款	42		
其他流动资产	14			长期应付款	43		
流动资产合计	15			递延收益	44		
非流动资产：				其他非流动负债	45		
长期债券投资	16			非流动负债合计	46		
长期股权投资	17			负债合计	47		
固定资产原价	18						
减：累计折旧	19						
固定资产账面价值	20						
在建工程	21						
工程物资	22						
固定资产清理	23						
生产性生物资产	24			所有者权益（或股东权益）：			
无形资产	25			实收资本（或股本）	48		
开发支出	26			资本公积	49		
长期待摊费用	27			盈余公积	50		
其他非流动资产	28			未分配利润	51		
非流动资产合计	29			所有者权益（或股东权益）合计	52		
资产总计	30			负债和所有者权益（或股东权益）总计	53		

单位负责人：　　　　　　会计主管：　　　　　　复核：　　　　　　制表：

利 润 表

会小企02表

编制单位：　　　　　　　　　　　　　　年　　月　　　　　　　　　　　单位：

项　目	行次	本年累计金额	本期金额
一、营业收入	1		
减：营业成本	2		
税金及附加	3		
其中：消费税	4		
营业税	5		
城市维护建设税	6		
资源税	7		
土地增值税	8		
城镇土地使用税、房产税、车船税、印花税	9		
教育费附加、矿产资源补偿费、排污费	10		
销售费用	11		
其中：商品维修费	12		
广告费和业务宣传费	13		
管理费用	14		
其中：开办费	15		
业务招待费	16		
研究费用	17		
财务费用	18		
其中：利息费用（收入以“-”号填列）	19		
加：投资收益（损失以“-”号填列）	20		
二、营业利润（亏损以“-”号填列）	21		
加：营业外收入	22		
其中：政府补助	23		
减：营业外支出	24		
其中：坏账损失	25		
无法收回的长期债券投资损失	26		
无法收回的长期股权投资损失	27		
自然灾害等不可抗力因素造成的损失	28		
税收滞纳金	29		
三、利润总额（亏损总额以“-”号填列）	30		
减：所得税费用	31		
四、净利润（净亏损以“-”号填列）	32		

单位负责人：　　　　　　会计主管：　　　　　　复核：　　　　　　制表：

利 润 表

会小企02表

编制单位：　　　　　　　　　　　　　年　　月　　　　　　　　　　　　单位：

项　目	行次	本年累计金额	本期金额
一、营业收入	1		
减：营业成本	2		
税金及附加	3		
其中：消费税	4		
营业税	5		
城市维护建设税	6		
资源税	7		
土地增值税	8		
城镇土地使用税、房产税、车船税、印花税	9		
教育费附加、矿产资源补偿费、排污费	10		
销售费用	11		
其中：商品维修费	12		
广告费和业务宣传费	13		
管理费用	14		
其中：开办费	15		
业务招待费	16		
研究费用	17		
财务费用	18		
其中：利息费用（收入以"-"号填列）	19		
加：投资收益（损失以"-"号填列）	20		
二、营业利润（亏损以"-"号填列）	21		
加：营业外收入	22		
其中：政府补助	23		
减：营业外支出	24		
其中：坏账损失	25		
无法收回的长期债券投资损失	26		
无法收回的长期股权投资损失	27		
自然灾害等不可抗力因素造成的损失	28		
税收滞纳金	29		
三、利润总额（亏损总额以"-"号填列）	30		
减：所得税费用	31		
四、净利润（净亏损以"-"号填列）	32		

单位负责人：　　　　　会计主管：　　　　　复核：　　　　　制表：

利 润 表

会小企02表

编制单位：　　　　　　　　　　　　　　年　　月　　　　　　　　　　　　单位：

项　目	行次	本年累计金额	本期金额
一、营业收入	1		
减：营业成本	2		
税金及附加	3		
其中：消费税	4		
营业税	5		
城市维护建设税	6		
资源税	7		
土地增值税	8		
城镇土地使用税、房产税、车船税、印花税	9		
教育费附加、矿产资源补偿费、排污费	10		
销售费用	11		
其中：商品维修费	12		
广告费和业务宣传费	13		
管理费用	14		
其中：开办费	15		
业务招待费	16		
研究费用	17		
财务费用	18		
其中：利息费用（收入以“-”号填列）	19		
加：投资收益（损失以“-”号填列）	20		
二、营业利润（亏损以“-”号填列）	21		
加：营业外收入	22		
其中：政府补助	23		
减：营业外支出	24		
其中：坏账损失	25		
无法收回的长期债券投资损失	26		
无法收回的长期股权投资损失	27		
自然灾害等不可抗力因素造成的损失	28		
税收滞纳金	29		
三、利润总额（亏损总额以“-”号填列）	30		
减：所得税费用	31		
四、净利润（净亏损以“-”号填列）	32		

单位负责人：　　　　　　会计主管：　　　　　　复核：　　　　　　制表：

利 润 表

会小企02表

编制单位：　　　　　　　　　　　　　　年　　月　　　　　　　　　　　　单位：

项　目	行次	本年累计金额	本期金额
一、营业收入	1		
减：营业成本	2		
税金及附加	3		
其中：消费税	4		
营业税	5		
城市维护建设税	6		
资源税	7		
土地增值税	8		
城镇土地使用税、房产税、车船税、印花税	9		
教育费附加、矿产资源补偿费、排污费	10		
销售费用	11		
其中：商品维修费	12		
广告费和业务宣传费	13		
管理费用	14		
其中：开办费	15		
业务招待费	16		
研究费用	17		
财务费用	18		
其中：利息费用（收入以“-”号填列）	19		
加：投资收益（损失以“-”号填列）	20		
二、营业利润（亏损以“-”号填列）	21		
加：营业外收入	22		
其中：政府补助	23		
减：营业外支出	24		
其中：坏账损失	25		
无法收回的长期债券投资损失	26		
无法收回的长期股权投资损失	27		
自然灾害等不可抗力因素造成的损失	28		
税收滞纳金	29		
三、利润总额（亏损总额以“-”号填列）	30		
减：所得税费用	31		
四、净利润（净亏损以“-”号填列）	32		

单位负责人：　　　　　会计主管：　　　　　复核：　　　　　制表：

现金流量表

会小企03表

编制单位: 年 月 单位:

项目	行次	本年累计金额	本月金额
一、经营活动产生的现金流量:			
销售产成品、商品，提供劳务收到的现金	1		
收到其他与经营活动有关的现金	2		
购买原材料、商品，接受劳务支付的现金	3		
支付的职工薪酬	4		
支付的税费	5		
支付其他与经营活动有关的现金	6		
经营活动产生的现金流量净额	7		
二、投资活动产生的现金流量:			
收回短期投资、长期债券投资和长期股权投资收到的现金	8		
取得投资收益收到的现金	9		
处置固定资产、无形资产和其他非流动资产收回的现金净额	10		
短期投资、长期债券投资和长期股权投资支付的现金	11		
购建固定资产、无形资产和其他非流动资产支付的现金	12		
投资活动产生的现金流量净额	13		
三、筹资活动产生的现金流量:			
取得借款收到的现金	14		
吸收投资者投资收到的现金	15		
偿还借款本金支付的现金	16		
偿还借款利息支付的现金	17		
分配利润支付的现金	18		
筹资活动产生的现金流量净额	19		
四、现金净增加额	20		
加：期初现金余额	21		
五、期末现金余额	22		

单位负责人: 会计主管: 复核: 制表:

现金流量表

会小企03表

编制单位: 年 月 单位:

项 目	行次	本年累计金额	本月金额
一、经营活动产生的现金流量:			
销售产成品、商品,提供劳务收到的现金	1		
收到其他与经营活动有关的现金	2		
购买原材料、商品,接受劳务支付的现金	3		
支付的职工薪酬	4		
支付的税费	5		
支付其他与经营活动有关的现金	6		
经营活动产生的现金流量净额	7		
二、投资活动产生的现金流量:			
收回短期投资、长期债券投资和长期股权投资收到的现金	8		
取得投资收益收到的现金	9		
处置固定资产、无形资产和其他非流动资产收回的现金净额	10		
短期投资、长期债券投资和长期股权投资支付的现金	11		
购建固定资产、无形资产和其他非流动资产支付的现金	12		
投资活动产生的现金流量净额	13		
三、筹资活动产生的现金流量:			
取得借款收到的现金	14		
吸收投资者投资收到的现金	15		
偿还借款本金支付的现金	16		
偿还借款利息支付的现金	17		
分配利润支付的现金	18		
筹资活动产生的现金流量净额	19		
四、现金净增加额	20		
加:期初现金余额	21		
五、期末现金余额	22		

单位负责人: 会计主管: 复核: 制表:

现金流量表

会小企03表

编制单位: 年 月 单位:

项 目	行次	本年累计金额	本月金额
一、经营活动产生的现金流量:			
销售产成品、商品，提供劳务收到的现金	1		
收到其他与经营活动有关的现金	2		
购买原材料、商品，接受劳务支付的现金	3		
支付的职工薪酬	4		
支付的税费	5		
支付其他与经营活动有关的现金	6		
经营活动产生的现金流量净额	7		
二、投资活动产生的现金流量:			
收回短期投资、长期债券投资和长期股权投资收到的现金	8		
取得投资收益收到的现金	9		
处置固定资产、无形资产和其他非流动资产收回的现金净额	10		
短期投资、长期债券投资和长期股权投资支付的现金	11		
购建固定资产、无形资产和其他非流动资产支付的现金	12		
投资活动产生的现金流量净额	13		
三、筹资活动产生的现金流量:			
取得借款收到的现金	14		
吸收投资者投资收到的现金	15		
偿还借款本金支付的现金	16		
偿还借款利息支付的现金	17		
分配利润支付的现金	18		
筹资活动产生的现金流量净额	19		
四、现金净增加额	20		
加：期初现金余额	21		
五、期末现金余额	22		

单位负责人: 会计主管: 复核: 制表:

现金流量表

会小企03表

编制单位:　　　　　　　　　　　　年　　月　　　　　　　　　　　　单位:

项　　目	行次	本年累计金额	本月金额
一、经营活动产生的现金流量:			
销售产成品、商品,提供劳务收到的现金	1		
收到其他与经营活动有关的现金	2		
购买原材料、商品,接受劳务支付的现金	3		
支付的职工薪酬	4		
支付的税费	5		
支付其他与经营活动有关的现金	6		
经营活动产生的现金流量净额	7		
二、投资活动产生的现金流量:			
收回短期投资、长期债券投资和长期股权投资收到的现金	8		
取得投资收益收到的现金	9		
处置固定资产、无形资产和其他非流动资产收回的现金净额	10		
短期投资、长期债券投资和长期股权投资支付的现金	11		
购建固定资产、无形资产和其他非流动资产支付的现金	12		
投资活动产生的现金流量净额	13		
三、筹资活动产生的现金流量:			
取得借款收到的现金	14		
吸收投资者投资收到的现金	15		
偿还借款本金支付的现金	16		
偿还借款利息支付的现金	17		
分配利润支付的现金	18		
筹资活动产生的现金流量净额	19		
四、现金净增加额	20		
加:期初现金余额	21		
五、期末现金余额	22		

单位负责人:　　　　　　会计主管:　　　　　　复核:　　　　　　制表:

教学专用

记账凭证

字第　　号

年　月　日

摘要	总账科目	明细科目	借方金额											贷方金额											√
			亿	千	百	十	万	千	百	十	元	角	分	亿	千	百	十	万	千	百	十	元	角	分	
																									□
																									□
																									□
																									□
																									□
																									□
																									□
																									□
合计																									□

附单据　张

会计主管：　　记账：　　出纳：　　复核：　　制单：

教学专用

记账凭证

字第　　号

年　月　日

摘要	总账科目	明细科目	借方金额											贷方金额											√
			亿	千	百	十	万	千	百	十	元	角	分	亿	千	百	十	万	千	百	十	元	角	分	
																									□
																									□
																									□
																									□
																									□
																									□
																									□
																									□
合计																									□

附单据　张

会计主管：　　记账：　　出纳：　　复核：　　制单：

教学专用

记账凭证

字第　　号

年　月　日

摘　要	总账科目	明细科目	借方金额											贷方金额											√
			亿	千	百	十	万	千	百	十	元	角	分	亿	千	百	十	万	千	百	十	元	角	分	
																									□
																									□
																									□
																									□
																									□
																									□
																									□
																									□
合　　计																									□

附单据　　张

会计主管：　　记账：　　出纳：　　复核：　　制单：

教学专用

记账凭证

字第　　号

年　月　日

摘要	总账科目	明细科目	借方金额											贷方金额											√
			亿	千	百	十	万	千	百	十	元	角	分	亿	千	百	十	万	千	百	十	元	角	分	
																									□
																									□
																									□
																									□
																									□
																									□
																									□
																									□
合计																									□

附单据　张

会计主管：　记账：　出纳：　复核：　制单：

教学专用

记账凭证

字第　　号

年　月　日

摘要	总账科目	明细科目	借方金额											贷方金额											√
			亿	千	百	十	万	千	百	十	元	角	分	亿	千	百	十	万	千	百	十	元	角	分	
																									☐
																									☐
																									☐
																									☐
																									☐
																									☐
																									☐
																									☐
合计																									☐

附单据　张

会计主管：　　记账：　　出纳：　　复核：　　制单：

教学专用

记账凭证

字第　　号

年　月　日

摘要	总账科目	明细科目	借方金额											贷方金额											√
			亿	千	百	十	万	千	百	十	元	角	分	亿	千	百	十	万	千	百	十	元	角	分	
																									□
																									□
																									□
																									□
																									□
																									□
																									□
																									□
合计																									□

附单据　张

会计主管：　记账：　出纳：　复核：　制单：

教学专用

记账凭证

字第　　号

年　月　日

摘要	总账科目	明细科目	借方金额											贷方金额											√
			亿	千	百	十	万	千	百	十	元	角	分	亿	千	百	十	万	千	百	十	元	角	分	
																									□
																									□
																									□
																									□
																									□
																									□
																									□
																									□
合		计																							□

附单据　　张

会计主管：　　记账：　　出纳：　　复核：　　制单：

教学专用

记账凭证

字第　　号

年　月　日

摘要	总账科目	明细科目	借方金额											贷方金额											√
			亿	千	百	十	万	千	百	十	元	角	分	亿	千	百	十	万	千	百	十	元	角	分	
合计																									

附单据　　张

会计主管：　记账：　出纳：　复核：　制单：

教学专用

记账凭证

字第　　号

年　　月　　日

摘要	总账科目	明细科目	借方金额											贷方金额											√
			亿	千	百	十	万	千	百	十	元	角	分	亿	千	百	十	万	千	百	十	元	角	分	
																									□
																									□
																									□
																									□
																									□
																									□
																									□
																									□
合　　计																									□

附单据　　张

会计主管：　　记账：　　出纳：　　复核：　　制单：

教学专用

记 账 凭 证

字第　　　号

年　　月　　日

摘　要	总账科目	明细科目	借方金额											贷方金额											√
			亿	千	百	十	万	千	百	十	元	角	分	亿	千	百	十	万	千	百	十	元	角	分	
																									☐
																									☐
																									☐
																									☐
																									☐
																									☐
																									☐
																									☐
合　　计																									☐

附单据　　张

会计主管：　　记账：　　出纳：　　复核：　　制单：

教学专用

记 账 凭 证

字第　　　号

年　　月　　日

摘要	总账科目	明细科目	借方金额											贷方金额											√
			亿	千	百	十	万	千	百	十	元	角	分	亿	千	百	十	万	千	百	十	元	角	分	
																									☐
																									☐
																									☐
																									☐
																									☐
																									☐
																									☐
																									☐
合　　计																									☐

附单据　　张

会计主管：　　记账：　　出纳：　　复核：　　制单：

教学专用

记账凭证

字第　　　号

年　月　日

摘要	总账科目	明细科目	借方金额											贷方金额											√
			亿	千	百	十	万	千	百	十	元	角	分	亿	千	百	十	万	千	百	十	元	角	分	
																									□
																									□
																									□
																									□
																									□
																									□
																									□
																									□
合计																									□

附单据　　张

会计主管：　　记账：　　出纳：　　复核：　　制单：

教学专用

记账凭证

字第　　号

年　月　日

摘要	总账科目	明细科目	借方金额											贷方金额											√
			亿	千	百	十	万	千	百	十	元	角	分	亿	千	百	十	万	千	百	十	元	角	分	
																									□
																									□
																									□
																									□
																									□
																									□
																									□
																									□
合　计																									□

附单据　　张

会计主管：　　记账：　　出纳：　　复核：　　制单：

教学专用

记 账 凭 证

字第　　　号

年　　月　　日

摘　要	总账科目	明细科目	借方金额											贷方金额											√
			亿	千	百	十	万	千	百	十	元	角	分	亿	千	百	十	万	千	百	十	元	角	分	
合　计																									

附单据　　张

会计主管：　　记账：　　出纳：　　复核：　　制单：

教学专用

记账凭证

字第　　号

年　月　日

摘要	总账科目	明细科目	借方金额											贷方金额											√
			亿	千	百	十	万	千	百	十	元	角	分	亿	千	百	十	万	千	百	十	元	角	分	
																									□
																									□
																									□
																									□
																									□
																									□
																									□
																									□
合计																									□

附单据　　张

会计主管：　　记账：　　出纳：　　复核：　　制单：

教学专用

记账凭证

字第　　号

年　月　日

摘要	总账科目	明细科目	借方金额											贷方金额											√
			亿	千	百	十	万	千	百	十	元	角	分	亿	千	百	十	万	千	百	十	元	角	分	
																									□
																									□
																									□
																									□
																									□
																									□
																									□
																									□
合计																									□

附单据　张

会计主管：　记账：　出纳：　复核：　制单：

教学专用

记账凭证

字第　　号

年　月　日

摘要	总账科目	明细科目	借方金额											贷方金额											√
			亿	千	百	十	万	千	百	十	元	角	分	亿	千	百	十	万	千	百	十	元	角	分	
																									□
																									□
																									□
																									□
																									□
																									□
																									□
																									□
合计																									□

附单据　　张

会计主管：　　记账：　　出纳：　　复核：　　制单：

教学专用

记账凭证

字第　　号

年　月　日

摘要	总账科目	明细科目	借方金额											贷方金额											√
			亿	千	百	十	万	千	百	十	元	角	分	亿	千	百	十	万	千	百	十	元	角	分	
																									□
																									□
																									□
																									□
																									□
																									□
																									□
																									□
合计																									□

附单据　　张

会计主管：　　记账：　　出纳：　　复核：　　制单：

教学专用

记账凭证

字第　　　号

年　　月　　日

摘要	总账科目	明细科目	借方金额											贷方金额											√
			亿	千	百	十	万	千	百	十	元	角	分	亿	千	百	十	万	千	百	十	元	角	分	
																									□
																									□
																									□
																									□
																									□
																									□
																									□
																									□
合计																									□

附单据　　张

会计主管：　　记账：　　出纳：　　复核：　　制单：

教学专用

记账凭证

字第　　号

年　月　日

摘要	总账科目	明细科目	借方金额											贷方金额											√
			亿	千	百	十	万	千	百	十	元	角	分	亿	千	百	十	万	千	百	十	元	角	分	
																									□
																									□
																									□
																									□
																									□
																									□
																									□
																									□
合计																									□

附单据　　张

会计主管：　　记账：　　出纳：　　复核：　　制单：

教学专用

记账凭证

字第　　　号

年　月　日

摘要	总账科目	明细科目	借方金额											贷方金额											√
			亿	千	百	十	万	千	百	十	元	角	分	亿	千	百	十	万	千	百	十	元	角	分	
																									□
																									□
																									□
																									□
																									□
																									□
																									□
																									□
合	计																								□

附单据　　张

会计主管：　　记账：　　出纳：　　复核：　　制单：

教学专用

记账凭证

字第　　号

年　月　日

摘要	总账科目	明细科目	借方金额											贷方金额											√
			亿	千	百	十	万	千	百	十	元	角	分	亿	千	百	十	万	千	百	十	元	角	分	
																									□
																									□
																									□
																									□
																									□
																									□
																									□
																									□
合计																									□

附单据　张

会计主管：　记账：　出纳：　复核：　制单：

教学专用

记账凭证

字第　　　号

年　　月　　日

摘要	总账科目	明细科目	借方金额											贷方金额											√
			亿	千	百	十	万	千	百	十	元	角	分	亿	千	百	十	万	千	百	十	元	角	分	
																									□
																									□
																									□
																									□
																									□
																									□
																									□
																									□
合计																									□

附单据　　张

会计主管：　　记账：　　出纳：　　复核：　　制单：

教学专用

记账凭证

字第　　号

年　月　日

摘要	总账科目	明细科目	借方金额											贷方金额											√
			亿	千	百	十	万	千	百	十	元	角	分	亿	千	百	十	万	千	百	十	元	角	分	
																									□
																									□
																									□
																									□
																									□
																									□
																									□
																									□
合计																									□

附单据　张

会计主管：　记账：　出纳：　复核：　制单：

教学专用

记账凭证

字第　　号

年　　月　　日

摘要	总账科目	明细科目	借方金额											贷方金额											√
			亿	千	百	十	万	千	百	十	元	角	分	亿	千	百	十	万	千	百	十	元	角	分	
																									□
																									□
																									□
																									□
																									□
																									□
																									□
																									□
合	计																								□

附单据　　张

会计主管：　　记账：　　出纳：　　复核：　　制单：

教学专用

记账凭证

字第　　　　号

年　　月　　日

摘要	总账科目	明细科目	借方金额											贷方金额											√
			亿	千	百	十	万	千	百	十	元	角	分	亿	千	百	十	万	千	百	十	元	角	分	
	合计																								

附单据　　张

会计主管：　　记账：　　出纳：　　复核：　　制单：

教学专用

记账凭证

字第　　　号

年　　月　　日

摘要	总账科目	明细科目	借方金额											贷方金额											√
			亿	千	百	十	万	千	百	十	元	角	分	亿	千	百	十	万	千	百	十	元	角	分	
合计																									

附单据　　张

会计主管：　　记账：　　出纳：　　复核：　　制单：

数学专用

记账凭证

字第　　号

年　月　日

摘要	总账科目	明细科目	借方金额											贷方金额											√
			亿	千	百	十	万	千	百	十	元	角	分	亿	千	百	十	万	千	百	十	元	角	分	
																									□
																									□
																									□
																									□
																									□
																									□
																									□
																									□
合计																									□

附单据　　张

会计主管：　　记账：　　出纳：　　复核：　　制单：

教学专用

记账凭证

字第　　　　号

年　　月　　日

摘　　要	总账科目	明细科目	借方金额											贷方金额											√
			亿	千	百	十	万	千	百	十	元	角	分	亿	千	百	十	万	千	百	十	元	角	分	
																									□
																									□
																									□
																									□
																									□
																									□
																									□
																									□
合　　计																									□

附单据　　张

会计主管：　　记账：　　出纳：　　复核：　　制单：

教学专用

记账凭证

字第　　号

年　月　日

摘要	总账科目	明细科目	借方金额											贷方金额											√
			亿	千	百	十	万	千	百	十	元	角	分	亿	千	百	十	万	千	百	十	元	角	分	
																									□
																									□
																									□
																									□
																									□
																									□
																									□
																									□
合		计																							□

附单据　　张

会计主管：　　记账：　　出纳：　　复核：　　制单：

教学专用

记 账 凭 证

字第　　　号

年　　月　　日

摘　要	总账科目	明细科目	借方金额											贷方金额											√
			亿	千	百	十	万	千	百	十	元	角	分	亿	千	百	十	万	千	百	十	元	角	分	
																									□
																									□
																									□
																									□
																									□
																									□
																									□
																									□
合　　计																									□

附单据　　张

会计主管：　　记账：　　出纳：　　复核：　　制单：

教学专用

记账凭证

字第　　号

年　　月　　日

摘要	总账科目	明细科目	借方金额											贷方金额											√
			亿	千	百	十	万	千	百	十	元	角	分	亿	千	百	十	万	千	百	十	元	角	分	
																									□
																									□
																									□
																									□
																									□
																									□
																									□
																									□
合		计																							□

附单据　　张

会计主管：　　记账：　　出纳：　　复核：　　制单：

教学专用

记账凭证

字第　　号

年　月　日

摘要	总账科目	明细科目	借方金额											贷方金额											√
			亿	千	百	十	万	千	百	十	元	角	分	亿	千	百	十	万	千	百	十	元	角	分	
合计																									

附单据　张

会计主管：　　记账：　　出纳：　　复核：　　制单：

教学专用

记账凭证

字第　　　　号

年　　月　　日

摘要	总账科目	明细科目	借方金额											贷方金额											√
			亿	千	百	十	万	千	百	十	元	角	分	亿	千	百	十	万	千	百	十	元	角	分	
																									□
																									□
																									□
																									□
																									□
																									□
																									□
																									□
合　　　　计																									□

附单据　　张

会计主管：　　　　记账：　　　　出纳：　　　　复核：　　　　制单：

教学专用

记 账 凭 证

字第　　号

年　月　日

摘　要	总账科目	明细科目	借方金额											贷方金额											√
			亿	千	百	十	万	千	百	十	元	角	分	亿	千	百	十	万	千	百	十	元	角	分	
																									□
																									□
																									□
																									□
																									□
																									□
																									□
																									□
合　计																									□

附单据　　张

会计主管：　　记账：　　出纳：　　复核：　　制单：

教学专用

记账凭证

字第　　号

年　月　日

摘要	总账科目	明细科目	借方金额											贷方金额											√
			亿	千	百	十	万	千	百	十	元	角	分	亿	千	百	十	万	千	百	十	元	角	分	
																									□
																									□
																									□
																									□
																									□
																									□
																									□
																									□
合计																									□

附单据　　张

会计主管：　　记账：　　出纳：　　复核：　　制单：

教学专用

记账凭证

字第　　号

年　月　日

摘要	总账科目	明细科目	借方金额											贷方金额											√
			亿	千	百	十	万	千	百	十	元	角	分	亿	千	百	十	万	千	百	十	元	角	分	
																									□
																									□
																									□
																									□
																									□
																									□
																									□
																									□
合		计																							□

附单据　　张

会计主管：　　记账：　　出纳：　　复核：　　制单：

教学专用

记账凭证

字第　　号

年　月　日

摘要	总账科目	明细科目	借方金额											贷方金额											√
			亿	千	百	十	万	千	百	十	元	角	分	亿	千	百	十	万	千	百	十	元	角	分	
	合	计																							

附单据　　张

会计主管：　　记账：　　出纳：　　复核：　　制单：

教学专用

记账凭证

字第　　号

年　月　日

摘要	总账科目	明细科目	借方金额											贷方金额											✓
			亿	千	百	十	万	千	百	十	元	角	分	亿	千	百	十	万	千	百	十	元	角	分	
																									☐
																									☐
																									☐
																									☐
																									☐
																									☐
																									☐
																									☐
合计																									☐

附单据　　张

会计主管:　　记账:　　出纳:　　复核:　　制单:

教学专用

记账凭证

字第　　　号

年　月　日

摘要	总账科目	明细科目	借方金额											贷方金额											√
			亿	千	百	十	万	千	百	十	元	角	分	亿	千	百	十	万	千	百	十	元	角	分	
合计																									

附单据　张

会计主管：　　记账：　　出纳：　　复核：　　制单：

教学专用

记账凭证

字第　　号

年　月　日

摘要	总账科目	明细科目	借方金额											贷方金额											√
			亿	千	百	十	万	千	百	十	元	角	分	亿	千	百	十	万	千	百	十	元	角	分	
																									□
																									□
																									□
																									□
																									□
																									□
																									□
																									□
合计																									□

附单据　　张

会计主管：　记账：　出纳：　复核：　制单：

教学专用

记账凭证

字第　　　号

年　　月　　日

摘要	总账科目	明细科目	借方金额											贷方金额											√
			亿	千	百	十	万	千	百	十	元	角	分	亿	千	百	十	万	千	百	十	元	角	分	
																									□
																									□
																									□
																									□
																									□
																									□
																									□
																									□
合计																									□

附单据　　张

会计主管：　　记账：　　出纳：　　复核：　　制单：

教学专用

记账凭证

字第　　号

年　月　日

摘要	总账科目	明细科目	借方金额											贷方金额											√
			亿	千	百	十	万	千	百	十	元	角	分	亿	千	百	十	万	千	百	十	元	角	分	
																									□
																									□
																									□
																									□
																									□
																									□
																									□
																									□
合		计																							□

附单据　　张

会计主管：　　记账：　　出纳：　　复核：　　制单：

教学专用

记账凭证

字第　　　号

年　　月　　日

摘要	总账科目	明细科目	借方金额											贷方金额											√
			亿	千	百	十	万	千	百	十	元	角	分	亿	千	百	十	万	千	百	十	元	角	分	
																									□
																									□
																									□
																									□
																									□
																									□
																									□
																									□
合计																									□

附单据　　张

会计主管：　　记账：　　出纳：　　复核：　　制单：

教学专用

记账凭证

字第　　号

年　月　日

摘要	总账科目	明细科目	借方金额											贷方金额											√
			亿	千	百	十	万	千	百	十	元	角	分	亿	千	百	十	万	千	百	十	元	角	分	
																									□
																									□
																									□
																									□
																									□
																									□
																									□
																									□
合计																									□

附单据　张

会计主管：　　记账：　　出纳：　　复核：　　制单：

教学专用

记账凭证

字第　　号

年　月　日

摘要	总账科目	明细科目	借方金额											贷方金额											√
			亿	千	百	十	万	千	百	十	元	角	分	亿	千	百	十	万	千	百	十	元	角	分	
合计																									

附单据　　张

会计主管：　　记账：　　出纳：　　复核：　　制单：

教学专用

记账凭证

字第　　号

年　月　日

摘要	总账科目	明细科目	借方金额											贷方金额											√
			亿	千	百	十	万	千	百	十	元	角	分	亿	千	百	十	万	千	百	十	元	角	分	
																									□
																									□
																									□
																									□
																									□
																									□
																									□
																									□
合计																									□

附单据　张

会计主管：　　记账：　　出纳：　　复核：　　制单：

教学专用

记账凭证

字第　　　号

年　月　日

摘要	总账科目	明细科目	借方金额											贷方金额											√
			亿	千	百	十	万	千	百	十	元	角	分	亿	千	百	十	万	千	百	十	元	角	分	
																									□
																									□
																									□
																									□
																									□
																									□
																									□
																									□
合计																									□

附单据　　张

会计主管：　　记账：　　出纳：　　复核：　　制单：

教学专用

记账凭证

字第　　号

年　月　日

摘　要	总账科目	明细科目	借方金额											贷方金额											√
			亿	千	百	十	万	千	百	十	元	角	分	亿	千	百	十	万	千	百	十	元	角	分	
																									□
																									□
																									□
																									□
																									□
																									□
																									□
																									□
合		计																							□

附单据　　张

会计主管：　　记账：　　出纳：　　复核：　　制单：

教学专用

记账凭证

字第　　号

年　月　日

摘要	总账科目	明细科目	借方金额											贷方金额											√
			亿	千	百	十	万	千	百	十	元	角	分	亿	千	百	十	万	千	百	十	元	角	分	
																									□
																									□
																									□
																									□
																									□
																									□
																									□
																									□
合		计																							□

附单据　　张

会计主管：　　记账：　　出纳：　　复核：　　制单：

教学专用

记 账 凭 证

字第　　号

年　月　日

摘　要	总账科目	明细科目	借方金额											贷方金额											√
			亿	千	百	十	万	千	百	十	元	角	分	亿	千	百	十	万	千	百	十	元	角	分	
																									□
																									□
																									□
																									□
																									□
																									□
																									□
																									□
合　计																									□

附单据　　张

会计主管：　记账：　出纳：　复核：　制单：

教学专用

记账凭证

字第　　　号

年　　月　　日

摘要	总账科目	明细科目	借方金额											贷方金额											√
			亿	千	百	十	万	千	百	十	元	角	分	亿	千	百	十	万	千	百	十	元	角	分	
合计																									

附单据　　张

会计主管：　　　记账：　　　出纳：　　　复核：　　　制单：

教学专用

记 账 凭 证

字第　　号

年　月　日

摘　要	总账科目	明细科目	借方金额											贷方金额											√
			亿	千	百	十	万	千	百	十	元	角	分	亿	千	百	十	万	千	百	十	元	角	分	
																									□
																									□
																									□
																									□
																									□
																									□
																									□
																									□
合　计																									□

附单据　张

会计主管：　　记账：　　出纳：　　复核：　　制单：

教学专用

记账凭证

字第　　号

年　月　日

摘　　要	总账科目	明细科目	借方金额											贷方金额											√
			亿	千	百	十	万	千	百	十	元	角	分	亿	千	百	十	万	千	百	十	元	角	分	
																									□
																									□
																									□
																									□
																									□
																									□
																									□
																									□
合		计																							□

附单据　　张

会计主管：　　记账：　　出纳：　　复核：　　制单：

教学专用

记账凭证

字第　　号

年　月　日

摘要	总账科目	明细科目	借方金额											贷方金额											√
			亿	千	百	十	万	千	百	十	元	角	分	亿	千	百	十	万	千	百	十	元	角	分	
																									□
																									□
																									□
																									□
																									□
																									□
																									□
																									□
合计																									□

附单据　　张

会计主管：　　记账：　　出纳：　　复核：　　制单：

教学专用

记账凭证

字第　　号

年　月　日

摘要	总账科目	明细科目	借方金额											贷方金额											√
			亿	千	百	十	万	千	百	十	元	角	分	亿	千	百	十	万	千	百	十	元	角	分	
																									☐
																									☐
																									☐
																									☐
																									☐
																									☐
																									☐
																									☐
合计																									☐

附单据　张

会计主管：　　记账：　　出纳：　　复核：　　制单：

教学专用

记账凭证

字第　　号

年　月　日

摘要	总账科目	明细科目	借方金额											贷方金额											√
			亿	千	百	十	万	千	百	十	元	角	分	亿	千	百	十	万	千	百	十	元	角	分	
																									☐
																									☐
																									☐
																									☐
																									☐
																									☐
																									☐
																									☐
合计																									☐

附单据　　张

会计主管：　　记账：　　出纳：　　复核：　　制单：

教学专用

记账凭证

字第　　号

年　月　日

摘要	总账科目	明细科目	借方金额											贷方金额											√
			亿	千	百	十	万	千	百	十	元	角	分	亿	千	百	十	万	千	百	十	元	角	分	
合计																									

附单据　张

会计主管：　　记账：　　出纳：　　复核：　　制单：

教学专用

记 账 凭 证

字第　　号

年　月　日

摘　要	总账科目	明细科目	借方金额											贷方金额											√
			亿	千	百	十	万	千	百	十	元	角	分	亿	千	百	十	万	千	百	十	元	角	分	
																									☐
																									☐
																									☐
																									☐
																									☐
																									☐
																									☐
																									☐
合　　计																									☐

附单据　　张

会计主管：　　记账：　　出纳：　　复核：　　制单：

教学专用

记账凭证

字第　　号

年　月　日

摘要	总账科目	明细科目	借方金额											贷方金额											√
			亿	千	百	十	万	千	百	十	元	角	分	亿	千	百	十	万	千	百	十	元	角	分	
																									□
																									□
																									□
																									□
																									□
																									□
																									□
																									□
合		计																							□

附单据　　张

会计主管：　　记账：　　出纳：　　复核：　　制单：

教学专用

记账凭证

字第　　号

年　月　日

摘要	总账科目	明细科目	借方金额											贷方金额											√
			亿	千	百	十	万	千	百	十	元	角	分	亿	千	百	十	万	千	百	十	元	角	分	
																									□
																									□
																									□
																									□
																									□
																									□
																									□
																									□
合计																									□

附单据　　张

会计主管:　　记账:　　出纳:　　复核:　　制单:

教学专用

记账凭证

字第　　号

年　月　日

摘要	总账科目	明细科目	借方金额											贷方金额											√
			亿	千	百	十	万	千	百	十	元	角	分	亿	千	百	十	万	千	百	十	元	角	分	
																									□
																									□
																									□
																									□
																									□
																									□
																									□
																									□
合计																									□

附单据　　张

会计主管：　　记账：　　出纳：　　复核：　　制单：

教学专用

记账凭证

字第　　　号

年　　月　　日

摘　要	总账科目	明细科目	借方金额											贷方金额											√
			亿	千	百	十	万	千	百	十	元	角	分	亿	千	百	十	万	千	百	十	元	角	分	
合　计																									

附单据　　张

会计主管：　　记账：　　出纳：　　复核：　　制单：

教学专用

记账凭证

字第　　号

年　月　日

摘要	总账科目	明细科目	借方金额											贷方金额											√
			亿	千	百	十	万	千	百	十	元	角	分	亿	千	百	十	万	千	百	十	元	角	分	
合计																									

附单据　　张

会计主管：　　记账：　　出纳：　　复核：　　制单：

教学专用

记账凭证

字第　　号

年　月　日

摘要	总账科目	明细科目	借方金额											贷方金额											√
			亿	千	百	十	万	千	百	十	元	角	分	亿	千	百	十	万	千	百	十	元	角	分	
合计																									

附单据　　张

会计主管：　　记账：　　出纳：　　复核：　　制单：

教学专用

记账凭证

字第　　号

年　　月　　日

摘要	总账科目	明细科目	借方金额											贷方金额											√
			亿	千	百	十	万	千	百	十	元	角	分	亿	千	百	十	万	千	百	十	元	角	分	
																									☐
																									☐
																									☐
																									☐
																									☐
																									☐
																									☐
																									☐
合计																									☐

附单据　　张

会计主管：　　记账：　　出纳：　　复核：　　制单：

教学专用

记账凭证

字第　　　号

年　　月　　日

摘要	总账科目	明细科目	借方金额											贷方金额											√
			亿	千	百	十	万	千	百	十	元	角	分	亿	千	百	十	万	千	百	十	元	角	分	
																									□
																									□
																									□
																									□
																									□
																									□
																									□
																									□
合计																									□

附单据　　张

会计主管：　　　记账：　　　出纳：　　　复核：　　　制单：

教学专用

记 账 凭 证

字第　　　号

年　　月　　日

摘　　要	总账科目	明细科目	借方金额											贷方金额											√
			亿	千	百	十	万	千	百	十	元	角	分	亿	千	百	十	万	千	百	十	元	角	分	
																									☐
																									☐
																									☐
																									☐
																									☐
																									☐
																									☐
																									☐
合　　计																									☐

附单据　　张

会计主管：　　记账：　　出纳：　　复核：　　制单：

教学专用

记账凭证

字第　　号

年　月　日

摘要	总账科目	明细科目	借方金额											贷方金额											√
			亿	千	百	十	万	千	百	十	元	角	分	亿	千	百	十	万	千	百	十	元	角	分	
																									□
																									□
																									□
																									□
																									□
																									□
																									□
																									□
合计																									□

附单据　　张

会计主管：　　记账：　　出纳：　　复核：　　制单：

教学专用

记账凭证

字第　　　号

年　　月　　日

摘　要	总账科目	明细科目	借方金额											贷方金额											√
			亿	千	百	十	万	千	百	十	元	角	分	亿	千	百	十	万	千	百	十	元	角	分	
																									☐
																									☐
																									☐
																									☐
																									☐
																									☐
																									☐
																									☐
合　　计																									☐

附单据　　张

会计主管：　　　记账：　　　出纳：　　　复核：　　　制单：

教学专用

记账凭证

字第　　号

年　月　日

摘要	总账科目	明细科目	借方金额											贷方金额											√
			亿	千	百	十	万	千	百	十	元	角	分	亿	千	百	十	万	千	百	十	元	角	分	
																									☐
																									☐
																									☐
																									☐
																									☐
																									☐
																									☐
																									☐
合计																									☐

附单据　张

会计主管：　　记账：　　出纳：　　复核：　　制单：

教学专用

记账凭证

字第　　号

年　月　日

摘要	总账科目	明细科目	借方金额											贷方金额											√
			亿	千	百	十	万	千	百	十	元	角	分	亿	千	百	十	万	千	百	十	元	角	分	
																									□
																									□
																									□
																									□
																									□
																									□
																									□
																									□
合计																									□

附单据　　张

会计主管：　　记账：　　出纳：　　复核：　　制单：

教学专用

记账凭证

字第　　号

年　月　日

摘要	总账科目	明细科目	借方金额											贷方金额											√
			亿	千	百	十	万	千	百	十	元	角	分	亿	千	百	十	万	千	百	十	元	角	分	
																									□
																									□
																									□
																									□
																									□
																									□
																									□
																									□
合计																									□

附单据　张

会计主管：　记账：　出纳：　复核：　制单：

教学专用

记账凭证

字第　　号

年　　月　　日

摘　　要	总账科目	明细科目	借方金额											贷方金额											√
			亿	千	百	十	万	千	百	十	元	角	分	亿	千	百	十	万	千	百	十	元	角	分	
																									□
																									□
																									□
																									□
																									□
																									□
																									□
																									□
合		计																							□

附单据　　张

会计主管：　　记账：　　出纳：　　复核：　　制单：

教学专用

记账凭证

字第　　号

年　月　日

摘要	总账科目	明细科目	借方金额											贷方金额											√
			亿	千	百	十	万	千	百	十	元	角	分	亿	千	百	十	万	千	百	十	元	角	分	
																									☐
																									☐
																									☐
																									☐
																									☐
																									☐
																									☐
																									☐
合计																									☐

附单据　张

会计主管：　　记账：　　出纳：　　复核：　　制单：

教学专用

记账凭证

字第　　号

年　月　日

摘要	总账科目	明细科目	借方金额											贷方金额											√
			亿	千	百	十	万	千	百	十	元	角	分	亿	千	百	十	万	千	百	十	元	角	分	
																									□
																									□
																									□
																									□
																									□
																									□
																									□
																									□
合计																									□

附单据　张

会计主管：　　记账：　　出纳：　　复核：　　制单：

教学专用

记账凭证

字第　　号

年　月　日

摘要	总账科目	明细科目	借方金额											贷方金额											√
			亿	千	百	十	万	千	百	十	元	角	分	亿	千	百	十	万	千	百	十	元	角	分	
合计																									

附单据　张

会计主管：　记账：　出纳：　复核：　制单：

教学专用

记账凭证

字第　　号

年　月　日

摘要	总账科目	明细科目	借方金额											贷方金额											√
			亿	千	百	十	万	千	百	十	元	角	分	亿	千	百	十	万	千	百	十	元	角	分	
																									□
																									□
																									□
																									□
																									□
																									□
																									□
																									□
	合	计																							□

附单据　　张

会计主管：　　记账：　　出纳：　　复核：　　制单：

教学专用

记账凭证

字第　　号

年　月　日

摘要	总账科目	明细科目	借方金额											贷方金额											√
			亿	千	百	十	万	千	百	十	元	角	分	亿	千	百	十	万	千	百	十	元	角	分	
																									□
																									□
																									□
																									□
																									□
																									□
																									□
																									□
合计																									□

附单据　　张

会计主管：　　记账：　　出纳：　　复核：　　制单：

教学专用

记账凭证

字第　　号

年　月　日

摘要	总账科目	明细科目	借方金额											贷方金额											√
			亿	千	百	十	万	千	百	十	元	角	分	亿	千	百	十	万	千	百	十	元	角	分	
																									□
																									□
																									□
																									□
																									□
																									□
																									□
																									□
合计																									□

附单据　张

会计主管：　　记账：　　出纳：　　复核：　　制单：

教学专用

记 账 凭 证

字第　　号

年　月　日

摘要	总账科目	明细科目	借方金额											贷方金额											√
			亿	千	百	十	万	千	百	十	元	角	分	亿	千	百	十	万	千	百	十	元	角	分	
																									□
																									□
																									□
																									□
																									□
																									□
																									□
																									□
合　计																									□

附单据　张

会计主管：　记账：　出纳：　复核：　制单：

教学专用

记 账 凭 证

字第　　号

年　　月　　日

摘要	总账科目	明细科目	借方金额											贷方金额											√
			亿	千	百	十	万	千	百	十	元	角	分	亿	千	百	十	万	千	百	十	元	角	分	
																									□
																									□
																									□
																									□
																									□
																									□
																									□
																									□
合　计																									□

附单据　　张

会计主管：　　记账：　　出纳：　　复核：　　制单：

教学专用

记 账 凭 证

字第　　号

年　　月　　日

摘　要	总账科目	明细科目	借方金额											贷方金额											√
			亿	千	百	十	万	千	百	十	元	角	分	亿	千	百	十	万	千	百	十	元	角	分	
																									□
																									□
																									□
																									□
																									□
																									□
																									□
																									□
合　计																									□

附单据　　张

会计主管：　　记账：　　出纳：　　复核：　　制单：

教学专用

记账凭证

字第　　号

年　月　日

摘要	总账科目	明细科目	借方金额											贷方金额											√
			亿	千	百	十	万	千	百	十	元	角	分	亿	千	百	十	万	千	百	十	元	角	分	
																									□
																									□
																									□
																									□
																									□
																									□
																									□
																									□
合		计																							□

附单据　　张

会计主管：　　记账：　　出纳：　　复核：　　制单：

教学专用

记账凭证

字第　　号

年　月　日

摘要	总账科目	明细科目	借方金额											贷方金额											√
			亿	千	百	十	万	千	百	十	元	角	分	亿	千	百	十	万	千	百	十	元	角	分	
																									□
																									□
																									□
																									□
																									□
																									□
																									□
																									□
合计																									□

附单据　　张

会计主管：　记账：　出纳：　复核：　制单：

教学专用

记账凭证

字第　　号

年　月　日

摘　要	总账科目	明细科目	借方金额											贷方金额											√
			亿	千	百	十	万	千	百	十	元	角	分	亿	千	百	十	万	千	百	十	元	角	分	
																									□
																									□
																									□
																									□
																									□
																									□
																									□
																									□
合计																									□

附单据　　张

会计主管：　记账：　出纳：　复核：　制单：

教学专用

记账凭证

字第　　号

年　月　日

摘要	总账科目	明细科目	借方金额											贷方金额											√
			亿	千	百	十	万	千	百	十	元	角	分	亿	千	百	十	万	千	百	十	元	角	分	
																									□
																									□
																									□
																									□
																									□
																									□
																									□
																									□
合计																									□

附单据　张

会计主管：　　记账：　　出纳：　　复核：　　制单：

教学专用

记账凭证

字第　　　号

年　　月　　日

摘　　要	总账科目	明细科目	借方金额											贷方金额											√
			亿	千	百	十	万	千	百	十	元	角	分	亿	千	百	十	万	千	百	十	元	角	分	
合　　　　计																									

附单据　　张

会计主管：　　记账：　　出纳：　　复核：　　制单：

教学专用

记账凭证

字第　　　号

年　月　日

摘　要	总账科目	明细科目	借方金额											贷方金额											√	附单据　张
			亿	千	百	十	万	千	百	十	元	角	分	亿	千	百	十	万	千	百	十	元	角	分		
																									□	
																									□	
																									□	
																									□	
																									□	
																									□	
																									□	
																									□	
合　计																									□	

会计主管：　　记账：　　出纳：　　复核：　　制单：

教学专用

记账凭证

字第　　　号

年　月　日

摘要	总账科目	明细科目	借方金额											贷方金额											√
			亿	千	百	十	万	千	百	十	元	角	分	亿	千	百	十	万	千	百	十	元	角	分	
																									□
																									□
																									□
																									□
																									□
																									□
																									□
																									□
合计																									□

附单据　　张

会计主管：　　记账：　　出纳：　　复核：　　制单：

教学专用

记 账 凭 证

字第　　　号

年　　月　　日

摘　　要	总账科目	明细科目	借方金额											贷方金额											√
			亿	千	百	十	万	千	百	十	元	角	分	亿	千	百	十	万	千	百	十	元	角	分	
																									□
																									□
																									□
																									□
																									□
																									□
																									□
																									□
合　　计																									□

附单据　　张

会计主管：　　记账：　　出纳：　　复核：　　制单：

教学专用

记账凭证

字第　　号

年　月　日

摘要	总账科目	明细科目	借方金额											贷方金额											√
			亿	千	百	十	万	千	百	十	元	角	分	亿	千	百	十	万	千	百	十	元	角	分	
合计																									

附单据　张

会计主管：　　记账：　　出纳：　　复核：　　制单：

教学专用

记账凭证

字第　　号

年　月　日

摘要	总账科目	明细科目	借方金额											贷方金额											√
			亿	千	百	十	万	千	百	十	元	角	分	亿	千	百	十	万	千	百	十	元	角	分	
																									□
																									□
																									□
																									□
																									□
																									□
																									□
																									□
合计																									□

附单据　张

会计主管：　记账：　出纳：　复核：　制单：

教学专用

记账凭证

字第　　　号

年　　月　　日

摘要	总账科目	明细科目	借方金额											贷方金额											√
			亿	千	百	十	万	千	百	十	元	角	分	亿	千	百	十	万	千	百	十	元	角	分	
																									□
																									□
																									□
																									□
																									□
																									□
																									□
																									□
合计																									□

附单据　　张

会计主管：　　记账：　　出纳：　　复核：　　制单：

教学专用

记 账 凭 证

字第　　　号

年　　月　　日

摘　　要	总账科目	明细科目	借方金额											贷方金额											√
			亿	千	百	十	万	千	百	十	元	角	分	亿	千	百	十	万	千	百	十	元	角	分	
																									□
																									□
																									□
																									□
																									□
																									□
																									□
																									□
合　　　　计																									□

附单据　　张

会计主管:　　　　记账:　　　　出纳:　　　　复核:　　　　制单:

教学专用

记 账 凭 证

字第　　　号

年　　月　　日

摘　要	总账科目	明细科目	借方金额											贷方金额											√
			亿	千	百	十	万	千	百	十	元	角	分	亿	千	百	十	万	千	百	十	元	角	分	
																									□
																									□
																									□
																									□
																									□
																									□
																									□
																									□
合　计																									□

附单据　　张

会计主管：　　记账：　　出纳：　　复核：　　制单：

教学专用

记 账 凭 证

字第　　　号

年　　月　　日

摘　　要	总账科目	明细科目	借方金额											贷方金额											√
			亿	千	百	十	万	千	百	十	元	角	分	亿	千	百	十	万	千	百	十	元	角	分	
合　　计																									

附单据　　张

会计主管：　　记账：　　出纳：　　复核：　　制单：

教学专用

记账凭证

字第　　号

年　月　日

摘要	总账科目	明细科目	借方金额											贷方金额											√
			亿	千	百	十	万	千	百	十	元	角	分	亿	千	百	十	万	千	百	十	元	角	分	
																									□
																									□
																									□
																									□
																									□
																									□
																									□
																									□
合计																									□

附单据　　张

会计主管：　　记账：　　出纳：　　复核：　　制单：

教学专用

记 账 凭 证

字第　　号

年　月　日

摘　要	总账科目	明细科目	借方金额											贷方金额											✓
			亿	千	百	十	万	千	百	十	元	角	分	亿	千	百	十	万	千	百	十	元	角	分	
																									☐
																									☐
																									☐
																									☐
																									☐
																									☐
																									☐
																									☐
合　计																									☐

附单据　张

会计主管：　记账：　出纳：　复核：　制单：

教学专用

记账凭证

字第　　　号

年　　月　　日

摘要	总账科目	明细科目	借方金额											贷方金额											√
			亿	千	百	十	万	千	百	十	元	角	分	亿	千	百	十	万	千	百	十	元	角	分	
																									□
																									□
																									□
																									□
																									□
																									□
																									□
																									□
合计																									□

附单据　张

会计主管：　　记账：　　出纳：　　复核：　　制单：